予想問題にチャレンジ！

# 試験に出る
# "重要教育トピック"

　ここでは，本書で取り上げた「教育改革編」「生徒指導編」のうち，近年の教員採用試験で特に出題率の高い重要教育トピックを取り上げました。

　いずれも本書に掲載した答申・報告等の関連事項なので，しっかりと確認しておきましょう。

　なお，いじめ，不登校等に関する「児童生徒の問題行動・不登校等生徒指導上の諸課題に関する調査」は，文部科学省が毎年秋以降に発表する最新年度の数字をチェックしてください。

JN093833

## 中央教育審議会答申（令和の日本型学校教育）

**1**　次は，「令和の日本型学校教育」が目指す教育をまとめた図である。（　　）に適語を入れよ。

**個別最適な学び**
=「個に応じた指導」（指導の（　①　）と学習の（　②　））を（　③　）の視点から整理した概念

| 指導の（　①　） | 学習の（　②　） |
|---|---|
| ○　基礎的・基本的な知識・技能等を確実に習得させ，（　④　）等や，自ら学習を調整しながら粘り強く学習に取り組む態度等を育成するため，<br>・支援が必要な子供により重点的な指導を行うことなど効果的な指導を実現<br>・特性や学習進度等に応じ，指導方法・教材等の柔軟な提供・設定を行う | ○　基礎的・基本的な知識・技能等や（　⑤　）等の学習の基盤となる資質・能力等を土台として，子供の興味・関心等に応じ，一人一人に応じた学習活動や学習課題に取り組む機会を提供することで，子供自身が学習が最適となるよう調整する柔軟な提供・設定を行う |

それぞれの学びを一体的に充実し
「（　⑥　）で深い学び」の実現に向けた授業改善につなげる

**協働的な学び**
○　「個別最適な学び」が「（　⑦　）学び」に陥らないよう，（　⑧　）な学習や体験活動等を通じ，子供同士で，あるいは多様な他者と協働しながら，他者を価値ある存在として尊重し，様々な社会的な変化を乗り越え，（　⑨　）な社会の創り手となることができるよう，必要な資質・能力を育成する「協働的な学び」を充実することも重要
○　集団の中で（　⑩　）が埋没してしまうことのないよう，一人一人のよい点や可能性を生かすことで，異なる考え方が組み合わさり，よりよい学びを生み出す

**2**　次の文は，中央教育審議会答申『『令和の日本型学校教育』の構築を目指して」（2021年1月26日）の一部である。（　　）に適語を入れよ。

○　学校が学習指導のみならず，（　①　）等の面でも主要な役割を担い，様々な場面を通じて，子供たちの状況を総合的に把握して教師が指導を行うことで，子供たちの（　②　）を一体で育む「日本型学校教育」は全ての子供たちに一定水準の教育を保障する（　③　）の面，（　④　）教育という面などについて諸外国から高く評価されている。

○　学校の臨時休業に伴う問題や懸念が生じたことにより，学校は学習機会と（　⑤　）を保障するという役割のみならず，（　④　）的な発達・成長を保障する役割や，人と安全・安心につながることができる居場所・（　⑥　）として身体的，精神的な健康を保障するという（　⑦　）な役割をも担っていることが再認識された。

○　学校における授業づくりに当たっては，「（　⑧　）な学び」と「（　⑨　）な学び」

の要素が組み合わさって実現されていくことが多いと考えられる。各学校においては，教科等の特質に応じ，地域・学校や児童生徒の実情を踏まえながら，授業の中で「（　⑧　）な学び」の成果を「（　⑨　）な学び」に生かし，更にその成果を「（　⑧　）な学び」に還元するなど，「（　⑧　）な学び」と「（　⑨　）な学び」を一体的に充実し，「主体的・対話的で深い学び」の実現に向けた授業改善につなげていくことが必要である。その際，家庭や地域の協力も得ながら人的・物的な体制を整え，教育活動を展開していくことも重要である。

　したがって，目指すべき「令和の日本型学校教育」の姿を「全ての子供たちの（　⑩　）を引き出す，（　⑧　）な学びと，（　⑨　）な学びの実現」とする。

## 中央教育審議会答申（学習指導要領），学習指導要領

**1**　次の文は，中央教育審議会答申「幼稚園，小学校，中学校，高等学校及び特別支援学校の学習指導要領等の改善及び必要な方策等について」（2016年12月21日）において，「学習指導要領の枠組みの見直し」について述べた部分である。各問いに答えよ。

○　これからの教育課程や学習指導要領等は，学校の創意工夫の下，子供たちの多様で質の高い学びを引き出すため，学校教育を通じて子供たちが身に付けるべき資質・能力や学ぶべき内容などの全体像を分かりやすく見渡せる「（　　　　　）」として，教科等や学校段階を越えて教育関係者間で共有したり，子供自身が学びの意義を自覚する手掛かりを見いだしたり，家庭や地域，社会の関係者が幅広く活用したりできるものとなることが求められている。（中略）

○　それを実現するためには，まず学習する子供の視点に立ち，教育課程全体や各教科等の学びを通じて　A　という観点から，育成を目指す資質・能力を整理する必要がある。その上で，整理された資質・能力を育成するために　B　という，必要な指導内容等を検討し，その内容を　C　という，子供たちの具体的な学びの姿を考えながら構成していく必要がある。

○　この　C　という視点は，資質・能力の育成に向けて，子供一人一人の興味や関心，発達や学習の課題等を踏まえ，それぞれの個性に応じた学びを引き出していく上でも重要である。こうした観点からは，　D　という視点も重要になる。

○　これらをまとめれば，新しい学習指導要領等に向けては，以下の6点に沿って改善すべき事項をまとめ，枠組みを考えていくことが必要となる。

　①　A　（育成を目指す資質・能力）

② 　　B　　（教科等を学ぶ意義と，教科等間・学校段階間のつながりを踏まえた
　　教育課程の編成）

③ 　　C　　（各教科等の指導計画の作成と実施，学習・指導の改善・充実）

④ 　　D　　（子供の発達を踏まえた指導）

⑤ 　　E　　（学習評価の充実）

⑥ 　　F　　（学習指導要領等の理念を実現するために必要な方策）

(1) （　　）に適語を入れよ。

(2) 　　A　　～　　F　　には，次のいずれかが入る。正しいものをそれぞれ選べ。

　　ア 「どのように学ぶか」　　イ 「何を学ぶか」

　　ウ 「実施するために何が必要か」　　エ 「何ができるようになる（の）か」

　　オ 「子供（一人一人）の発達をどのように支援するか」

　　カ 「何が身に付いたか」

② 　次の図は，中央教育審議会答申「幼稚園，小学校，中学校，高等学校及び特別支援
学校の学習指導要領等の改善及び必要な方策等について」（2016年12月21日）におい
て示された，子供たちに育成すべき資質・能力の３つの柱と，その説明である。（　　）
に適語を入れよ。

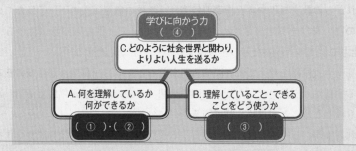

A:「何を理解しているか，何ができるか（生きて働く「（　①　）・（　②　）」の習得）」

　　各教科等において習得する（　①　）や（　②　）であるが，個別の事実的な
　（　①　）のみを指すものではなく，それらが相互に関連付けられ，さらに社会の中
　で生きて働く（　①　）となるものを含む。（　②　）についても同様に，一定の
　手順や段階を追って身に付く個別の（　②　）のみならず，獲得した個別の（　②　）
　が自分の経験や他の（　②　）と関連付けられ，変化する状況や課題に応じて主体
　的に活用できる（　②　）として習熟・熟達していくということが重要である。

B:「理解していること・できることをどう使うか（未知の状況にも対応できる
　「（　③　）等」の育成）」

　　将来の予測が困難な社会の中でも，未来を切り拓いていくために必要な（　③　）

等である。

C：「どのように社会・世界と関わり，よりよい人生を送るか（学びを人生や社会に
　　生かそうとする「学びに向かう力・（　④　）等」の涵養）」

　　　前述のA及びBの資質・能力を，どのような方向性で働かせていくかを決定付け
　　る重要な要素であり，情意や態度等に関わるものを含む。

**3**　次の文は，中央教育審議会答申「幼稚園，小学校，中学校，高等学校及び特別支援
学校の学習指導要領等の改善及び必要な方策等について」（2016年12月21日）におい
て，「主体的・対話的で深い学び」について述べた部分である。（　　　　）に適語を
入れよ。

　「主体的・対話的で深い学び」の実現とは，以下の視点に立った授業改善を行うこ
とで，学校教育における質の高い学びを実現し，学習内容を深く理解し，資質・能力
を身に付け，生涯にわたって（　ⓐ　）（アクティブ）に学び続けるようにすること
である。

①　学ぶことに興味や関心を持ち，自己の（　ⓑ　）形成の方向性と関連付けながら，
　　見通しを持って粘り強く取り組み，自己の学習活動を振り返って次につなげる「主
　　体的な学び」が実現できているか。

　　　子供自身が興味を持って積極的に取り組むとともに，学習活動を自ら振り返り意
　　味付けたり，身に付いた資質・能力を自覚したり，共有したりすることが重要である。

②　子供同士の（　ⓒ　），教職員や地域の人との対話，先哲の考え方を手掛かりに
　　考えること等を通じ，自己の考えを広げ深める「対話的な学び」が実現できているか。

　　　身に付けた知識や技能を定着させるとともに，物事の多面的で深い理解に至るた
　　めには，多様な表現を通じて，教職員と子供や，子供同士が対話し，それによって
　　思考を広げ深めていくことが求められる。

③　（　ⓓ　）という学びの過程の中で，各教科等の特質に応じた「見方・考え方」
　　を働かせながら，知識を相互に関連付けてより深く理解したり，情報を精査して考
　　えを形成したり，問題を見いだして解決策を考えたり，思いや考えを基に創造した
　　りすることに向かう「深い学び」が実現できているか。

　　　子供たちが，各教科等の学びの過程の中で，身に付けた資質・能力の三つの柱を
　　活用・発揮しながら物事を捉え思考することを通じて，資質・能力がさらに伸ばさ
　　れたり，新たな資質・能力が育まれたりしていくことが重要である。教員はこの中
　　で，教える場面と，子供たちに（　ⓔ　）させる場面を効果的に設計し関連させな
　　がら指導していくことが求められる。

**4**　次の文は，平成29年版小学校学習指導要領（2017年3月31日告示）の前文である。

各問いに答えよ。

　教育は，教育基本法第１条に定めるとおり，　A　という目的のもと，同法第２条に掲げる次の目標を達成するよう行われなければならない。

　１　幅広い知識と教養を身に付け，（　①　）を求める態度を養い，豊かな情操と（　②　）を培うとともに，健やかな身体を養うこと。

　２　個人の価値を尊重して，その能力を伸ばし，（　③　）を培い，自主及び自律の精神を養うとともに，職業及び生活との関連を重視し，（　④　）を重んずる態度を養うこと。

　３　正義と責任，男女の平等，自他の敬愛と協力を重んずるとともに，（　⑤　）の精神に基づき，主体的に社会の形成に参画し，その発展に寄与する態度を養うこと。

　４　生命を尊び，自然を大切にし，（　⑥　）の保全に寄与する態度を養うこと。

　５　伝統と文化を尊重し，それらをはぐくんできた我が国と郷土を愛するとともに，他国を尊重し，（　⑦　）の平和と発展に寄与する態度を養うこと。

　これからの学校には，こうした教育の目的及び目標の達成を目指しつつ，一人一人の児童が，自分のよさや可能性を認識するとともに，あらゆる他者を価値のある存在として尊重し，多様な人々と協働しながら様々な社会的変化を乗り越え，豊かな人生を切り拓き，（　⑧　）な社会の創り手となることができるようにすることが求められる。このために必要な教育の在り方を具体化するのが，各学校において教育の内容等を組織的かつ計画的に組み立てた教育課程である。

　教育課程を通して，これからの時代に求められる教育を実現していくためには，よりよい学校教育を通してよりよい社会を創るという理念を学校と社会とが共有し，それぞれの学校において，必要な学習内容をどのように学び，どのような資質・能力を身に付けられるようにするのかを教育課程において明確にしながら，社会との連携及び協働によりその実現を図っていくという，B社会に開かれた教育課程の実現が重要となる。

　学習指導要領とは，こうした理念の実現に向けて必要となる教育課程の基準を（　⑨　）に定めるものである。学習指導要領が果たす役割の一つは，公の性質を有する学校における（　⑩　）を全国的に確保することである。また，各学校がその特色を生かして創意工夫を重ね，長年にわたり積み重ねられてきた教育実践や学術研究の蓄積を生かしながら，児童や地域の現状や課題を捉え，家庭や地域社会と協力して，学習指導要領を踏まえた教育活動の更なる充実を図っていくことも重要である。

　児童が学ぶことの意義を実感できる環境を整え，一人一人の資質・能力を伸ばせる

ようにしていくことは，教職員をはじめとする学校関係者はもとより，家庭や地域の人々も含め，様々な立場から児童や学校に関わる全ての大人に期待される役割である。幼児期の教育の基礎の上に，中学校以降の教育や生涯にわたる学習とのつながりを見通しながら，児童の学習の在り方を展望していくために広く活用されるものとなることを期待して，ここに C 小学校学習指導要領を定める。

(1) （　　　）に適語を入れよ。

(2) ┌─ A ─┐には，教育基本法第1条の趣旨を示す文が入る。次のうち，その教育基本法第1条を選べ。

ア　教育は，その目的を実現するため，学問の自由を尊重しつつ，次に掲げる目標を達成するよう行われるものとする。

イ　すべて国民は，ひとしく，その能力に応じた教育を受ける機会を与えられなければならず，人種，信条，性別，社会的身分，経済的地位又は門地によって，教育上差別されない。

ウ　教育は，人格の完成を目指し，平和で民主的な国家及び社会の形成者として必要な資質を備えた心身ともに健康な国民の育成を期して行われなければならない。

エ　国民一人一人が，自己の人格を磨き，豊かな人生を送ることができるよう，その生涯にわたって，あらゆる機会に，あらゆる場所において学習することができ，その成果を適切に生かすことのできる社会の実現が図られなければならない。

オ　義務教育として行われる普通教育は，各個人の有する能力を伸ばしつつ社会において自立的に生きる基礎を培い，また，国家及び社会の形成者として必要とされる基本的な資質を養うことを目的として行われるものとする。

(3) 下線部B「社会に開かれた教育課程」について，次の文は中央教育審議会答申「幼稚園，小学校，中学校，高等学校及び特別支援学校の学習指導要領等の改善及び必要な方策等について」（2016年12月21日）で示されたものである。（　　　）に適語を入れよ。

　　今は正に，社会からの学校教育への期待と学校教育が長年目指してきたものが一致し，これからの時代を生きていくために必要な力とは何かを学校と社会とが共有し，共に育んでいくことができる好機にある。これからの教育課程には，社会の変化に目を向け，教育が（　ⓐ　）に目指す根幹を堅持しつつ，社会の変化を柔軟に受け止めていく「社会に開かれた教育課程」としての役割が期待されている。

　　このような「社会に開かれた教育課程」としては，次の点が重要になる。

①　社会や世界の状況を幅広く視野に入れ，よりよい学校教育を通じてよりよい社

会を創るという（　ⓑ　）を持ち，教育課程を介してその（　ⓑ　）を社会と共有していくこと。

② これからの社会を創り出していく子供たちが，社会や世界に向き合い関わり合い，自らの人生を切り拓いていくために求められる（　ⓒ　）とは何かを，教育課程において明確化し育んでいくこと。

③ 教育課程の実施に当たって，地域の（　ⓓ　）資源を活用したり，放課後や土曜日等を活用した社会教育との連携を図ったりし，学校教育を学校内に閉じずに，その目指すところを社会と（　ⓔ　）しながら実現させること。

(4) 下線部C「小学校学習指導要領」について，平成29年版小学校学習指導要領（2017年3月31日告示）の改訂のポイントとして誤っているものを選べ。

ア 知・徳・体にわたる「生きる力」を子供たちに育むため，「何のために学ぶのか」という学習の意義を共有しながら，すべての教科等を①知識及び技能，②思考力，判断力，表現力等，③主体的に学習に取り組む態度——の3つの柱で再整理する。

イ 学習の基盤となる資質・能力（言語能力，情報活用能力，問題発見・解決能力等）や現代的な諸課題に対応して求められる資質・能力の育成のために，教科等横断的な学習を充実する。

ウ 小学校入学当初の生活科を中心とした「スタートカリキュラム」を充実する。

エ コンピュータなどを活用した学習活動を重視し，算数，理科，総合的な学習の時間などにおいて，プログラミング的思考を育成する。

オ 第3学年から「外国語活動」を前倒して実施，第5学年から教科「外国語」を導入する。

5 次の文は，中央教育審議会報告「児童生徒の学習評価の在り方について」（2019年1月21日）で示された学習評価に関する内容をまとめたものである。誤っている下線部をすべて選べ。

現在，各教科の評価については，学習状況を分析的に捉える「A評定」と，これらを総括的に捉える「B観点別学習状況の評価」の両方について，学習指導要領に定める目標に準拠した評価として実施するものとされており，観点別学習状況の評価や評定には示しきれない児童生徒一人一人のよい点や可能性，進歩の状況については，「C個人内評価」として実施するものとされている。

このうち観点別学習状況の評価については，新学習指導要領において各教科等の目標や内容を「知識及び技能」「思考力，判断力，表現力等」「学びに向かう力，人間性等」の資質・能力の3つの柱で再整理したことから，従来の4観点から「知識・技能」「思考・判断・表現」「D主体的に学習に取り組む態度」の3観点とし，学習指導要領

に示す目標に準拠した評価として E 5段階により実施する。

**6** 次の文は，平成29年版中学校学習指導要領（2017年3月31日告示）の「第1章　総則」「第1　中学校教育の基本と教育課程の役割」の一部である。（　　　）に適語を入れよ。

　道徳教育や体験活動，多様な表現や（　①　）の活動等を通して，豊かな心や（　②　）の涵養を目指した教育の充実に努めること。

　学校における道徳教育は，特別の教科である道徳（以下「道徳科」という。）を要として学校の（　③　）を通じて行うものであり，道徳科はもとより，各教科，総合的な学習の時間及び（　④　）のそれぞれの特質に応じて，生徒の（　⑤　）を考慮して，適切な指導を行うこと。

　道徳教育は，（　⑥　）及び学校教育法に定められた教育の根本精神に基づき，（　⑦　）を考え，主体的な判断の下に行動し，自立した人間として他者と共によりよく生きるための基盤となる（　⑧　）を養うことを目標とすること。

　道徳教育を進めるに当たっては，（　⑨　）の精神と生命に対する畏敬の念を家庭，学校，その他社会における具体的な生活の中に生かし，豊かな心をもち，（　⑩　）を尊重し，それらを育んできた我が国と郷土を愛し，個性豊かな文化の創造を図るとともに，平和で民主的な国家及び社会の形成者として，公共の精神を尊び，社会及び国家の発展に努め，他国を尊重し，国際社会の平和と発展や（　⑪　）の保全に貢献し未来を拓く（　⑫　）のある日本人の育成に資することとなるよう特に留意すること。

## インクルーシブ教育，キャリア教育 ◇◇◇◇◇◇◇◇◇◇◇◇◇

**1** 次の文は，中央教育審議会「共生社会の形成に向けたインクルーシブ教育システム構築のための特別支援教育の推進（報告）」（2012年7月23日）の一部である。（　　　）に適語を入れよ。

○ 「（　①　）」とは，これまで必ずしも十分に社会参加できるような環境になかった障害者等が，（　②　）に参加・貢献していくことができる社会である。それは，誰もが相互に人格と（　③　）を尊重し支え合い，人々の多様な在り方を相互に認め合える（　④　）型の社会である。このような社会を目指すことは，我が国において最も（　②　）に取り組むべき重要な課題である。

○ （　⑤　）第24条によれば，「インクルーシブ教育システム」（inclusive education system, 署名時仮訳：（　⑥　）する教育制度）とは，人間の多様性の尊重等の強化，障害者が精神的及び身体的な能力等を可能な（　⑦　）まで発達させ，自由な社会

に効果的に参加することを可能とするとの目的の下，障害のある者と障害のない者が共に学ぶ（　⑧　）であり，障害のある者が「general education system」（署名時仮訳：教育制度一般）から排除されないこと，自己の生活する地域において初等中等教育の機会が与えられること，個人に必要な「（　⑨　）」が提供される等が必要とされている。

○　（　①　）の形成に向けて，（　⑤　）に基づくインクルーシブ教育システムの理念が重要であり，その（　⑩　）のため，特別支援教育を着実に進めていく必要があると考える。

○　インクルーシブ教育システムにおいては，同じ場で共に学ぶことを追求するとともに，個別の（　⑪　）のある幼児児童生徒に対して，自立と社会参加を見据えて，その時点で（　⑪　）に最も的確に応える指導を提供できる，多様で柔軟な（　⑧　）を整備することが重要である。小・中学校における通常の学級，（　⑫　），特別支援学級，特別支援学校といった，連続性のある「（　⑬　）」を用意しておくことが必要である。

**②**　次は，中央教育審議会答申「今後の学校におけるキャリア教育・職業教育の在り方について」（2011年1月31日）で示された「社会的・職業的自立，学校から社会・職業への円滑な移行に必要な力の要素」である。各問いに答えよ。

　　A　（　①　）な知識・技能　　　B　(a)基礎的・汎用的能力

　　C　論理的思考力，（　②　）　　D　（　③　）及び価値観

　　E　（　④　）な知識・技能

(1)　（　　　）に適語を入れよ。

(2)　下線部(a)について，本答申ではさらに具体的な内容が以下のように示された。（　　　）に適語を入れよ。

　　ア　（　⑤　）・社会形成能力　　イ　(b)自己理解・自己管理能力

　　ウ　（　⑥　）対応能力　　　　　エ　（　⑦　）能力

(3)　(2)の下線部(b)の説明を選べ。

　　ア　「働くこと」の意義を理解し，自らが果たすべき様々な立場や役割との関連を踏まえて「働くこと」を位置付け，多様な生き方に関する様々な情報を適切に取捨選択・活用しながら，自ら主体的に判断してキャリアを形成していく力。

　　イ　仕事をする上での様々な課題を発見・分析し，適切な計画を立ててその課題を処理し，解決することができる力。

　　ウ　自分が「できること」「意義を感じること」「したいこと」について，社会との相互関係を保ちつつ，今後の自分自身の可能性を含めた肯定的な理解に基づき主

体的に行動すると同時に，自らの思考や感情を律し，かつ，今後の成長のために
進んで学ぼうとする力。

エ　多様な他者の考えや立場を理解し，相手の意見を聴いて自分の考えを正確に伝
えることができるとともに，自分の置かれている状況を受け止め，役割を果たし
つつ他者と協力・協働して社会に参画し，今後の社会を積極的に形成することが
できる力。

## 学校における働き方改革，第4期教育振興基本計画 ◇◇◇

**1**　「学校における働き方改革」について，各問いに答えよ。

(1) 次の文は，中央教育審議会答申「新しい時代の教育に向けた持続可能な学校指導・運
営体制の構築のための学校における働き方改革に関する総合的な方策について」（2019
年1月25日）が分類した，学校が担うべき業務である。（　　　）に適語を入れよ。

 i )（　①　）等を基準として編成された教育課程に基づく（　②　）

 ii) 児童生徒の（　③　）の形成を助けるために必要不可欠な（　④　）・進路指導

 iii) 保護者・地域等と連携を進めながら，これら教育課程の実施や（　④　）の実
施に必要な（　⑤　）や学校運営業務

(2) 次の各業務を，A＝基本的には学校以外が担うべき業務，B＝学校の業務だが，
必ずしも教師が担う必要のない業務，C＝教師の業務だが，負担軽減が可能な業務
に分類せよ。

　①調査・統計等への回答等　②授業準備　③給食時の対応　④登下校に関する対応
　⑤部活動　⑥学習評価や成績処理　⑦児童生徒の休み時間における対応　⑧進路指導

**2**　次の文は，「第4期教育振興基本計画」（2023年6月16日閣議決定）の一部である。
各問いに答えよ。

○　少子化・人口減少，グローバル化の進展，地球規模課題，格差の固定化と再生産
など，様々な社会課題が存在する中，（　①　）を見据え，これからの社会を展望
する上で，教育の果たす役割はますます重要となっている。

○　本計画は，コンセプトとして「（　②　）な社会の創り手の育成」及び「日本社
会に根差した（　③　）の向上」を掲げ，5つの基本的方針と16の教育政策の目標，
基本施策及び指標を示している。政府としては，本計画に基づき，各省庁が連携し
て，今後の教育政策を着実に推進する。また，各地方公共団体においても，本計画
の方針や施策を実効性のあるものとするために，政府の基本計画を参酌しつつ，そ
の地域の実情に応じた適切な対応がなされるよう期待したい。

○ 我が国の将来を展望したとき，教育こそが社会をけん引する（ ④ ）の中核を担う営みであり，一人一人の豊かで幸せな人生と社会の持続的な発展に向けて極めて重要な役割を有している。教育振興基本計画は，将来の予測が困難な時代において教育政策の進むべき方向性を示す「（ ⑤ ）」となるべき総合計画であり，本計画に基づいて我が国の教育政策が展開されるよう教育関係各位による取組の推進を期待する。

(1) （　　　　）に適語を入れよ。

(2) 下線部について，「第4期教育振興基本計画」では，今後の教育政策に関する5つの基本的な方針が示された。次のうち，その方針に該当しないものを選べ。

① グローバル化する社会の持続的な発展に向けて学び続ける人材の育成

② 誰一人取り残されず，全ての人の可能性を引き出す共生社会の実現に向けた教育の推進

③ 地域や家庭で共に学び支え合う社会の実現に向けた教育の推進

④ 計画の実効性確保のための基盤整備・対話

⑤ 教育政策推進のための基盤の整備

## いじめ，不登校 ◇◇◇◇◇◇◇◇◇◇◇◇◇◇◇◇◇◇◇◇◇◇◇◇◇◇◇

**1** 次の文は，文部科学省「いじめの防止等のための基本的な方針」（2013年10月11日文部科学大臣決定，2017年3月14日最終改定）で示された「いじめの定義」についての説明である。（　　　）に適語を入れよ。

> 第2条〔定義〕この法律において「いじめ」とは，児童等に対して，当該児童等が在籍する学校に在籍している等当該児童等と一定の（ ① ）にある他の児童等が行う心理的又は（ ② ）な影響を与える行為（インターネットを通じて行われるものを含む。）であって，当該行為の対象となった児童等が（ ③ ）を感じているものをいう。
>
> 2～4 略

個々の行為が「いじめ」に当たるか否かの判断は，表面的・形式的にすることなく，いじめられた児童生徒の（ ④ ）に立つことが必要である。

この際，いじめには，多様な態様があることに鑑み，法の対象となるいじめに該当するか否かを判断するに当たり，「（ ③ ）を感じているもの」との要件が限定して解釈されることのないよう努めることが必要である。例えばいじめられていても，本人がそれを否定する場合が多々あることを踏まえ，当該児童生徒の表情や様子をきめ

細かく観察するなどして確認する必要がある。

　ただし，このことは，いじめられた児童生徒の（　⑤　）を確認する際に，行為の起こったときのいじめられた児童生徒本人や周辺の状況等を（　⑥　）に確認することを排除するものではない。（中略）

　「一定の（　①　）」とは，学校の（　⑦　）を問わず，同じ学校・学級や部活動の児童生徒や，塾やスポーツクラブ等当該児童生徒が関わっている仲間や集団（グループ）など，当該児童生徒と何らかの（　①　）を指す。

　また，「（　②　）な影響」とは，身体的な影響のほか，金品をたかられたり，隠されたり，嫌なことを無理矢理させられたりすることなどを意味する。けんかやふざけ合いであっても，見えない所で（　⑧　）が発生している場合もあるため，背景にある事情の調査を行い，児童生徒の感じる（　⑧　）性に着目し，いじめに該当するか否かを判断するものとする。

　なお，例えば（　⑨　）上で悪口を書かれた児童生徒がいたが，当該児童生徒がそのことを知らずにいるような場合など，行為の対象となる児童生徒本人が（　③　）を感じるに至っていないケースについても，加害行為を行った児童生徒に対する指導等については法の趣旨を踏まえた適切な対応が必要である。

**2** 不登校に関する調査研究協力者会議「不登校に関する調査研究協力者会議報告書〜今後の不登校児童生徒への学習機会と支援の在り方について〜」（2022年6月10日）の「3．今後重点的に実施すべき施策の方向性」について，正しいものには〇を，誤っているものには×を付けよ。

(1)　不登校は，取り巻く環境によっては，どの児童生徒にも起こり得るものとして捉え，不登校というだけで問題行動であると受け取られないよう配慮し，児童生徒の最善の利益を最優先に支援を行うことが重要である。

(2)　まずは登校という結果を目標にし，児童生徒が自らの進路を主体的に捉えて，社会的に自立することを目指す必要がある。

(3)　不登校児童生徒の意思を十分に尊重しつつ，その状況によっては休養が必要な場合があることも留意しつつ，個々の児童生徒の状況に応じた支援を行う。

(4)　個々の児童生徒ごとに不登校になったきっかけや不登校の継続理由を的確に把握し，その児童生徒に合った支援策を策定するため，学級担任や養護教諭，SC・SSW等の学校関係者が中心となり，「児童生徒理解・教育支援シート」の作成が推奨されている。

(5)　不登校児童生徒が行った学校外の学習活動や自宅におけるICTを活用した学習活動は，指導要録上の出席扱いとはならない。

**3** 文部科学省の令和３年度「児童生徒の問題行動・不登校等生徒指導上の諸課題に関する調査」（2022年10月27日）の結果について，誤っているものをすべて選べ。

(1) いじめの認知件数で最も多かった学年は中学校第１学年である。

(2) いじめの認知件数の合計は61万5351件で，新型コロナウイルス感染症による臨時休業措置などの影響もあった前年度より約９万8000件増加した。

(3) いじめ発見のきっかけのうち，全校種で最も多かったのは「アンケート調査など学校の取組により発見」で，次いで「本人からの訴え」であった。

(4) いじめの態様は，全校種とも「冷やかしやからかい，悪口や脅し文句，嫌なことを言われる」が最も多い。

(5) 不登校児童生徒数は，小学校８万1498人，中学校16万3442人，高等学校５万985人で，小・中学校は９年連続の増加，高等学校は２年ぶりに増加した。

(6) 小学校・中学校の学年別不登校児童生徒数を見ると，小学校では第６学年が，中学校では第１学年が最も多い。

(7) 中学校の不登校の主たる要因として最も多いのは，「無気力・不安」，次いで「いじめ」，「学業の不振」となっている。

---

### ◆解答＆解説◆

#### 中央教育審議会答申（令和の日本型学校教育）

**1**①個別化　②個性化　③学習者　④思考力・判断力・表現力　⑤情報活用能力　⑥主体的・対話的　⑦孤立した　⑧探究的　⑨持続可能　⑩個

**2**①生徒指導　②知・徳・体　③平等性　④全人　⑤学力　⑥セーフティネット　⑦福祉的　⑧個別最適　⑨協働的　⑩可能性　➡同答申の「第１部　総論」「２．日本型学校教育の成り立ちと成果，直面する課題と新たな動きについて」「(1)日本型学校教育の成り立ちと成果」，及び「３．2020年代を通じて実現すべき『令和の日本型学校教育』の姿」「(1)子供の学び」を参照。なお，④〜⑦について，同箇所の後段では「特に，全人格的な発達・成長の保障，居場所・セーフティネットとしての福祉的な役割は，日本型学校教育の強みである」と示されている。

#### 中央教育審議会答申（学習指導要領），学習指導要領

**1**(1)学びの地図　(2)A－エ　B－イ　C－ア　D－オ　E－カ　F－ウ　➡同答申の「第４章　学習指導要領等の枠組みの改善と『社会に開かれた教育課程』」「２．学習指導要領等の改善の方向性」「(1)学習指導要領等の枠組みの見直し」を参照。

**2**①知識　②技能　③思考力・判断力・表現力　④人間性　➡同答申の「第５章

何ができるようになるか —育成を目指す資質・能力—」「2.資質・能力の三つの柱に基づく教育課程の枠組みの整理」を参照。これに基づき，平成29年版小学校学習指導要領及び中学校学習指導要領（2017年3月31日告示）の「第1章 総則」「第1 小学校教育（中学校教育）の基本と教育課程の役割」の3では，「児童（生徒）の発達の段階や特性等を踏まえつつ，次に掲げることが偏りなく実現できるようにするものとする」として，育成すべき3つの資質・能力が示されている。平成30年版高等学校学習指導要領（2018年3月30日告示）の同箇所にも同様の記述がある。

(1) 知識及び技能が習得されるようにすること。

(2) 思考力，判断力，表現力等を育成すること。

(3) 学びに向かう力，人間性等を涵養すること。

**3** ⓐ能動的 ⓑキャリア ⓒ協働 ⓓ習得・活用・探究 ⓔ思考・判断・表現 ➡ 同答申の「第7章 どのように学ぶか —各教科等の指導計画の作成と実施，学習・指導の改善・充実—」「2.『主体的・対話的で深い学び』を実現することの意義」を参照。

**4** (1)①真理 ②道徳心 ③創造性 ④勤労 ⑤公共 ⑥環境 ⑦国際社会 ⑧持続可能 ⑨大綱的 ⑩教育水準 (2)−ウ (3)ⓐ普遍的 ⓑ目標 ⓒ資質・能力 ⓓ人的・物的 ⓔ共有・連携 (4)−ア ➡(2)ウ：「人格の完成」がキーワード。 A に入る文は「人格の完成を目指し，平和で民主的な国家及び社会の形成者として必要な資質を備えた心身ともに健康な国民の育成を期す」。その他の選択肢は，教育基本法のア：第2条「教育の目標」，イ：第4条第1項「教育の機会均等」，エ：第3条「生涯学習の理念」，オ：第5条第2項「義務教育」。 (3)同答申の「第1部 学習指導要領等改訂の基本的な方向性」「第4章 学習指導要領等の枠組みの改善と『社会に開かれた教育課程』」「1.『社会に開かれた教育課程』の実現」を参照。 (4)ア：「主体的に学習に取り組む態度」ではなく「学びに向かう力，人間性等」。「主体的に学習に取り組む態度」は学校教育法第30条第2項で示された学力の3つの要素の1つ。

**5** A，B，E ➡正しくはA：観点別学習状況の評価，B：評定，E：3段階（ABC）。観点別学習状況の評価は，平成20・21年版学習指導要領では「知識・理解」「技能」「思考・判断・表現」「関心・意欲・態度」の4観点であったことを確認しておくこと。

**6** ①鑑賞 ②創造性 ③教育活動全体 ④特別活動 ⑤発達の段階 ⑥教育基本法 ⑦人間としての生き方 ⑧道徳性 ⑨人間尊重 ⑩伝統と文化 ⑪環境 ⑫主体性

**1** ①共生社会 ②積極的 ③個性 ④全員参加 ⑤障害者の権利に関する条約 ⑥包容 ⑦最大限度 ⑧仕組み ⑨合理的配慮 ⑩構築 ⑪教育的ニーズ ⑫通級による指導 ⑬多様な学びの場 ➡同報告の「1．共生社会の形成に向けて」を参照。

**2** (1)①基礎的・基本的 ②創造力 ③意欲・態度 ④専門的 (2)⑤人間関係形成 ⑥課題 ⑦キャリアプランニング (3)－ウ ➡(3)その他は，ア：キャリアプランニング能力，イ：課題対応能力，エ：人間関係形成・社会形成能力。

**1** (1)①学習指導要領 ②学習指導 ③人格 ④生徒指導 ⑤学級経営 (2)①－B ②－C ③－C ④－A ⑤－B ⑥－C ⑦－B ⑧－C ➡同答申の「第4章 学校及び教師が担う業務の明確化・適正化」「1．基本的考え方」を参照。

**2** (1)①Society5.0 ②持続可能 ③ウェルビーイング ④駆動力 ⑤羅針盤 (2)－⑤ ➡(1)同計画の「はじめに」を参照。③ウェルビーイングとは，身体的・精神的・社会的に良い状態にあること。(2)⑤「教育政策推進のための基盤の整備」は，「第3期教育振興基本計画」（2018年6月15日閣議決定）における教育政策の5つの基本的な方針の一つ。「第4期教育振興基本計画」（2023年6月16日閣議決定）の5つの基本的な方針は，設問の①～④に加え，「教育デジタルトランスフォーメーション（DX）の推進」。

**1** ①人的関係 ②物理的 ③心身の苦痛 ④立場 ⑤主観 ⑥客観的 ⑦内外 ⑧被害 ⑨インターネット ➡同方針の「第1 いじめの防止等のための対策の基本的な方向に関する事項」「5 いじめの定義」を参照。

**2** (1)○ (2)× (3)○ (4)○ (5)× ➡(2)「登校という結果のみを目標にするのではなく，児童生徒が自らの進路を主体的に捉えて，社会的に自立することを目指す必要がある」と示されている。(5)不登校児童生徒が行った学校外の学習活動や自宅におけるICTを活用した学習活動は，一定の要件のもと指導要録上の出席扱いとなる制度が設けられている。

**3** (1)，(6)，(7) ➡(1)小学校第2学年が10万976件で最も多い。中学校第1学年は5万1293件で中学校の中では最も多い。(6)中学校では第3学年が5万8924人で最も多く，小学校・中学校合わせても最多である。(7)中学校では「無気力・不安」が49.7％で最も多く，次いで「いじめを除く友人関係をめぐる問題」が11.5％，「生活リズムの乱れ，遊び，非行」が11.0％で，「いじめ」は0.2％である。

教員採用試験 *Hyper* 実戦シリーズ❶

# 試験に出る
# 重要教育答申

時事通信出版局／編

# は じ め に

　2017年3月に新しい小学校及び中学校学習指導要領，2018年3月に高等学校学習指導要領が告示され，時代は今，まさに新たな「教育改革の流れ」が始まったといえる。

　冒頭の★ハイライト★教育改革にも見るように，1985（昭和60）年の臨時教育審議会答申以降，中央教育審議会，教育課程審議会などが相次いで答申を発表し，完全学校週5日制の実施，［生きる力］をはぐくむための［ゆとり］のある新しい教育課程の編成，そして「確かな学力」の向上路線への転換など，さまざまな制度改革が次々と行われている。

　その一方で，教育改革そのものにも「不易（時代を超えて変わらない価値のあるもの）」と「流行（時代の変化とともに変えていく必要があるもの）」があり，ややもすると道徳の教科化や小学校英語の教科化など，新しい動きだけに目が行きがちである。しかし，「個性の尊重」や「豊かな人間性の育成」など教育の核となる部分は，臨時教育審議会の時代から連綿と受け継がれていることを忘れてはならない。

　近年の教員採用試験においては，教育改革は教職教養のみならず論作文や面接試験の中でも必ず問われる必出領域である。そして，これらはいずれも上記のような審議会の答申等を踏まえたものであることはいうまでもない。

　本書は，その中でも最も出題率の高い重要答申及び報告等を「教育改革編」「生徒指導編」に分類し，まとめたものである。

　いずれも，まず"SUMMARY"で①答申・報告等の背景（答申・報告等が発表されるまでの経緯や社会的状況），②答申・報告等の内容（各種提言や重点施策など），③答申・報告等が与えた影響（法改正など）――を分かりやすく解説してある。後半の答申・報告等の原文は，本書の表題通り「試験に出る」部分のみを抜粋した。なかでも，試験問題として引用されやすい部分，空欄補充問題として狙われやすいキーワードは網かけ　　や太字で示してあるので，特に注意してほしい。

　また，本書の目次にあたる"INDEX & KEY WORDS"でも，これらの「試験に出る」重要事項及びキーワードを索引としてまとめてあるので，ぜひ活用していただきたい。

　本書が読者の勉学の一助となり，晴れの栄冠を獲得するためのお役に立てれば幸いである。そして，21世紀を担う子どもたちとともに歩む，すばらしい教員になることを願ってやまない。

時事通信出版局

# ○INDEX & KEY WORDS○

## ChapterII　生徒指導編

# ★ハイライト★
# 教育改革

## 1984（昭和59）年 から
## 2023（令和5）年 までの 教育改革

　以下は，1984年の臨時教育審議会発足以降の主な教育改革をまとめたものである。現在に至るまでの教育改革の大きな流れをつかむとともに，それぞれの改革のねらいと，具体的な内容をしっかりと把握しておきたい。

| 年 | 月 | 教育改革の内容 |
|---|---|---|
| 1984 昭59 | 8 | 中曽根康弘内閣総理大臣（当時）の諮問機関として「臨時教育審議会」発足 |
| 1985 昭60 | 6 | **臨時教育審議会「教育改革に関する第1次答申」**<br>(1)教育改革の基本的考え方<br>　①個性重視の原則<br>　②基礎・基本の重視<br>　③創造性・考える力・表現力の育成<br>　④選択の機会の拡大<br>　⑤教育環境の人間化<br>　⑥生涯学習体系への移行<br>　⑦国際化への対応<br>　⑧情報化への対応<br>(2)具体的な改革案<br>　①学歴社会の弊害の是正<br>　②大学入学者選抜制度の改革（「共通テスト」の創設）<br>　③6年制中等学校の設置<br>　④単位制高等学校の設置 |
| 1986 昭61 | 4 | **臨時教育審議会「教育改革に関する第2次答申」**<br>(1)「21世紀のための教育目標」<br>　①ひろい心，すこやかな体，ゆたかな創造力<br>　②自由・自律と公共の精神<br>　③世界の中の日本人<br>(2)具体的な改革案<br>　①教育内容の改善（小学校低学年の教科の総合化，高等学校の社会科の再編，家庭科の取扱い）<br>　②徳育の充実 |

| | | |
|---|---|---|
| | | ③初任者研修制度の創設 |
| 1987<br>昭62 | 4 | **臨時教育審議会「教育改革に関する第3次答申」** |
| | | ▽具体的な改革案<br>(1)生涯学習の基盤整備（インテリジェント・スクール構想）<br>(2)評価の多元化<br>(3)高等学校入試の改善<br>(4)開かれた学校づくり<br>(5)国際化への対応（新国際学校の設置，英語教育の改善） |
| | 8 | **臨時教育審議会「教育改革に関する第4次答申」（最終答申）** |
| | | (1)教育改革の視点<br>　①個性重視の原則<br>　②生涯学習体系への移行<br>　③変化への対応（国際社会への貢献，情報社会への対応）<br>(2)具体的な改革案<br>　①生涯学習体系の基盤整備<br>　②高等教育の改革（大学入試改革，大学入学資格の弾力化）<br>　③初等中等教育の改革（教育内容の改善，6年制中等学校，単位制高等学校の創設）<br>　④教員の資質向上（初任者研修制度の創設）<br>　⑤国際化・情報化への対応<br>　⑥生涯学習担当局の新設<br>　⑦秋季入学制の検討 |
| | | ➡1988年3月，単位制高等学校の制度化<br>➡1988年7月，文部省に生涯学習局を設置<br>➡1988年11月，高等学校定時制・通信制課程の修業年限を4年以上から3年以上に弾力化 |
| | 12 | **教育職員養成審議会答申「教員の資質能力の向上方策等について」** |
| | | (1)教員としての専門性の一層の向上（専修・一種・二種免許状）<br>(2)学校教育への社会人の活用の推進（特別免許状の創設）<br>(3)初任者研修制度の創設及び現職教員研修の体系的整備 |
| | | ➡1988年5月，小・中・高等学校等の新任教員に対して採用後1年間の実践的な研修を行う初任者研修の制度化<br>➡1988年12月，普通免許状の種類の改善，社会人の学校教育への活用，大学において普通免許状を取得するために必要な単位数の引き上げなど教員免許制度の改善 |
| | 12 | **教育課程審議会答申「幼稚園，小学校，中学校及び高等学校の教育課程の基準の改善について」** |

| 1987<br>昭62 | | (1)教育課程の基準の改善のねらい<br>　①豊かな心をもち，たくましく生きる人間の育成を図ること<br>　②自ら学ぶ意欲と社会の変化に主体的に対応できる能力の育成<br>　　を重視すること<br>　③国民として必要とされる基礎的・基本的な内容を重視し，個<br>　　性を生かす教育の充実を図ること<br>　④国際理解を深め，我が国の文化と伝統を尊重する態度の育成<br>　　を重視すること<br>(2)具体的な改善事項<br>　①21世紀を目指し社会の変化に対応できる心豊かな人間の育成<br>　②小学校低学年の社会科と理科の廃止，生活科の新設<br>　③中学校に習熟度別指導を導入<br>　④高等学校の家庭科を男女必修，社会科を地理歴史科と公民科<br>　　に再編し，世界史を必修に<br><br>➡1989年3月，幼稚園教育要領，小・中・高等学校の学習指導<br>　要領の改訂 |
|---|---|---|
| 1988<br>昭63 | 12 | **教育課程審議会答申「盲学校，聾学校及び養護学校の教育課程の<br>基準の改善について」**<br><br>(1)小・中・高等学校の教育課程の基準の改善に準ずる<br>(2)幼稚部の教育課程の基準を示す<br>(3)高等部における職業教育の充実<br><br>➡1989年10月，盲・聾・養護学校の学習指導要領の改訂 |
| 1990<br>平2 | 1 | **中央教育審議会答申「生涯学習の基盤整備について」**<br><br>(1)生涯学習の基盤整備の必要性<br>(2)生涯学習の推進体制や地域における生涯学習推進の中心機関と<br>　なる生涯学習センターの設置などの基盤整備の具体策<br><br>➡1990年6月，「生涯学習の振興のための施策の推進体制等の<br>　整備に関する法律」（生涯学習振興法）の公布<br>➡1990年8月，生涯学習審議会が発足 |
| 1991<br>平3 | 4 | **第14期中央教育審議会答申「新しい時代に対応する教育の諸制度<br>の改革について」**<br><br>(1)改革の視点<br>　①量的拡大から質的充実へ<br>　②形式的平等から実質的平等へ<br>　③偏差値偏重から個性尊重・人間性重視へ<br>(2)高等学校教育の改革 |

| | | |
|---|---|---|
| 1991<br>平3 | | ①国際化・情報化に対応した高等学校（新タイプの高等学校）<br>②単位制の活用，総合学科の設置<br>③教育上の例外措置<br>(3)受験競争を緩和するための入学者選抜の改善 |
| | | ➡1993年3月，単位制高等学校，総合学科の創設 |
| 1992<br>平4 | 3 | 学校不適応対策調査研究協力者会議報告「登校拒否（不登校）問題について―児童生徒の『心の居場所』づくりを目指して―」 |
| | | (1)「登校拒否はどの子どもにも起こりうるものである」などの基本的視点<br>(2)「心の居場所」としての学校の役割<br>(3)適応指導教室の設置の促進，不登校児童生徒の「出席扱い」の措置 |
| | 7 | 生涯学習審議会答申「今後の社会の動向に対応した生涯学習の振興方策について」 |
| | | (1)社会人を対象としたリカレント教育の推進<br>(2)ボランティア活動の支援・推進<br>(3)青少年の学校外活動の充実<br>(4)環境，情報の活用等の現代的な課題に関する学習機会の提供 |
| | 9 | 幼稚園，小・中・高等学校，盲・聾・養護学校において，毎月第2土曜日を休業日とする学校週5日制の実施 |
| 1996<br>平8 | 4 | 生涯学習審議会答申「地域における生涯学習機会の充実方策について」 |
| | | 地域社会の中で様々な学習機会を提供している機関や施設の生涯学習機能の充実方策 |
| | 7 | 第15期中央教育審議会・第1次答申「21世紀を展望した我が国の教育の在り方について」 |
| | | (1)［ゆとり］の中で［生きる力］をはぐくむ<br>　【[生きる力] の定義】<br>　　①自分で課題を見つけ，自ら学び，自ら考え，主体的に判断し，行動し，よりよく問題を解決する資質や能力<br>　　②自らを律しつつ，他人とともに協調し，他人を思いやる心や感動する心などの豊かな人間性<br>　　③これらの資質や能力などを支えるためのたくましい健康や体力<br>(2)教育内容の厳選と基礎・基本の徹底<br>(3)完全学校週5日制の実施 |

| 1996<br>平8 | | (4)学校・家庭・地域社会の連携（開かれた学校，学校のスリム化）<br>(5)国際化・情報化，科学技術の発展，環境問題などに対応した学校教育の改善 |
|---|---|---|
| 1997<br>平9 | 6 | 小学校及び中学校教諭の免許状取得において介護等の体験を義務付ける「介護等体験特例法」が成立 |
| | | 原則として特殊教育諸学校で2日間，特別養護老人ホームなどの社会福祉施設で5日間の合計7日間以上 |
| | | ➡1998年4月入学の学生から導入 |
| | 6 | **第16期中央教育審議会・第2次答申「21世紀を展望した我が国の教育の在り方について」** |
| | | (1)一人一人の能力・適性に応じた教育の在り方<br>(2)選抜方法・尺度の多様化など大学・高等学校の入学者選抜の改善<br>(3)中高一貫教育の選択的導入<br>(4)稀有な才能を有する者に対する大学入学年齢の特例（教育上の例外措置；飛び入学）と学習の進度の遅い子どもたちへの配慮<br>(5)高齢社会に対応する教育の改善 |
| | | ➡1998年4月，数学または物理の分野において特に優れた資質を有する者に対して18歳未満でも大学入学資格を与える大学入学年齢制限の緩和の導入<br>➡1998年6月，一定の条件を満たした専門学校卒業者の大学への編入学が可能に<br>➡1999年4月，中高一貫教育の導入 |
| | 7 | **教育職員養成審議会・第1次答申「新たな時代に向けた教員養成の改善方策について」** |
| | | (1)今後特に教員に求められる資質能力<br>　①地球的視野に立って行動するための資質能力<br>　②変化の時代を生きる社会人に求められる資質能力<br>　③教員の職務から必然的に求められる資質能力<br>(2)教員養成カリキュラムにおける選択履修方式の導入<br>(3)生徒指導，教育相談及び進路指導等に関する科目の充実，「教職に関する科目」の大幅拡充，中学校の教育実習を2週間から4週間に延長<br>(4)社会人の活用で特別非常勤講師制度や特別免許状制度の改善 |
| | | ➡1998年6月，選択履修方式の導入や「教職に関する科目」の充実など教員養成カリキュラムの改善，特別非常勤講師制度及び特別免許状制度の拡大など教育職員免許法の改正<br>➡2000年4月，新カリキュラムを導入 |

| 1998<br>平10 | 6 | 第16期中央教育審議会答申「幼児期からの心の教育の在り方について」（新しい時代を拓く心を育てるために─次世代を育てる心を失う危機─） |
|---|---|---|

(1)社会全体に対しては，[生きる力]を身に付け，新しい時代を切り拓く積極的な心を育てること
　【[生きる力]の核となる豊かな人間性】
　　①美しいものや自然に感動する心などの柔らかな感性
　　②正義感や公正さを重んじる心
　　③生命を大切にし，人権を尊重する心などの基本的な倫理観
　　④他人を思いやる心や社会貢献の精神
　　⑤自立心，自己抑制力，責任感
　　⑥他者との共生や異質なものへの寛容
(2)家庭に対しては，過干渉の是正や父親の役割を見直すこと
(3)地域社会に対しては，地域での子育て支援や子どもたちに対する自然体験活動等の機会を付与すること
(4)学校に対しては，道徳教育やカウンセリングを充実すること

| | 7 | 教育課程審議会答申「幼稚園，小学校，中学校，高等学校，盲学校，聾学校及び養護学校の教育課程の基準の改善について」 |
|---|---|---|

(1)教育課程の基準の改善のねらい
　①豊かな人間性や社会性，国際社会に生きる日本人としての自覚を育成すること
　②自ら学び，自ら考える力を育成すること
　③ゆとりのある教育活動を展開する中で，基礎・基本の確実な定着を図り，個性を生かす教育を充実すること
　④各学校が創意工夫を生かし特色ある教育，特色ある学校づくりを進めること
(2)具体的な改善事項
　①完全学校週５日制の下で，各学校がゆとりのある教育活動を展開し，子どもたちに自ら学び自ら考える力などの[生きる力]を育成することなどの基本的考え方
　②教育内容の厳選，授業時数の削減，高等学校の卒業単位数の縮減
　③「総合的な学習の時間」の創設，道徳教育の充実，国際化・情報化への対応

　➡1998年12月，幼稚園教育要領，小・中学校の学習指導要領の改訂
　➡1999年３月，高等学校，盲・聾・養護学校の学習指導要領の改訂

| 1998<br>平10 | 9 | 生涯学習審議会答申「社会の変化に対応した今後の社会教育行政の在り方について」 |
|---|---|---|
| | | (1)規制の廃止・緩和<br>(2)社会教育施設の運営等の弾力化<br>(3)社会教育行政における住民参加の推進 |
| | 9 | 第16期中央教育審議会答申「今後の地方教育行政の在り方について」 |
| | | (1)教育行政における国，都道府県及び市町村の役割分担の在り方<br>(2)教育委員の選任の在り方等の見直し，教育長の任命承認制度の廃止と適材確保方策など教育委員会制度の在り方<br>(3)教育委員会と学校の関係の見直しと学校裁量権限の拡大，職員会議の法的位置付けの明確化，学校評議員制度の導入，校長・教頭への適材の確保など学校の自主性・自律性の確立<br>(4)地域の教育機能の向上と地域コミュニティの育成及び地域振興に教育委員会が果たすべき役割 |
| | | ➡2000年4月より，教育長の任命承認制度の廃止，職員会議の法的位置付けの明確化，学校評議員制度の導入 |
| | 10 | 教育職員養成審議会・第2次答申「修士課程を積極的に活用した教員養成の在り方について」 |
| | | 修士課程を積極的に活用した現職教員の再教育の推進 |
| 1999<br>平11 | 6 | 生涯学習審議会答申「生活体験・自然体験が日本の子どもの心をはぐくむ」 |
| | | (1)地域の子どもたちの体験機会の拡大<br>(2)地域の子どもたちの遊び場の充実<br>(3)地域における子どもたちの体験活動などを支援する体制の構築<br>(4)過度の学習塾通いをなくし子どもたちの[生きる力]をはぐくむ |
| | 6 | 生涯学習審議会答申「学習の成果を幅広く生かす」 |
| | | (1)学習機会の拡充と学習に対する支援の充実<br>(2)ボランティア活動の推進<br>(3)生涯学習による地域社会の活性化の推進 |
| | 7 | 人権擁護推進審議会答申「人権尊重の理念に関する国民相互の理解を深めるための教育及び啓発に関する施策の総合的な推進に関する基本的事項について」 |
| | | 児童生徒の発達段階に即した，学校の教育活動全体を通じた人権教育の推進 |
| | 12 | 教育職員養成審議会・第3次答申「養成と採用・研修との連携の円滑化について」 |

| | | |
|---|---|---|
| 1999<br>平11 | | (1)多面的な人物評価の推進<br>(2)採用選考の内容・基準の公表<br>(3)初任者研修の円滑な実施 |
| | | ➡2000年3月，特別免許状を持つ社会人教員に普通免許状の取得を可能にするなどの教育職員免許法の改正<br>➡2000年4月，現職教員が大学院で専修免許状を取得しやすくするための休業制度を創設する教育公務員特例法の改正 |
| | 12 | **第17期中央教育審議会答申「初等中等教育と高等教育との接続の改善について」** |
| | | (1)初等中等教育では「自ら学び，自ら考える力」の育成，高等教育では「課題探求能力」の育成<br>(2)高等学校での進路指導と大学の教育内容・方法の連携<br>(3)大学入試の多元化<br>・アドミッション・ポリシー（入学者受け入れ方針）の明示，AO入試の導入 |
| 2000<br>平12 | 5 | **学級経営研究会報告「学級経営をめぐる問題の現状とその対応―関係者間の信頼と連携による魅力ある学級づくり―」** |
| | | (1)「学級がうまく機能しない状況」（いわゆる「学級崩壊」）の定義付け；子どもたちが教室内で勝手な行動をして教師の指導に従わず，授業が成立しないなど，集団教育という学校の機能が成立しない学級の状態が一定期間継続し，学級担任による通常の手法では問題解決ができない状態に立ち至っている場合<br>(2)事例の類型と回復事例の紹介<br>(3)早期の実態把握と早期対応など，今後の取り組みのポイント |
| | 12 | **教育課程審議会答申「児童生徒の学習と教育課程の実施状況の評価の在り方について」** |
| | | (1)評価の基本的な考え方<br>①学力は知識の量のみではなく「生きる力」がはぐくまれているかどうかでとらえる<br>②目標に準拠した評価（絶対評価）を一層重視し，個人内評価を工夫する<br>③指導と評価の一体化を図る<br>(2)指導要録の取扱い<br>①評定を絶対評価に改める<br>②総合的な学習の時間の評価を文章記述する欄を新設する<br>③「行動の記録」の項目を見直し，「生きる力」を評価できる「健康・体力の向上」「自律」「生命尊重」「公徳心」を示す |

| | | |
|---|---|---|
| 2000<br>平12 | | ④「総合所見及び指導上参考となる諸事項」の欄を新設する<br>(3)評価の方策<br>　全国的かつ総合的な学力調査の実施など |
| | 12 | **教育改革国民会議報告「教育を変える17の提案」**<br><br>(1)人間性豊かな日本人を育成する<br>(2)一人ひとりの才能を伸ばし，創造性に富む人間を育成する<br>(3)新しい時代に新しい学校づくりを<br>(4)教育施策の総合的推進のための教育振興基本計画を<br>(5)新しい時代にふさわしい教育基本法を<br><br>➡「21世紀教育新生プラン」で具体的方策を提示 |
| 2001<br>平13 | 1 | **省庁再編に伴い，新中央教育審議会が発足**<br>　➡従来の生涯学習審議会，保健体育審議会など7審議会を統合し，テーマ別に①教育制度分科会，②生涯学習分科会，③初等中等教育分科会，④大学分科会，⑤スポーツ・青少年分科会——の5つの分科会を設置 |
| | 1 | **21世紀教育新生プラン「学校，家庭，地域の新生〜学校が良くなる，教育が変わる〜」策定**<br><br>▽レインボープラン「7つの重点戦略」<br>(1)わかる授業で基礎学力の向上を図る<br>(2)多様な奉仕・体験活動で心豊かな日本人を育む<br>(3)楽しく安心できる学習環境を整備する<br>(4)父母や地域に信頼される学校づくりを行う<br>(5)教える「プロ」としての教師を育成する<br>(6)世界水準の大学づくりを推進する<br>(7)新世紀にふさわしい教育理念を確立し，教育基盤を整備する<br><br>➡2001年3，4，6月，教育改革関連6法が成立。ボランティア活動など社会奉仕体験活動の推進，児童生徒の出席停止制度の要件の明確化，大学への飛び入学の分野の制限の撤廃（以上学校教育法），不適格教員の配置転換（地方教育行政の組織及び運営に関する法律）など |
| 2002<br>平14 | 1 | **文部科学省「確かな学力の向上のための2002アピール『学びのすすめ』」**<br><br>(1)きめ細かな指導で，基礎・基本や自ら学び自ら考える力を身に付ける<br>(2)発展的な学習で，一人一人の個性等に応じて子どもの力をより伸ばす<br>(3)学ぶことの楽しさを体験させ，学習意欲を高める |

| | | |
|---|---|---|
| 2002<br>平14 | | (4)学びの機会を充実し，学ぶ習慣を身に付ける |
| | | (5)確かな学力の向上のための特色ある学校づくりを推進する |
| | 2 | **中央教育審議会答申「新しい時代における教養教育の在り方について」** |
| | | ▽新しい時代に求められる教養<br>(1)主体性ある人間として向上心や志を持って生き，より良い新しい時代の創造に向かって行動する力，他者の立場に立って考えることができる想像力<br>(2)我が国の伝統や文化，歴史等に対する理解を深めるとともに，異文化やその背景にある宗教を理解する資質・態度，外国語で適確に意志疎通を図る能力<br>(3)科学技術の著しい発展や情報化の進展に対応し，論理的に対処する能力，科学技術のもたらす功罪両面についての正確な理解力・判断力<br>(4)日本人としてのアイデンティティの確立，すべての知的活動の基盤としての国語力の育成<br>(5)礼儀・作法など型から入り，身体感覚として身に付けられる「修養的教養」 |
| | 2 | **中央教育審議会答申「今後の教員免許制度の在り方について」** |
| | | (1)教員免許状の総合化・弾力化<br>　①中学校免許状等による小学校専科担任の拡大<br>　②現職教員の隣接校種免許状の取得を促進する制度の創設<br>　③特殊教育総合免許状の創設<br>　④専修免許状に記載する専攻分野の区分の規定<br>(2)教員免許更新制の可能性<br>　①指導力不足教員に対する人事管理システムの構築<br>　②教員免許状の取上げ事由の強化<br>　③教職10年目を経過した教員に対する研修の構築<br>(3)特別免許状の活用促進 |
| | 7 | **中央教育審議会答申「青少年の奉仕活動・体験活動の推進方策等について」** |
| | | ▽初等中等教育段階における推進<br>(1)保護者や地域の関係者による学校サポート（学校協力）委員会（仮称）の設置<br>(2)ボランティア活動等の実績を記録する「ヤング・ボランティア・パスポート（仮称）」を都道府県や市町村単位で作成・活用<br>(3)高校におけるボランティア活動の単位認定 |

| 2002<br>平14 | | (4)ボランティア活動等を積極的に評価する高校入試の工夫，ボランティア活動等と関連付けた大学入試の推進 |
|---|---|---|
| 2003<br>平15 | 3 | **中央教育審議会答申「新しい時代にふさわしい教育基本法と教育振興基本計画の在り方について」** |
| | | ▽教育基本法改正の必要性と改正の視点<br>(1)信頼される学校教育の確立<br>(2)「知」の世紀をリードする大学改革の推進<br>(3)家庭の教育力の回復，学校・家庭・地域社会の連携・協力の推進<br>(4)「公共」に主体的に参画する意識や態度の涵養<br>(5)日本の伝統・文化の尊重，郷土や国を愛する心と国際社会の一員としての意識の涵養<br>(6)生涯学習社会の実現<br>(7)教育振興基本計画の策定<br><br>➡2006年12月，改正教育基本法を公布・施行 |
| | 3 | **特別支援教育の在り方に関する調査研究協力者会議報告「今後の特別支援教育の在り方について」** |
| | | (1)特別支援教育の在り方の基本的な考え方<br>①障害の程度等に応じ特別の場で指導を行う「特殊教育」から，LD，ADHD，高機能自閉症を含めて障害のある児童生徒一人一人の教育的ニーズに応じて適切な教育的支援を行う「特別支援教育」への転換<br>②個別の教育支援計画，特別支援教育コーディネーター，広域特別支援連携協議会等の必要性<br>(2)特別支援教育を推進する上での学校の在り方<br>①盲・聾・養護学校から，障害種にとらわれず，地域の特別支援教育のセンター的役割を担う「特別支援学校」への転換<br>②特殊学級や通級指導の制度を，通常の学級に在籍した上で必要な時間のみ「特別支援教室」で特別の指導を受ける制度へ一本化<br>(3)特別支援教育を支える専門性の強化 |
| | 4 | **不登校問題に関する調査研究協力者会議報告「今後の不登校への対応の在り方について」** |
| | | (1)不登校の現状<br>①新たに不登校との関連で指摘されているLD，ADHD，児童虐待等の課題<br>②「ひきこもり」問題との関連 |

| | | |
|---|---|---|
| 2003<br>平15 | | (2)不登校に対する基本的な考え方<br>　①不登校問題の解決の目標は，子どもたちの将来的な「社会的<br>　　自立」，不登校問題は「心の問題」のみならず「進路の問題」<br>　②適切な働きかけや登校への促しは必要<br>(3)学校の取り組み<br>　①「心の居場所」「絆づくり」の場としての学校，開かれた学<br>　　校づくり，安心して通うことができる学校の実現<br>　②学級活動，児童会・生徒会活動，学校行事等の特別活動の充実<br>　③きめ細かい教科指導の充実，学ぶ意欲を育む指導の充実<br>　④発達段階に応じたきめ細かい配慮<br>　⑤学校内外のコーディネーター的な役割を果たす「不登校対応<br>　　担当」の明確化<br>　⑥スクールカウンセラーや心の教室相談員等との効果的な連携<br>　　協力 |
| | 10 | **中央教育審議会答申「初等中等教育における当面の教育課程及び<br>指導の充実・改善方策について」**<br><br>(1)新学習指導要領や学力についての基本的な考え方<br>　①新学習指導要領の基本的なねらいである「生きる力」を知の<br>　　側面からとらえた「確かな学力」の育成のための取組の充実<br>　②「わかる授業」の一層の推進，「総合的な学習の時間」等を<br>　　通じた体験的・問題解決的な学習活動の展開<br>　③全国的・地域的な調査による「確かな学力」の総合的な状況<br>　　の把握<br>(2)新学習指導要領のねらいの実現を図るための具体的な課題<br>　①学習指導要領の「基準性」の一層の明確化<br>　②教育課程を適切に実施するために必要な指導時間の確保<br>　③「総合的な学習の時間」の一層の充実<br>　④「個に応じた指導」の一層の充実<br>　⑤教育課程及び指導の充実・改善のための教育環境の整備<br><br>➡2003年12月，新学習指導要領の一部改正の告示，2004年4月<br>　より実施 |
| 2004<br>平16 | 1 | **中央教育審議会答申「食に関する指導体制の整備について」**<br><br>(1)食に関する指導の充実の必要性<br>(2)栄養教諭制度の創設<br>　①児童生徒への個別的な相談指導，教科・特別活動等における<br>　　教育指導<br>　②学校給食の管理 |

ハイライト・教育改革

| 2004<br>平16 | | ③食に関する指導と学校給食の管理の一体的な展開 |
|---|---|---|
| | | ➡学校教育法等の一部改正により，栄養教諭制度を創設（2005年4月施行，任意設置） |
| | 1 | **キャリア教育の推進に関する総合的調査研究協力者会議報告「児童生徒一人一人の勤労観，職業観を育てるために」** |
| | | (1)キャリア教育の基本方向<br>　① 一人一人のキャリア発達への支援<br>　②「働くこと」への関心・意欲の高揚と学習意欲の向上<br>　③職業人としての資質・能力を高める指導の充実<br>　④自立意識の涵養と豊かな人間性の育成<br>(2)キャリア教育推進のための方策<br>　①「能力・態度」の育成を軸とした学習プログラムの開発<br>　②教育課程への位置付けとその工夫<br>　③体験活動等の活用<br>　④社会や経済の仕組みについての現実的理解の促進等<br>　⑤多様で幅広い他者との人間関係の構築 |
| | 3 | **中央教育審議会答申「今後の学校の管理運営の在り方について」** |
| | | (1)学校の管理運営の原則と改革の方向<br>　①原則＝設置者管理主義，設置者負担主義<br>　②改革の方向＝学校の裁量の拡大，地域との積極的な連携・協力，学校外の活力の導入<br>(2)地域運営学校の設立<br>　①保護者や地域住民が一定の権限と責任をもって主体的に学校運営に参加し，学校を設置する地方公共団体の教育委員会の判断により設置<br>　②保護者等を含めた学校運営協議会を設置し，教育計画・予算計画の方針など学校運営の基本的事項について承認し，校長や教職員の人事について意見を述べる<br>(3)構造改革特別区域において，公立学校（当面は幼稚園と高等学校）の教育活動を包括的に民間に委託する仕組みを検討 |
| | | ➡地方教育行政の組織及び運営に関する法律の一部改正により，地域運営学校制度を創設（2004年9月施行，任意設置） |
| 2005<br>平17 | 1 | **中央教育審議会答申「子どもを取り巻く環境の変化を踏まえた今後の幼児教育の在り方について—子どもの最善の利益のために幼児教育を考える—」** |
| | | (1)幼児教育：「後伸びする力」の育成，小学校以降における教科の内容等について実感を伴って深く理解できることにつながる |

20

| | | |
|---|---|---|
| 2005<br>平17 | | 「学習の芽生え」の育成 |
| | | (2)小学校教育との連携・接続の強化・改善 |
| | | (3)家庭や地域社会の教育力の再生・向上 |

| | 10 | **中央教育審議会答申「新しい時代の義務教育を創造する」** |
|---|---|---|

(1)戦略 1 ：教育の目標を明確にして結果を検証し質を保証する
　　①義務教育の使命の明確化
　　②教育内容の改善（学習指導要領の見直し，全国的な学力調査
　　　の実施など）
　　③義務教育に関する制度の見直し（学校種間の連携・接続の改
　　　善，LD や ADHD などの児童・生徒への支援の充実など）
(2)戦略 2 ：教師に対する揺るぎない信頼を確立する
　　①教員養成の専門職大学院（「教職大学院」）の活用
　　②教員免許更新制の導入
(3)戦略 3 ：地方・学校の主体性と創意工夫で教育の質を高める
　　①学校の自主性・自律性の確立
　　②教育委員会制度の見直し
(4)戦略 4 ：確固とした教育条件を整備する
　　義務教育費国庫負担制度の見直し

　→2006年 1 月，「教育改革のための重点行動計画」を策定
　→2006年 4 月より，義務教育費国庫負担金の国庫負担率を 2 分
　　の 1 から 3 分の 1 に変更

| | 12 | **中央教育審議会答申「特別支援教育を推進するための制度の在り** |
|---|---|---|

**方について」**

(1)特別支援教育の理念と基本的な考え方
　　特別な場で教育を行う「特殊教育」から，一人一人のニーズ
　に応じた適切な指導及び必要な支援を行う「特別支援教育」に
　発展的に転換
(2)盲・聾・養護学校制度の見直し
　　盲・聾・養護学校を障害種別を超えた学校制度「特別支援学
　校（仮称）」に転換
(3)小・中学校における制度的見直し
　　①LD（学習障害），ADHD（注意欠陥多動性障害）を新たに
　　　通級指導の対象とする
　　②特殊学級の弾力的な運用
　　③LD，ADHD，高機能自閉症等を含め，障害のある児童生徒
　　　が，原則として通常の学級に在籍し，必要な時間に特別の指
　　　導を受ける「特別支援教室（仮称）」を実現
(4)教員免許制度の見直し

| | | |
|---|---|---|
| 2005<br>平17 | | 学校の種別ごとに設けられている教員免許状を，LD，ADHD，高機能自閉症等を含めた総合的な専門性を担保する「特別支援学校教諭免許状（仮称）」に転換 |
| | | ➡学校教育法施行規則の一部改正により，通級指導の対象者に「自閉症者」「学習障害者」「注意欠陥多動性障害者」を追加（2006年4月施行）。学校教育法の一部改正により，盲・聾・養護学校を「特別支援学校」に一本化し，特殊学級を「特別支援学級」に改める（2007年4月施行）。教育職員免許法の一部改正により，盲・聾・養護学校ごとの教員免許状を「特別支援学校教諭免許状」に一本化（同年4月施行） |
| 2006<br>平18 | 3 | **文部科学省「義務教育諸学校における学校評価ガイドライン」** |
| | | (1)学校評価の方法<br>　①各学校が自ら行う評価及び学校運営の改善＝「自己評価」<br>　②評価委員会等の外部評価者が行う評価及び学校運営の改善＝「外部評価」<br>　③評価結果の説明・公表及び設置者等による支援や条件整備等の改善<br>(2)評価の項目<br>　①教育課程・学習指導　②生徒指導　③進路指導　④安全管理<br>　⑤保健管理　⑥特別支援教育　⑦組織運営　⑧研修<br>　⑨保護者，地域住民との連携　⑩施設・設備 |
| | 7 | **中央教育審議会答申「今後の教員養成・免許制度の在り方について」** |
| | | (1)教職課程の質的水準の向上：「教職実践演習（仮称）」の新設・必修化<br>(2)教職大学院制度の創設<br>(3)教員免許更新制の導入<br>　現職教員を含め，免許状の有効期限は10年間 |
| 2007<br>平19 | 1 | **教育再生会議第一次報告「社会総がかりで教育再生を～公教育再生への第一歩～」** |
| | | ▽7つの提言（初等中等教育を中心に）<br>(1)「ゆとり教育」を見直し，学力を向上する<br>(2)学校を再生し，安心して学べる規律ある教室にする<br>(3)すべての子供に規範を教え，社会人としての基本を徹底する<br>(4)あらゆる手だてを総動員し，魅力的で尊敬できる先生を育てる<br>(5)保護者や地域の信頼に真に応える学校にする<br>(6)教育委員会の在り方そのものを抜本的に問い直す<br>(7)「社会総がかり」で子供の教育にあたる |

| | | |
|---|---|---|
| 2007<br>平19 | | ▽4つの緊急対応<br>(1)暴力など反社会的行動をとる子供に対する毅然たる指導のための法令等で出来ることの断行と，通知等の見直し（いじめ問題対応）<br>(2)教育職員免許法の改正（教員免許更新制導入）<br>(3)地方教育行政の組織及び運営に関する法律の改正（教育委員会制度の抜本改革）<br>(4)学校教育法の改正（学習指導要領の改訂及び学校の責任体制の確立のため） |

➡2007年6月，教育改革関連3法が成立
➡2007年6月，第二次報告／同年12月，第三次報告／2008年1月，最終報告

**1　中央教育審議会答申「次代を担う自立した青少年の育成に向けて─青少年の意欲を高め，心と体の相伴った成長を促す方策について─」**

▽重視すべき視点と方策
(1)家庭で青少年の自立への意欲の基盤を培う
(2)青少年の生活に体験活動を根付かせる
(3)青少年が自己実現を図れるよう，地域の大人が導く
(4)青少年一人ひとりに寄り添い，成長を支援する
(5)情報メディアの普及に伴う課題へ大人の責任として対応する

**3　中央教育審議会答申「教育基本法の改正を受けて緊急に必要とされる教育制度の改正について」**

(1)学校の目的・目標の見直しや学校の組織運営体制の確立方策→学校教育法の改正
　①義務教育の目標を新設するとともに年限を9年と規定
　②幼稚園から大学までの各学校段階の目的・目標の見直し
　③学校評価及び情報提供の規定の新設
　④副校長，主幹，指導教諭の職の創設
(2)教員免許更新制の導入，指導が不適切な教員の人事管理の厳格化→教育職員免許法等の改正
　①教員免許更新制の導入（教育職員免許法）
　②指導が不適切な教員の人事管理の厳格化（教育公務員特例法）
　③分限免職処分を受けた者の免許状の取扱い（教育職員免許法）
(3)教育委員会等の改革→地方教育行政の組織及び運営に関する法律の改正
　①教育委員会の責任体制の明確化
　②教育委員会の体制の充実
　③教育における地方分権の推進

| 2008<br>平20 | 1 | 中央教育審議会答申「幼稚園，小学校，中学校，高等学校及び特別支援学校の学習指導要領等の改善について」 |
|---|---|---|

(1)学習指導要領改訂の基本的な考え方
　①改正教育基本法等を踏まえた学習指導要領改訂
　②「生きる力」という理念の共有
　③基礎的・基本的な知識・技能の習得
　④思考力・判断力・表現力等の育成
　⑤確かな学力を確立するために必要な授業時数の確保
　⑥学習意欲の向上や学習習慣の確立
　⑦豊かな心や健やかな体の育成のための指導の充実
(2)教育内容に関する主な改善事項
　①言語活動の充実
　②理数教育の充実
　③伝統や文化に関する教育の充実
　④道徳教育の充実
　⑤体験活動の充実
　⑥小学校段階における外国語活動
　⑦社会の変化への対応の観点から教科等を横断して改善すべき事項
　　情報教育，環境教育，ものづくり，キャリア教育，食育，安全教育，心身の成長発達についての正しい理解

➡2008年3月，幼稚園教育要領，小・中学校の学習指導要領の改訂
➡2009年3月，高等学校，特別支援学校の学習指導要領の改訂

| | 1 | 中央教育審議会答申「子どもの心身の健康を守り，安全・安心を確保するために学校全体としての取組を進めるための方策について」 |
|---|---|---|

(1)学校保健の充実を図るための方策について
　①養護教諭の専門性を学校保健活動全体に生かす環境整備
　②学校保健活動の調整的役割を担う保健主事の機能の充実
　③学校と家庭・地域社会との連携による学校保健活動の実現
(2)学校における食育の推進を図るための方策について
　①学校全体での食育の推進
　②栄養教諭の配置促進及びその専門性を活用した食育の実現
(3)学校安全の充実を図るための方策について
　①総合的に子どもの安全を確保する学校安全計画の策定
　②学校施設の安全性の確保
　③学校における安全管理体制の整備充実

| 2008<br>平20 | | |
|---|---|---|

➡2008年6月，学校保健法および学校給食法を改正。学校保健法は学校保健安全法と法律名を改称

**1　文部科学省「学校評価ガイドライン〔改訂〕」**

▽学校評価の目的
(1)各学校が，自らの教育活動その他の学校運営について，目指すべき目標を設定し，その達成状況や達成に向けた取組の適切さ等について評価することにより，学校として組織的・継続的な改善を図ること
(2)各学校が，自己評価及び保護者など学校関係者等による評価の実施とその結果の公表・説明により，適切に説明責任を果たすとともに，保護者，地域住民等から理解と参画を得て，学校・家庭・地域の連携協力による学校づくりを進めること
(3)各学校の設置者等が，学校評価の結果に応じて，学校に対する支援や条件整備等の改善措置を講じることにより，一定水準の教育の質を保証し，その向上を図ること
▽学校評価の方法
(1)各学校の教職員が行う評価＝自己評価
(2)保護者，地域住民等の学校関係者などにより構成された評価委員会等が，自己評価の結果について評価することを基本として行う評価＝学校関係者評価
(3)学校と直接関係を有しない専門家等による客観的な評価＝第三者評価

➡2007年6月の学校教育法の一部改正，同年10月の学校教育法施行規則の一部改正を踏まえ，2008年度からの学校評価実施に向けたガイドライン

**2　中央教育審議会答申「新しい時代を切り拓く生涯学習の振興方策について～知の循環型社会の構築を目指して～」**

(1)国民一人一人の生涯を通じた学習の支援：国民の「学ぶ意欲」を支える
(2)社会全体の教育力の向上：学校・家庭・地域が連携するための仕組みづくり

➡2008年6月，社会教育法，図書館法，博物館法の一部改正が成立（同年6月施行，一部は2010年4月施行）

**4　中央教育審議会答申「食に関する指導体制の整備について」**

(1)基本的な考え方
(2)栄養教諭制度の創設
　①栄養教諭の職務

| | | |
|---|---|---|
| 2008<br>平20 | | ②栄養教諭の資質の確保<br>③栄養教諭の配置等<br>④栄養教諭の身分等<br>(3)食に関する指導の充実のための総合的な方策 |
| | 4 | **中央教育審議会答申「教育振興基本計画について―『教育立国』の実現に向けて―」** |

(1)今後10年間を通じて目指すべき教育の姿
　　①義務教育修了までに，すべての子どもに，自立して社会で生きていく基礎を育てる
　　②社会を支え，発展させるとともに，国際社会をリードする人材を育てる
　　今後10年間を通じて，目指すべき教育の姿を実現するために，必要な予算について財源を確保し，欧米主要国と比べて遜色のない教育水準を確保すべく教育投資の充実を図ることが必要
(2)今後5年間に総合的かつ計画的に取り組むべき施策
　　基本的方向1：社会全体で教育の向上に取り組む
　　基本的方向2：個性を尊重しつつ能力を伸ばし，個人として，社会の一員として生きる基盤を育てる
　　基本的方向3：教養と専門性を備えた知性豊かな人間を養成し，社会の発展を支える
　　基本的方向4：子どもたちの安全・安心を確保するとともに，質の高い教育環境を整備する
　　基本的方向性に基づき，75項目にわたる施策を体系化するとともに，それらの施策の中で特に重点的に取り組むべき事項を明示

　➡2008年7月，「教育振興基本計画」を閣議決定

| | | |
|---|---|---|
| 2010<br>平22 | 3 | **中央教育審議会報告「児童生徒の学習評価の在り方について」** |

(1)学習評価の現状と課題
(2)学習評価の今後の方向性
　　学習指導に係るPDCAサイクルの中で，学習評価を通じ，授業の改善や学校の教育活動全体の改善を図る
(3)観点別学習状況の評価の在り方
　　学習指導要領等で定める学力の3つの要素に合わせ，評価の観点を整理
　　①基礎的・基本的な知識・技能は「知識・理解」「技能」で，
　　②これらを活用して課題を解決するために必要な思考力・判断力・表現力等は「思考・判断・表現」で，
　　③主体的に学習に取り組む態度は「関心・意欲・態度」で，

| 2010<br>平22 | | それぞれ評価を行う<br>(4)指導要録の改善<br>　小学校の外国語活動は，総合的な学習の時間と同様に文章記述により評価<br>(5)高等学校における学習評価の在り方<br>(6)障害のある児童生徒に係る学習評価の在り方 |
|---|---|---|
| | 10 | **文部科学省「教育の情報化に関する手引」**<br><br>▽情報教育の目標<br>(1)情報活用の実践力：課題や目的に応じて情報手段を適切に活用することを含めて，必要な情報を主体的に収集・判断・表現・処理・創造し，受け手の状況などを踏まえて発信・伝達できる能力<br>(2)情報の科学的な理解：情報活用の基礎となる情報手段の特性の理解と，情報を適切に扱い，自らの情報活用を評価・改善するための基礎的な理論や方法の理解<br>(3)情報社会に参画する態度：社会生活の中で情報や情報技術が果たしている役割や及ぼしている影響を理解し，情報モラルの必要性や情報に対する責任について考え，望ましい情報社会の創造に参画しようとする態度<br><br>➡2011年4月，今後の学校教育（初等中等教育段階）の情報化に関する総合的な推進方策についてまとめた「教育の情報化ビジョン」を策定<br>➡2019年12月，改訂版を策定 |
| 2011<br>平23 | 1 | **中央教育審議会答申「今後の学校におけるキャリア教育・職業教育の在り方について」**<br><br>(1)キャリア教育・職業教育の基本的方向性<br>　生涯にわたる社会人・職業人としてのキャリア形成を支援する機能を充実することが必要<br>(2)発達の段階に応じた体系的なキャリア教育<br>【基本的な考え方】<br>①幼児期の教育から高等教育までの体系的な取組<br>②一人一人の発達状況の的確な把握ときめ細かな支援<br>③能力や態度の育成を通じた勤労観・職業観等の価値観の自己形成・自己確立<br>【充実方策】<br>①教育方針の明確化と教育課程への位置付け<br>②重視すべき教育内容・教育方法と評価・改善<br>③教職員の意識・指導力向上と実施体制の整備 |

| | | |
|---|---|---|
| 2011<br>平23 | | (3)後期中等教育におけるキャリア教育・職業教育<br>　　生涯にわたる多様なキャリア形成に共通して必要な能力・態度を育成，勤労観・職業観等を自ら形成・確立 |
| 2012<br>平24 | 3 | **中央教育審議会答申「学校安全の推進に関する計画の策定について」**<br>(1)児童生徒等の安全を取り巻く現状と課題<br>(2)学校安全を推進するための方策<br>　①安全に関する教育の充実方策<br>　②学校の施設及び設備の整備充実<br>　③学校における安全に関する組織的取組の推進<br>　④地域社会，家庭との連携を図った学校安全の推進<br>(3)方策の効果的な推進に必要な事項<br><br>　➡2012年4月，「学校安全の推進に関する計画」を閣議決定 |
| | 7 | **中央教育審議会答申「共生社会の形成に向けたインクルーシブ教育システム構築のための特別支援教育の推進」**<br>(1)共生社会の形成に向けたインクルーシブ教育システムの構築<br>(2)インクルーシブ教育システム構築のための特別支援教育の推進<br>(3)就学先決定の仕組みの見直し<br>(4)障害のある子どもが十分に教育を受けられるための合理的配慮及びその基礎となる環境整備<br>(5)多様な学びの場の整備と学校間連携等の推進<br>(6)特別支援教育を充実させるための教職員の専門性向上等<br><br>　➡2013年9月，①就学先を決定する仕組みの改正（「認定就学者」制度から「認定特別支援学校就学者」制度へ），②障害の状態等の変化を踏まえた就学，③視覚障害者等による区域外就学等，④保護者及び専門家からの意見聴取の機会の拡大<br>　　――などを柱とする改正学校教育法施行令が施行 |
| | 8 | **中央教育審議会答申「教職生活の全体を通じた教員の資質能力の総合的な向上方策について」**<br>(1)教員養成の改革の方向性<br>(2)教員免許制度の改革の方向性<br>　①「一般免許状（仮称）」，「基礎免許状（仮称）」の創設と「専門免許状（仮称）」の創設<br>　②「一般免許状（仮称）」と「基礎免許状（仮称）」との関係<br>　③多様な人材の登用<br>　④教員免許更新制<br>　⑤改革を進める上で留意すべき事項 |

| | | |
|---|---|---|
| 2012<br>平24 | 9 | 文部科学省「いじめ，学校安全等に関する総合的な取組方針〜子どもの命を守るために〜」 |
| | | (1)いじめの問題への対応強化<br>【基本的考え方】<br>①学校・家庭・地域が一丸となって子どもの生命を守る<br>②国・学校・教育委員会の連携を強化<br>③いじめの早期発見と適切な対応を促進<br>④学校と関係機関の連携を促進<br>【基本的考え方に基づくアクションプラン】<br>①学校・家庭・地域が一丸となって子どもの生命を守るための国の取組<br>②学校・教育委員会等との連携を強化するための国の取組<br>③いじめの早期発見と適切な対応を促進するための国の取組<br>④学校と関係機関の連携を促進するための国の取組<br>(2)学校安全の促進<br>(3)体育活動中の安全確保 |
| 2013<br>平25 | 1 | 中央教育審議会答申「今後の青少年の体験活動の推進について」 |
| | | (1)学校教育における体験活動の推進<br>(2)社会全体で体験活動を推進するための機運の醸成<br>(3)東日本大震災を踏まえた青少年の体験活動<br>(4)グローバル化に対応した国際交流の推進 |
| | 2 | 教育再生実行会議第一次提言「いじめの問題等への対応について」 |
| | | (1)道徳の教科化<br>(2)いじめに対峙していくための法律の制定<br>(3)いじめに向き合う責任のある体制の構築<br>(4)いじめている子に対する毅然とした適切な指導<br>(5)体罰禁止の徹底と部活動指導ガイドラインの策定 |
| | | ➡2013年6月，いじめ防止対策推進法の公布（同年9月施行）<br>➡2013年4月，第二次提言「教育委員会制度等の在り方について」／同年5月，第三次提言「これからの大学教育等の在り方について」／同年10月，第四次提言「高等学校教育と大学教育との接続・大学入学者選抜の在り方について」／2014年7月，第五次提言「今後の学制等の在り方について」／2015年3月，第六次提言「『学び続ける』社会，全員参加型社会，地方創生を実現する教育の在り方について」／同年5月，第七次提言「これからの時代に求められる資質・能力と，それ |

| | | |
|---|---|---|
| 2013 平25 | | を培う教育，教師の在り方について」／同年7月，第八次提言「教育立国実現のための教育投資・教育財源の在り方について」／2016年5月，第九次提言「全ての子供たちの能力を伸ばし可能性を開花させる教育へ」／2017年6月，第十次提言「自己肯定感を高め，自らの手で未来を切り拓く子供を育む教育の実現に向けた，学校，家庭，地域の教育力の向上」／2019年5月，第十一次提言「技術の進展に対応した高等学校改革について」／2021年6月，第十二次提言「ポストコロナ期における新たな学びの在り方について」 |
| | 4 | **中央教育審議会答申「第2期教育振興基本計画について」** |

(1)4つの基本的方向性に基づく方策
　①社会を生き抜く力の養成
　②未来への飛躍を実現する人材の養成
　③学びのセーフティネットの構築
　④絆づくりと活力あるコミュニティの形成
(2)4つの基本的方向性を支える環境整備
(3)東日本大震災からの復旧・復興支援

➡2013年6月，「第2期教育振興基本計画」を閣議決定

| | 10 | **文部科学省「いじめの防止等のための基本的な方針」** |

(1)いじめの防止等に関する基本的考え方（いじめの防止，いじめの早期発見，いじめへの対処）
(2)いじめの防止等のために国が実施する施策
(3)いじめの防止等のために地方公共団体が実施すべき施策
(4)いじめの防止等のために学校が実施すべき施策
(5)重大事態への対処

| | 12 | **文部科学省「グローバル化に対応した英語教育改革実施計画」** |

(1)グローバル化に対応した新たな英語教育：グローバル化に対応した新たな英語教育：小学校中学年＝活動型・週1～2コマ程度，小学校高学年＝教科型・週3コマ程度，中学校＝授業を英語で行うことを基本，高等学校＝言語活動を高度化
(2)日本人としてのアイデンティティに関する教育の充実：道徳の新たな枠組みによる教科化

➡小学校英語の教科化：学習指導要領を改訂し，2018年度から段階的に先行実施，東京オリンピック・パラリンピック開催に合わせて2020年度から全面実施
➡道徳の教科化：2014年2月，文部科学大臣が中央教育審議会に「道徳に係る教育課程の改善等について」諮問

| | | |
|---|---|---|
| 2013<br>平25 | 12 | **中央教育審議会答申「今後の地方教育行政の在り方について」** |

(1)教育行政の責任の明確化：教育委員長と教育長を一本化した新たな責任者「教育長」を設置（任期は3年）／新教育長は，首長が議会の同意を得て直接任命・罷免

(2)総合教育会議の設置，大綱の策定：首長は「総合教育会議」を設置，会議は首長が招集し，首長，教育委員会により構成／首長は総合教育会議で教育委員と協議し，教育の振興に関する大綱を策定

(3)国の地方公共団体への関与を見直し：いじめによる自殺の防止など，児童生徒の生命または身体への被害の拡大または発生を防止する緊急の必要がある場合に，文部科学大臣が教育委員会に対して指示ができることを明確化

➡2014年6月，新しい教育委員会制度などについて定めた改正地方教育行政の組織及び運営に関する法律が成立（2015年4月施行）

| | | |
|---|---|---|
| 2014<br>平26 | 10 | **中央教育審議会答申「道徳に係る教育課程の改善等について」** |

(1)道徳の時間を「特別の教科　道徳」として位置付け

(2)目標を明確で理解しやすいものに改善

(3)道徳の内容をより発達の段階を踏まえた体系的なものに改善

(4)多様で効果的な道徳教育の指導方法へと改善

(5)「特別の教科　道徳」に検定教科書を導入

(6)一人一人のよさを伸ばし，成長を促すための評価を充実（数値評価は実施しない）

➡2015年3月，小学校，中学校，特別支援学校小学部・中学部学習指導要領を一部改正し，「特別の教科　道徳」を教科として教育課程上に位置付け（小学校，特別支援学校小学部学習指導要領は2018年4月から，中学校，特別支援学校中学部学習指導要領は2019年4月から全面実施。2015年4月から先行実施が可能）

| | | |
|---|---|---|
| | 12 | **中央教育審議会答申「子供の発達や学習者の意欲・能力等に応じた柔軟かつ効果的な教育システムの構築について」** |

▽小中一貫教育の制度設計の基本的方向性

(1)次の2つの形態を制度化すべきである。

　①一人の校長の下，一つの教育集団が9年間一貫した教育を行う新たな学校種を学校教育法に位置付ける（小中一貫教育学校（仮称））。

　②独立した小・中学校が小中一貫教育学校（仮称）に準じた形

| | | |
|---|---|---|
| 2014<br>平26 | | で一貫した教育を施すことができるようにする（小中一貫型<br>小学校・中学校（仮称））。<br>(2)市町村立の小中一貫教育学校（仮称）では，入学者選抜は実施<br>しない。<br>(3)小中一貫教育学校（仮称）では，原則として小・中学校教員免<br>許状を併有した教員を配置することとするが，当面は小学校教<br>員免許状で小学校課程，中学校教員免許状で中学校課程を指導<br>可能としつつ，免許状の併有を促進する。<br>(4)小中一貫教育学校（仮称）及び小中一貫型小学校・中学校（仮<br>称）では，現行の小・中学校の学習指導要領に基づくことを基<br>本とした上で，一定の範囲で教育課程の特例を認める。 |

➡2015年6月，小中一貫教育の制度化のため，学校教育法第1条に「義務教育学校」を追加するなどの一部改正学校教育法が成立（2016年4月施行）

| | 12 | **中央教育審議会答申「新しい時代にふさわしい高大接続の実現に向けた高等学校教育，大学教育，大学入学者選抜の一体的改革について～すべての若者が夢や目標を芽吹かせ，未来に花開かせるために～」** |
|---|---|---|

▽高大接続改革の方向性
(1)課題の発見と解決に向けた主体的・協働的な学習・指導方法であるアクティブ・ラーニングへの飛躍的充実を図る。
(2)新テスト「高等学校基礎学力テスト（仮称)」を導入する。
(3)現行の大学入試センター試験を廃止し，「思考力・判断力・表現力」を中心に評価する新テスト「大学入学希望者学力評価テスト（仮称）」を導入し，各大学の活用を推進する。
▽高等学校教育で育むべき「確かな学力」（学力の三要素）
(1)これからの時代に社会で生きていくために必要な，「主体性を持って多様な人々と協働して学ぶ態度（主体性・多様性・協働性）」を養うこと。
(2)その基盤となる「知識・技能を活用して，自ら課題を発見しその解決に向けて探究し，成果等を表現するために必要な思考力・判断力・表現力等の能力」を育むこと。
(3)さらにその基盤となる「知識・技能」を習得させること。

➡2015年1月に「高大接続改革実行プラン」を策定

| 2015<br>平27 | 2 | **内閣府「障害を理由とする差別の解消の推進に関する基本方針」** |
|---|---|---|

▽基本的な考え方
　共生社会の実現には，日常生活や社会生活における障害者の活

| | | |
|---|---|---|
| 2015<br>平27 | | 動を制限し，社会への参加を制約している社会的障壁を取り除くことが重要。障害を理由とする差別の解消の推進に関する法律（障害者差別解消法，2016年4月1日施行）により，行政機関等及び事業者は，障害者差別解消に向けた具体的取組を求めるとともに，普及啓発活動等を通じて，障害者も含めた国民一人ひとりによる自発的な取組を促す。 |

12 　中央教育審議会答申「新しい時代の教育や地方創生の実現に向けた学校と地域の連携・協働の在り方と今後の推進方策について」

▽これからの学校と地域の目指すべき連携・協働の姿
(1)地域住民等と目標やビジョンを共有し，地域と一体となって子供たちを育む「地域とともにある学校」への転換
(2)地域の様々な機関や団体等がネットワーク化を図りながら，学校，家庭及び地域が相互に協力し，地域全体で学びを展開していく「子供も大人も学び合い育ち合う教育体制」の構築
(3)学校を核とした協働の取組を通じて，地域の将来を担う人材を育成し，自立した地域社会の基盤の構築を図る「学校を核とした地域づくり」の推進

12 　中央教育審議会答申「これからの学校教育を担う教員の資質能力の向上について～学び合い，高め合う教員育成コミュニティの構築に向けて～」

▽これからの時代の教員に求められる資質能力
(1)これまで教員として不易とされてきた資質能力に加え，自律的に学ぶ姿勢を持ち，時代の変化や自らのキャリアステージに応じて求められる資質能力を生涯にわたって高めていくことのできる力や，情報を適切に収集し，選択し，活用する能力や知識を有機的に結びつけ構造化する力。
(2)アクティブ・ラーニングの視点からの授業改善，道徳教育の充実，小学校における外国語教育の早期化・教科化，ICTの活用，発達障害を含む特別な支援を必要とする児童生徒等への対応などの新たな課題に対応できる力量。
(3)「チーム学校」の考えの下，多様な専門性を持つ人材と効果的に連携・分担し，組織的・協働的に諸課題の解決に取り組む力。

12 　中央教育審議会答申「チームとしての学校の在り方と今後の改善方策について」

▽「チームとしての学校」像
　校長のリーダーシップの下，カリキュラム，日々の教育活動，学校の資源が一体的にマネジメントされ，教職員や学校内の多様

| 2015<br>平27 | | な人材が，それぞれの専門性を生かして能力を発揮し，子供たちに必要な資質・能力を確実に身に付けさせることができる学校。<br>▽「チームとしての学校」を実現するための3つの視点<br>(1)専門性に基づくチーム体制の構築<br>(2)学校のマネジメント機能の強化<br>(3)教職員一人一人が力を発揮できる環境の整備 |
|---|---|---|
| | | ➡2016年1月，2015年12月発表の3つの中央教育審議会答申の内容を具体化するため，『『次世代の学校・地域』創生プラン～学校と地域の一体改革による地域創生～」を策定 |
| 2016<br>平28 | 7 | **不登校に関する調査研究協力者会議「不登校児童生徒への支援に関する最終報告～一人一人の多様な課題に対応した切れ目のない組織的な支援の推進～」**<br><br>▽学校等における取組<br>(1)魅力あるよりよい学校づくり<br>(2)いじめ，暴力行為等問題行動を許さない学校づくり<br>(3)児童生徒の学習状況に応じた指導・配慮の実施<br>(4)保護者・地域住民等の連携・協働体制の構築<br>(5)将来の社会的自立に向けた生活習慣づくり<br><br>➡2016年9月及び2019年10月，報告を受けて，文部科学省「不登校児童生徒への支援の在り方について」を通知 |
| | 12 | **中央教育審議会答申「幼稚園，小学校，中学校，高等学校及び特別支援学校の学習指導要領等の改善及び必要な方策等について」**<br><br>▽新学習指導要領の枠組み<br>(1)「何ができるようになるか」（育成を目指す資質・能力）<br>(2)「何を学ぶか」（教科等を学ぶ意義と，教科等間・学校段階間のつながりを踏まえた教育課程の編成）<br>(3)「どのように学ぶか」（各教科等の指導計画の作成と実施，学習・指導の改善・充実）<br>(4)「子供一人一人の発達をどのように支援するか」（子供の発達を踏まえた指導）<br>(5)「何が身に付いたか」（学習評価の充実）<br>(6)「実施するために何が必要か」（学習指導要領等の理念を実現するために必要な方策）<br>▽育成を目指す資質・能力の「3つの柱」<br>(1)「何を理解しているか，何ができるか」（生きて働く「知識・技能」の習得）<br>(2)「理解していること・できることをどう使うか」（未知の状況 |

| 2016<br>平28 | | にも対応できる「思考力・判断力・表現力等」の育成) |
|---|---|---|
| | | (3)「どのように社会・世界と関わり，よりよい人生を送るか」<br>（学びを人生や社会に生かそうとする「学びに向かう力・人間性等」の涵養） |
| | | ➡2017年3月，幼稚園教育要領，小学校学習指導要領，中学校学習指導要領の改訂 |
| | | ➡2017年4月，特別支援学校幼稚部教育要領，同小学部・中学部学習指導要領の改訂 |
| | | ➡2018年3月，高等学校学習指導要領の改訂 |
| | | ➡2019年2月，特別支援学校高等部学習指導要領の改訂 |
| 2017<br>平29 | 3 | **文部科学省「いじめの防止等のための基本的な方針」（最終改定）**<br>▽改定のポイント<br>○ いじめについて学校内で情報共有しないことは法律に「違反し得る」と明記する。<br>○ 各校の「対策組織」に可能な限り，スクールカウンセラーや弁護士ら外部の専門家を参加させる。<br>○ いじめ「解消」の定義について，行為がやんでいる状態が少なくとも3カ月続いていることを目安にする。<br>○ ネット上のいじめが重大な人権侵害に当たる行為だと子供に理解させる。<br>○ 発達障害を含む障害，外国人の子供，性同一性障害や性的指向・性自認（性的少数者，LGBT），東日本大震災での被災や原発事故による避難に関するいじめについて「特に配慮が必要」と指摘する。 |
| | 3 | **文部科学省「第2次学校安全の推進に関する計画」**<br>▽施策目標<br>施策目標1 全ての学校において，管理職のリーダーシップの下，学校安全の中核となる教職員を中心とした組織的な学校安全体制を構築する。<br>施策目標2 全ての学校において，学校安全計画及び危機管理マニュアルを策定する。<br>施策目標3 全ての学校において，自校の学校安全に係る取組を評価・検証し，学校安全計画及び危機管理マニュアルの改善を行う。<br>施策目標4 全ての教職員が，各種機会を通じて，各キャリアステージにおいて，必要に応じた学校安全に関する研修等を受ける。<br>施策目標5 全ての学校において，学校教育活動全体を通じた安全教育を実施する。 |

| 2017<br>平29 | | 施策目標6　全ての学校において，自校の安全教育の充実の観点から，その取組を評価・検証し，学校安全計画（安全管理，研修等の組織活動を含む）の改善を行う。<br>　施策目標7　全ての学校において，耐震化の早期完了を目指すとともに，緊急的に取り組むことが必要な老朽化対策等の安全対策を実施する。<br>　施策目標8　全ての学校において，地域の特性に応じ，非常時の安全に関わる設備の整備を含めた安全管理体制を充実する。<br>　施策目標9　全ての学校において，定期的に学校施設・設備の安全点検を行うとともに，三領域（生活安全・災害安全・交通安全）全ての観点から通学・通園路の安全点検を行い，児童生徒等の学校生活環境の改善を行う。<br>　施策目標10　全ての学校において，学校管理下における事故等が発生した場合には，「学校事故対応に関する指針」に基づく調査を行う。<br>　施策目標11　全ての学校において，児童生徒等の安全に関する保護者・地域住民との連携体制を構築する。<br>　施策目標12　全ての学校において，児童生徒等の安全に関する外部専門家や関係機関との連携体制を構築する。 |
|---|---|---|
| 2018<br>平30 | 3 | **中央教育審議会答申「第3期教育振興基本計画について」**<br><br>▽教育政策の重点事項<br>○　「超スマート社会（Society5.0）」の実現に向けた技術革新が進展するなか「人生100年時代」を豊かに生きていくためには，「人づくり革命」「生産性革命」の一環として，若年期の教育，生涯にわたる学習や能力向上が必要。<br>○　教育を通じて生涯にわたる一人一人の「可能性」と「チャンス」を最大化することを今後の教育政策の中心に据えて取り組む。<br>▽今後の教育政策に関する5つの基本的な方針<br>(1)夢と志を持ち,可能性に挑戦するために必要となる力を育成する。<br>(2)社会の持続的な発展を牽引するための多様な力を育成する。<br>(3)生涯学び，活躍できる環境を整える。<br>(4)誰もが社会の担い手となるための学びのセーフティネットを構築する。<br>(5)教育政策推進のための基盤を整備する。<br><br>➡2018年6月,「第3期教育振興基本計画」を閣議決定 |
| 2019<br>平31<br>(令元) | 1 | **中央教育審議会報告「児童生徒の学習評価の在り方について」**<br><br>▽学習評価についての基本的な考え方 |

○ 「学習指導」と「学習評価」は学校の教育活動の根幹であり，教育課程に基づいて組織的かつ計画的に教育活動の質の向上を図る「カリキュラム・マネジメント」の中核的な役割を担う。

○ 新学習指導要領で重視している「主体的・対話的で深い学び」の視点からの授業改善を通して各教科等における資質・能力を確実に育成する上で，学習評価は重要な役割を担う。

▽学習評価の基本的な枠組み

○ 学習状況を分析的に捉える「観点別学習状況の評価」と，これらを総括的に捉える「評定」の両方について，学習指導要領に定める目標に準拠した評価として実施する。

○ 観点別学習状況の評価や評定には示しきれない児童生徒一人一人のよい点や可能性，進歩の状況については，「個人内評価」として実施する。

▽観点別学習状況の評価の改善＝4観点から3観点へ

新学習指導要領改訂で各教科等の目標や内容を「知識及び技能」「思考力，判断力，表現力等」「学びに向かう力・人間性等」の資質・能力の3つの柱で再整理したことを踏まえ，これらの資質・能力に関わる「知識・技能」「思考・判断・表現」「主体的に学習に取り組む態度」の3観点で実施する。

| 1 | **中央教育審議会答申「新しい時代の教育に向けた持続可能な学校指導・運営体制の構築のための学校における働き方改革に関する総合的な方策について」** |

▽学校における働き方改革の背景・意義

○ 「日本型学校教育」を維持し，新学習指導要領を着実に実施するには，教師の業務負担の軽減が喫緊の課題。

○ 「学校における働き方改革」により，教師が心身の健康を損なうことのないよう業務の質的転換を図り，限られた時間の中で，児童生徒に接する時間を十分に確保し，教師の日々の生活の質や教職人生を豊かにすることで，教師の人間性を高め，児童生徒に真に必要な総合的な指導を，持続的に行うことのできる状況を作り出すことを目指す。

▽検討の視点

(1)勤務時間管理の徹底と勤務時間・健康管理を意識した働き方の促進

(2)学校及び教師が担う業務の明確化・適正化

(3)学校の組織運営体制の在り方

(4)教師の勤務の在り方を踏まえた勤務時間制度の改革

(5)学校における働き方改革の実現に向けた環境整備

| 2019<br>平31<br>(令元) | 12 | **文部科学省「教育の情報化に関する手引」**<br>　新学習指導要領では，「情報活用能力」を学習の基盤となる資質・能力と初めて位置付け，教科等横断的にその育成を図るとともに，その育成のために必要な ICT 環境を整え，それらを適切に活用した学習活動の充実を図ることとしており，情報教育や教科等の指導における ICT 活用など，教育の情報化に関わる内容の一層の充実を図る。 |
|---|---|---|

> ▽作成趣旨
> (1)新学習指導要領のほか，現時点の国の政策方針・提言，通知，各調査研究の成果，各種手引，指導資料等に基づき作成
> (2)2010年10月の手引の内容を全面的に改訂・充実するとともに，「プログラミング教育」「デジタル教科書」「遠隔教育」「先端技術」「健康面への配慮」などの新規事項を追加
> (3)各学校段階・教科等における ICT を活用した指導の具体例を掲載
> ▽小学校におけるプログラミング教育のねらい
> (1)「プログラミング的思考」を育むこと
> (2)プログラムの働きやよさ，情報社会がコンピュータ等の情報技術によって支えられていることなどに気付くことができるようにするとともに，コンピュータ等を上手に活用して身近な問題を解決したり，よりよい社会を築いたりしようとする態度を育むこと
> (3)各教科等の内容を指導する中で実施する場合には，各教科等での学びをより確実なものとすること

➡2020年6月，追補版を作成

| 2021<br>令3 | 1 | **中央教育審議会答申「『令和の日本型学校教育』の構築を目指して～全ての子供たちの可能性を引き出す，個別最適な学びと，協働的な学びの実現～」** |
|---|---|---|

> ▽「令和の日本型学校教育」とは
> 　全ての子供たちの可能性を引き出す，①個別最適な学びと，②協働的な学びの実現。
> ①個別最適な学び＝「個に応じた指導」（指導の個別化と学習の個性化）を学習者の視点から整理した概念。
> 　指導の個別化：支援が必要な子供により重点的な指導を行うことなど効果的な指導を実現する。子供の特性や学習進度等に応じ，指導方法・教材等の柔軟な提供・設定を行う。
> 　学習の個性化：子供の興味・関心等に応じ，一人一人に応じた学習活動や学習課題に取り組む機会を提供することで，子供

| 2021<br>令3 | | 自身が学習が最適となるよう調整する。<br>②協働的な学び＝「個別最適な学び」が「孤立した学び」に陥らないよう，探究的な学習や体験活動等を通じ，子供同士で，あるいは多様な他者と協働しながら，他者を価値ある存在として尊重し，様々な社会的な変化を乗り越え，持続可能な社会の創り手となることができるよう，必要な資質・能力を育成する。<br>▽「令和の日本型学校教育」の構築に向けた今後の方向性<br>(1)学校教育の質と多様性，包摂性を高め，教育の機会均等を実現する<br>(2)連携・分担による学校マネジメントを実現する<br>(3)これまでの実践とICTとの最適な組合せを実現する<br>(4)履修主義・修得主義等を適切に組み合わせる<br>(5)感染症や災害の発生等を乗り越えて学びを保障する<br>(6)社会構造の変化の中で，持続的で魅力ある学校教育を実現する |
|---|---|---|
| 2022<br>令4 | 3 | **文部科学省「第3次学校安全の推進に関する計画」**<br>▽施策の基本的な方向性<br>○　学校安全計画・危機管理マニュアルを見直すサイクルを構築し，学校安全の実効性を高める<br>○　地域の多様な主体と密接に連携・協働し，子供の視点を加えた安全対策を推進する<br>○　全ての学校における実践的・実効的な安全教育を推進する<br>○　地域の災害リスクを踏まえた実践的な防災教育・訓練を実施する<br>○　事故情報や学校の取組状況などデータを活用し学校安全を「見える化」する<br>○　学校安全に関する意識の向上を図る（学校における安全文化の醸成）<br>▽5つの推進方策<br>(1)学校安全に関する組織的取組の推進<br>(2)家庭，地域，関係機関等との連携・協働による学校安全の推進<br>(3)学校における安全に関する教育の充実<br>(4)学校における安全管理の取組の充実<br>(5)学校安全の推進方策に関する横断的な事項等 |
| | 6 | **不登校に関する調査研究力者会議「不登校に関する調査研究力者会議報告書〜今後の不登校児童生徒への学習機会と支援の在り方について〜」**<br>▽今後重点的に実施すべき施策の方向性<br>(1)誰一人取り残されない学校づくり |

| | | |
|---|---|---|
| 2022 令4 | | (2)困難を抱える児童生徒に対する支援ニーズの早期把握 |
| | | (3)不登校児童生徒の多様な教育機会の確保 |
| | | (4)不登校児童生徒の社会的自立を目指した中長期的支援 |

➡2022年6月，報告書を受けて，文部科学省「『不登校に関する調査研究協力者会議報告書〜今後の不登校児童生徒への学習機会と支援の在り方について〜』について」を通知

**12 『生徒指導提要』の改訂**

▽生徒指導の定義

　生徒指導とは，児童生徒が，社会の中で自分らしく生きることとができる存在へと，自発的・主体的に成長や発達する過程を支える教育活動のことである。なお，生徒指導上の課題に対応するために，必要に応じて指導や援助を行う。

▽生徒指導の目的

　生徒指導は，児童生徒一人一人の個性の発見とよさや可能性の伸長と社会的資質・能力の発達を支えると同時に，自己の幸福追求と社会に受け入れられる自己実現を支えることを目的とする。

▽生徒指導の2軸3類4層構造

　2軸（時間軸）：常態的・先行的（プロアクティブ生徒指導），即応的・継続的生徒指導（リアクティブ生徒指導）

　3類（課題性と課題への対応）：発達支持的生徒指導，課題予防的生徒指導，困難課題対応的生徒指導

　4層（重層的支援構造）発達支持的生徒指導，課題予防的生徒指導（課題未然防止教育，課題早期発見対応），困難課題対応的生徒指導

**12 中央教育審議会答申「『令和の日本型学校教育』を担う教師の養成・採用・研修等の在り方について〜『新たな教師の学びの姿』の実現と，多様な専門性を有する質の高い教職員集団の形成〜」**

▽「新たな教師の学びの姿」の実現

○　子供たちの学び（授業観・学習観）とともに教師自身の学び（研修観）を転換し，「新たな教師の学びの姿」（個別最適な学び，協働的な学びの充実を通じた，「主体的・対話的で深い学び」）を実現

○　養成段階を含めた教職生活を通じた学びにおける，「理論と実践の往還」の実現

　・変化を前向きに受け止め，探究心を持ちつつ自律的に学ぶという「主体的な姿勢」

　・求められる知識技能が変わっていくことを意識した「継続的な学び」

| | | |
|---|---|---|
| 2022<br>令4 | | • 新たな領域の専門性を身に付けるなど強みを伸ばすための，一人一人の教師の個性に即した「個別最適な学び」<br>• 他者との対話や振り返りの機会を確保した「協働的な学び」<br>▽教師に求められる資質能力の再整理<br>(1)教職に必要な素養<br>(2)学習指導<br>(3)生徒指導<br>(4)特別な配慮や支援を必要とする子供への対応<br>(5)ICT や情報・教育データの利活用 |
| | 12 | 文部科学省「学校教育情報化推進計画」 |
| | | ▽基本的な方針<br>(1)ICT を活用した児童生徒の資質・能力の育成<br>(2)教職員の ICT 活用指導力の向上と人材の確保<br>(3)ICT を活用するための環境の整備<br>(4)ICT 推進体制の整備と校務の改善 |
| 2023<br>令5 | 3 | 中央教育審議会答申「次期教育振興基本計画について」 |
| | | ▽総括的な基本方針・コンセプト<br>○　2040年以降の社会を見据えた持続可能な社会の創り手の育成<br>○　日本社会に根差したウェルビーイングの向上<br>▽5つの基本的な方針<br>(1)グローバル化する社会の持続的な発展に向けて学び続ける人材の育成<br>(2)誰一人取り残さず*，全ての人の可能性を引き出す共生社会の実現に向けた教育の推進<br>(3)地域や家庭で共に学び支え合う社会の実現に向けた教育の推進<br>(4)教育デジタルトランスフォーメーション（DX）の推進<br>(5)計画の実効性確保のための基盤整備・対話<br>　＊「第4期教育振興基本計画」では「誰一人取り残されず」 |
| | | ➡2023年6月，「第4期教育振興基本計画」を閣議決定 |

# Chapter
## I
# 教育改革編

# 詳説 「令和の日本型学校教育」答申のポイント

中央教育審議会が2021年1月に発表した答申「『令和の日本型学校教育』の構築を目指して」は，2020年代を通じて実現を目指す子供たちの学びの姿を「全ての子供たちの可能性を引き出す，個別最適な学びと，協働的な学び」と示した。まずは，本答申で示されたキーワードを押さえよう。

## 🔓 「日本型学校教育」

学校が学習指導のみならず，生徒指導等の面でも主要な役割を担い，様々な場面を通じて，子供たちの状況を総合的に把握して教師が指導を行うことで，子供たちの知・徳・体を一体で育む教育。

〈参考〉新型コロナウイルス感染症の感染拡大防止のため，全国的に学校の臨時休業措置が取られたことにより再認識された学校の役割

①学習機会と学力の保障，②全人的な発達・成長の保障，③身体的・精神的な健康の保障（安全・安心につながることができる居場所・セーフティネット）

## 🔓 「令和の日本型学校教育」

明治から続く我が国の学校教育の蓄積である「日本型学校教育」の良さを受け継ぎながら更に発展させ，2020年代を通じて実現を目指すもので，「全ての子供たちの可能性を引き出す，①個別最適な学びと，②協働的な学び」をいう。

①個別最適な学び：「指導の個別化」と「学習の個性化」を教師視点から整理した概念である「個に応じた指導」を，学習者視点から整理した概念。

### 指導の個別化
✓ 子供一人一人の**特性・学習進度・学習到達度等に応じ**，
✓ 教師は**必要に応じた重点的な指導や指導方法・教材等の工夫を行う**
　　→一定の目標を全ての子供が達成することを目指し，異なる方法等で学習を進める

### 学習の個性化
✓ 子供一人一人の**興味・関心・キャリア形成の方向性等に応じ**，
✓ 教師は**一人一人に応じた学習活動や課題に取り組む機会の提供**を行う
　　→異なる目標に向けて，学習を深め，広げる

②協働的な学び：「個別最適な学び」が「孤立した学び」に陥らないよう，探究的な学習や体験活動等を通じ，子供同士で，あるいは多様な他者と協働しながら，他者を価値ある存在として尊重し，様々な社会的な変化を乗り越え，持続可能な社会の創り手となることができるよう，必要な資質・能力を育成する学び。
✓ 子供一人一人の**よい点や可能性を生かし**，
✓ 子供同士，あるいは地域の方々をはじめ**多様な他者と協働**する
　　→異なる考え方が組み合わさり，よりよい学びを生み出す

それぞれの学びを一体的に充実し「主体的・対話的で深い学び」の実現に向けた授業改善につなげる。

概要 中央教育審議会答申
「令和の日本型学校教育」の構築を目指して～全ての子供たちの可能性を引き出す，個別最適な学びと，協働的な学びの実現～

第Ⅰ部 総論

## 1. 急激に変化する時代の中で育むべき資質・能力

- 社会の在り方が劇的に変わる「Society5.0時代」の到来
- 新型コロナウイルスの感染拡大など先行き不透明な「予測困難な時代」

> 一人一人の児童生徒が，自分のよさや可能性を認識するとともに，あらゆる他者を価値のある存在として尊重し，多様な人々と協働しながら様々な社会的な変化を乗り越え，豊かな人生を切り拓き，持続可能な社会の創り手となることができるようにすることが必要

新学習指導要領の着実な実施
ICTの活用

## 2. 日本型学校教育の成り立ちと成果，直面する課題と新たな動きについて

### 成果

- 学校が学習指導のみならず，生徒指導の面でも主要な役割を担い，児童生徒の状況を総合的に把握して教師が指導を行うことで，子供たちの知・徳・体を一体で育てる「日本型学校教育」は，諸外国から高い評価
- 新型コロナウイルス感染症の感染拡大防止のため，全国的な臨時休業措置が取られたことにより学校の役割が再認識された一方，変化する社会の中で以下の課題に直面
- ①学習機会と学力の保障 ②全人教育の面での豊かな発達・成長の保障 ③身体的，精神的な健康の保障（安全・安心につながる居場所・セーフティネット）

### 課題

- 子供たちの意欲・関心・学習意欲や，高い意欲や能力をもった教師やそれを支える職員により成果を上げる一方，本来であれば家庭や地域で担うことまで学校が担わされることになり，結果として学校及び教師が担う業務の範囲が拡大され，その負担が増大
- 子供たちの多様化（特別支援教育の対象の児童生徒数の増加，質（いじめの重大事態や不登校児童生徒数の増加等）
- 生徒の学習意欲の低下
- 教師の長時間勤務による疲弊や教員採用倍率の低下，教師不足の深刻化
- 学習場面におけるデジタルデバイスの使用が低調であるなど，加速度的に進展する情報化への対応の遅れ
- 少子高齢化，人口減少による社会の維持とその持続の保障に向けた取組の必要性
- 新型コロナウイルス感染症の感染拡大防止と学校教育活動の両立，今後起こり得る新たな感染症への備えとしての教室環境や指導体制等の整備

**必要な改革を躊躇なく進めることで，従来の日本型学校教育を発展させ，「令和の日本型学校教育」を実現**

- 教育振興基本計画の理念（自立・協働・創造）の継承
- 学校における働き方改革の推進
- GIGAスクール構想の実現
- 新学習指導要領の着実な実施

45

# 3. 2020年代を通じて実現すべき「令和の日本型学校教育」の姿

## ① 個別最適な学び（「個に応じた指導」（指導の個別化と学習の個性化）を学習者の視点から整理した概念）

◆ 新学習指導要領では、「個に応じた指導」を一層重視し、指導方法や指導体制の工夫改善により、「個に応じた指導」の充実を図るとともに、「個別最適な学び」を実現するために必要な環境を整えることが示されており、これらを適切に活用した学習活動の充実を図ることが必要

◆ GIGAスクール構想の実現による新たなICT環境の活用、少人数によるきめ細かな指導体制の整備を進め、「個に応じた指導」を充実していくことが重要

◆ その際、「主体的・対話的で深い学び」を実現し、学びの質を高めていくことが重要

### 指導の個別化

◆ 基礎的・基本的な知識・技能等を確実に習得させ、思考力・判断力・表現力等や、自ら学習を調整しながら粘り強く学習に取り組む態度等を育成するため、支援が必要な子供により重点的な指導を行うことなどで効果的な指導を実現し、特性や学習進度等に応じ、指導方法・教材や学習時間等の柔軟な提供・設定を行う

### 学習の個性化

◆ 基礎的・基本的な知識・技能や情報活用能力等の学習の基盤となる資質・能力等を土台として、子供の興味・関心・意欲等を踏まえ、一人一人に応じた学習活動や学習課題に取り組む機会を提供することで、子供自身が学習が最適となるよう調整する

**それぞれの学びを一体的に充実し「主体的・対話的で深い学び」の実現に向けた授業改善につなげる**

## ② 協働的な学び

◆ 「個別最適な学び」が「孤立した学び」に陥らないよう、探究的な学習や体験活動等を通じ、子供同士で、あるいは多様な他者と協働しながら、他者を価値ある存在として尊重し、様々な社会的な変化を乗り越え、持続可能な社会の創り手となることができるよう、必要な資質・能力を育成する「協働的な学び」を充実することも重要

◆ 集団の中で個が埋没してしまうことのないよう、一人一人のよい点や可能性を生かすことで、異なる考え方が組み合わさり、よりよい学びを生み出す

◆ 知・徳・体を一体的に育むためには、教師と子供、子供同士の関わり合い、自分の感覚や行為を通して理解する実習・実験、地域社会での体験活動など、様々な場面でリアルな体験を通じて学ぶことの重要性が、AI技術が高度に発達するSociety5.0時代にこそ一層高まる

◆ 同一学年・学級はもとより、異学年間の学びや、ICTの活用による空間的・時間的制約を超えた他の学校の子供との学び合いも大切

## 子供の学び

### 幼児教育
- 小学校との円滑な接続、質の評価等を通じた、質の高い教育を提供
- 身近な環境に主体的に関わり様々な活動を楽しむ中で成長を味わいながら、全ての幼児が健やかに育つことができる

### 高等学校教育
- 社会的・職業的自立に向けて必要な基盤となる資質・能力が育まれる
- 地方公共団体、企業、高等教育機関、国際機関、NPO等の多様な関係機関との連携・協働による地域・社会の課題解決に向けた学び
- 多様な生徒一人一人に応じた探究的な学びや、STEAM教育など実社会での課題解決に生かしていくための教科等横断的な学び

### 義務教育
- 新たなICT環境や先端技術の活用等による学習の基盤となる資質・能力の確実な育成、多様な児童生徒一人一人の興味・関心等に応じ意欲を高めやりたいことに集中できる学びなどの提供
- 学校ならではの児童生徒同士の学び合い、多様な他者と協働した探究的な学びなどを通じ、地域の構成員の一人や主権者としての意識を育成
- 生活や学びにわたる課題(虐待等)の早期発見等による安全・安心な学びの保障

### 特別支援教育
- 全ての教育段階において、インクルーシブ教育システムの理念を構築することを旨として行われ、全ての子供たちが適切な教育を受けられる環境整備
- 障害のある子供と障害のない子供が可能な限りともに教育を受けられる条件整備
- 障害のある子供の自立と社会参加を見据え、通常の学級、通級による指導、特別支援学級、特別支援学校といった連続性のある多様な学びの場の一層の充実・整備

## 教職員の姿
- 学校教育を取り巻く環境の変化を前向きに受け止め、教職生涯を通じて学び続け、子供一人一人の学びを最大限に引き出し、主体的な学びを支援する伴走者としての役割を果たしている
- 多様な人材の確保や教師の資質・能力の向上によりより質の高い教職員集団が実現し、多様なスタッフ等とチームとなり、校長のリーダーシップの下、家庭や地域と連携しつつ学校が運営されている
- 働き方改革の実現や教職の魅力向上を通じて魅力ある仕事であることが再認識され、志望者も志気を高め、誇りを持って働くことができている

## 子供の学びや教職員を支える環境
- 小中高における1人1台端末環境の実現、デジタル教科書等の先端技術や教育データを活用できる環境の整備、学校施設の整備等による新しい時代の学びを支える教育環境の実現
- ICTの活用環境と少人数によるきめ細かな指導体制の整備、学校施設の複合化・共用化等の促進を通じた魅力的な指導・支援の環境整備による指導・支援の充実、校務の効率化、教育政策の改善・充実
- 小中連携、学校施設の複合化・共用化等の促進を通じた魅力的な教育環境の実現

47

## 4. 「令和の日本型学校教育」の構築に向けた今後の方向性

◆ 全ての子供たちの知・徳・体を一体的に育むため、これまで日本型学校教育が果たしてきた、①学習機会と学力の保障、②社会の形成者としての全人的な発達・成長の保障、③安全安心な居場所・セーフティネットとしての身体的、精神的な健康の保障を学校教育の本質的な役割として重視し、継承していく

◆ 教職員定数、専門スタッフの拡充等の人的資源、ICT環境や学校施設の整備等の物的資源を十分に供給・支援することが国に求められる役割

◆ 学校だけでなく地域住民等と連携・協働し、学校と地域が相互にパートナーとして子供たちの成長を支えていく

◆ 一斉授業か個別学習か、履修主義か修得主義か、デジタルかアナログか、遠隔・オンラインか対面・オフラインといった、[二項対立]の陥穽に陥らず、教育の質の向上のために、発達の段階や学習場面等により、どちらの良さを適切に組み合わせていく

◆ 教育政策のPDCAサイクルの着実な推進

---

### 全ての子供たちの可能性を引き出す、個別最適な学びと、協働的な学びの実現のための改革の方向性

**(1) 学校教育の質と多様性、包摂性を高め、教育の機会均等を実現する**

● 子供たちの資質・能力をより一層確実に育むため、基礎学力を保障してその才能を十分に伸ばし、社会性・人間性を育むことができるよう、学校教育の質を高める

● 多様化に十分な人的配置を実現し、1人1台端末や先端技術等を活用しつつ、多様化する子供たちに対応して個別最適な学びを実現しながら、学校教育の質を高める

● ICTの活用や関係機関との連携を基盤に、学校教育になじめないでいる子供たちに対して実質的な学びの機会を保障するとともに、地理的条件に関わらず、教育の質と機会均等を確保

**(2) 連携・分担による学校マネジメントを実現する**

● 校長を中心に学校組織のマネジメント力の強化を図るとともに、学校内外との関係で「連携・分担による学校マネジメント」を実現

● 外部人材や専門スタッフ等、多様な人材が指導に携わることのできる学校の実現、事務職員や専門スタッフの参画による役割分担の適正化

● 学校・家庭・地域それぞれの役割と責任を果たし、相互に連携・協働して、地域全体で子供たちの成長を支えていく環境を整備

● カリキュラム・マネジメントの充実を図り、子供たちと地域との関係を継続し、心ながる協働的な学びを実現

**(3) これまでの実践とICTとの最適な組合せを実現する**

● ICTや先端技術の効果的な活用等により、新学習指導要領の着実な実施、個別最適な学びや協働的な学びを実現

● GIGAスクール構想の実現や様々な学びの知見とICTとを組み合わせ、様々な課題を解決し、教育の質の向上

● 教師による対面指導や子供たち同士による学び合い、多様な体験活動の重要性が一層高まる中で、ICTを活用しながら対面による協働的な学びも実現し、多様な他者とともに問題発見・解決に挑む資質・能力を育成

**(4) 履修主義・修得主義等を適切に組み合わせる**

● 修得主義や課程主義は、個人の学習状況に着目するため、個に応じた指導等のきめ細やかな対応が可能である一方、集団としての教育の在り方が問われる面は少ない。個別最適な学びと協働的な学びの一体的な充実を図りつつ、修得主義等も取り入れる

● 義務教育段階においては、進級や卒業の要件としては年齢主義を基本としつつも、一定の期間の中で、個々の成長の課題に応じて共通に教育を行う性格を有し、過度の同質性ややや一律性を求めることがないようにする

● 高等学校においては、その特質を踏まえつつ、それぞれの教育課程の在り方等について検討

**(5) 感染症や災害の発生等を乗り越えて学びを保障する**

● 今般の新型コロナウイルス感染症対応の経験を踏まえ、新たな感染症や災害の発生等の緊急事態であっても必要な教育活動の継続

● 新しい生活様式を踏まえ、子供の健康に対する意識の向上、新しい時代の教室環境に応じた指導体制、必要な施設・設備の整備

● 臨時休業時等であっても、関係機関や民間企業等との連携を図り、子供たちと学校との関係を継続し、心のケアや虐待の防止を図り、子供たちの学びを保障する

● 感染症に対する差別や偏見、いじめ等を許さない

● 首長部局や関係省庁と連携・協働しつつ、課題に取り組み、学校を支援する教育委員会の在り方について検討

**(6) 社会構造の変化の中で、持続的で魅力ある学校教育を実現する**

● 少子高齢化や人口減少等により社会構造が変化する中、学校教育の持続可能性を確保しつつ魅力ある学校教育の実現に向け、必要な制度改正や運用改善を実施

● 学校教育の質の高い教育を地方においても実現するとともに、高齢者を含む多様な地域の人材が学校教育に関わるなど、学校の配置や施設の維持管理、学校間連携の在り方等を検討

## 5.「令和の日本型学校教育」の構築に向けたICTの活用に関する基本的な考え方

- 「令和の日本型学校教育」を構築し、全ての子供たちの可能性を引き出す、個別最適な学びと、協働的な学びとを実現するためには、ICTは必要不可欠
- これまでの実践とICTとを最適に組み合わせることで、様々な課題を解決し、教育の質の向上につなげていくことが必要
- ICTを活用すること自体が目的化しないよう留意し、PDCAサイクルを意識し、効果検証・分析を適切に行うことが重要であるとともに、健康面を含め、ICTが児童生徒に与える影響にも留意することが必要
- ICTの全面的な活用により、学校の組織文化、教師に求められる資質・能力も変わっていく中で、Society5.0時代にふさわしい学校の実現が必要

### (1) 学校教育の質の向上に向けたICTの活用

- カリキュラム・マネジメントを充実させ、各教科等で育成を目指す資質・能力を把握した上で、ICTを主体的・対話的で深い学びの実現に向けた授業改善に生かすとともに、従来は伸ばせなかった資質・能力の育成や、これまでできなかった学習活動の実施、家庭等学校外での学習の充実
- 端末の活用を「当たり前」のこととし、児童生徒自身がICTを自由な発想で活用するための環境整備
- ICTの特性を最大限活用した、不登校や病気療養等により特別な支援が必要な児童生徒に対する学びの提供や、障害のある児童生徒の学びの充実
- ICTの活用と少人数によるきめ細かな指導体制の整備により、個々の子供の特性を伸ばすための高度な学びの機会の提供や、個別最適な学びと協働的な学びの実現

### (3) ICT環境整備の在り方

- GIGAスクール構想により配備される1人1台の端末は、クラウドの活用を前提としたものであるため、高速大容量ネットワークを整備し、クラウドの活用を促進
- 教育情報セキュリティポリシー等でクラウドの活用を禁止せず、必要なセキュリティ対策を講じた上で活用を促進するとともに、端末の持ち帰りを可能とする
- 義務教育段階のみならず、高等学校段階においても多様な実態を踏まえ、1人1台端末環境を実現するとともに、端末の更新に向けて検討
- 人口動態等を踏まえた、高等学校段階における1人1台端末環境整備、ICT人材の確保、ICTによる校務効率化
- デジタル教科書・教材等の普及促進や、教育データを蓄積・分析・利活用できる環境整備

### (2) ICTの活用に向けた教師の質・能力の向上

- 養成・研修体を通じ、教師が必要な資質・能力を身に付けられる環境の実現
- 養成段階において、学生の1人1台端末を前提とした教育を実現しつつ、ICT活用指導力の向上に向けた教育の充実
- ICTを効果的に活用した指導ノウハウの迅速な収集・分析、新時代に対応した教員養成モデルの構築等、教職大学院の充実、教員養成大学・学部、教職大学院のリーダーシップによる先導、Society5.0時代の教員養成の実現
- 国によるコンテンツ提供や都道府県等における研修の充実等による現職教師のICT活用指導力の向上。授業改善に取り組む教師のネットワーク化

### 各論（目次）

## 第Ⅱ部 各論

### 1. 幼児教育の質の向上について

#### (1) 基本的な考え方

● 幼児教育は、生涯にわたる人格形成の基礎を培う重要なものであり、義務教育及びその後の教育の基礎を培うことが目的
● 幼稚園、保育所、認定こども園といった各幼児教育施設においては、集団活動を通して、幼児期に育成すべき資質・能力を育む質・量ともに高い幼児教育の実践の質の向上が必要
● 教育環境の整備も含めた幼児教育の内容・方法の改善・充実や、人材の確保・質の確保・質及び専門性を高めることが幼児教育推進体制の構築等を進めることが必要

#### (2) 幼児教育の内容・方法の改善・充実

① 幼稚園教育要領等の理解推進・改善
・新幼稚園教育要領等の実施状況等の把握、調査研究や好事例等の成果を踏まえた改善・充実
・教育内容や指導方法の改善・充実

② 小学校教育との円滑な接続の推進
・「幼児期の終わりまでに育ってほしい姿」を手掛かりに幼児教育と小学校教育との接続の一層の強化
・スタートカリキュラムを活用した幼児教育と小学校教育との接続の一層の強化

③ 教育環境の整備
・幼児の直接的・具体的な体験を更に豊かにするための工夫をしながらICT化の推進
・幼児教育施設の業務のICT化の推進
・耐震化、衛生環境の改善等の安全対策の実施

④ 特別な配慮を必要とする幼児への支援
・幼児教育施設と連携した切れ目のない支援。関係機関・部局と連携した切れ目のない支援体制の整備
・幼児教育の質の向上に向けた研修プログラムの作成、指導上の留意事項の整理
・幼児教育施設を活用した外国人幼児やその保護者に対する日本語指導、多言語での就園・就学案内等の取組内容の充実

#### (3) 幼児教育を担う人材の確保・質及び専門性の向上

① 処遇改善をはじめとした人材の確保
・処遇改善等の実施や、大学等と連携した新規採用、離職防止・定着、再就職の促進等の総合的な人材確保策の推進

② 研修の充実等による質の向上
・各種研修の実施、効果的な研修を実施
・各種研修の実施、位置付けを構造化、キャリアステージごとの研修体系の構築

③ 幼児教育の専門性の向上
・各職階・役割に応じた研修の促進、小学校教諭免許や保育士資格の併有促進
・上位の免許状の取得促進、特別な配慮を必要とする幼児への支援

#### (4) 幼児教育の質の評価の促進

● 学校関係者評価の実施により持続的に改善を促すPDCAサイクルを構築
● 公開保育の仕組みの活用など、地域における幼児教育支援の充実
● 幼児教育の質に関する評価の仕組みづくりに向けた手法開発・成果の普及

#### (5) 家庭・地域における幼児教育の支援

① 保護者等に対する学習機会・情報の提供
・保護者等に対する相談体制の整備など、地域における家庭教育支援の充実

② 関係機関相互の連携強化
・幼児教育施設と教育委員会、福祉担当部局、児童相談所等の関係機関の連携促進

③ 幼児教育施設における子育ての支援の促進
・親子登園、相談事業や一時預かり保育等の充実、支援の充実

#### (6) 幼児教育を推進するための体制の構築

① 地方公共団体における幼児教育センターの設置、幼児教育アドバイザーの育成・配置等による幼児教育推進体制の充実・活用のための支援の充実
・幼児教育推進体制の活用の促進、活用のための支援の充実

② 幼児教育の検討、実証的な検証を通じたエビデンスに基づいた政策形成の促進

#### (7) 新型コロナウイルス感染症への対応

● 保健・福祉の専門職や関係機関等とスムーズに連携できる幼児教育推進体制の整備、研修等の充実
● 各園等の取組の改善等による衛生環境の改善等の感染症対策の推進、園務改善のための取組の推進
● トイレや空調設備の改善等、幼児の生活環境の改善等の感染症対策の推進、教職員の勤務環境の整備のためのICT化支援等の勤務環境の整備

## 2. 9年間を見通した新時代の義務教育の在り方について

### (1) 基本的な考え方

● 我が国のどの地域で生まれ育っても、知・徳・体のバランスのとれた質の高い義務教育を受けられるようにすることが国の責務
● 義務教育9年間を通した教育課程、教師の養成等の在り方について一体的に検討する必要
● 児童生徒が多様化し学校が様々な課題を抱える中にあっても、誰一人取り残さないことを徹底

### (2) 教育課程の在り方

#### ① 学力の確実な定着等の資質・能力の育成に向けた方策

● 新学習指導要領で整理された資質・能力の3つの柱をバランス良く育成することであり、ICT環境を最大限活用し、「個別最適な学び」と「協働的な学び」を充実していくことが重要
● 児童生徒の発達の段階を考慮し、各教科等の特質を生かし、教科等横断的な視点から教育課程の編成・充実を図る
● 小学校高学年への教科担任制の導入、学校段階間の連携強化等の教科担任制にかかわる研修の導入等、キャリア教育の充実等

#### ② 補充的・発展的な学習指導について

##### ア 補充的・発展的な学習指導
● 補充的な学習や発展的な学習を取り入れる
● 解説していない内容等を含む学習指導要領に応じて異なる学習内容を含む学習指導要領

##### イ 特定の分野に特異な才能のある児童生徒に対する指導
● 特定の分野に特異な才能のある児童生徒への指導・支援の在り方や、国内外の学校や児童生徒をつなぐことなど、今後の在り方について、実証的な研究開発を行い、必要な検討・分析を実施

#### ③ カリキュラム・マネジメントの充実に向けた取組の推進
● 学校や地域の実態を踏まえ、教育課程を編成・実施
● 各学校が行っている教育課程の編成・実施について、教科等ごとの教育課程に基づく弾力的な運用が可能となる制度を設け、一定の弾力化が可能な制度上の配慮について、引き続き確保した上で、総合的な学習時間の授業時数を活用し、教科等ごとの教育課程の実効化を図る

#### (3) 小学校高学年からの教科担任制の導入(令和4(2022)年度を目途)
① 義務教育9年間を見通した教科担任制の構築。新たに専科指導の対象とすべき教科(例えば、外国語・理科・算数)の検討。小学校の教科指導の専門性を持った教師による、きめ細かな指導の充実。地理的条件に応じた効果的な指導体制や小学校規模やICT活用等多様な指導体制の確保と、学校内外に向けて検討
● 専門性の高い教科指導方策等を見通した教師の確保に向けて検討
② 義務教育9年間を見通した教師の養成等の在り方
● 必要な教員数の確保が重要
● 小学校と中学校の免許の教職課程に共通部分を設け、両方の免許取得を促進。小学校高学年への教科担任制の導入を見据え、小学校教科指導等の範囲に含む特例的な設計。中学校免許で専科教員として勤務できるよう制度の弾力化

#### (4) 義務教育を全ての児童生徒に実質的に保障するための方策
① 不登校児童生徒への対応
● SC・SSWの配置時間等の充実による相談体制の整備、教育支援センターの機能強化、不登校特例校の設置促進、自宅等での多様な教育機会の確保と、学校内外において、個々の状況に応じた民間の団体等と連携した教育の充実
● 児童生徒の状況に応じたニーズに応じた支援
● 義務教育未修了で学齢を経過した者等への対応
② 栄養教諭等の配置促進
● 全ての都道府県・指定都市における栄養教諭の配置促進
● 専門人材の配置増員・指定都市中学校の教育活動の充実や専科指導体制の拡大

#### (5) 生涯を通じて心身ともに健康な生活を送るための資質・能力を育成するための方策
① 生涯を通じて心身ともに健康な生活を送るための資質・能力(健康リテラシー等)を育成
● 学校だけでは対応が難しい、生活指導上の課題や背景や要因といった関連する課題に連携の強化
● 養護教諭の適正配置、学校歯科医、学校薬剤師等との連携、専門家等との連携、学校保健情報の電子化
● 食育の推進を担う栄養教諭の専門性に基づく指導の充実、栄養教諭の配置促進

#### (6) いじめの重大事態、虐待事案等に適切に対応するための方策
● 成長を促す指導等の充実を踏まえ、児童虐待の防止に向けた関係機関との連携強化
● 学校だけでは対応が難しい、生活指導上の取組を指摘される背景や要因といった困難を抱える児童生徒等への包括的な支援
● SC・SSW配置時間等の充実、SNS等を活用した相談体制の整備
● SC・SSW等を活用した法制体制の整備
● 学校や教育委員会における相談体制の整備、いじめ等の状況に応じたデータの活用の促進、虐待の早期発見・通告、保護・自立支援を円滑に行うための学校における対応徹底や研修の実施等

51

# 3. 新時代に対応した高等学校教育等の在り方について

## (1) 基本的な考え方

- 高等学校には様々な背景を持つ生徒が在籍していることから、生徒の多様な能力・適性、興味・関心等に応じた学びを実現することが必要
- 高等学校における教育活動を、高校生の学習意欲を最大限に伸長するためのものへと転換
- 社会経済の変化や令和4年度から実施される新しい高等学校学習指導要領を踏まえた高等学校の在り方の検討が必要
- 生徒が高等学校生活の中に主体的に、一人としての自覚を深めていくことができるよう、高等学校の役割やキャリア教育の充実を図ることが必要
- 新型コロナウイルス感染症の感染拡大を通じて再認識された高等学校の役割や価値を踏まえ、遠隔・オンライン対面・オフラインの最適な組み合わせを検討

## (2) 高校生の学習意欲を喚起し、可能性及び能力を最大限に伸長するための各高等学校の特色化・魅力化

① **各高等学校の役割・社会的役割等の明確化(スクール・ミッションの再定義)**
- 各設置者は、各学校の存在意義や期待される社会的役割等を明確化することが必要

② **各高等学校の入口から出口までの教育活動の指針の策定(スクール・ポリシーの策定)**
- 各学校はスクール・ミッションに基づき、「育成を目指す資質・能力に関する方針」「教育課程の編成及び実施に関する方針」「入学者の受入れに関する方針」の3つの方針(スクール・ポリシー)を策定・公表

③ **普通教育を主とする学科の弾力化・大綱化(普通科改革)**
- 「普通教育を主とする学科」を置く各高等学校が、設置者の判断により、学際的な学びに重点的に取り組む学科や、地域社会に関する学びに重点的に取り組む学科等を設置可能とする制度的措置
- 新たに開設し得る教育課程において、学校設定教科・学校設定科目等の配置

④ **地域社会や高等教育機関との連携・協働による人材育成の推進**
- 地域の産業界や高等学校等と一体となり将来の地域の在り方等を検討し、地域課題の解決等に向けた探究的な学びを実現する学校の在り方を整理
- それに基づく高等教育機関との連携、施設・整備の充実、教師の資質・能力の向上に関する支援、実習・履修等の取組推進

⑤ **新しい時代に求められる教育課程の開発・実施等の検討**
- 多様な高校生に対応した特色ある教育課程という特色を生かした教育活動を展開するため、教科・科目等とのつながりや2年次以降の科目の活用を見通した各高等学校のネットワーク構築、ICTの活用や地域資源の活用、外部人材・地域資源の提供
- 多様な他校の科目履修を単位認定する仕組みの活用

⑥ **特色・魅力ある高等学校等の地域社会のため、地域社会や高等教育機関等との連携・協働**
- 各学校の特色化に資する教育課程を開発し、コンソーシアムといった形を含めた関係機関等との連携・協働をコーディネート
- 複数の高等学校が協働して高度な多様なプログラムを開発・共有し、全国の高校生がこうした学習プログラムに参加することを可能とする取組みの促進

## (3) 定時制・通信制課程における多様な学習ニーズへの対応と質保証

① 専門スタッフの充実や関係機関との連携強化、ICTの効果的な活用等によるきめ細かな指導・支援
- SC・SSW等の専門スタッフの充実や関係機関との連携促進
- 多様な学習ニーズに対応したICTを効果的に利用した指導・評価方法の在り方等の検討

② 通信制高等学校教育の質保証
- 通信制高等学校実施計画の作成義務化、面接指導等実施施設の教育環境の基準や少人数による面接指導を基幹とすべきことの明確化
- 情報公開の義務化等による質保証の徹底

## (4) STEAM教育等の教科等横断的な学習の推進による資質・能力の育成

- STEAMのAの範囲を芸術、文化のみならず生活、経済、法律、政治、倫理等を含めた広い範囲で定義し推進することが重要
- 文理の枠を超えて教科等横断的な視点に立って進める探究的な学びを推進することが重要
- 小・中学校での学びや総合的な探究の時間や理数探究を中心としてSTEAM教育に取り組むとともに、教科等横断的な視点で教育課程を編成し、地域や関係機関と連携しつつ、生徒や地域の実態にあった探究学習を充実

## (5) 高等専修学校の機能強化

- 国による教育カリキュラムの開発、地域、企業等との連携を通じた教育体制の構築支援、好事例の収集・分析・周知

## 4. 新時代の特別支援教育の在り方について

### (1) 基本的な考え方

● 特別支援教育への理解・認識の高まり、制度改正、通級による指導を受ける児童生徒の増加等、特別支援教育をめぐる状況は変化
● 関係機関や外部専門家等との連携による効果的な指導、特別支援学級、特別支援学校といった連続性のある多様な学びの場の充実・整備を着実に推進
● 通常の学級、通級による指導、特別支援学級、特別支援学校といった連続性のある多様な学びの場の充実・整備を着実に推進

### (2) 障害のある子供の学びの場の整備・連携強化

① 就学前における早期からの相談・支援の充実
- 関係機関や外部専門家等との連携による体制の充実のため、教師や特別支援教育コーディネーターの専門性の向上、教師や特別支援教育の質的向上を図るための研修機会の充実
- 幼児教育の観点からも特別支援教育の質を充実するため、教師や特別支援教育の観点に立った研修機会の充実
- 5歳児健診を活用した早期支援や、就学相談における情報提供の充実

② 就学相談や学びの場の検討等の支援の充実について

③ 小中学校における特別支援教育の充実
- 特別支援学級や通級による指導など障害に応じた特別の指導を受ける児童生徒数の増加
- 個別の指導計画等に基づく教科学習の共同実施としても活動する取組を通じて通常の学級と特別支援学級の取組を推進
- 学校施設のバリアフリー化の推進に向けた学校設置者への支援や学校施設整備指針の活用促進、特別支援学級、通級による指導、在籍する専門性の高い通級による指導のある児童生徒のための環境整備

④ 特別支援学校における教育環境の整備
- ICTを活用した教師の担当教科等の配置等改善や特別支援教育体制の充実
- 必要な最低基準としての特別支援学校の設置基準を策定、教室不足の解消に向け関連事業を促進する体制の確保
- 特別支援学校のセンター的機能の充実を超えた学校間連携に向けた集中的な取組推進

⑤ 高等学校における学びの場の充実
- 知的障害者である生徒が学ぶ教科の知的障害者用の教科書、著作教科書(知的障害者用)を身に付けさせる観点から、在籍する児童生徒に次的な箇の一層の普及推進
- 小中学校から高等学校への通級による指導の適切な引き継ぎを行い、個別の教育支援計画や個別の指導計画の作成・活用する障害の可能性に気が付いていない生徒への指導・支援の実施
- 高等学校における特別支援体制の構築
- 本人保護者が障害の可能性に気が付いていない生徒への指導・支援など、指導方法など、関係機関等の連携促進
- 卒業後の進路との連携を見据えた指導等を引き継ぐための研修充実、教師の資質向上のための研修実施

### (3) 特別支援教育を担う教師の専門性向上

① 全ての教師に求められる特別支援教育に関する専門性
- 障害の特性等に関する理解や специ支援教育に関する基礎的な知識、個に応じた分かりやすい指導内容や指導方法の工夫の検討
- 教師が必要な研修を受けられる体制の構築、管理職向けの研修の充実
- 都道府県において特別支援教育に係る資質を教員育成指標全般に位置づけるとともに、体系的な研修を実施

② 特別支援学級、通級による指導を担当する教師に求められる特別支援教育に関する専門性
- 個別の指導計画や通級による指導、関係者間の連携の方法の習得、発達障害のある児童生徒に携わる専門的な知見等の活用
- OJTやオンラインなどを活用した研修の推進、発達障害のある児童生徒の指導・支援のための具体的な検討

③ 特別支援学校の教師に求められる専門性
- 幅広い知識・技能の習得、専門性を担保した指導、複数障害が重複している児童生徒への対応
- 小学校教職課程における特別支援学校教諭免許状の取得に向けた国による情報提供等の促進、教員養成段階における内容の精選やコアカリキュラムの策定
- 特別支援学校教諭免許状取得に向けた免許法認定講習等の活用
- 専門性が担保された人材育成・確保に向けた国による知見を活用した指導、教員養成段階における免許状取得主体の拡大検討
- 通信教育の実施主体の拡大検討

### (4) 関係機関等との連携強化による切れ目ない支援の充実

- 関係機関等と家庭の連携、保護者を含めた情報共有、障害の有無に関わらず全ての保護者に対する支援情報や相談窓口等の情報整備
- 地域の就学関係機関との連携による早期からのキャリア教育の充実
- 特別支援教育を受ける子供の指導や合理的配慮の状況の学校間での引き継ぎを継承したり、統合校間支援システム(福祉サービス)・利用者負担の状況把握の実施
- 個別の教育支援計画(教育)の活用や子供の教育的配慮の整備実施
- 学校と関係機関との放課後等支援・医療的ケアの検討などの検討(予防)の一体的な情報提供・共有の仕組みの整備、移行支援計画・移行支援の取組に向け、医療的ケアを担う看護師の人材確保や就学点校の環境整備
- 学校に配置される看護師の法令上の位置付けの検討、中学校区における医療的ケアを担う看護師の人材確保や点校の設置か検討

## 5. 増加する外国人児童生徒等の教育の在り方について

### (1) 基本的な考え方

● 外国人の子供たちが共生社会の一員として今後の日本を形成する存在であることを前提に、関連施策の制度設計を行うことが必要
● キャリア教育や相談支援の包括的提供、母語・母文化支援に対する支援を行うことが必要
● 日本人の子供を含め、異文化理解・多文化共生の考え方に基づく教育の更なる取組

### (2) 指導体制の確保・充実

① 日本語指導のための教師の確保
・日本語と教科を統合した学習を行うなど、組織的かつ体系的な指導が必要
・日本語指導が必要な児童生徒等の専門的なスタッフの充実
・日本語指導等の支援等の専門スタッフの配置促進と支援体制の構築の検討

② 学校における日本語指導体制構築
・拠点校を中心とした指導体制構築の在り方の検討
・集住・散在等、地域の実情となる学校の指導体制の整備と支援体制の構築
・拠点校方式等の指導体制構築や初期集中支援等の実践事例の周知

③ 地域の関係機関との連携
・地域のボランティア団体、日本語教室等の関係機関との連携促進
・教育委員会、首長部局、首長部局等の連携
・特に、教員養成する外国人を雇用する企業等との連携

### (3) 教師等の指導力の向上、支援環境の改善

① 教師等に対する研修機会の充実
・「外国人児童生徒等教育を担う教師の養成・研修モデルプログラム」の普及
・日本語指導担当教師等が専門知識の習得や証明できる仕組みの検討
・教員養成段階における学びの場の提供

② 日本語能力の評価、指導方法、指導教材の活用・開発
・「外国人児童生徒のためのJSL対話型アセスメントDLA」やＪＳＬカリキュラム等の活用
・校生活を紹介する動画コンテンツ等の作成

③ 外国人児童生徒等に対する特別な配慮等
・障害のある外国人児童生徒等に対して、障害の状態等に応じたきめ細かい指導・支援等の状況把握

### (4) 就学状況の把握、就学促進

・学齢期の子供を持つ外国人に対する、就学促進の取組実施
・学齢簿の編製にあたり全ての外国人の子供の就学状況について一体的に管理・把握
・各地方公共団体における就学状況の取組促進
・義務教育未修了の外国人について、公立中学校での弾力的な対応の在り方の検討
・学齢期を経過した外国人の入学受入れや夜間中学の入学案内の実施促進

### (5) 中学生・高校生の進学・キャリア支援の充実

・外国人児童生徒等の進学・就職等の進路選択の支援
・公立高等学校入学者選抜における外国人生徒を対象とした特別の配慮（ルビ振り、辞書の持ち込み、高等学校版JSL カリキュラムの策定の検討等）について、現状把握
・中学校・高等学校における日本語指導の「個別の指導計画」を踏まえた体の取組促進
・小・中・高等学校が連携し、外国人児童生徒等の必要な履修内容の充実、情報共有の促進

### (6) 異文化理解、母語・母文化支援、幼児に対する支援

・学校における異文化理解や多文化共生の考え方が根付くような取組促進
・異文化理解・多文化共生の考え方に基づく教育の更なる普及・充実
・家庭を中心としたNPO・国際交流協会等の連携による母語・母文化に触れる教育の促進
・委員会と学校との連携、母語・母文化支援の獲得
・幼児期の特性を踏まえた指導上の留意事項等の整理、研修機会の確保

54

# 6. 遠隔・オンライン教育を含むICTを活用した学びの在り方について

## (1) 基本的な考え方

- ICTはこれからの学校教育を支える基盤的なツールとして必要不可欠なものであり、心身に及ぼす影響にも留意しつつ、日常的に活用できる環境整備が必要
- 今般の新型コロナウイルス感染症による臨時休業等に伴う遠隔・オンライン教育等の成果や課題については、今後検証
- ICTは教師と児童生徒との人間的な関係の希薄化を招くものではなく、教育効果を高めるため活用することが重要である。活用自体が目的化しないよう留意する必要
- 対面指導の重要性、遠隔・オンライン教育等の成果や課題を踏まえ、発達の段階に応じ、対面指導と家庭や地域社会と連携した遠隔・オンライン教育とを使いこなす（ハイブリッド化）ことで、個別最適な学びと協働的な学びを展開

## (2) ICTの活用や、対面指導と遠隔・オンライン教育とのハイブリッド化による指導の充実

① ICTの日常的な活用による授業改善
- ICTを日常的に活用できる環境を整え、「文房具」として自由な発想で活用できるようにし、主体的・対話的で深い学び（アクティブ・ラーニング）の実現に向けた授業改善に生かす

② 学習履歴（スタディ・ログ）など教育データを活用した個別最適な学びの充実
- データ標準化等の取組を加速
- 個々の児童生徒の知識・技能等に関する学習計画及び学習履歴等のICTを活用したPDCAサイクルの実現や、円滑なデータの引き継ぎに資するよう、学習評価の充実
- 全国の学校でCBTを活用した学習診断及び指導等の改善

③ 学校現場における先端技術の効果的な活用に向けた活用事例等の整理・周知

④ 全国学力・学習状況調査のCBT化の検討
- 全国学力・学習状況調査について専門的・技術的な観点から検討を行うとともに、小規模から試行・検証に取り組んで、段階的に規模・内容を拡張・充実

⑤ 高等学校における遠隔授業の活用
- オンデマンドの動画教材の活用
- 発達の段階に応じて、対面指導と遠隔授業時間外において、対面指導により行う授業の実施等について、単位数の算定、対面により行う授業の実施等について、目的に応じた遠隔授業の要件を
- 同時双方向型の遠隔授業と遠隔授業を融合させた多様な授業方法を可能化

⑥ デジタル教科書・教材の普及促進
- 学習用デジタル教科書の効果・影響について検証しつつ、使用の基準や教材との連携等、使用の在り方等について検討
- 学びの充実の観点から今後の教科書の在り方や、デジタル教科書との関係も含め、令和6年度の小学校用教科書改訂までの間において、紙との併用が可能な環境下で学習用デジタル教材・教材の使用が着実に進むよう普及を図る

⑦ 児童生徒の特性に応じたきめ細かな対応
- 不登校児童生徒が必要な支援を受けやすい環境づくりに向け、統合型校務支援システムの活用や帳票の共通化等により、個別の支援計画の作成及び電子化を推進
- 障害のある児童生徒に対する遠隔技術を活用した自立活動支援に係る実践的な研究を推進
- 遠隔技術を用いた相談・指導等の実施

⑧ ICT人材の確保
- 企業・大学等と連携し、地方公共団体がGIGAスクールサポーター、ICT支援員の全国展開等、人材を確保しやすい仕組みづくりや人材確保・活用事例の全国展開
- 教育委員会に対するICTを活用する研修等の充実
- 事務職員等に対して、ICT活用教育も含めたICTの専門知識を身に付ける研修の充実、外部人材の活用促進、ICT活用教育アドバイザーの配置促進、ICT活用教育アドバイザーの活用推進

## (3) 特例的な措置や実証的な取組等

① 臨時休業時に学校と児童生徒等の関係を継続し学びを保障するための取組
- 感染症や自然災害等により、児童生徒が登校できない場合における、学校の教育活動の継続、学びの保障の観点に加えた措置の検討・整理

② 学校に登校できなくても学びを継続する児童生徒への対応・オンライン教育の活用
- 学校に登校できなくても学びを継続しやすい児童生徒（病気療養、不登校等）に対し、遠隔・オンライン教育の活用促進に向けた、教育を活用した学びを出席扱いとする制度や、成績評価ができる制度の検討、学習状況の分析、より適切な方策の検討
- 特例的に遠隔・オンライン授業により行う特例的な授業や、自宅等における同時双方向型オンライン学習とのハイブリッド化を特例的に認め、対面指導と遠隔・オンライン教育とのハイブリッド化を検討
- 高等学校段階において、家庭における双方向型オンライン学習を授業の一部として特例的に認め

③ 個々の才能を伸ばす高度な学びの機会など新たな学びへの対応
- 特異な才能のある児童生徒に対し、大学や研究機関等の知見を生かして、個々人の特性に応じて才能を伸ばせるような指導の在り方や、特別な学習機会の確保について、海外の事例も参考に、教科等ごとの特質を踏まえつつ実証的な研究開発を推進
- 義務教育段階において、特別の教育課程を編成して、特定分野に特異な才能のある児童生徒に対し、大学や民間団体等で特別な配慮を要する児童生徒に対し、特別の教育課程を編成し、学校外での受講を可能とすること等を含め、対面指導と遠隔教育とを最適に組み合わせた指導方法の研究開発を実施

55

## 7. 新時代の学びを支える環境整備について

### (1) 基本的な考え方

● 全ての子供たちの可能性を引き出す個別最適な学びと協働的な学びを実現し、教育の質の向上を図るとともに、新たな感染症や災害等の発生時にあっても全ての子供たちの学びを保障するため、「GIGAスクール構想」の実現を前提とした新しい時代の教育を支える環境整備を図る

### (2) 新時代の学びを支える教室環境等の整備

● 「1人1台端末」や遠隔・オンライン教育に適合した教室環境など教師の指導のICT環境の整備
● 学校図書館における図書の充実など既存の学校資源の活用促進
● 新しい生活様式も踏まえた健やかに学習できる衛生環境の整備やバリアフリー化

### (3) 新時代の学びを支える指導体制等の計画的な整備

● 「1人1台端末」の活用等による児童生徒の学習の特性・学習定着度・習熟度等に応じたきめ細かな指導の充実や、「新しい生活様式」を踏まえた身体的な距離の確保に向け、少人数によるきめ細かな指導体制や小学校高学年からの教科担任制の導入の検討を推進。新時代の学びを支える指導体制や設備を計画的に整備

### (4) 学校健康診断の電子化と生涯にわたる健康の保持増進への活用

● 学校健康診断及びその結果の電子化の推進。心身の状況の変化への早期の気付き、エビデンスに基づく個別最適な指導・支援の充実のほか、学齢期の健康情報を電子化、学齢期からの健康診断情報や生涯にわたる健康への活用に向けた環境整備
● PHR（Personal Health Record）等の活用による健康への活用。働き方改革にも有効

## 8. 人口動態等を踏まえた学校運営や学校施設の在り方について

### (1) 基本的な考え方

● 少子高齢化や人口減少等により子供たちを取り巻く状況が大きく変化する中でも、持続的で魅力ある学校教育が実施できるよう、学校配置や施設の維持管理、学校間の連携の在り方について検討が必要

### (2) 児童生徒数の減少等により子供たちを取り巻く学校の小規模化を踏まえた学校運営

① 公立小中学校等の適正規模・適正配置
・教育関係部局と首長部局との分野横断的な検討体制のもと、新たな分野横断的計画の実行計画の策定等により教育環境の向上とコスト最適化
・義務教育学校化を含む地方公共団体内での統合、分校の活用、近隣の地方公共団体との組合立学校などの設置等により学校の設置等にメリット最適化
・少人数を生かしたきめ細かな指導の充実、ICTを活用した遠隔合同授業など小規模校のメリット最大化・デメリット最小化

② 義務教育学校制度の活用等による小中一貫教育の推進
・小中一貫教育の優良事例等の横展開

③ 中山間地域や離島などに立地する学校における教育資源の活用・共有
・中山間地域や離島等の高校生を含めたネットワークを構築し、ICTも活用しそれぞれが強みを有する科目の選択的な履修を可能とし、小規模校単独ではなし得ない教育活動を実施

### (3) 地域の実態に応じた公的なストックの最適化の観点からの施設整備の促進

● 子供たちの多様なニーズに対応した施設機能の高機能化、多機能化、防災機能強化
● 地域の実態に応じ、小中一貫教育の導入や学校施設の適正規模・適正配置の推進、長寿命化改良、他の公共施設との複合化、共用化など、個別施設計画に基づく計画的・効率的な施設整備

# 9. Society5.0時代における教師及び教職員組織の在り方について

## (1) 基本的な考え方

● AIやロボティクス、ビッグデータ、IoTといった技術が発展したSociety5.0時代の到来に対応した、教師の情報活用能力、データリテラシーの向上が一層重要
● 教師や学校は、変化を前向きに受け止め、求められる知識・技能を意識し、継続的に学び続けていくことが必要であり、教職大学院が新たな教育課題や最新の教育改革の動向に対応できる実践力を育成する役割を担うことも大いに期待
● 多様な知識・経験を持つ人材との連携を強化し、そういった人材を取り込んでいくことで、社会のニーズにも対応しつつ、高い教育力を持つ組織となることが必要

## (2) 教師のICT活用指導力の向上方策

● 国で作成されたICTを活用した学習場面や各教科等の指導におけるICT活用に係る動画コンテンツについて、教職課程の授業における活用を促進
● 教職課程においてICTを活用した指導法に共通して習得すべきICT活用指導力を総論的に修得できるように新たに科目を設けることや、教職実践演習においてICTを活用した模擬授業などのICTを活用した演習を行うこと等について検討し、教職課程全体を通じた速やかな制度改正等が必要
● 都道府県教育委員会等の充実に向けた取組に向けた教師の資質・能力の育成を図る教師の育成指標における、ICT活用指導力の明確化等における、ICT活用指導力等を高める教師の資質・能力の向上など、研修コンテンツの作成など、研修向けオンライン研修プログラムの作成など、研修コンテンツの提供や都道府県における研修の更なる充実
● 国において大学の取組状況のフォローアップ等を通じて、大学が実践的な内容の授業を通じた、高い教育力を持つ人材を確保し、そういった人材を取り込む仕組みの構築
● 国においても大学の取組状況のフォローアップ等を通じて体系的かつ効果的な実施
● 教員研修等におけるICT機器の積極的な使用や研修におけるオンラインも含めた効果的な実施

## (3) 多様な知識・経験を有する外部人材による教職員組織の構成等

● 「社会に開かれた教育課程」の実現に向け、地域の人的資源等を活用し、学校教育を社会との連携の中で実現
● 社会教育士を育て、学校と地域が連携した魅力的な教育活動の企画・実施
● 社会人等の活用に向け、教職特別免許課程における制度活用の促進
● 従来の特別免許状等とは別に、より短期間の有効期間で柔軟に活用できる免許状を活用できる教員の授与等の実施

## (4) 教員免許更新制の実質化について

● 教員免許更新制が現下の情勢下において、子供たちの学びの保障に注力する教師や迅速な人的体制の確保に及ぼす影響の分析
● 教員免許更新制や研修を巡る制度に関する包括的な検証の推進により、必要な教師数の確保と能力の確保が両立できるような在り方の総合的な検討

## (5) 教師の人材確保

● 教師の魅力を発信する取組の推進。学校における働き方改革の取組や教職の魅力向上の国による収集・発信や、民間企業等に就職した社会人等を対象とした、教職に就くための効果的な情報発信
● 教員免許状を持っているものの教職への道を諦めていた就職氷河期世代が円滑に学校教育に参画するための環境整備
● 高い採用倍率を維持している教育委員会の要因の分析・共有等による、中長期的な視点からの計画的な採用・人事の推進

57

# Chapter I ① 中央教育審議会答申
### 2021（令和3）年1月26日

**教育改革編** | 「『令和の日本型学校教育』の構築を目指して～全ての子供たちの可能性を引き出す，個別最適な学びと，協働的な学びの実現～」

## ─ SUMMARY ─

### 1 答申の背景

　2019年4月，中央教育審議会は「新しい時代の初等中等教育の在り方について」，文部科学大臣から諮問を受けた。新しい時代を見据えた学校教育について審議を進めていた2020年1月以降，世界的規模で新型コロナウイルス感染症が拡大。日本国内でも，同年3月から地域によっては約3カ月もの長期にわたって臨時休業措置が取られた。こうした予測困難な時代の中にある「令和の日本型学校教育」が目指す学びについてまとめたのが本答申である。

### 2 答申の内容

#### (1) 急激に変化する時代の中で育むべき資質・能力

　人工知能（AI），ビッグデータ，Internet of Things（IoT）などの先端技術により社会の在り方が劇的に変わる「Society5.0時代」の到来や，新型コロナウイルス感染症の世界的規模の拡大など予測困難な時代において育むべき資質・能力は「一人一人の児童生徒が，自分のよさや可能性を認識するとともに，あらゆる他者を価値のある存在として尊重し，多様な人々と協働しながら様々な社会的変化を乗り越え，豊かな人生を切り拓き，持続可能な社会の創り手となることができる」ようにすることだと指摘。そのためには新学習指導要領の着実な実施と，ICTの活用が必要不可欠だとした。

#### (2) 評価される「日本型学校教育」と，直面する課題

　答申は，学校が学習指導のみならず，生徒指導の面でも主要な役割を担い，児童生徒の状況を総合的に把握して教師が指導を行うことで，子供たちの知・徳・体を一体で育む「**日本型学校教育**」は諸外国から高い評価を受けており，今後も継続するとした。一方で，子供たちの多様化（特別支援教育を受ける児童生徒や外国人児童生徒等の増加，貧困，いじめの重大事態や不登校児童生徒数の増加など），生徒の学習意欲の低下，教師の長時間勤務による疲弊，情報化への対応の遅れ，少子高齢化・人口減少による学校教育の維持とその質の保証に向けた取組の必要性，新型コロナウイルス感染症の感染防止策と学校教育活動の両立など，教育が直面する課題を明確に指摘。とりわけ新型コロナウイルス感染症の感染拡大防止のため，全国的に学校の臨時休業措置が取られたことにより，(1)学習機会と学力の保障，(2)全人的な発達・成長の保障，(3)身体的，精神的な健康の保障（安全・安心につながることができる居場所・セーフティネット）──という学校の役割を再認識させた。

　こうした背景を踏まえ，新学習指導要領の全面実施，学校における働き方

　　学校が学習指導のみならず，生徒指導の面でも主要な役割を担い，児童生徒
の状況を総合的に把握して教師が指導を行うことで，子供たちの知・徳・体を
一体で育む「日本型学校教育」をさらに発展させ，全ての子供たちの可能性を
引き出す，個別最適な学びと，協働的な学びを実現させる「令和の日本型学校
教育」を推進するためには，GIGA スクール構想など ICT の重要性を訴える。

────────────────── SUMMARY ──

改革の推進，GIGA スクール構想など必要な改革を進めることで，従来の日
本型学校教育を発展させ，「令和の日本型学校教育」を実現すると打ち出した。
### (3)　「令和の日本型学校教育」とは
　「令和の日本型学校教育」とは，答申の副題でもある「全ての子供たちの
**可能性を引き出す，個別最適な学びと，協働的な学びの実現**」を目指す教育
である。
　①　**個別最適な学び**：新学習指導要領でも重視されている「個に応じた指
　　　導」を学習者の視点から整理した概念であり，「**指導の個別化**」と「**学
　　　習の個性化**」を子供たちが自己調整しながら学習を進めていく。
　　・**指導の個別化**：子供一人一人の特性・学習進度・学習到達度等に応じ，
　　　教師は必要に応じた重点的な指導や指導方法・教材等の工夫を行う。
　　　すなわち，一定の目標を全ての子供が達成することを目指し，異なる
　　　方法などで学習を進める。
　　・**学習の個性化**：子供一人一人の興味・関心・キャリア形成の方向性等
　　　に応じ，教師は一人一人に応じた学習活動や課題に取り組む機会の提
　　　供を行う。すなわち，異なる目標に向けて，学習を深め，広げる。
　②　**協働的な学び**：「個別最適な学び」が「孤立した学び」に陥らないよ
　　　う，探究的な学習や体験活動等を通じ，子供同士で，あるいは多様な他
　　　者と協働する。すなわち，異なる考え方が組み合わさり，よりよい学び
　　　を生み出す。
　そして，(1)学校教育の質と多様性，包摂性を高め，教育の機会均等を実現
する，(2)連携・分担による学校マネジメントを実現する，(3)これまでの実践
と ICT との最適な組合せを実現する，(4)履修主義・修得主義等を適切に組
み合わせる，(5)感染症や災害の発生等を乗り越えて学びを保障する，(6)社会
構造の変化の中で，持続的で魅力ある学校教育を実現する──という改革に
向けた6つの方向性を示した。
### ③　答申の影響
　答申は，個別最適な学びと，協働的な学びを実現するためには，ICT が
必要不可欠であるとして，2021年4月から前倒し実施された GIGA スクー
ル構想のさらなる充実を提言。このほか，小学校高学年からの教科担任制の
導入，高等学校では「普通教育を主とする学科」の弾力化・大綱化（普通科
改革）などを打ち出し，具体的な検討に着手している。

# *CONTENTS*

性及び能力を最大限に伸長するため
の各高等学校の特色化・魅力化
(3)　定時制・通信制課程における多様
な学習ニーズへの対応と質保証
(4)　STEAM 教育等の教科等横断的
な学習の推進による資質・能力の育
成
(5)　高等専修学校の機能強化
4．新時代の特別支援教育の在り方につ
いて【今後の方向性(1)，(2)，(3)】
(1)　基本的な考え方
(2)　障害のある子供の学びの場の整
備・連携強化
(3)　特別支援教育を担う教師の専門性
向上
(4)　関係機関の連携強化による切れ目
ない支援の充実
5．増加する外国人児童生徒等への教育
の在り方について【今後の方向性(1)，
(2)】
(1)　基本的な考え方
(2)　指導体制の確保・充実
(3)　教師等の指導力の向上，支援環境
の改善
(4)　就学状況の把握，就学促進
(5)　中学生・高校生の進学・キャリア
支援の充実
(6)　異文化理解，母語・母文化支援，
幼児に対する支援
6．遠隔・オンライン教育を含む ICT
を活用した学びの在り方について【今
後の方向性(1)，(2)，(3)，(4)，(5)】
(1)　基本的な考え方
(2)　ICT の活用や，対面指導と遠

隔・オンライン教育とのハイブリッ
ド化による指導の充実
(3)　特例的な措置や実証的な取組等
7．新時代の学びを支える環境整備につ
いて【今後の方向性(3)，(5)】
(1)　基本的な考え方
(2)　新時代の学びを支える教室環境等
の整備
(3)　新時代の学びを支える指導体制等
の計画的な整備
(4)　学校健康診断の電子化と生涯にわ
たる健康の保持増進への活用
8．人口動態等を踏まえた学校運営や学
校施設の在り方について【今後の方向
性(2)，(3)，(6)】
(1)　基本的な考え方
(2)　児童生徒の減少による学校規模の
小規模化を踏まえた学校運営
(3)　地域の実態に応じた公的ストック
の最適化の観点からの施設整備の促
進
9．Society5.0時代における教師及び教
職員組織の在り方について【今後の方
向性(1)，(2)，(3)，(6)】
(1)　基本的な考え方
(2)　教師の ICT 活用指導力の向上方
策
(3)　多様な知識・経験を有する外部人
材による教職員組織の構成等
(4)　教員免許更新制の実質化について
(5)　教師の人材確保

■今後更に検討を要する事項

# はじめに

（略）

## 第Ⅰ部　総論

## 1．急激に変化する時代の中で育むべき資質・能力

○　人工知能，AI，ビッグデータ Internet of Things（IoT），ロボティクス等の先端技術が高度化してあらゆる産業や社会生活に取り入れられた **Society5.0 時代**が到来しつつあり，社会の在り方そのものがこれまでとは「非連続」と言えるほど劇的に変わる状況が生じつつある。

　　また，学習指導要領の改訂に関する「幼稚園，小学校，中学校，高等学校及び特別支援学校の学習指導要領等の改善及び必要な方策等について（答申）」（平成28（2016）年12月21日中央教育審議会。以下「平成28年答申」という。）においても，社会の変化が加速度を増し，複雑で予測困難となってきていることが指摘されたが，新型コロナウイルス感染症の世界的な感染拡大により，その指摘が現実のものとなっている。

○　このように急激に変化する時代の中で，我が国の学校教育には，一人一人の児童生徒が，自分のよさや可能性を認識するとともに，あらゆる他者を価値のある存在として尊重し，多様な人々と協働しながら様々な社会的変化を乗り越え，豊かな人生を切り拓き，持続可能な社会の創り手となることができるよう，その資質・能力を育成することが求められている。

○　この資質・能力とは具体的にはどのようなものであろうか。中央教育審議会では，平成28年答申において，社会の変化にいかに対処していくかという受け身の観点に立つのであれば難しい時代になる可能性を指摘した上で，変化を前向きに受け止め，社会や人生，生活を，人間ならではの感性を働かせてより豊かなものにする必要性等を指摘した。とりわけ，その審議の際にAIの専門家も交えて議論を行った結果，次代を切り拓く子供たちに求められる資質・能力としては，文章の意味を正確に理解する読解力，教科等固有の見方・考え方を働かせて自分の頭で考えて表現する力，対話や協働を通じて知識やアイディアを共有し新しい解や納得解を生み出す力などが挙げられた。

　　また，豊かな情操や規範意識，自他の生命の尊重，自己肯定感・自己有用感，他者への思いやり，対面でのコミュニケーションを通じて人間関係を築く力，困難を乗り越え，ものごとを成し遂げる力，公共の精神の育成等を図るとともに，子供の頃から各教育段階に応じて体力の向上，健康の確保を図ることなどは，どのような時代であっても変わらず重要である。

○　国際的な動向を見ると，国際連合が平成27（2015）年に設定した**持続可能な開発目標（SDGs）**[*1]などを踏まえ，自然環境や資源の有限性，貧困，イノベー

ションなど，地域や地球規模の諸課題について，子供一人一人が自らの課題として考え，持続可能な社会づくりにつなげていく力を育むことが求められている。また，経済協力開発機構（OECD）では子供たちが2030年以降も活躍するために必要な資質・能力について検討を行い，令和元（2019）年５月に"Learning Compass 2030"を発表しているが，この中で子供たちが**ウェルビーイング（Well-being）**[*2]を実現していくために自ら主体的に目標を設定し，振り返りながら，責任ある行動がとれる力を身に付けることの重要性が指摘されている。

○　これらの資質・能力を育むためには，新学習指導要領の着実な実施が重要である。このことを前提とし，今後の社会状況の変化を見据え，初等中等教育の現状及び課題を踏まえながら新しい時代の学校教育の在り方について中央教育審議会において審議を重ねている最中，世界は新型コロナウイルス感染症の感染拡大という危機的な事態に直面した。感染状況がどうなるのかという予測が極めて困難な中，学校教育を含む社会経済活動の在り方をどうすべきか，私たちはどう行動するべきか，確信を持った答えは誰も見いだせない状況が我が国のみならず世界中で続いている。

　　新型コロナウイルス感染症の感染拡大に伴う甚大な影響は，私たちの生命や生活のみならず，社会，経済，私たちの行動・意識・価値観にまで多方面に波及しつつある。この影響は広範で長期にわたるため，感染収束後の「ポストコロナ」の世界は，新たな世界，いわゆる「ニューノーマル」に移行していくことが求められる。

○　「予測困難な時代」であり，新型コロナウイルス感染症により一層先行き不透明となる中，私たち一人一人，そして社会全体が，答えのない問いにどう立ち向かうのかが問われている。目の前の事象から解決すべき課題を見いだし，主体的に考え，多様な立場の者が協働的に議論し，納得解を生み出すことなど，正に新学習指導要領で育成を目指す資質・能力が一層強く求められていると言えよう。

○　また，新型コロナウイルス感染症の感染拡大は，例えばテレワーク，遠隔診療のように，世の中全体のデジタル化，オンライン化を大きく促進している。学校教育もその例外ではなく，学びを保障する手段としての**遠隔・オンライン教育**[*3]に大きな注目が集まっている。ビッグデータの活用等を含め，社会全体の**デジタルトランスフォーメーション**[*4]加速の必要性が叫ばれる中，これからの学校教育を支える基盤的なツールとして，ICTはもはや必要不可欠なものであることを前提として，学校教育の在り方を検討していくことが必要で

---

*1　「**持続可能な開発目標（SDGs）**」とは，平成27（2015）年９月の国連サミットで採択された「持続可能な開発のための2030アジェンダ」に記載されている2030年を期限とする開発目標のこと。

*2　OECDは「PISA2015年調査国際結果報告書」において，**ウェルビーイング（Well-being）**を「生徒が幸福で充実した人生を送るために必要な，心理的，認知的，社会的，身体的な働き（functioning）と潜在能力（capabilities）である」と定義している。

ある。

## ２．日本型学校教育の成り立ちと成果，直面する課題と新たな動きについて

○　新しい時代の学校教育の在り方を検討するに当たっては，まず，我が国の学校教育の現状を踏まえることが必要である。このため，**日本型学校教育**と言われる我が国の学校教育の成果，そして変化する時代の中で直面する課題について整理することとしたい。

### (1)　日本型学校教育の成り立ちと成果

○　明治５（1872）年の「学制」公布以降，義務教育制度の草創期は，就学率も低く，年齢も知識の習得状況も相当差がある状況であった。そういった状況下で，共通の学習内容も読み書き計算など最低限なものとなり，等級制，すなわち進級における徹底した課程主義が取られていた。明治23（1890）年前後に知・徳・体を一体で育む形でカリキュラムの内容が拡張・体系化され，学校の共同体としての性格が強まった。また，留年や中途退学の多発等により，進級した子と落第した子が入り混じった不安定な児童集団が構成されるなどの課題も浮き彫りとなり，学級集団としての学級が成立し，20世紀初頭以降，就学率の上昇とともに学年学級制（年齢主義）が一般化した。

○　戦後は，憲法および教育基本法の理念の下，学校教育法により，義務教育期間の９年制や小学校，中学校，高等学校等の今日まで続く学校教育制度の基本が形成されるとともに，地方教育行政の組織及び運営に関する法律，公立義務教育諸学校の学級編制及び教職員定数の標準に関する法律（義務標準法），義務教育費国庫負担法，義務教育諸学校の教科用図書の無償措置に関する法律などにより，教育機会の均等と教育水準の維持・向上の基盤となる制度が構築された。これにより，質の高い学校教育を全国どこでも提供することが可能となり，国民の教育水準が向上し，我が国の社会発展の原動力となった。

---

\*3　遠隔・オンライン教育等の定義については，以下のとおり。
　①　「遠隔・オンライン教育」とは，遠隔システムを用いて，同時双方向で学校同士をつないだ合同授業の実施や，専門家等の活用などを行うことを指す。また，授業の一部や家庭学習等において学びをより効果的にする動画等の素材を活用することを指す（文部科学省「新時代の学びを支える先端技術活用推進方策（最終まとめ）」（令和元（2019）年６月））。
　②　「遠隔教育」とは，遠隔システムを活用した同時双方向型で行う教育のことを指す（遠隔教育の推進に向けたタスクフォース「遠隔教育の推進に向けた施策方針」（平成30（2018）年９月））。
　③　「遠隔授業」とは，遠隔教育のうち授業で遠隔システムを使うものを指す（合同授業型，教師支援型，教科・科目充実型のいずれかの類型）（遠隔教育の推進に向けたタスクフォース「遠隔教育の推進に向けた施策方針」（平成30（2018）年９月））。
\*4　デジタルトランスフォーメーション（Digital Transformation：DX）とは，将来の成長，競争力強化のために，新たなデジタル技術を活用して新たなビジネスモデルを創出・柔軟に改変すること。

○　こうした制度の下，学校が学習指導のみならず，生徒指導等の面でも主要な役割を担い，様々な場面を通じて，子供たちの状況を総合的に把握して教師が指導を行うことで，子供たちの知・徳・体を一体で育む「日本型学校教育」は，全ての子供たちに一定水準の教育を保障する平等性の面，全人教育という面などについて諸外国から高く評価されている。

○　例えば，OECDによる我が国の教育政策レビューによれば，国際的に比較して，日本の児童生徒及び成人は，OECD各国の中でもトップクラスの成績であり，日本の教育が成功を収めている要素として，子供たちに対し，学校給食や課外活動などの広範囲にわたる全人的な教育を提供している点が指摘されている[*5]。

○　また，文部科学省が全国の小・中学校において毎年実施している全国学力・学習状況調査においても，成績下位の都道府県の平均正答率と全国の平均正答率との差が縮小するなどの全体的な底上げも確実に進んでいる[*6]。

○　同じく全国学力・学習状況調査において，「人の役に立つ人間になりたいと思うか」，「学校のきまり（規則）を守っているか」などの規範意識に関する質問に肯定的に回答した児童生徒の割合は9割程度と高い水準になっている[*7]。震災の際，略奪や暴動もなく，支援物資をもらうために混乱なく並ぶ姿を世界が賞賛したという事例にも表れるように，日本人は礼儀正しく，勤勉で，道徳心が高いと考えられており[*8]，また，我が国の治安の良さは世界有数である[*9]。これは，全人格的な陶冶，社会性の涵養を目指す日本型学校教育の成果であると評価することができる。

## (2)　新型コロナウイルス感染症の感染拡大を通じて再認識された学校の役割

○　新型コロナウイルス感染症の感染拡大防止のため，全国的に学校の臨時休業措置が取られ，地域によっては約3カ月もの長期にわたって子供たちが学校に

---

*5　OECD「Education Policy Review of Japan」（平成30（2018）年7月27日）及びOECD「国際成人力調査（Programme for the International Assessment of Adult Competencies：PIAAC）」（平成25（2013）年10月8日）

*6　文部科学省・国立教育政策研究所「平成31年度（令和元年度）全国学力・学習状況調査報告書」

*7　「平成31年度（令和元年度）全国学力・学習状況調査」の児童生徒質問紙調査において，「人の役に立つ人間になりたいと思いますか」という質問に対して「当てはまる」，「どちらかといえば当てはまる」と回答した小学6年生の割合は95.2%，中学3年生の割合は94.4%，「学校のきまり［規則］を守っていますか」という質問に対して「当てはまる」，「どちらかといえば当てはまる」と回答した小学6年生の割合は92.4%，中学3年生の割合は96.1%だった（文部科学省・国立教育政策研究所「平成31年度（令和元年度）全国学力・学習状況調査報告書」）。

*8　統計数理研究所「日本人の国民性調査（第13次調査）」（平成27（2015）年2月）によると，日本人の長所として挙げられるものを具体的な10個の性質の中からいくつでも選んでもらったところ，"勤勉"，"礼儀正しい"，"親切"を挙げる人が7割を超えた。

*9　法務省「令和元年度版犯罪白書」によると，日本における殺人，強盗，窃盗等の発生件数・発生率は，フランス，ドイツ，英国，米国に比して最も低い。

通えない状況が生じた*10。この前例のない状況の中で，全国の学校現場の教職員，教育委員会や学校法人などの教育関係者におかれては，子供たちの学習機会の保障や心のケアなどに力を尽くしていただいた。学校再開後においてもその影響は今もなお残っており，引き続き，実態に応じた取組に尽力いただいている。

○　一方，当たり前のように存在していた学校に通えない状況が続いた中で，子供たちや各家庭の日常において学校がどれだけ大きな存在であったのかということが，改めて浮き彫りになった。「勉強が遅れることが不安」「部活を頑張りたいのに」「友達に会いたい」という子供たちの声が日本中にあふれた。また，家庭の社会経済文化的背景（Economic, Social and Cultural Status：ESCS）に格差がある中で，子供たちの学力格差が拡大するのではないかという指摘や，生活習慣の乱れに伴う心身の健康課題の深刻化や家庭における児童虐待の増加に関する懸念もある。学校という子供の居場所がないことで，多くの保護者が就労面で課題を抱えるとともに，子育てに関する負担が増大し，大きなストレスを抱えるようになったという指摘もある。さらに，学校の臨時休業が続いた影響により，学校再開後の登校を躊躇する子供もいるのではないかという指摘もある。

○　こうした学校の臨時休業に伴う問題や懸念が生じたことにより，学校は，学習機会と学力を保障するという役割のみならず，全人的な発達・成長を保障する役割や，人と安全・安心につながることができる居場所・セーフティネットとして身体的，精神的な健康を保障するという福祉的な役割をも担っていることが再認識された。特に，全人格的な発達・成長の保障，居場所・セーフティネットとしての福祉的な役割は，**日本型学校教育**の強みであることに留意する必要がある。

○　なお，臨時休業からの学校再開後には，限られた時間の中で学校における学習活動を重点化する必要が生じたが，そのような中でもまず求められたのは，学級づくりの取組や，感染症対策を講じた上で学校行事を行うための工夫など，学校教育が児童生徒同士の学び合いの中で行われる特質を持つことを踏まえ教育活動を進めていくことであり，これらの活動を含め，感染症対策を講じながら最大限子供たちの健やかな学びを保障できるよう，学校の授業における学習活動の重点化や次年度以降を見通した教育課程編成といった特例的な対応がと

66

られた*11。このように我が国の学校に特徴的な特別活動が，子供たちの円滑な学校への復帰や，全人格的な発達・成長につながる側面が注目された。

### (3) 変化する社会の中で我が国の学校教育が直面している課題
○　我が国の150年に及ぶ教科教育等に関する蓄積を支えてきた高い意欲や能力をもった教師やそれを支える職員の力により，**日本型学校教育**が上述のような高い成果を挙げ，また現代社会において不可欠な役割を学校が担うようになっている一方で，社会構造の変化の中で，課題が生じていることも事実である。

#### ① 社会構造の変化と日本型学校教育
○　高度経済成長期以降，義務教育に加えて，高等学校教育や高等教育も拡大し大衆化する中で，一定水準の学歴のみならず，「より高く，より良く，より早く」といった教育の質への私的・社会的要求が高まるようになった。このような中で，学校外にも広がる保護者の教育熱に応える民間サービスが拡大するとともに，経済格差や教育機会の差を背景に持った学力差が顕在化した。経済至上主義的価値観の拡大の中で学校をサービス機関としてみる見方も強まっているという指摘もある。
○　我が国の教師が，子供たちの主体的な学びや，学級やグループの中での協働的な学びを展開することによって，自立した個人の育成に尽力してきた。その一方で，我が国の経済発展を支えるために，「みんなと同じことができる」「言われたことを言われたとおりにできる」上質で均質な労働者の育成が高度経済成長期までの社会の要請として学校教育に求められてきた中で，「正解（知識）の暗記」の比重が大きくなり，「自ら課題を見つけ，それを解決する力」を育成するため，他者と協働し，自ら考え抜く学びが十分なされていないのではないかという指摘もある。
○　学習指導要領ではこれまで，「個人差に留意して指導し，それぞれの児童（生徒）の個性や能力をできるだけ伸ばすようにすること」（昭和33（1958）年学習指導要領），「個性を生かす教育の充実」（平成元（1989）年学習指導要領等）等の規定がなされてきた。
　　その一方で，学校では「みんなで同じことを，同じように」を過度に要求する面が見られ，学校生活においても「**同調圧力**」を感じる子供が増えていったという指摘もある。社会の多様化が進み，画一的・同調主義的な学校文化が顕在化しやすくなった面もあるが，このことが結果としていじめなどの問題や生きづらさをもたらし，非合理的な精神論や努力主義，詰め込み教育等との間で負の循環が生じかねないということや，保護者や教師も**同調圧力**の下にあるという指摘もある。
○　また，核家族化，共働き家庭やひとり親家庭の増加など，家庭をめぐる環境が変化するとともに，都市化や過疎化等により地域の社会関係資本が失われ家

---

＊11　「新型コロナウイルス感染症の影響を踏まえた学校教育活動等の実施における「学びの保障」の方向性等について（通知）」（令和2（2020）年5月15日2文科初第265号）参照。

庭や地域の教育力が低下する中で，本来であれば家庭や地域でなすべきことまでが学校に委ねられるようになり，結果として学校及び教師が担うべき業務の範囲が拡大され，その負担を増大させてきた[12]。

② 今日の学校教育が直面している課題

○　現在の学校現場は以下に挙げるような様々な課題に直面している。**日本型学校教育**が，世界に誇るべき成果を挙げてくることができたのは，子供たちの学びに対する意欲や関心，学習習慣等によるものだけでなく，子供のためであればと頑張る教師の献身的な努力によるものである。教育は人なりと言われるように，我が国の将来を担う子供たちの教育は教師にかかっている。しかしながら，学校の役割が過度に拡大していくとともに，直面する様々な課題に対応するため，教師は教育に携わる喜びを持ちつつも疲弊しており，国において抜本的な対応を行うことなく**日本型学校教育**を維持していくことは困難であると言わざるを得ない。

（子供たちの多様化）

○　特別支援学校や小・中学校の特別支援学級に在籍する児童生徒は増加し続けており[13]，小・中・高等学校の通常の学級においても，通級による指導を受けている児童生徒が増加する[14]とともに，さらに小・中学校の通常の学級に6.5％程度の割合で発達障害の可能性のある特別な教育的支援を必要とする児童生徒（知的発達に遅れはないものの学習面又は行動面での著しい困難を示す児童生徒）が在籍しているという推計もなされている[15]。

　　また，特別支援学校に在籍する子供たちの約3割弱は，複数の障害を併せ有しており，視覚と聴覚の双方に障害のある「盲ろう」の子供たちもいる[16]。

　　さらに，特定分野に特異な才能のある児童生徒[17]の存在も指摘されている。

○　さらに，学校に在籍する外国人児童生徒に加え，日本国籍ではあるが，日本語指導を必要とする児童生徒も増加しており，日本語指導が必要な児童生徒（外国籍・日本国籍含む。）は5万人を超え，10年前の1.5倍に相当する人数と

---

*12　中央教育審議会「新しい時代の教育に向けた持続可能な学校指導・運営体制の構築のための学校における働き方改革に関する総合的な方策について（答申）」（平成31（2019）年1月25日）参照。

*13　文部科学省「学校基本調査」によると，特別支援学級に在籍する児童生徒の数は，平成25（2013）年度には小学校120,906人，中学校53,975人となっているところ，令和元（2019）年度には小学校199,564人，中学校77,112人となっており，増加傾向にある。

*14　文部科学省「学校基本調査」及び「通級による指導実施状況調査」によると，通級による指導を受ける児童生徒の数は，平成25（2013）年度には小学校70,924人，中学校6,958人，平成30（2018）年の高等学校508人となっているところ，令和元（2019）年度には小学校116,633人，中学校16,765人，高等学校787人となっており，増加傾向にある。

*15　文部科学省「通常の学級に在籍する発達障害の可能性のある特別な教育的支援を必要とする児童生徒に関する調査」（平成24（2012）年12月）

*16　文部科学省「令和元年度学校基本調査」によると，特別支援学校に在籍する幼児児童生徒のうち，25.7％は複数の障害を併せ有している。

*17　特定分野に特異な才能のある児童生徒については，本文95p 参照。

なっている[*18]。また，約2万人の外国人の子供が就学していない可能性がある，又は就学状況が確認できていない状況にあるという実態が示されている[*19]。こうした中，平成31（2019）年4月から，新たな在留資格「特定技能」が創設されたことにより，今後，更なる在留外国人の増加が予想されている。

○　加えて，我が国の18歳未満の子供の相対的貧困[*20]率は13.5%であり，7人に1人の子供が相対的貧困状態にあるとされる[*21]。毎日の衣食住に事欠く「絶対的貧困」とは異なるものの，経済的困窮を背景に教育や体験の機会に乏しく，地域や社会から孤立し，様々な面で不利な状況に置かれてしまう傾向にあると言われている。

○　様々な生徒指導上の課題も生じている。令和元（2019）年度の小・中・高等学校におけるいじめの認知件数や重大事態の発生件数，暴力行為の発生件数，不登校児童生徒数はいずれも増加傾向にあり，過去最多となっている[*22]。加えて，令和元（2019）年の小・中・高等学校における児童生徒の自殺者数も減少するに至っていない[*23]。いじめの認知件数の増加は，いじめを初期段階のものも含めて積極的に認知し，その解消に向けた取組のスタートラインに立っているとも評価できるが，いじめの重大事態の発生件数の増加は，憂慮すべき状況である。また，児童生徒の自殺も後を絶たず，極めて憂慮すべき状況である。さらに，児童相談所における児童虐待相談対応件数についても増加傾向にある[*24]。

○　このような中で，学校は，全ての子供たちが安心して楽しく通える魅力ある環境であることや，これまで以上に福祉的な役割や子供たちの居場所としての機能を担うことが求められている。家庭の社会経済的な背景や，障害の状態や特性及び心身の発達の段階，学習や生活の基盤となる日本語の能力，一人一人のキャリア形成など，子供の発達や学習を取り巻く個別の教育的ニーズを把握し，様々な課題を乗り越え，一人一人の可能性を伸ばしていくことが課題となっている。

---

*18　文部科学省「日本語指導が必要な児童生徒の受入状況等に関する調査（平成30年度）」によると，平成30（2018）年度の日本語指導が必要な児童生徒数は51,126人となっている。また，同調査によると，日本語指導が必要な児童生徒が在籍する公立小学校・中学校は8,377校である。

*19　文部科学省「外国人の子供の就学状況等調査」（令和2（2020）年3月）によると，令和元（2019）年5月1日時点で就学していない可能性がある，又は就学状況が確認できていない状況にある外国人の子供の数は19,471人となっている。

*20　相対的貧困とは，世帯の所得がその国の等価可処分所得の中央値の半分に満たない状態のこと。

*21　厚生労働省「2019 年国民生活基礎調査」

*22　令和元（2019）年度のいじめの認知件数は609,421件，重大事態の発生件数は717件，暴力行為の発生件数は78,787 件，不登校児童生徒数は231,372 人となっている（文部科学省「令和元年度児童生徒の問題行動・不登校等生徒指導上の諸課題に関する調査」）。

*23　厚生労働省・警察庁「令和元年中における自殺の状況」によると，令和元（2019）年中の小・中・高等学校における児童生徒の自殺者数は399人となっている。

*24　厚生労働省「令和元年度児童相談所での児童虐待相談対応件数〈速報値〉」

**（生徒の学習意欲の低下）**

○　文部科学省・厚生労働省「21世紀出生児縦断調査（平成13年出生児）」によると，「楽しいと思える授業がたくさんある」という質問に対して，「とてもそう思う」「まあそう思う」と回答した割合は，第13回調査（中学１年生時点）では74.8％，第15回調査（中学３年生時点）では69.2％となっているが，これに対して，第16回調査（高等学校１年生時点）では66.3％，第17回調査（高等学校２年生時点）では56.4％となるなど，全体的な傾向として，特に高等学校において生徒の学校生活等への満足度や学習意欲が低下している。

○　高等学校への進学率が約99％[*25]に達し，多様な生徒が在籍する現状を踏まえ，生徒の多様な実情・ニーズに対応して生徒の学習意欲を喚起し，必要な資質・能力を確実に身に付けさせ，またその可能性及び能力を最大限に伸長するべく，高等学校の特色化・魅力化を推進することが求められている。

**（教師の長時間勤務による疲弊）**

○　その一方で，教師の長時間勤務の状況は深刻であり，特に近年の大量退職・大量採用の影響等により，教師の世代交代が進み若手の教師が増えてきた結果，経験の少なさ等から，中堅・ベテラン教師と比べて勤務時間が長時間化してしまったことや，総授業時数の増加，部活動の時間の増加などにより，平成28（2016）年度の教員勤務実態調査によると，平均すると小学校では月に約59時間，中学校では月に約81時間の時間外勤務[*26]がなされていると推計されている。こうした長時間勤務も一つの要因として考えられる公立学校の教育職員の精神疾患による病気休職者数についても，ここ数年5,000人前後で推移[*27]している。

○　また，学校における新型コロナウイルス感染症対策のための指導上の工夫や消毒等の対応，学校再開後にもなお影響が残る子供の心のケアや保護者への対応により，教師の多忙化に更に拍車がかかっているのではないかと懸念する声もある。

○　さらに，公立学校教員採用選考試験における採用倍率の低下傾向も続いている。特に，小学校では，平成12（2000）年度採用選考においては12.5倍だった採用倍率が令和元（2019）年度には2.8倍となっており，一部の教育委員会では採用倍率が１倍台となっている[*28]。採用倍率の低下傾向は，定年退職者数や特別支援学級・通級による指導を受ける児童生徒数の増加等に伴う採用者数の増加や民間企業の採用状況等の様々な要因が複合的に関連していると考えられる。

---

\*25　文部科学省「令和元年度学校基本調査」

\*26　厚生労働省の過労による労災補償認定における労働時間の評価目安の一つとして，発症前１か月概ね100時間を超える時間外労働，発症前２～６か月平均で月80時間を超える時間外労働が認められる場合は，業務と発症との関連性が強いと評価できるとされている。

\*27　平成30（2018）年度中における教育職員の精神疾患による病気休職者数は5,212人（全教育職員数の0.57％）（文部科学省「平成30年度公立学校教職員の人事行政状況調査」）。

\*28　文部科学省「令和元年度公立学校教員採用選考試験の実施状況について」

○　また，学校へ配置する教師の数に一時的な欠員が生じるいわゆる教師不足も深刻化しており必要な教師の確保に苦慮する例が生じている。教師不足の深刻化は，産休・育休を取得する教師数の増加等に加え，これらにより不足した教師を一時的に補うための講師登録名簿の登載者数の減少等の要因が関連していると考えられる。

**（情報化の加速度的な進展に関する対応の遅れ）**

○　情報化が加速度的に進むSociety5.0時代において求められる力の育成に関する課題が指摘されている。

○　数学や科学に関するリテラシーは引き続き世界トップレベルである一方，言語能力や情報活用能力，デジタル時代における情報への対応（複数の文書や資料から情報を読み取って根拠を明確にして自分の考えを書くこと，テキストや資料自体の質や信ぴょう性を評価することなど）などの課題がある。また，子供たちのデジタルデバイスの使用について，我が国では，学校よりも家庭が先行し，「遊び」に多く使う一方「学び」には使わない傾向が明らかになった[29]

○　**Society5.0時代**を見据えた国家戦略（AI戦略2019）において，データサイエンス・AIの基礎となる理数分野の素養や基本的情報知識を全ての高等学校卒業生が習得することを目標に掲げている一方，高等学校の現状をみると，生徒の約７割が在籍する普通科においては文系が約７割といった実態[30]があり，多くの生徒は第２学年以降，文系・理系に分かれ，例えば，普通科全体のうち「物理」履修者は２割といった実態があるなど，特定の教科について十分に学習しない傾向にあると指摘されている[31]。

**（少子高齢化，人口減少の影響）**

○　我が国では，少子高齢化が急速に進展した結果，平成20（2008）年をピークに総人口が減少に転じている[32]。

○　こうした少子高齢化，人口減少という我が国の人口構造の変化は，世界でまだどの国も経験をしたことのないものであり，我が国の学校教育制度の根幹に影響を与え，また，先に述べた採用倍率にも影響を及ぼしている。少子化の進展により小学校と中学校が１つずつしかないという市町村が233団体（13.3%），公立高等学校の立地が０ないし１である市町村は1,088団体（62.5%）という

---

*29　国立教育政策研究所編『生きるための知識と技能7 OECD生徒の学習到達度調査（PISA）—2018年調査国際結果報告書』（令和元（2019）年12月9日）

*30　国立教育政策研究所「中学校・高等学校における理系進路選択に関する調査研究最終報告書」（平成25（2013）年3月）

*31　Society5.0に向けた人材育成にかかる大臣懇談会・新たな時代を豊かに生きる力の育成に関する省内タスクフォース「Society5.0に向けた人材育成～社会が変わる，学びが変わる～」（平成30（2018）年6月5日）

*32　国立社会保障・人口問題研究所「日本の将来推計人口（平成29年推計）」の中位推計（出生中位・死亡中位）の結果に基づけば，令和35（2053）年には日本の総人口は１億人を下回ることが予測されている。また，15歳から64歳の生産年齢人口は平成29（2017）年の7,596万人（総人口に占める割合は60.0%）が令和22（2040）年には5,978万人（53.9%）に減少すると推計されている。

現状<sup>*25</sup>も踏まえ，学校教育の維持とその質の保証に向けた取組の必要性が生じ
ている。

**（新型コロナウイルス感染症の感染拡大により浮き彫りとなった課題）**

○　新型コロナウイルス感染症の感染拡大防止のための臨時休業措置が長期にわ
たって実施される中で，全国の学校現場は，電子メール，ホームページ，電話，
郵便等のあらゆる手段を活用して子供たちや保護者とつながることによる心の
ケアや，また，教科書や紙の教材，テレビ放送，動画の活用等により，子供た
ちの学習機会の保障などに取り組んだ[*33]。

○　しかしながら，公立学校の設置者を対象とした文部科学省の調査[*33]では，
ICT 環境の整備が十分でないこと等により，このような状況で学びの保障の
有効な手段の一つとなり得る「同時双方向型のオンライン指導」の実施状況は，
公立学校の設置者単位で15％に留まっている。また，学校の臨時休業中，子供
たちは，学校や教師からの指示・発信がないと，「何をして良いか分からず」
学びを止めてしまうという実態が見られたことから，これまでの学校教育では，
自立した学習者を十分育てられていなかったのではないかという指摘もある。

○　新型コロナウイルス感染症の感染収束が見通せない中にあって，各学校は，
感染防止策を講じながらの学校教育活動の実施に努めている。一方，公立小中
学校の普通教室の平均面積は64㎡ [*34]であり，一クラス当たりの人数が多い
学校では，クラス全員で一斉に授業を行おうとすれば，感染症予防のために児
童生徒間の十分な距離を確保することが困難な状況も生じている。新型コロナ
ウイルス感染症が収束した後であっても，今後起こり得る新たな感染症に備え
るために，教室環境や指導体制等の整備を行うことが必要であるとともに，学
校においては平常時から児童生徒や教師が ICT を積極的に活用するなど，非
常時における子供たちの学習機会の保障に向けた主体的な取組が求められる。

## (4)　新たな動き

○　こうした多くの課題がある中，令和時代の始まりとともに，「新学習指導要
領の全面実施」，「学校における働き方改革」，「GIGA スクール構想」という，
我が国の学校教育にとって極めて重要な取組が大きく進展しつつある。国にお
いては，こうした動きを加速・充実しながら，新しい時代の学校教育を実現し
ていくことが必要である。

## ①　新学習指導要領の全面実施

○　平成28年答申に基づき，平成29（2017）年に新しい幼稚園教育要領，小学校
学習指導要領，中学校学習指導要領，特別支援学校幼稚部教育要領，特別支援
学校小学部・中学部学習指導要領，平成30（2018）年に新しい高等学校学習指
導要領，平成31（2019）年に新しい特別支援学校高等部学習指導要領が公示さ

---

*33　文部科学省「新型コロナウイルス感染症の影響を踏まえた公立学校における学習指導等に
関する状況について（令和2（2020）年6月23日時点）」参照。

*34　文部科学省「公立学校施設の実態調査」（令和元（2019）年度）に基づき算出。

72

れ，幼稚園は令和元（2019）年度，小学校等は令和2（2020）年度，中学校等は令和3（2021）年度から全面実施され，高等学校等は令和4（2022）年度から年次進行で実施されることとなっている。

○　社会の変化が加速度を増し，複雑で予測困難となってきているといった時代背景を踏まえた上で，新しい学習指導要領では資質・能力を「知識及び技能」，「思考力，判断力，表現力等」，「学びに向かう力，人間性等」の3つの柱に整理した上で，よりよい学校教育を通してよりよい社会を創るという理念を学校と社会とが共有し，どのような資質・能力を身に付けられるようにするのかを明確にしながら，学校教育を学校内に閉じず，地域の人的・物的資源も活用し，社会との連携及び協働によりその実現を図る「社会に開かれた教育課程」を重視するとともに，学校全体で児童生徒や学校，地域の実態を適切に把握し，教育の目的・目標の実現に必要な教育内容等の教科等横断的な視点での組立て，実施状況の評価と改善，必要な人的・物的体制の確保などを通して，教育課程に基づく教育活動の質を向上させ，学習の効果の最大化を図る「カリキュラム・マネジメント」の確立を図ることとしている。また，各教科等の指導に当たっては，資質・能力が偏りなく育成されるよう，児童生徒の「主体的・対話的で深い学び」の実現に向けた授業改善を行うこととしている。

② 学校における働き方改革の推進

○　「新しい時代の教育に向けた持続可能な学校指導・運営体制の構築のための学校における働き方改革に関する総合的な方策について（答申）」（平成31（2019）年1月25日中央教育審議会）に基づき，文部科学省では，学校における働き方改革を強力に推進するため，文部科学大臣を本部長とする「学校における働き方改革推進本部」を設置し，文部科学省が今後取り組むべき事項について工程表を作成し，勤務時間管理の徹底や学校及び教師が担う業務の明確化・適正化，教職員定数の改善充実，専門スタッフや外部人材の配置拡充など，学校における働き方改革の推進に取り組んでいる。

○　令和元（2019）年の臨時国会において，「公立学校の教師の勤務時間の上限に関するガイドライン」を「指針」に格上げすること等を内容とする「公立の義務教育諸学校等の教育職員の給与等に関する特別措置法の一部を改正する法律」が令和元（2019）年12月4日に成立し，同月11日に公布され，各地方公共団体においては，同法改正等を踏まえ，条例や教育委員会規則等の整備を進めている。学校における働き方改革を着実に推進していくことにより，教師が子供たちに対して真に必要な教育活動を効果的に行うことができるようになる環境に大きく寄与することが期待される。

③ GIGA スクール構想

○　中央教育審議会初等中等教育分科会では，本諮問「新しい時代の初等中等教育の在り方について」を審議する中で，これからの学びを支える ICT や先端技術の効果的な活用方法について特に優先して審議を行い，令和元（2019）年

12月には「新しい時代の初等中等教育の在り方　論点取りまとめ」を示した。

○　このことも踏まえ，令和元（2019）年度補正予算において，児童生徒向けの1人1台端末と，高速大容量の通信ネットワークを一体的に整備するための経費が盛り込まれ，GIGAスクール構想を進めていくこととなった。さらに，新型コロナウイルス感染症の感染拡大を踏まえて編成された令和2（2020）年度1次補正予算では，GIGAスクール構想の加速のための予算が計上された。両補正予算の金額は，文部科学省所管分で総額4,610億円に上るものである。

○　これにより，令和時代における学校の「スタンダード」として，小学校から高等学校において，学校における高速大容量のネットワーク環境（校内LAN）の整備を推進するとともに，令和2（2020）年度中に義務教育段階の全学年の児童生徒1人1台端末環境の整備を目指し，家庭への持ち帰りを含めて十分に活用できる環境の整備を図ることとなった。

○　このGIGAスクール構想の実現により，災害や感染症の発生等による学校の臨時休業等の緊急時においても不安なく学習が継続できることを目指すとともに，これまでの実践とICTの活用を適切に組み合わせていくことで，これからの学校教育を大きく変化させ，様々な課題を解決し，教育の質を向上させることが期待される。

## 3．2020年代を通じて実現すべき「令和の日本型学校教育」の姿

○　第2期，第3期の教育振興基本計画で掲げられた「自立」，「協働」，「創造」の3つの方向性を実現させるための生涯学習社会の構築を目指すという理念を踏まえ，学校教育においては，2.(3)で挙げた子供たちの多様化，教師の長時間勤務による疲弊，情報化の加速度的な進展，少子高齢化・人口減少，感染症等の直面する課題を乗り越え，1.で述べたように，Society5.0時代を見据えた取組を進める必要がある。これらの取組を通じ，一人一人の児童生徒が，自分のよさや可能性を認識するとともに，あらゆる他者を価値のある存在として尊重し，多様な人々と協働しながら様々な社会的変化を乗り越え，豊かな人生を切り拓き，持続可能な社会の創り手となることができるよう，その資質・能力を育成することが求められている。

○　このためには，2.(1)で述べてきた明治から続く我が国の学校教育の蓄積である「日本型学校教育」の良さを受け継ぎながら更に発展させ，学校における働き方改革とGIGAスクール構想を強力に推進しながら，新学習指導要領を着実に実施することが求められており，必要な改革を躊躇なく進めるべきである。

○　その際，従来の社会構造の中で行われてきた「正解主義」や「同調圧力」への偏りから脱却し，本来の日本型学校教育の持つ，授業において子供たちの思考を深める「発問」を重視してきたことや，子供一人一人の多様性と向き合いながら一つのチーム（目標を共有し活動を共に行う集団）としての学びに高めていく，という強みを最大限に生かしていくことが重要である。

○　誰一人取り残すことのない，持続可能で多様性と包摂性のある社会の実現に向け，学習指導要領前文において「持続可能な社会の創り手」を求める我が国を含めた世界全体で，SDGs（持続可能な開発目標）に取り組んでいる中で，ツールとしてのICTを基盤としつつ，日本型学校教育を発展させ，2020年代を通じて実現を目指す学校教育を「令和の日本型学校教育」と名付け，まずその姿を以下のとおり描くことで，目指すべき方向性を社会と共有することとしたい。

## (1)　子供の学び

○　我が国ではこれまでも，学習指導要領において，子供の興味・関心を生かした自主的，主体的な学習が促されるよう工夫することを求めるなど，「個に応じた指導」が重視されてきた。

○　平成28年答申においては，子供たちの現状を踏まえれば，子供一人一人の興味や関心，発達や学習の課題等を踏まえ，それぞれの個性に応じた学びを引き出し，一人一人の資質・能力を高めていくことが重要であり，各学校が行う進路指導や生徒指導，学習指導等についても，子供一人一人の発達を支え，資質・能力を育成するという観点からその意義を捉え直し，充実を図っていくことが必要であるとされている。また，特に新学習指導要領では，「個に応じた指導」を一層重視する必要があるとされている。

○　同答申を踏まえて改訂された学習指導要領の総則「第4　児童（生徒）の発達の支援」の中では，児童生徒が，基礎的・基本的な知識及び技能の習得も含め，学習内容を確実に身に付けることができるよう，児童生徒や学校の実態に応じ，個別学習やグループ別学習，繰り返し学習，学習内容の習熟の程度に応じた学習，児童生徒の興味・関心等に応じた課題学習，補充的な学習や発展的な学習などの学習活動を取り入れることや，教師間の協力による指導体制を確保することなど，指導方法や指導体制の工夫改善により，「個に応じた指導」の充実を図ることについて示された。また，その際，各学校において，コンピュータや情報通信ネットワークなどの情報手段を活用するために必要な環境を整え，これらを適切に活用した学習活動の充実を図ることについても示された。

○　現在，GIGAスクール構想により学校のICT環境が急速に整備されており，今後はこの新たなICT環境を活用するとともに，少人数によるきめ細かな指導体制の整備を進め，「個に応じた指導」を充実していくことが重要である。

○　その際，平成28年答申において示されているとおり，基礎的・基本的な知識・技能の習得が重要であることは言うまでもないが，思考力・判断力・表現力等や学びに向かう力等こそ，家庭の経済事情など，子供を取り巻く環境を背景とした差が生まれやすい能力であるとの指摘もあることに留意が必要である。「主体的・対話的で深い学び」を実現し，学びの動機付けや幅広い資質・能力の育成に向けた効果的な取組を展開していくことによって，学校教育が個々の家庭の経済事情等に左右されることなく，子供たちに必要な力を育んでいくことが求められる。

○ 同答申を踏まえて改訂された学習指導要領の総則「第3　教育課程の実施と学習評価」の中で，「**主体的・対話的で深い学び**」の実現に向けた授業改善について示された。

○ 新型コロナウイルス感染症の感染拡大による臨時休業の長期化により，多様な子供一人一人が自立した学習者として学び続けていけるようになっているか，という点が改めて焦点化されたところであり，これからの学校教育においては，子供がICTも活用しながら自ら学習を調整しながら学んでいくこと[*35]ができるよう，「**個に応じた指導**」を充実することが必要である。この「**個に応じた指導**」の在り方を，より具体的に示すと以下のとおりである。

○ 全ての子供に基礎的・基本的な知識・技能を確実に習得させ，思考力・判断力・表現力等や，自ら学習を調整しながら粘り強く学習に取り組む態度等を育成するためには，教師が支援の必要な子供により重点的な指導を行うことなどで効果的な指導を実現することや，子供一人一人の特性や学習進度，学習到達度等に応じ，指導方法・教材や学習時間等の柔軟な提供・設定を行うことなどの「**指導の個別化**」が必要である。

○ 基礎的・基本的な知識・技能等や，言語能力，情報活用能力，問題発見・解決能力等の学習の基盤となる資質・能力等を土台として，幼児期からの様々な場を通じての体験活動から得た子供の興味・関心・キャリア形成の方向性等に応じ，探究において課題の設定，情報の収集，整理・分析，まとめ・表現を行う等，教師が子供一人一人に応じた学習活動や学習課題に取り組む機会を提供することで，子供自身が学習が最適となるよう調整する「**学習の個性化**」も必要である。

○ 以上の「**指導の個別化**」と「**学習の個性化**」を教師視点から整理した概念が「**個に応じた指導**」であり，この「**個に応じた指導**」を学習者視点から整理した概念が「**個別最適な学び**」である。

○ これからの学校においては，子供が「**個別最適な学び**」を進められるよう，教師が専門職としての知見を活用し，子供の実態に応じて，学習内容の確実な定着を図る観点や，その理解を深め，広げる学習を充実させる観点から，**カリキュラム・マネジメント**の充実・強化を図るとともに，これまで以上に子供の成長やつまずき，悩みなどの理解に努め，個々の興味・関心・意欲等を踏まえてきめ細かく指導・支援することや，子供が自らの学習の状況を把握し，主体的に学習を調整することができるよう促していくことが求められる。

○ その際，ICTの活用により，学習履歴（スタディ・ログ）や生徒指導上のデータ，健康診断情報等を蓄積・分析・利活用することや，教師の負担を軽減することが重要である。また，データの取扱いに関し，配慮すべき事項等を含

---

*35　平成28年答申において，育成を目指す資質・能力である「**学びに向かう力・人間性等**」の中に「主体的に学習に取り組む態度」等が含まれ，「主体的に学習に取り組む態度」については「学習に関する自己調整を行いながら，粘り強く知識・技能を獲得したり思考・判断・表現しようとしているかどうかという，意思的な側面」を捉えて評価し，育成していくものとされている。

めて専門的な検討を進めていくことも必要である。

○　子供がICTを日常的に活用することにより，自ら見通しを立てたり，学習の状況を把握し，新たな学習方法を見いだしたり，自ら学び直しや発展的な学習を行いやすくなったりする等の効果が生まれることが期待される。

　　国においては，このような学習者やICT活用の視点を盛り込んだ「**個別最適な学び**」に関する指導事例を収集し，周知することが必要である。

○　さらに，「**個別最適な学び**」が「**孤立した学び**」に陥らないよう，これまでも「**日本型学校教育**」において重視されてきた，探究的な学習や体験活動などを通じ，子供同士で，あるいは地域の方々をはじめ多様な他者と協働しながら，あらゆる他者を価値のある存在として尊重し，様々な社会的な変化を乗り越え，持続可能な社会の創り手となることができるよう，必要な資質・能力を育成する「**協働的な学び**」を充実することも重要である。

○　「**協働的な学び**」においては，集団の中で個が埋没してしまうことがないよう，「**主体的・対話的で深い学び**」の実現に向けた授業改善につなげ，子供一人一人のよい点や可能性を生かすことで，異なる考え方が組み合わさり，よりよい学びを生み出していくようにすることが大切である。「**協働的な学び**」において，同じ空間で時間を共にすることで，お互いの感性や考え方等に触れ刺激し合うことの重要性について改めて認識する必要がある。人間同士のリアルな関係づくりは社会を形成していく上で不可欠であり，知・徳・体を一体的に育むためには，教師と子供の関わり合いや子供同士の関わり合い，自分の感覚や行為を通して理解する実習・実験，地域社会での体験活動，専門家との交流など，様々な場面でリアルな体験を通じて学ぶことの重要性が，AI技術が高度に発達するSociety5.0時代にこそ一層高まるものである。

○　また，「**協働的な学び**」は，同一学年・学級はもとより，異学年間の学びや他の学校の子供との学び合いなども含むものである。知・徳・体を一体で育む「**日本型学校教育**」のよさを生かし，学校行事や児童会（生徒会）活動等を含め学校における様々な活動の中で異学年間の交流の機会を充実することで，子供が自らのこれまでの成長を振り返り，将来への展望を培うとともに，自己肯定感を育むなどの取組も大切である。

○　さらに，ICTの活用により，子供一人一人が自分のペースを大事にしながら共同で作成・編集等を行う活動や，多様な意見を共有しつつ合意形成を図る活動など，「**協働的な学び**」もまた発展させることができる。ICTを利用して空間的・時間的制約を緩和することによって，遠隔地の専門家とつないだ授業や他の学校・地域や海外との交流など，今までできなかった学習活動も可能となることから，その新たな可能性を「**主体的・対話的で深い学び**」の実現に向けた授業改善に生かしていくことが求められる。

○　学校における授業づくりに当たっては，「**個別最適な学び**」と「**協働的な学び**」の要素が組み合わさって実現されていくことが多いと考えられる。各学校においては，教科等の特質に応じ，地域・学校や児童生徒の実情を踏まえながら，授業の中で「**個別最適な学び**」の成果を「**協働的な学び**」に生かし，更に

その成果を「個別最適な学び」に還元するなど，「個別最適な学び」と「協働的な学び」を一体的に充実し，「主体的・対話的で深い学び」の実現に向けた授業改善につなげていくことが必要である。その際，家庭や地域の協力も得ながら人的・物的な体制を整え，教育活動を展開していくことも重要である。

　国においては，このような「個別最適な学び」と「協働的な学び」の一体的な充実の重要性について，関係者の理解を広げていくことが大切である。

○　したがって，目指すべき「令和の日本型学校教育」の姿を「全ての子供たちの可能性を引き出す，個別最適な学びと，協働的な学びの実現」とする。

○　以上のことを踏まえ，各学校段階において以下のような学びの姿が実現することを目指す。

### ①　幼児教育

○　幼稚園等の幼児教育が行われる場において，小学校教育との円滑な接続や特別な配慮を必要とする幼児への個別支援，質の評価を通じたPDCAサイクルの構築が図られるなど，質の高い教育が提供され，良好な環境の下，身近な環境に主体的に関わり様々な活動を楽しむ中で達成感を味わいながら，全ての幼児が健やかに育つことができる。

### ②　義務教育

○　児童生徒一人一人の資質・能力を伸ばすという観点から，新たなICT環境や先端技術を最大限活用することなどにより，基礎的・基本的な知識・技能や言語能力，情報活用能力，問題発見・解決能力等の学習の基盤となる資質・能力の確実な育成が行われるとともに，多様な児童生徒一人一人の興味・関心等に応じ，その意欲を高めやりたいことを深められる学びが提供されている。

○　個々の児童生徒の学習状況を教師が一元的に把握できる中で，それに基づき特別な支援が必要な者に対する個別支援が充実され，多様な児童生徒がお互いを理解しながら共に学び，特定分野に特異な才能のある児童生徒が，その才能を存分に伸ばせる高度な学びの機会にアクセスすることができる。

○　学校ならではの児童生徒同士の学び合いや，多様な他者と協働して主体的に課題を解決しようとする探究的な学び，様々な体験活動，地域の資源を活用した教育活動などを通じ，身近な地域の魅力や課題などを知り，地域の構成員の一人としての意識が育まれている。また，家庭や地域と連携・協働しながら，社会への関心を高めるなど児童生徒に主権者としての意識が育まれている。

○　生涯を通じて心身ともに健康な生活を送るために必要な資質・能力を育成するとともに，児童生徒の生活や学びにわたる課題（貧困，虐待等）が早期に発見され，外国人児童生徒等の社会的少数者としての課題を有する者を含めた全ての児童生徒が安全・安心に学ぶことができる。

### ③　高等学校教育

○　各高等学校においては，選挙権年齢や成年年齢が18歳に引き下げられるなど，

生徒が高等学校在学中に，主権者の一人としての自覚を深めることを含め，自立した「大人」として振る舞えるようになることが期待されていることから，学ぶことと自己の将来とのつながりを見通しながら，社会的・職業的自立に向けて必要な基盤となる資質・能力や，地域の課題等についての認識を深め，その解決を社会の構成員の一人として担う等，社会の形成に主体的に参画するために必要な資質・能力を身に付けられるよう，初等中等教育段階最後の教育機関として，高等教育機関や実社会との接続機能を果たしている。

○　そのなかで，各高等学校においては，多様な生徒の興味・関心や特性，背景を踏まえて，特色・魅力ある教育活動が行われるとともに，特別な支援が必要な生徒に対する個別支援が充実しており，また，地方公共団体，企業，高等教育機関，国際機関，NPO 等と連携・協働することによって地域・社会の抱える課題の解決に向けた学びが学校内外で行われ，生徒が自立した学習者として自己の将来のイメージを持ち，高い学習意欲を持って学びに向かっている。

○　学校と社会とが連携・協働することにより，多様な生徒一人一人に応じた探究的な学びが実現されるとともに，**STEAM 教育**[36]などの実社会での課題解決に生かしていくための教科等横断的な学びが提供されている。

### ④　特別支援教育

○　幼児教育，義務教育，高等学校教育の全ての教育段階において，障害者の権利に関する条約[37]に基づく**インクルーシブ教育システム**の理念[38]を構築することを旨として行われ，また，障害を理由とする差別の解消の推進に関する法律（障害者差別解消法）や，今般の高齢者，障害者等の移動等の円滑化の促進に関する法律（バリアフリー法）の改正も踏まえ，全ての子供たち[39]が適切な教育を受けられる環境を整備することが重要である。

○　こうした重要性に鑑み，障害のある子供と障害のない子供が可能な限り共に教育を受けられる条件整備が行われており，また，障害のある子供の自立と社会参加を見据え，一人一人の教育的ニーズに最も的確に応える指導を提供できるよう，通常の学級，通級による指導，特別支援学級，特別支援学校といった，

---

*36　略

*37　障害者の人権及び基本的自由の享有を確保し，障害者の固有の尊厳の尊重を促進することを目的として，障害者の権利の実現のための措置等について定める条約。平成18（2006）年12月13日に国連総会において採択され，平成20（2008）年5月3日に発効。我が国は平成19（2007）年9月28日に条約に署名し，平成26（2014）年1月20日に批准，同年2月19日に効力発生。

*38　障害者の権利に関する条約に基づく，人間の多様性の尊重等の強化，障害者が精神的及び身体的な能力等を可能な最大限度まで発達させ，自由な社会に効果的に参加することを可能とするとの目的の下，障害のある者と障害のない者が共に学ぶ仕組みであり，障害のある者が「general education system」（署名時仮訳：教育制度一般）から排除されないこと，自己の生活する地域において初等中等教育の機会が与えられること，個人に必要な「**合理的配慮**」が提供される等が必要とされるという考え方。

*39　障害のある外国人児童生徒等への対応も重要である。

連続性のある多様な学びの場の一層の充実・整備がなされている。

⑤　各学校段階を通じた学び

○　幼児教育から小学校，中学校，高等学校，大学・社会といった段階を通じ，一貫して，自らの将来を見通し，社会の変化を踏まえながら，自己のキャリア形成と関連付けて学び続けている。

## (2)　教職員の姿

○　教師が技術の発達や新たなニーズなど学校教育を取り巻く環境の変化を前向きに受け止め，教職生涯を通じて探究心を持ちつつ自律的かつ継続的に新しい知識・技能を学び続け，子供一人一人の学びを最大限に引き出す教師としての役割を果たしている。

　　その際，子供の主体的な学びを支援する伴走者としての能力も備えている。

○　教員養成，採用，免許制度も含めた方策を通じ，多様な人材の教育界内外からの確保や教師の資質・能力の向上により，質の高い教職員集団が実現されるとともに，教師と，総務・財務等に通じる専門職である事務職員，それぞれの分野や組織運営等に専門性を有する多様な外部人材と専門スタッフ等とがチームとなり，個々の教職員がチームの一員として組織的・協働的に取り組む力を発揮しつつ，校長のリーダーシップの下，家庭や地域社会と連携しながら，共通の学校教育目標に向かって学校が運営されている。

○　さらに，**学校における働き方改革**の実現や教職の魅力発信，新時代の学びを支える環境整備により，教師が創造的で魅力ある仕事であることが再認識され，教師を目指そうとする者が増加し，教師自身も志気を高め，誇りを持って働くことができている。

## (3)　子供の学びや教職員を支える環境

○　小学校，中学校，高等学校段階における1人1台端末環境の実現や端末の持ち帰り，学校内の通信ネットワーク環境の整備，デジタル教科書・教材等の先端技術や教育データを効果的に活用できる環境の整備，統合型校務支援システムの導入などにより，全国津々浦々の学校において指導・支援の充実，校務の効率化，教育政策の改善・充実等がなされている。また，ICT 環境の整備に当たり，地方公共団体が整備する教育情報セキュリティポリシーに基づき，情報システムの迅速な整備等が期待されるクラウドサービスの導入や運用・活用が進められている。なお，特に高等学校段階においては，個人端末の持ち込み（Bring Your Own Device：BYOD）が進んでいることに留意しつつ，実態を踏まえて整備を進めていく必要がある。

○　全ての子供たちの可能性を引き出す，個別最適な学びと協働的な学びの実現に向けて，また，平常時はもとより，災害や感染症の発生等による学校の臨時休業等の緊急時においても，不安なく学習を継続できる安全・安心な教育環境の確保に向けて，ICT の活用環境と少人数によるきめ細かな指導体制の整備，

老朽化対策やバリアフリー化，トイレの乾式化・洋式化，空調設備の設置等の学校施設の整備等により，新しい時代の学びを支える学校教育の環境が整備されている。

○ 人口減少が加速する地域においても，小学校と中学校との連携，学校施設の複合化・共用化等の促進などを通じて，魅力的な教育環境が実現されている。

## 4．「令和の日本型学校教育」の構築に向けた今後の方向性

○ 家庭の経済状況や地域差，本人の特性等にかかわらず，全ての子供たちの知・徳・体を一体的に育むため，これまで日本型学校教育が果たしてきた，①学習機会と学力の保障，②社会の形成者としての全人的な発達・成長の保障，③安全・安心な居場所・セーフティネットとしての身体的，精神的な健康の保障，という3つの保障を学校教育の本質的な役割として重視し，これを継承していくことが必要である。

○ その上で，「令和の日本型学校教育」を，社会構造の変化や感染症・災害等をも乗り越えて発展するものとし，「全ての子供たちの可能性を引き出す，個別最適な学びと，協働的な学び」を実現するためには，今後，以下の方向性で改革を進める必要がある。

○ その際，学校現場に対して新しい業務を次から次へと付加するという姿勢であってはならない。学校現場が力を存分に発揮できるよう，学校や教師がすべき業務・役割・指導の範囲・内容・量を，精選・縮減・重点化するとともに，教職員定数，専門スタッフの拡充等の人的資源，ICT環境や学校施設の整備等の物的資源を十分に供給・支援することが，国に求められる役割である。

○ また，学校だけではなく地域住民等と連携・協働し，学校と地域が相互にパートナーとして，一体となって子供たちの成長を支えていくことが必要である。その際，コミュニティ・スクール（学校運営協議会制度）と地域学校協働活動を一体的に実施することが重要である。

○ さらに，一斉授業か個別学習か，履修主義か修得主義か，デジタルかアナログか，遠隔・オンラインか対面・オフラインかといった，いわゆる「二項対立」の陥穽に陥らないことに留意すべきである。どちらかだけを選ぶのではなく，教育の質の向上のために，発達の段階や学習場面等により，どちらの良さも適切に組み合わせて生かしていくという考え方に立つべきである。

○ なお，本答申で提言する新たな施策について，文部科学省を中心に実施していくに当たっては，第3期教育振興基本計画で掲げられているように，各施策を効果的かつ効率的に実施し，目標の達成状況を客観的に点検し，その結果を対外的にも明らかしつつその後の施策へ反映していくことなどにより，教育政策のPDCAサイクルを着実に推進していくことが求められる。中央教育審議会においても，初等中等教育分科会を中心に，必要な検証を実施していく。

## (1) 学校教育の質と多様性，包摂性を高め，教育の機会均等を実現する

○ 新しい時代を生きる子供たちに必要となる資質・能力をより一層確実に育むため，子供たちの基礎学力を保障してその才能を十分に伸ばし，また社会性等を育むことができるよう，学校教育の質を高めることが重要である。その際，**インクルーシブ教育システム**の理念の構築等により，様々な背景により多様な教育的ニーズのある子供たちに対して，自立と社会参加を見据えて，その時点で教育的ニーズに最も的確に応える指導を提供できる，多様で柔軟な仕組みを整備することが重要であり，実態として学校教育の外に置かれることのないようにするべきである。特に，憲法や教育基本法に基づき，全ての児童生徒に対し，社会において自立的に生きる基礎や，国家や社会の形成者として必要とされる基本的な資質を養うことを目的とする義務教育段階においては，このことが強く求められる。

○ このため，学校に十分な人的配置を実現し，1人1台端末や先端技術を活用しつつ，生徒指導上の課題の増加，外国人児童生徒数の増加，通常の学級に在籍する発達障害のある児童生徒，子供の貧困の問題等により多様化する子供たちに対応して個別最適な学びを実現しながら，学校の多様性と包摂性を高めることが必要である。その際，現状の学校教育における個の確立と異質な他者との対話を促すことに弱さがあるとの指摘も踏まえ，一人一人の内的なニーズや自発性に応じた多様化を軸にした学校文化となり，子供たちの個性が生きるよう，個別化と協働化を適切に組み合わせた学習を実施していくべきである。

○ 性同一性障害や性的指向・性自認（性同一性）に悩みを抱える子供がいるとの指摘もある。こうした子供が，安心して学校で学べるようにするため，性同一性障害や性的指向・性自認（性同一性）について，研修を通じて教職員への正しい理解を促進し，その正しい理解を基に，学校における適切な教育相談の実施等を促すことが重要である。

○ また，ICTの活用や関係機関との連携を含め，現に学校教育に馴染めないでいる子供に対して実質的に学びの機会を保障していくとともに，離島，中山間地域等の地理的条件にかかわらず，教育の質と機会均等を確保することが重要である。

○ このような取組を含め，憲法第14条及び第26条，教育基本法第4条の規定に基づく教育の機会均等を真の意味で実現していくことが必要である。なお，ここでいう機会均等とは，教育水準を下げる方向での均等を図るものではなく，教育水準を上げる方向で均等を実現すべきであることは言うまでもない。

○ 例えば，新型コロナウイルス感染症による学校の臨時休業期間において，一部では「全ての家庭にICT環境が整っていないので，学びの保障のためにICTは活用しない」という判断がなされたという事例や，域内の一部の学校がICTを活用した取組を実施しようとしても他の学校が対応できない場合には，域内全体としてICTの活用を控えてしまった事例もあるが，このように消極的な配慮ではなく，「ICT環境が整っている家庭を対象にまず実施し，そうでない家庭をどう支援するか考える」という積極的な配慮を行うといったよ

うに，教育水準の向上に向けた機会均等であるべきである。

○　また，国内外の学力調査では，家庭の社会経済的背景が児童生徒の学力に影響を与えている状況が確認されている。学力格差を是正するためには，社会経済的指標の低い層を幼少期から支援することが重要である。このため，国は，家庭の経済事情に左右されることなく，誰もが希望する質の高い教育を受けられるよう，幼児期から高等教育段階までの切れ目のない形での教育の無償化・負担軽減や，教育の質の向上のための施策を着実に実施することが求められる。

### (2)　連携・分担による学校マネジメントを実現する

○　学校が様々な課題に対処し，学校における働き方改革を推進するためには，従来型のマネジメントの下，学校の有するリソースだけで対処するには限界がある[*40]。今般の新型コロナウイルス感染症への対応を契機とした業務の見直しも含め，校長のリーダーシップの下，組織として教育活動に取り組む体制を整備することが必要である。その際，校長を中心に学校組織のマネジメント力の強化を図るとともに，学校内，あるいは学校外との関係で，「連携と分担」による学校マネジメントを実現することが重要となる。

○　学校内においては，教師とは異なる知見を持つ外部人材や，スクールカウンセラー，スクールソーシャルワーカー等の専門スタッフなど，多様な人材が指導に携わることができる学校を実現することが求められる。また，事務職員が校務運営に参画する機会を一層拡大し，主体的・積極的に財務・総務等に通じる専門職としての役割を果たすことが期待される。さらに，教師同士の関係においても，校長のリーダーシップの下，教師が担う業務の適正化や，校内の各種委員会の整理・統合等の学校の組織体制の在り方を見直すこと，主幹教諭，指導教諭をはじめ，経験豊富で専門性の高いミドルリーダーとなる教師がリーダーシップを発揮できるような組織運営を促進することを通じて，教師が子供としっかりと向き合い，教師本来の業務に専門性を発揮できるようにするとともに，学級担任，教科担任，養護教諭，栄養教諭や部活動顧問[*41]等の役割を適切に分担し，学校組織全体としての総合力を発揮していくことが求められる[*12]。

○　また，子供たちの教育は，学校・家庭・地域がそれぞれの役割と責任を果たすとともに，相互に連携・協働してこそ効果が上がるものであり，以下のような取組を通じて，地域全体で子供たちの成長を支えていく環境を整えていくことが必要である。

- コミュニティ・スクールの設置が努力義務であることを踏まえ，また，地域学校協働本部の整備により，保護者や地域住民等の学校運営への参加・参画を得ながら，学校運営を行う体制の構築

---

*40　中央教育審議会「チームとしての学校の在り方と今後の改善方策について（答申）」（平成27（2015）年12月21日）参照。

*41　文部科学省学校における働き方推進本部「学校の働き方改革を踏まえた部活動改革について」（令和2（2020）年9月1日報告）参照。

- 家庭生活や社会環境の変化によって家庭の教育機能の低下も指摘される中，幼児教育段階はもとより，義務教育段階を含め，子育てに悩みや不安を抱える保護者に対して，身近な子育て経験者等による学習機会の提供や相談体制の整備など，地域の実情に応じた家庭教育支援に関する取組の推進

○　その他，学校が家庭や地域社会と連携することで，社会とつながる協働的な学びを実現するとともに，**働き方改革**の観点からも，保護者や PTA，地域住民，児童相談所等の福祉機関，NPO，地域スポーツクラブ，図書館・公民館等の社会教育施設など地域の関係機関と学校との連携・協働を進め，学校・家庭・地域の役割分担を文部科学省が前面に立って強力に推進することで，多様性のあるチームによる学校とし，「自立」した学校を実現することが必要である。

○　その実現に向けては，教育課程と関連付けることが求められており，新学習指導要領を踏まえ，教育課程に基づき組織的かつ計画的に各学校の教育活動の質の向上を図ること（**カリキュラム・マネジメント**）が重要である。

## (3)　これまでの実践と ICT との最適な組合せを実現する

○　新たな ICT 環境や先端技術を効果的に活用することにより，以下のようなことに寄与することが可能となると考えられる。

- 新学習指導要領の着実な実施（例えば，児童生徒自身による端末の自由な発想での活用を「**主体的・対話的で深い学び**」の実現に向けた授業改善に生かすこと，学びと社会をつなげることにより「**社会に開かれた教育課程**」を実現すること，プログラミング的思考，情報モラル等に関する資質・能力も含む情報活用能力を教科等横断的に育成すること）
- 学びにおける時間・距離などの制約を取り払うこと（例えば，遠隔教育により，学びの幅が広がる，多様な考えに触れる機会が充実する，様々な状況の子供たちの学習機会が確保されるなど，場面に応じた学びの支援を行うこと）
- 全ての子供たちの可能性を引き出す，**個別に最適な学びや支援**（例えば，子供の学習状況に応じた教材等の提供により，知識・技能の習得等に効果的な学びを行うこと，子供の学習や生活，学校健康診断結果を含む心身の健康状況等に関する様々な情報を把握・分析し，抱える問題を早期発見・解決すること，障害のある子供たちにとっての情報保障やコミュニケーションツールとなること）
- 可視化が難しかった学びの知見の共有やこれまでにない知見の生成（例えば，教育データの収集・分析により，各教師の実践知や暗黙知の可視化・定式化や新たな知見を生成すること，経験的な仮説の検証や個々の子供の効果的な学習方法等を特定すること）
- **学校における働き方改革**の推進（例えば，教材研究・教材作成等の授業準備にかかる時間・労力を削減すること，書類作成や会議等を効率的・効果的に実施すること遠隔技術を活用して教員研修や各種会議を実施すること）

- 災害や感染症等の発生等による学校の臨時休業等の緊急時における教育活動の継続（例えば，同時双方向型のオンライン指導を通じた家庭学習や，オンラインを活用して学校・教師・子供同士のつながりを維持すること）

○ 令和時代における学校の「スタンダード」として，「主体的・対話的で深い学び」の実現に向けた授業改善に資するよう，GIGA スクール構想により児童生徒1人1台端末環境と高速大容量の通信ネットワーク環境が実現されることを最大限生かし，端末を日常的に活用するとともに，教師が対面指導と家庭や地域社会と連携した遠隔・オンライン教育とを使いこなす（ハイブリッド化）など，これまでの実践と ICT とを最適に組み合わせることで，学校教育における様々な課題を解決し，教育の質の向上につなげていくことが必要である。

○ なお，ICT はこれからの学校教育に必要不可欠なものであり，基盤的なツールとして最大限活用していく必要があるが，その活用自体が目的でないことに留意が必要である。

○ AI 技術が高度に発達する Society5.0時代にこそ，教師による対面指導や子供同士による学び合い，地域社会での多様な体験活動の重要性がより一層高まっていくものであり，教師には，ICT も活用しながら，協働的な学びを実現し，多様な他者と共に問題の発見や解決に挑む資質・能力を育成することが求められる。

### (4) 履修主義・修得主義等を適切に組み合わせる

○ 現行の日本の学校教育制度では，所定の教育課程を一定年限の間に履修することでもって足りるとする履修主義，履修した内容に照らして一定の学習の実現状況が期待される修得主義，進学・卒業要件として一定年限の在学を要する年齢主義，進学・卒業要件として一定の課程の修了を要求する課程主義の考え方がそれぞれ取り入れられている。

○ 修得主義や課程主義は，一定の期間における個々人の学習の状況や成果を問い，それぞれの学習状況に応じた学習内容を提供するという性格を有する。個人の学習状況に着目するため，個に応じた指導，能力別・異年齢編成に対する寛容さという特徴が指摘される一方で，個別での学習が強調された場合，多様な他者との協働を通した社会性の涵養など集団としての教育の在り方が問われる面は少なくなる。

○ 一方で，履修主義や年齢主義は，対象とする集団に対して，ある一定の期間をかけて共通に教育を行う性格を有する。このため修得主義や課程主義のように学習の速度は問われず，ある一定の期間の中で，個々人の成長に必要な時間のかかり方を多様に許容し包含する側面がある一方で，過度の同調性や画一性をもたらすことについての指摘もある。

○ 我が国においては現在，制度上は原級留置が想定されているものの，運用としては基本的に年齢主義が採られている。進級や卒業の要件としての課程主義を徹底し，義務教育段階から原級留置を行うことは，児童生徒への負の影響が大きいことや保護者等の関係者の理解が得られないことから受け入れられにく

いと考えられる。

○　全ての児童生徒への基礎・基本の確実な定着への要請が強い義務教育段階においては，進級や卒業の要件としては年齢主義を基本に置きつつも，教育課程を履修したと判断するための基準については，履修主義と修得主義の考え方を適切に組み合わせ，それぞれの長所を取り入れる教育課程の在り方を目指すべきである。高等学校においては，これまでも履修の成果を確認して単位の修得を認定する制度が採られ，また原級留置の運用もなされており，修得主義・課程主義の要素がより多く取り入れられていることから，このような高等学校教育の特質を踏まえて教育課程の在り方を検討していく必要がある。

○　「個別最適な学び」及び「協働的な学び」との関係では，

・個々人の学習の状況や成果を重視する修得主義の考え方を生かし，「指導の個別化」により個々の児童生徒の特性や学習進度等を丁寧に見取り，その状況に応じた指導方法の工夫や教材の提供等を行うことで，全ての児童生徒の資質・能力を確実に育成すること，

・修得主義の考え方と一定の期間の中で多様な成長を許容する履修主義の考え方を組み合わせ，「学習の個性化」により児童生徒の興味・関心等を生かした探究的な学習等を充実すること，

・一定の期間をかけて集団に対して教育を行う履修主義の考え方を生かし，「協働的な学び」により児童生徒の個性を生かしながら社会性を育む教育を充実すること

が期待される。

○　その際，これまで以上に多様性を尊重し，ICT等も活用しつつ**カリキュラム・マネジメント**を充実させ，発達の段階に応じて，全ての子供たちの可能性を引き出す「個別最適な学び」と「協働的な学び」を一体的に充実していくことが重要である。

### (5)　感染症や災害の発生等を乗り越えて学びを保障する

○　今般の新型コロナウイルス感染症対応の経験を踏まえ，新たな感染症や災害の発生等の緊急事態であっても必要な教育活動を継続することが重要である。このため，「**新しい生活様式**[*42]」も踏まえ，子供一人一人の健康に対する意識を向上させるとともに，健やかに学習できるよう，トイレの乾式化・洋式化や特別教室等への空調設備の設置等の衛生環境の整備や，新しい時代の教室環境に応じた指導体制や必要な施設・設備の整備を図ることが必要である。

○　また，やむを得ず学校の臨時休業等が行われる場合であっても，スクールカウンセラーやスクールソーシャルワーカー等の専門スタッフや，市町村や児童相談所，警察等の関係機関との連携を図りつつ，子供たちと学校との関係を継

---

*42　長期間にわたって感染拡大を防ぐために，飛沫感染や接触感染，さらには近距離での会話への対策を，これまで以上に日常生活に定着させ，持続させなければならないとし，それを「**新しい生活様式**」と呼ぶ（厚生労働省「新型コロナウイルスの関するＱ＆Ａ（一般の方向け）」（令和2（2020）年9月7日時点版））。

続することで，心のケアや虐待の防止を図り，子供たちの学びを保障していくための方策を講じることが必要である。

○　さらに，感染症に対する差別や偏見，誹謗中傷等を許さないことが重要である。学校おいては，誤った情報や認識や不確かな情報に惑わされることなく，正確な情報や科学的根拠に基づいた行動を行うこと，感染者，濃厚接触者等とその家族に対する誤解や偏見に基づく差別を行わないことなどの点について，しっかりと取り上げ，身に付けさせることが必要である。あわせて，保護者や地域においては，学校における感染症対策と教育活動の両立に対する理解や協力に加え，差別等を許さない地域を作ることが期待される。

○　これらの取組を円滑に進めるためには，総合教育会議等も活用して，首長部局との連携を積極的に行うとともに，教育委員会等の学校の設置者が学校における取組を後押しすることも重要である。特に，今般の新型コロナウイルス感染症対応においては，教育委員会が，学校の自主的・自立的な取組を積極的に支援するという役割を果たしていたか否かが，子供たちの学びの保障においても重要であったことを踏まえ，教育委員会が率先して課題に取り組み，学校を支援する教育委員会の在り方について検討していくことが必要である。また，今般の新型コロナウイルス感染症の発生のような危機的な状況を乗り越えるためには，特に保護者や地域と協働し，学校運営や教育行政を推し進めることが必要である。

## (6)　社会構造の変化の中で，持続的で魅力ある学校教育を実現する

○　少子高齢化や人口減少などにより社会構造が変化する中にあって，学校教育の持続可能性を確保しながら魅力ある学校教育を実現するため，幼児教育，義務教育，高校教育，特別支援教育において，必要な制度改正や運用改善を行うことが必要である。

○　特に「団塊ジュニア世代」が65歳以上となる令和22（2040）年頃にかけて，我が国全体の人口構造は大きく変容していくと言われている。国立社会保障・人口問題研究所の推計によれば，今後人口減少は加速し，令和22（2040）年頃には毎年約90万人が減少する。生産年齢人口（15〜64歳）の減少幅は増大する一方，高齢者人口（65歳以上）はピークを迎える[43]。既に多くの市町村が人口減少と高齢化に直面しているが，今後は，大都市圏を含め，全国的に進行することが予想されている。

○　このような時代の到来を見据えつつ，魅力的で質の高い学校教育を地方においても実現するため，高齢者を含む多様な地域の人材が学校教育に関わるとと

---

*43　国立社会保障・人口問題研究所「日本の将来推計人口（平成29 年推計）」によると，将来の生産年齢人口は，令和11（2029）年，令和22（2040）年，令和38（2056）年にはそれぞれ7,000万人，6,000万人，5,000万人を割り，令和47（2065）年には4,529万人となると予想されている。また，老年人口は第二次ベビーブーム世代が老年人口に入った後の令和24（2042）年に3,935万人でピークを迎え，その後は一貫した減少に転じ，令和47（2065）年には3,381万人となると予想されている。

もに，学校の配置やその施設の維持管理，学校間の連携の在り方を検討していくことが必要である。

## 5. 「令和の日本型学校教育」の構築に向けた ICT の活用に関する基本的な考え方

○　これまで繰り返し述べてきたように，「令和の日本型学校教育」を構築し，全ての子供たちの可能性を引き出す，**個別最適な学び**と，**協働的な学び**を実現するためには，学校教育の基盤的なツールとして，ICT は必要不可欠なものである。我が国の学校教育における ICT の活用が国際的に大きく後れをとってきた中で，**GIGA スクール構想**を実現し，4.(3)で述べたようにこれまでの実践と ICT とを最適に組み合わせることで，これからの学校教育を大きく変化させ，様々な課題を解決し，教育の質の向上につなげていくことが必要である。その際，PDCA サイクルを意識し，効果検証・分析を適切に行うことが重要である。

○　ICT が必要不可欠なツールであるということは，社会構造の変化に対応した教育の質の向上という文脈に位置付けられる。すなわち，子供たちの多様化が進む中で，個別最適な学びを実現する必要があること，情報化が加速度的に進む**Society5.0時代**に向けて，情報活用能力など学習の基盤となる資質・能力を育む必要があること，少子高齢化，人口減少という我が国の人口構造の変化の中で，地理的要因や地域事情にかかわらず学校教育の質を保障すること，災害や感染症等の発生などの緊急時にも教育活動の継続を可能とすること，教師の長時間勤務を解消し学校の働き方改革を実現することなど，これら全ての課題に対し，ICT の活用は極めて大きな役割を果たし得るものである。

○　その一方で，ICT を活用すること自体が目的化してしまわないよう，十分に留意することが必要である。直面する課題を解決し，あるべき学校教育を実現するためのツールとして，いわゆる「二項対立」の陥穽に陥ることのないよう，ICT をこれまでの実践と最適に組み合わせて有効に活用する，という姿勢で臨むべきである。

○　同時に，ICT が我が国の学校教育に与える影響の全てを現時点で予測することはできない。児童生徒が ICT を日常的に活用することにより，自らの学習を調整しながら学んでいくことができるようになるとともに，予想しなかったような形で児童生徒の可能性が引き出される可能性があることにも着目する必要がある。また，児童生徒の健康面への影響にも留意する必要がある。

○　さらに，学校における ICT 環境の整備とその全面的な活用は，長年培われてきた学校の組織文化にも大きな影響を与え得るものである。例えば，紙という媒体の利点や必要性は失われない一方で，デジタルを利用する割合は増えていくであろうし，学校図書館における図書等の既存の学校資源の活用や充実を含む環境整備の在り方，校務の在り方や保護者や地域との連携の在り方，さらには教師に求められる資質・能力も変わっていくものと考えられる。その中で，

Society5.0時代にふさわしい学校を実現していくことが求められる。

## (1) 学校教育の質の向上に向けた ICT の活用

○ ICT の活用により新学習指導要領を着実に実施し，学校教育の質の向上につなげるためには，**カリキュラム・マネジメント**を充実させつつ，各教科等において育成を目指す資質・能力等を把握した上で，特に**「主体的・対話的で深い学び」**の実現に向けた授業改善に生かしていくことが重要である。また，従来はなかなか伸ばせなかった資質・能力の育成や，他の学校・地域や海外との交流など今までできなかった学習活動の実施，家庭など学校外での学びの充実などにも ICT の活用は有効である。

○ その際，1人1台の端末環境を生かし，端末を日常的に活用することで，ICT の活用が特別なことではなく「当たり前」のこととなるようにするとともに，ICT により現実の社会で行われているような方法で児童生徒も学ぶなど，学校教育を現代化することが必要である。児童生徒自身が ICT を「文房具」として自由な発想で活用できるよう環境を整え，授業をデザインすることが重要である。

○ また，不登校，病気療養，障害，あるいは日本語指導を要するなどにより特別な支援が必要な児童生徒に対するきめ細かな支援，さらには個々の才能を伸ばすための高度な学びの機会の提供等に，ICT の持つ特性を最大限活用していくことが重要である。

○ **個別最適な学び**と**協働的な学び**を実現するためには，このような ICT の効果的活用と少人数によるきめ細かな指導体制の整備を両輪として進め，児童生徒一人一人に寄り添ったきめ細かな指導，学習活動・機会の充実を図る必要がある。

## (2) ICT の活用に向けた教師の資質・能力の向上

○ 児童生徒が1人1台端末を使用し，いつでもクラウドにアクセスできる時代を迎える中で，上記(1)で述べたように，学校教育の質の向上に向けて ICT を活用するためには，養成・研修全体を通じ，教師が必要な資質・能力を身に付けられる環境を実現することが必要である。

○ このためには，大学における教員養成段階において，学生が1人1台端末を持っていることを前提とした教育を実現しつつ，児童生徒にプログラミング的思考，情報モラル等に関する資質・能力も含む情報活用能力を身に付けさせるための ICT 活用指導力を養成することや，学習履歴（スタディ・ログ）の利活用などの教師のデータリテラシーの向上に向けた教育などの充実を図っていくことが求められる。このため，教員養成大学・学部や教職大学院は，学校教育における ICT を効果的に活用した指導のノウハウをいち早く収集・分析しつつ，新たな時代に対応した教員養成モデルを構築するなど，Society5.0時代の教師の養成を先導する役割を果たすことが期待される。さらに現職の教師に対しては，国によるコンテンツ提供や都道府県等における研修の更なる充実

等により，ICT 活用指導力の一層の向上を図ることが急務である。

○ また，新学習指導要領において示された資質・能力の３つの柱を一体的に育成し，「主体的・対話的で深い学び」の実現に向けた授業改善に資する，我が国ならではの ICT の活用モデルを確立していくために，教師は，授業研究の積み重ねにより，「子供はいかに学ぶか」「どう支援するか」を問い直していくとともに，教員養成大学・学部や教職大学院，国立大学附属学校は，このような不断の授業改善に取り組む教師のネットワークの中核としての役割を果たしていくことが求められる。

### (3) ICT 環境整備の在り方

○ GIGA スクール構想により配備される１人１台の端末は，シンプルかつ安価なものであり，この端末からネットワークを通じてクラウドにアクセスし，クラウド上のデータ，各種サービスを活用することを前提としている。このため，学校内のみならず学校外とつなぐネットワークが高速大容量であること，地方公共団体等の学校の設置者が整備する教育情報セキュリティポリシー等において，クラウドの活用を禁止せず，必要なセキュリティ対策を講じた上でその活用を進めることが必要である。

○ また，小学校，中学校段階のみならず，多様な実態を踏まえつつ高等学校段階においても１人１台端末環境を実現するとともに，各学校段階において，端末の家庭への持ち帰りを可能とすることが望まれる。さらに，数年後に迎える端末の更新については，出来るだけ早急に関係者間で丁寧な検討を行っていくことが必要である。

○ さらに，デジタル教科書・教材等の普及促進や，学習履歴（スタディ・ログ）や学校健康診断情報等の教育データを蓄積・分析・利活用できる環境の整備，ICT を活用した学びを充実するための ICT 人材の確保，ICT で校務を効率化することによる学校の働き方改革の実現などが重要である。

## 第Ⅱ部　各論

## １．幼児教育の質の向上について（略）

## ２．９年間を見通した新時代の義務教育の在り方について

### (1) 基本的な考え方

○ 義務教育は，憲法や教育基本法に基づき，全ての児童生徒に対し，各個人の有する能力を伸ばしつつ社会において自立的に生きる基礎や，国家や社会の形成者として必要とされる基本的な資質を養うことを目的とするものである。社会が劇的に変化し先行き不透明な時代だからこそ，人材育成の基盤である義務教育は一層重要な意義を持つものであり，我が国のどの地域で生まれ育っても，

知・徳・体のバランスのとれた質の高い義務教育を受けられるようにすることが国の責務である。

○　中央教育審議会の答申を踏まえ，平成18（2006）年の教育基本法改正により義務教育の目的が定められ（第5条2項），続く平成19（2007）年の学校教育法改正により小・中学校共通の目標として義務教育の目標規定が新設（第21条）された。また，平成27（2015）年の学校教育法の改正等により小中一貫教育制度が整備され，各地域において小中一貫教育の取組みが進展しつつある[*44]。このような中，新学習指導要領の着実な実施により義務教育の目的・目標を達成する観点から，小学校6年間，中学校3年間と分断するのではなく，9年間を通した教育課程，指導体制，教師の養成等の在り方について一体的に検討を進める必要がある。

○　また，児童生徒が多様化し学校が様々な課題を抱える中にあっても，義務教育において決して誰一人取り残さない，ということを徹底する必要がある。このため，一人一人の能力，適性等に応じ，その意欲を高めやりたいことを深められる教育を実現するとともに，学校を安全・安心な居場所として保障し，様々な事情を抱える多様な児童生徒が，実態として学校教育の外に置かれてしまわないように取り組むことが必要である。また，多様性を尊重する態度や互いのよさを生かして協働する力，持続可能な社会づくりに向けた態度，リーダーシップやチームワーク，感性，優しさや思いやりなどの人間性等を育むことも重要である。こうした観点からも，特別支援学校に在籍する児童生徒が居住する地域の学校に副次的な籍を置く取組を進めるなど，義務教育段階における特別支援教育のより一層の充実を図ることが重要である。

## (2)　教育課程の在り方
### ①　学力の確実な定着等の資質・能力の育成に向けた方策
○　今般改訂された学習指導要領では，各教科等の指導を通して育成を目指す資質・能力を「**知識及び技能**」，「**思考力，判断力，表現力等**」，「**学びに向かう力，人間性等**」の3つの柱で再整理しており，この資質・能力の3つの柱は知・徳・体にわたる「生きる力」全体を捉えて，共通する重要な要素を示したものである。このため，学校において児童生徒の学力の確実な定着について検討するに当たっては，この資質・能力の3つの柱をバランスよく育成することが必要である。新学習指導要領を着実に実施するに当たっては，**GIGAスクール構想**により整備されるICT環境を最大限活用し，「**個別最適な学び**」と「**協働的な学び**」を充実していくことが重要である[*45]。

○　また，新学習指導要領では，児童生徒の発達の段階を考慮し，言語能力，情

---

＊44　文部科学省「令和元年度学校基本調査」によると，令和元（2019）年度の小中一貫教育を行う学校数は，義務教育学校が94校，小中一貫型小学校・中学校は，施設一体型が94校，施設隣接型が25校，施設分離型が407校，上記3類型に当てはまらないものが2校となっている。また，小中一貫教育の取組としては，軸となる独自教科の設定や区切りの節目を活用して成長を促す取組などが行われている。

報活用能力，問題発見・解決能力等の学習の基盤となる資質・能力を育成していくことができるよう，各教科等の特質を生かし，教科等横断的な視点から教育課程の編成を図るものとされており，その充実を図ることが必要である。

　具体的には，言語能力については，まず，教科学習の主たる教材である教科書を含む多様なテキスト及びグラフや図表等の各種資料を適切に読み取る力を，各教科等を通じて育成することが重要である。その際，教材自体についても，資料の内容を適切に読み取れるような工夫を施すべきである。また，判断の根拠や理由を明確にしながら自分の考えを述べる力を身に付けさせることも必要だが，そのためには，レポートや論文等の形式で課題を分析し，論理立てて主張をまとめることも重要である。

　コンピュータ等の情報手段を適切に用いて情報を得たり，情報を整理・比較したり，得られた情報を分かりやすく発信・伝達したりといったことができる力，このような学習活動を遂行する上で必要となる情報手段の基本的な操作の習得を含めた情報活用能力を育成することも重要である。

○　児童生徒の資質・能力の育成に当たっては，幼児が主体的に環境と関わり，直接的・具体的な体験を通して豊かな感性を発揮したり好奇心や探究心が高まったりしていくなどの幼児期の学習を小学校以降にもつなげていくことが重要である。

○　小学校低・中学年においては，安心して学べる居場所としての学級集団の中で，基礎的・基本的な知識及び技能を反復練習もしながら確実に定着させるとともに，知識及び技能の習得や活用の喜び，充実感を味わう活動を充実することが重要である。資質・能力を確実に習得させるためには，個々の児童の状態をより丁寧に把握し，個別的な対応を行う**「指導の個別化」**が重要である。

○　特に小学校低学年においては，まず安心して学べる居場所である学級集団を確立し，教師が提示する課題を自らの学習課題として捉え，「分からないこと・できないこと」を「分かること・できること」にする過程が学習であることや，「分からないこと・できないこと」を他者に伝えたり助けを求めたりするなど，他の児童や教師との対話が学びを深めるために存在することといった事柄を理解する「学びの自覚化」が必要である。また，語彙については児童のそれまでの学習の状況を代表的に示す面があることから，その状態を把握した上で，家庭・地域との連携も図りながら，教科等横断的な視点で教育課程を編成・実施し，意味・文脈を含めた語彙の獲得など，言語能力の育成を図る必要がある。さらに，立式における計算の意味等の理解と計算方法等の習熟，数学的な見方・考え方を働かせた日常及び数学の事象の把握といった資質・能力を伸ばすことや，中学年以降に向けて教科等の基礎となる気付きを様々な体験，読書，対話から学ぶことなども重要である。

---

＊45　教育課程の在り方については，教育課程部会において，計13回の審議及び1回の書面審議を踏まえて取りまとめた「教育課程部会における審議のまとめ」（令和3（2021）年1月25日）を参照。

○ 小学校中・高学年以上の指導においては，各教科等の内容を，徐々にその中核的な概念を使って指導することにより，見方・考え方が鍛えられていくことを踏まえることが重要である。また，体験活動と教科の内容との関連付けを自覚的に行えるように指導することが重要である。

○ 平成28年答申においても，小学校高学年においては「子供たちの抽象的な思考力が高まる時期であり，教科等の学習内容の理解をより深め，育成を目指す資質・能力の育成に確実につなげるためには，指導の専門性の強化が課題となっている」とした上で，「専科指導の充実は，子供たちの個性に応じた得意分野を伸ばしていくためにも重要である」とされている。

○ このため，小学校高学年への教科担任制の導入や，小学校と中学校や中学校と高等学校など学校段階間の連携の強化，外部人材の配置や研修の導入などが必要である。

○ また，発達の段階にかかわらず，児童生徒の実態を適切に捉え，その可能性を伸ばすことができるよう環境を整えていくことも重要である。例えば，児童生徒の学習意欲を向上する観点からは，教科等を学ぶ本質的な意義や学習状況を児童生徒に伝えること等が重要となる。また，学習内容の理解を定着する観点からは，単に問題演習を行うだけではなく，内容を他者に説明するなどの児童生徒同士の学び合いにより，児童生徒が自らの理解を確認し定着を図ることが，説明する児童生徒及びそれを聞く児童生徒の双方にとって有効であり，授業展開として重要であると考えられる。

○ 新学習指導要領において育成を目指す資質・能力のうち，**「学びに向かう力，人間性等」**については，主体的に学習に取り組む態度も含めた学びに向かう力や，自己の感情や行動を統制する力，よりよい生活や人間関係を自主的に形成する態度等を育成することとされている。また，児童生徒が，学ぶことと自己の将来とのつながりを見通しながら，社会的・職業的自立に向けて必要な基盤となる資質・能力を身に付けていくことができるよう，特別活動を要としつつ各教科等の特質に応じて，キャリア教育の充実を図ることとされている。

○ 学びに向かう力の育成は幼児期から成人までかけて徐々に進んでいくものであるが，初期の試行錯誤段階を経て，様々な学びの進め方や思考ツールなどを知り，経験していくことが重要である。とりわけ小学校中学年以降，学習の目標や教材について理解し，計画を立て，見通しをもって学習し，その過程や達成状況を評価して次につなげるなど，学習の進め方を自ら調整していくことができるよう，発達の段階に配慮しながら指導することが大切である。また，中学校以降において，多様な学習の進め方を実践できる環境を整えることも重要である。

　授業改善に当たっても，学習の進め方（学習計画，学習方法，自己評価等）を自ら調整する力を身に付けさせることを一つの柱として行うことが考えられる。また，学校の授業以外の場における学習の習慣や進め方についても視野に入れ，指導を行うことが重要である。

○ また，キャリア教育の充実に当たっては，小学校から高等学校までを通じ，

各教科等での指導を含む学校教育全体でその実践を行いつつ，総合的な学習の時間において教科等を横断して自ら学習テーマを設定し探究する活動や，特別活動において自らの学習状況やキャリア形成を見通したり振り返ったりしながら，自身の変容や成長を自己評価する学習活動などを充実していくことが求められる。この中で，キャリア・パスポート等も活用し，児童生徒が自覚するまでに至っていない成長や変容に気付いて指摘したり，一人一人が自らの成長を肯定的に認識できるように働きかけたりするなど，教師が対話的な関わりを持ち相互作用の中でキャリアを創り上げていくことが不可欠である。

② 補充的・発展的な学習指導について
　ア　補充的・発展的な学習指導
○ 新学習指導要領においては，児童生徒が基礎的・基本的な知識及び技能の習得も含め，学習内容を確実に身に付けることができるよう，児童生徒や学校の実態に応じ，補充的な学習や発展的な学習などの学習活動を取り入れることなどにより，個に応じた指導の充実を図ることが規定されている。補充的な学習を取り入れた指導を行う際には，様々な指導方法や指導体制の工夫改善を進め，学習内容の確実な定着を図ることが必要であり，発展的な学習を取り入れた指導を行う際には，児童生徒の負担が過重にならないよう配慮するとともに，学習内容の理解を一層深め，広げるという観点から適切に取り入れることが大切である。

○ また，従前から，いずれの学校においても学習指導要領において示している内容に関する事項は取り扱わなければならないとした上で，学校において特に必要がある場合は，異なる学年の内容を含めて学習指導要領に示していない内容を加えて指導することができることとされている[46]。児童生徒の学習状況に応じ，学年や学校段階を超えて先の学年・学校の内容を学習したり，学び直しにより基礎の定着を図ったりすることも考えられる。

○ 補充的・発展的な学習を行う際には，例えば知識及び技能の習得に当たって，ICT を活用したドリル学習等を組み合わせていくことも考えられるが，併せて思考力，判断力，表現力等や学びに向かう力，人間性等の育成も十分に行われるよう，計画的に指導を行うことが必要である。

○ また，発展的な学習としては，内容理解を深める学習を更に充実することが重要であるが，その際には個別学習のみで学習を終えることにならないように留意し，学校ならではの **「協働的な学び」** が取り入れられるよう教育活動を工

---

*46　規制改革・民間開放推進会議「規制改革推進3 か年計画（再改定）（平成15（2003）年3月28日閣議決定）フォローアップ結果」事項別措置概要一覧（平成16（2004）年3月31日現在）- 3. 教育・研究関係（https://www8.cao.go.jp/kisei-kaikaku/old/publication/2004/0809/01.html）において，平成15（2003）年に「学習指導要領等の一部改正を行い，学習指導要領に明示されている基礎的・基本的な内容を指導した上で，異なる学年の内容を含めて学習指導要領に明示されていない内容を指導可能であることを明確にするとともに，個に応じた指導の充実のための指導方法の例示として，学習内容の習熟の程度に応じた指導を加えた。」とされている。

夫する必要がある。各児童生徒が深めた学習の成果を持ち寄って共有し，児童生徒同士の学び合いを行い，またその結果を各自で深めるといった循環を作っていくことが大切である。

### イ　特定分野に特異な才能のある児童生徒に対する指導

○　米国等においては「ギフテッド教育」として，古典的には知能指数の高さなどを基準に領域非依存的な才能を伸長する教育が考えられてきたが，近年ではこれに加え，領域依存的な才能を伸長する教育や，特異な才能と学習困難とを併せ持つ児童生徒[*47]に対する教育も含めて考える方向に変化している。

○　例えば，単純な課題は苦手だが複雑で高度な活動は得意など，多様な特徴のある児童生徒が一定割合存在するなかで，学校内外において，このような児童生徒を含め，あらゆる他者を価値のある存在として尊重する環境を築くことが重要である。

○　一方で，特定分野に特異な才能のある児童生徒に対する教育に関し，我が国の学校において特異な才能をどのように定義し，見いだし，その能力を伸長していくのかという議論はこれまで十分に行われていない状況にある。

○　このため，知的好奇心を高める発展的な学習の充実や，大学や民間団体等が実施する学校外での学びへ児童生徒をつないでいくことなど，国内の学校での指導・支援の在り方等について，遠隔・オンライン教育も活用した実証的な研究開発を行い，更なる検討・分析を実施する必要がある。

### ③　カリキュラム・マネジメントの充実に向けた取組の推進

○　各学校においては，児童生徒や学校，地域の実態を適切に把握した上で，教育の目標を明確化し，教科等横断的な視点に立った資質・能力の育成や，教科等の枠を超えた横断的・総合的な学習の推進など，教科等間のつながりを意識して教育課程を編成・実施することが重要である。

○　標準授業時数については，学習指導要領に示す各教科等の内容の指導の質を担保するための，いわば量的な枠組みとして，教育の機会均等や水準確保に大きな役割を果たしてきた。特に資質・能力のうち，定量的に質を測定できるのは知識・技能等の一部にとどまることから，学習指導要領が求める教育の質を量的に支えるものとして標準授業時数は重要な意義を持っている。

○　一方で，標準授業時数の在り方をめぐっては，児童生徒や教師の負担について考慮すべきとの指摘や，学習状況に課題のある児童生徒も含めて指導すべき内容を一般的に教えることが可能なものとなっているのか，ICT を活用した学習指導を踏まえた柔軟な在り方について検討が必要，といった指摘がある。

○　また，新型コロナウイルス感染症の感染拡大防止のための臨時休業からの学校再開後には，教育活動や時間の配分等を再検討し，学校の授業における学習活動を重点化するなど，地域や家庭の協力も得て児童生徒の学習の効果を最大化できるよう，**カリキュラム・マネジメント**を行うことの重要性が指摘された。

*47　特異な才能と学習困難とを併せ持つ児童生徒は "2E（Twice-Exceptional）" の児童生徒と言われる。

○　このような指摘を踏まえれば，新学習指導要領の趣旨の実現に向けて，各学校における**カリキュラム・マネジメント**の充実・強化を図る観点から，標準授業時数の意義を踏まえつつ，各学校が持っている教育課程の編成・実施に関する裁量を改めて認識し，学校や地域の実態に応じて責任を持って柔軟に判断できるようにしていくことが重要である。教育委員会においても，各学校の持っている裁量を明確にし，学校や地域の実態に応じた柔軟な教育課程の編成・実施が行われるよう，適切な指導及び環境整備に関わる包括的な支援を行うことが求められる。

○　また，学習指導要領のねらいとする資質・能力の育成と，一定の総授業時数の確保による教育の機会均等の観点を踏まえ，総枠としての授業時数（学年ごとの年間の標準授業時数の総授業時数）は引き続き確保した上で，教科等横断的な視点に立った資質・能力の育成や探究的な学習の充実等に資するよう，**カリキュラム・マネジメント**に係る学校裁量の幅の拡大の一環として，教科等の特質を踏まえつつ，教科等ごとの授業時数の配分について一定の弾力化が可能となる制度を設けるべきである。その際，この制度を利用する学校は，家庭・地域に対して特別の教育課程を編成・実施していることを明確にするとともに，他の学校や地域の**カリキュラム・マネジメント**に関する取組の参考となるよう，教育課程を公表することとするべきである。

### (3)　義務教育9年間を見通した教科担任制の在り方
#### ①　小学校高学年からの教科担任制の導入

○　義務教育の目的・目標を踏まえ，育成を目指す資質・能力を確実に育むためには，各教科等の系統性を踏まえ，学年間・学校間の接続を円滑なものとし，義務教育9年間を見通した教育課程を支える指導体制の構築が必要である。

○　児童生徒の発達の段階を踏まえれば，児童の心身が発達し一般的に抽象的な思考力が高まり，これに対応して各教科等の学習が高度化する小学校高学年では，日常の事象や身近な事柄に基礎を置いて学習を進める小学校における学習指導の特長を生かしながら，中学校以上のより抽象的で高度な学習を見通し，系統的な指導による中学校への円滑な接続を図ることが求められる。

○　また，多様な子供一人一人の資質・能力の育成に向けた個別最適な学びを実現する観点からは，**GIGAスクール構想**による「1人1台端末」環境下でのICTの効果的な活用とあいまって，個々の児童生徒の学習状況を把握し，教科指導の専門性を持った教師によるきめ細かな指導を可能とする教科担任制の導入により，授業の質の向上を図り，児童一人一人の学習内容の理解度・定着度の向上と学びの高度化を図ることが重要である[*48]

---

＊48　中央教育審議会「幼稚園，小学校，中学校，高等学校及び特別支援学校の学習指導要領等の改善及び必要な方策等について（答申）」（平成28（2016）年12月21日）において，「教科等の学習内容の理解をより深め，育成を目指す資質・能力の育成に確実につなげるためには，指導の専門性の強化が課題となっている」とし，「専科指導の充実は，子供たちの個性に応じた得意分野を伸ばしていくためにも重要である」と指摘されている。

○ さらに，小学校における教科担任制の導入は，教師の持ちコマ数の軽減や授業準備の効率化により，学校教育活動の充実や教師の負担軽減に資するものである。

○ これらのことを踏まえ，小学校高学年からの教科担任制を（令和4（2022）年度を目途に）本格的に導入する必要がある。

○ 導入に当たっては，地域の実情に応じて多様な実践が行われている現状も考慮しつつ，専科指導の対象とすべき教科や学校規模（学級数）・地理的条件に着目した教育環境の違いを踏まえ，義務教育9年間を見通した効果的な指導体制の在り方を検討する必要がある。また，義務教育学校化や広域・複数校による小中一貫教育の導入を含めた小中学校の連携を促進する必要がある。

○ 新たに専科指導の対象とすべき教科については，既存の教職員定数において，学校規模に応じて音楽，図画工作，家庭，体育を中心とした専科指導を実施することが考慮されていることや，地域の実情に応じて多様な実践が行われている現状を踏まえ，これらの点に引き続き配慮することに加えて，系統的な学びの重要性，教科指導の専門性といった観点から検討する必要がある。その上で，グローバル化の進展やSTEAM教育の充実・強化に向けた社会的要請の高まりを踏まえれば，例えば，外国語・理科・算数を対象とすることが考えられる。当該教科の専科指導の専門性の担保方策や専門性を有する人材確保方策と併せ，教科担任制の導入に必要な教員定数の確保に向けた検討を進める必要がある。

## ② 義務教育9年間を見通した教師の養成等の在り方

○ 現行制度においても，大学で最初に取得した教諭の免許状を基礎として，勤務経験と講習の受講の組み合わせによって他の学校種の教諭の免許状を取得すること[49]や，中学校教諭の免許状を保有する教員が小学校で当該免許状の教科を教えることが可能となる[50]など，教員免許状に係る学校間の垣根は低くなってきている[51]。

○ 教科担任制の導入なども踏まえ，教師には，一層，学校段階間の接続を見通して指導する力や，教科等横断的な視点で学習内容を組み立てる力など，総合的な指導力を教職生涯を通じて身に付けることが求められる。このため，教員養成段階では，小学校教諭の免許状と中学校教諭の免許状の両方の教職課程を修了し，両方の免許状を取得することが望ましいが，2つの教職課程を同時に学生に求めることは学習範囲も広範にわたり，負担が大きい。

○ このため，従来，小学校と中学校の教職課程それぞれに開設を求めていた授

---

[49] 例えば，中学校教諭の普通免許状を有する者は，中学校での3年間の勤務経験と12単位分の認定講習等の受講によって小学校教諭2種免許状を取得することができる（教育職員免許法別表第8）。

[50] 例えば，中学校教諭の免許状を有する者は，小学校において，所持する中学校教諭の免許状の教科に相当する教科を教授することができる（中学校教諭の理科の教科の免許状を有していれば，小学校で理科の授業を行うことができるなど）（教育職員免許法第16条の5）。

[51] 義務教育9年間を見通した教師の養成等の在り方については，教員養成部会が取りまとめた，「教員養成部会審議まとめ」（令和2（2020）年7月17日）を参照。

業科目を共通に開設できる特例を設けることにより，学生が小学校と中学校の教諭の免許状を取得しやすい環境を整備する必要がある。

○　また，一定の勤務経験を有する教師は一定の講習を受講することで他の学校種の教諭の免許状を取得することが可能だが，中学校教諭の免許状を保有する者が小学校で専科教員として勤務した場合の経験年数は，現状ではこの勤務年数として算定されていない。

○　このため，中学校教諭の免許状を保有する者が小学校教諭の免許状を取得しやすくなるよう，小学校で専科教員として勤務した場合の経験年数を算定できるよう要件を弾力化する必要がある。

### (4)　義務教育を全ての児童生徒等に実質的に保障するための方策

### ①　不登校児童生徒への対応

○　小中学校における不登校児童生徒数は平成24（2012）年度以降増加の一途を辿っており，令和元（2019）年度には181,272人，このうち90日以上欠席している児童生徒数は100,857人と不登校児童生徒数の約56％を占めるに至っている[52]。

○　不登校を減らすためには，学校が児童生徒にとって安心感，充実感が得られる活動の場となり，いじめや暴力行為，体罰等を許さず，学習指導の充実により学習内容を確実に身に付けることができるなど，児童生徒が安心して教育を受けられる魅力あるものとなることが必要である[53]。

○　また，現に不登校となっている児童生徒に対しては，個々の状況に応じた適切な支援を行うことにより，学習環境の確保を図ることも必要である。

○　このため，スクールカウンセラー・スクールソーシャルワーカーの配置時間等の充実による相談体制の整備，アウトリーチ型支援の実施を含む不登校支援の中核となる教育支援センター[54]の機能強化，不登校特例校[55]の設置促進，公と民との連携による施設の設置・運営など教育委員会・学校と多様な教育機会を提供しているフリースクール等の民間の団体とが連携し，相互に協力・補完し合いながら不登校児童生徒に対する支援を行う取組の充実，自宅等でのICTの活用等多様な教育機会の確保など，子供たちが学校で安心して教育が受けられるよう，学校内外において，個々の状況に応じた段階的な支援策を講じるとともに，更に効果的な対策を講じるため，スクリーニングの実施による

---

＊52　文部科学省「令和元年度児童生徒の問題行動・不登校等生徒指導上の諸課題に関する調査」

＊53　いじめや不登校等の生徒指導上の課題の深刻化を踏まえ，子供たちが安心して楽しく通える魅力ある学校をつくっていくために，文部科学省内に文部科学副大臣を座長とする「魅力ある学校づくり検討チーム」が設けられ，計4回の議論を踏まえて「魅力ある学校づくり検討チーム報告」（令和2（2020）年9月8日）が取りまとめられた。

＊54　不登校児童生徒の社会的自立に資するため，主に教育委員会が設置する，集団生活への適応，情緒の安定，基礎学力の補充，基本的生活習慣の改善等のための相談・指導を行う施設。

＊55　教育課程の基準によらずに，不登校児童生徒の実態に配慮した特別の教育課程を編成して教育を実施することができる学校として文部科学大臣が指定した学校。

児童生徒の支援ニーズの早期把握や校内の別室における相談・指導体制の充実等の調査研究を進めていくことが必要である。

② 義務教育未修了の学齢を経過した者等への対応

○ 義務教育の段階における普通教育に相当する教育の機会の確保等に関する法律（教育機会確保法）第14条が規定するように，学齢経過者の中に義務教育の機会の提供を希望する者が多くいることを踏まえ，夜間中学については，教育のセーフティネットとして質・量共に充実していく必要がある。

○ このため，全ての都道府県に少なくとも一つの夜間中学が設置されるよう，また，人口規模や都市機能に鑑み，全ての指定都市において夜間中学が設置されるよう促進することが重要である。

○ また，多様な生徒に対応する夜間中学の実態を踏まえ，教員（養護教諭を含む）に加えて日本語指導補助者，母語支援員，スクールカウンセラー等の専門人材の配置を促進し，「チームとしての学校」を推進することにより，学校の指導・事務体制の効果的な強化・充実を進めることで，夜間中学の教育活動の充実や受け入れる生徒の拡大を図ることが必要である。

## (5) 生涯を通じて心身ともに健康な生活を送るための資質・能力を育成するための方策

○ 健康教育においても，児童生徒等の心身の状況等を踏まえて，エビデンスに基づく個に応じた指導・支援を充実させることにより，生涯を通じて心身ともに健康な生活を送るための資質・能力（健康リテラシー等）を育成することが重要である。

○ このために，健康を保持増進する全ての活動を担う養護教諭を適正に配置し，養護教諭の専門性や学校保健推進の中核的役割，コーディネーターの役割を発揮し，組織的な学校保健を展開する必要がある。そのためにも，養護教諭の無配置校をなくしていくべきである。

○ その上で，学校医，学校歯科医，学校薬剤師をはじめとする専門家と引き続き連携を図るとともに，健康の保持増進にとどまらず，今日の子供たちの抱える様々な問題に対処する上でも，教育界と医療界が協力して取り組むことが重要である。また，健康診断情報をはじめとする学校保健情報を速やかに電子化し，効果的に活用することが今後一層求められる。

○ また，今後，ますます多様化する社会の変化の中で，子供たちの置かれている生活環境も様々であり，食育においても今まで以上に個別に寄り添った支援が求められる。加えて，学習指導要領にもあるとおり，現代的な諸課題に対応して求められる資質・能力の一つである，食に関する資質・能力を定着させるには，教科等横断的な視点での学びが求められるとともに，児童生徒が他者と協働して主体的に学習活動に取り組むことが重要である。このため，健康教育の基盤となる食育の推進を担う栄養教諭等の専門性に基づく指導の充実を図るとともに，学校栄養職員の栄養教諭への速やかな移行を図るなど，栄養教諭の

配置促進を進めることが必要である。

## (6) いじめの重大事態，虐待事案等に適切に対応するための方策

○ 令和元（2019）年度の小中学校におけるいじめの認知件数は591,069件，重大事態の発生件数は593件とそれぞれ過去最多で，近年は増加傾向にある[52]。暴力行為の発生件数については，令和元（2019）年度は72,132件であり，過去5年間の傾向として，小学校における暴力行為が大幅に増加している[56]。

○ また，令和元（2019）年における日本の自殺者の総数は20,169人と，近年は減少傾向にある中，小中学生の自殺者数は120人となっており，児童生徒の自殺が後を絶たないことは，極めて憂慮すべき状況である[57]。児童相談所における児童虐待相談対応件数も増加しており，令和元（2019）年度は193,780件と過去最多となっている。このうち，学校等が相談経路となっているのは14,828件と，約8％を占めている[24]。

○ こうした課題に対処するためには，児童生徒の問題行動の発生を未然に防止するために，成長を促す指導等の積極的な生徒指導の充実，生徒指導上の課題の発生や深刻化につながることも指摘される背景や要因といった困難の緩和，教育相談体制の整備，教育委員会・学校における組織的な対応の推進を図るとともに，児童虐待防止に向けては，教育委員会・学校と市町村，児童相談所，警察等の関係機関との連携強化を図っていくことが必要である。

○ このため，児童生徒が主体となった自己有用感や社会性を高める活動の促進，生徒指導上の課題との関連も指摘される背景等の困難を抱える児童生徒への包括的な支援の在り方の検討，SOS の出し方に関する教育を含む自殺予防の取組の推進等を図ることが重要である。

○ また，スクールカウンセラー・スクールソーシャルワーカーの配置時間等の充実や，SNS 等を活用した相談体制の全国展開などの教育相談体制の整備や，いわゆるスクールロイヤー等を活用した教育委員会における法務相談体制の整備などの取組を引き続き進めていくことが必要である。

○ さらに，学校いじめ防止基本方針の実効化やいじめ等の状況に関するデータの活用の促進，虐待の早期発見・通告，保護・自立支援を円滑に行うための学校における対応の徹底や研修などの支援策を講じるとともに，更に効果的な対策を講じるための調査研究を進めていくことが必要である[53]。

---

*56　文部科学省「児童生徒の問題行動・不登校等生徒指導上の諸課題に関する調査」によると，小学校における暴力行為は，平成26（2014）年度に11,472件，令和元（2019）年度に43,614件となっている。内容別では，児童間の暴力行為が大幅に増加している（平成26（2014）年度に7,118件，令和元（2019）年度に32,120件）。

*57　厚生労働省・警察庁「令和元年中における自殺の状況」。なお，小中学生の自殺者数は，平成28（2016）年に105人，平成29（2017）年119人，平成30（2018）年に131人となっている。

3．新時代に対応した高等学校教育等の在り方について（略）

4．新時代の特別支援教育の在り方について（略）

5．増加する外国人児童生徒等への教育の在り方について（略）

6．遠隔・オンライン教育を含む ICT を活用した学びの在り方について（略）

7．新時代の学びを支える環境整備について（略）

8．人口動態等を踏まえた学校運営や学校施設の在り方について（略）

9．Society5.0時代における教師及び教職員組織の在り方について（略）

## 今後更に検討を要する事項

（略）

### 中央教育審議会答申「『令和の日本型学校教育』を担う教師の養成・採用・研修等の在り方について～『新たな教師の学びの姿』の実現と，多様な専門性を有する質の高い教職員集団の形成～」
（2022〈令和4〉年12月19日）

#### 令和3年答申で示された，「令和の日本型学校教育」を担う教師及び教職員集団の姿

- 「令和の日本型学校教育」を担う教師の姿は，①環境の変化を前向きに受け止め，教職生涯を通じて学び続けている，②子供一人一人の学びを最大限に引き出す教師としての役割を果たしている，③子供の主体的な学びを支援する伴走者としての能力も備えている。
- 教職員集団の姿は，多様な人材の確保や教師の資質・能力の向上により質の高い教職員集団が実現し，多様なスタッフ等とチームとなり，校長のリーダーシップの下，家庭や地域と連携しつつ学校が運営されている。
- また，教師が創造的で魅力ある仕事であることが再認識され，志望者が増加し，教師自身も志気を高め，誇りを持って働くことができている。

#### 新たな教師の学びの姿の実現

- 子供たちの学び（授業観・学習観）とともに教師自身の学び（研修観）を転換

し，「新たな教師の学びの姿」（個別最適な学び，協働的な学びの充実を通じた，「主体的・対話的で深い学び」）を実現。

- 教職大学院のみならず，養成段階を含めた教職生活を通じた学びにおいて，「理論と実践の往還」を実現する。

① 教職生活を通じた「新たな学びの姿」の実現

　高度な専門職である教師は，自己の崇高な使命を深く自覚し，絶えず研究と修養に励み，その職責の遂行に努める義務を負っており，学び続ける存在であることが社会からも期待されている。

　既に，審議まとめでは，「新たな教師の学びの姿」として，

- 変化を前向きに受け止め，探究心を持ちつつ自律的に学ぶという「**主体的な姿勢**」
- 求められる知識技能が変わっていくことを意識した「**継続的な学び**」
- 新たな領域の専門性を身に付けるなど強みを伸ばすための，一人一人の教師の個性に即した「**個別最適な学び**」
- 他者との対話や振り返りの機会を確保した「**協働的な学び**」

を示した。

　具体的には，教師と任命権者・服務監督権者・学校管理職等との積極的な対話を踏まえながら，任命権者等が提供する学びの機会と，教師自らが主体的に求めていく多様な主体が提供する学びとが相まって，変化を前向きに受け止め，探究心を持ちつつ自律的に学ぶ教師が育っていくことを目指すことが必要である。

　また，教師の学びの内容の多様性と，自らの日々の経験や他者から学ぶといった「現場の経験」も含む学びのスタイルの多様性を重視するということも重要である。この観点からも，教師の個別最適な学びの実現のみならず，協働的な学びを実現していくことが必要である。

　令和３年答申では，「一人一人の子供を主語」にし，「**全ての子供たちの可能性を引き出す，個別最適な学びと，協働的な学び**」の充実を通じて，「**主体的・対話的で深い学び**」を実現するという学校教育の目指すべき姿を示しており，子供たちの学び（授業観・学習観）の転換を目指している。

　個別最適な学び，協働的な学びの充実を通じて，「**主体的・対話的で深い学び**」を実現することは，児童生徒の学びのみならず，教師の学びにも求められる命題である。つまり，教師の学びの姿も，子供たちの学びの相似形であるといえる。

　主体的に学び続ける教師の姿は，児童生徒にとっても重要なロールモデルである。「**令和の日本型学校教育**」を実現するためには，子供たちの学びの転換とともに，教師自身の学び（研修観）の転換を図る必要がある。

　折しも，経済協力開発機構（OECD）のFuture of Education and Skills 2030プロジェクトにおいて，"Learning Compass 2030"が提唱され，子供たちがウェルビーイング（Well-being）を実現していくために自ら主体的に目標を設定し，振り返りながら，責任ある行動がとれる力を身に付けることの重要性が指摘された。同プロジェクトでは，現在，"Teaching Compass"の策定に向けた議論が行われているところであるが，教師自身についても，「自ら主体的に目

標を設定し，振り返りながら，責任ある行動がとれる力を身に付ける」必要性がある。

　また，現在，教育振興基本計画部会において，次期教育振興基本計画のコンセプトとして「多様な個人と地域や社会のウェルビーイングの実現」との方向性を示しているところであり，日本発の**ウェルビーイング**の概念整理をしているところである。

　これを踏まえると，これからの時代には，日本社会に根差した**ウェルビーイング**について考察しつつ，教師自らが問いを立て実践を積み重ね，振り返り，次につなげていく探究的な学びを，研修実施者及び教師自らがデザインしていくことが必要になる。あわせて，教育委員会で実際に研修に携わる指導主事等に対し，研修デザインに関する学び直しの機会が提供されるべきである。なお，審議まとめにおける提言は，あくまで採用後の研修の在り方に焦点を当てたものである。一方，教師としての職能成長は，養成段階から既に始まっている。基礎的・基盤的な学修を担う教職課程での学びにおいても，上記のような学びの姿を目指し，**「令和の日本型学校教育」**を担う教師にふさわしい資質能力を育むことが必要である。

② 「理論と実践の往還」の手法による授業観・学習観の転換

　また，養成段階において**「新たな教師（教職志望者）の学びの姿」**を実現する際の視点として，**「理論と実践の往還」**も重要である。「理論と実践の往還」は，教職大学院において同制度導入以来の中核的な理念であるが，学部段階での養成も含め，理論と実践を往還させた省察力による学びを実現する必要がある。

　その際，理論知（学問知）と実践知，研究者教員と実務家教員などの，いわゆる**「二項対立」**の陥穽に陥らないことに留意すべきである。「理論と実践の往還」を実現するためには，理論の実践化と実践の理論化の双方向が必要である。つまり，単に学んだ理論を学校現場で実践するのみならず，自らの実践を理論に基づき省察することが必要になってくる。研究者教員が理論を，実務家教員が実践や実習を担当し，それぞれが分断されているという構図ではなく，教師間の連携・協働により，教職課程を運営していく必要がある。

　令和3年答申が示す子供一人一人の学びの姿は，教師及び教職志願者が子供の頃に受けてきた授業とは必ずしも一致しない可能性がある。また，子供たちの実態も，教師及び教職志願者が自ら経験してきた以上に多様化している。

　教員養成段階においては，これまでの教育の単なる再生産に陥るのではなく，教職志願者の「授業観・学習観」の転換を図り，**「令和の日本型学校教育」**を担うにふさわしい教師を育成する必要がある。

# 詳説「第4期教育振興基本計画」のキーワード

教育振興基本計画は「教育の振興に関する施策の総合的かつ計画的な推進を図るため，教育の振興に関する施策についての基本的な方針及び講ずべき施策その他必要な事項」に関する基本的な計画であり，国はこれを定めなければならないことが教育基本法第17条に規定されている。

第4期教育振興基本計画は，中央教育審議会答申「次期教育振興基本計画について」（2023年3月）を受けて，2023年6月に閣議決定された。計画期間は2023～27年度の5年間。

以下は，「第4期教育振興基本計画」に出てくるキーワードである。

### VUCAの時代
将来の予測困難な時代を指して，Volatility（変動性），Uncertainty（不確実性），Complexity（複雑性），Ambiguity（曖昧性）の頭文字をとったもの。

### ウェルビーイング（Well-Being）
身体的・精神的・社会的に良い状態にあること。短期的な幸福のみならず，生きがいや人生の意義などの将来にわたる持続的な幸福を含む概念。

多様な個人それぞれが幸せや生きがいを感じるともに，個人を取り巻く場や地域，社会が幸せや豊かさを感じられる良い状態にあることも含む包括的な概念。

〈教育に関連するウェルビーイングの要素〉

「幸福感（現在と将来，自分と周りの他者）」「学校や地域でのつながり」「協働性」「利他性」「多様性への理解」「サポートを受けられる環境」「社会貢献意識」「自己肯定感」「自己実現（達成感，キャリア意識など）」「心身の健康」「安全・安心な環境」

### DX（デジタルトランスフォーメーション）に至る3段階
(1)デジタイゼーション：紙の書類などアナログな情報をデジタル化すること。
(2)デジタライゼーション：サービスや業務プロセスをデジタル化すること。
(3)デジタルトランスフォーメーション：デジタル化でサービスや業務，組織を変革すること。

教育DXを推進していくためには，①教育データの標準化などの共通的なルールの整備，②基盤的ツールの開発・活用，③教育データの分析・利活用——について，可能な部分から着手し全国的な仕組みにつなげていく必要がある。

### Society5.0（超スマート社会）
狩猟社会（Society 1.0），農耕社会（Society 2.0），工業社会（Society 3.0），情報社会（Society 4.0）に続く社会であり，具体的には，「サイバー空間（仮想空間）とフィジカル空間（現実空間）を高度に融合させたシステムにより，経済発展と社会的課題の解決を両立する人間中心の社会」と定義される。人工知能（AI），ビッグデータ，Internet of Things（IoT），ロボティクス等の先端技術が高度化してあらゆる産業や社会生活に取り入れられ，社会の在り方そのものが「非連続的」と言えるほど劇的に変わることを示唆するもの。

### DE&I（Diversity Equity and Inclusion）
「多様性」「公平，公正」「包摂性」。一人ひとりの状況にあわせて適切なツールやリソース（教育であれば教育資源）を提供し，公平性を担保することで多様性と包括性のあるものにしていく考え方。

# 「第4期教育振興基本計画」の概要

解説

## 概要「第4期教育振興基本計画」・課題・展望【概要】（2023〜27年度）

### 我が国の教育をめぐる現状・課題・展望

教育の普遍的な使命：学制150年、教育基本法の理念・目的・目標（不易）の実現のため、
▶教育振興基本計画は予測困難な時代における教育の方向性を示す羅針盤となるものであり、教育は社会を牽引する駆動力の中核を担う役割を担う

【社会の現状や変化】
- 新型コロナウィルス感染症の拡大・ロシアのウクライナ侵略による国際情勢の不安定化・VUCAの時代（変動性、不確実性、複雑性、曖昧性）・社会や時代の変化への対応（流行）
- グローバル化・地球規模課題・DXの進展、AI・ロボット・グリーン（脱炭素）・共生社会・社会的包摂・少子化・人口減少や高齢化・精神的豊かさの重視（ウェルビーイング）・18歳成年・こども基本法　等

**第3期計画期間中の成果**
- （初等中等教育）国際的に高い学力水準の維持、GIGAスクール構想、教職員定数改善
- （高等教育）教学マネジメントや質保証システムの確立、連携・統合の体制整備
- （学校段階横断）教育費負担軽減による進学率向上、教育研究環境整備

**第3期計画期間中の課題**
- コロナ禍でのグローバルな交流や体験活動の停滞・不登校・いじめ重大事態等の増加
- 学校の長時間勤務や教師不足・地域の教育力の低下・家庭を取り巻く環境の変化
- 高度専門人材の不足や労働生産性の低迷・博士課程進学率の低さ　等

### 次期計画のコンセプト

**2040年以降の社会を見据えた持続可能な社会の創り手の育成**

将来の予測が困難な時代において、未来に向けて自らが社会の創り手となり、課題解決などを通じて、持続可能な社会を維持・発展させていく

社会課題の解決と経済成長を結び付けてイノベーションにつなげる多様な力や、一人一人の生産性向上と多様な個性の最大限の発揮による、活力ある社会の実現に向けて「人への投資」が必要

Society5.0で実現する未来社会の姿として目指す。主体性、リーダーシップ、創造力、課題発見・解決力、論理的思考力、表現力、チームワークなどを備えた人材の育成

### 今後の教育政策に関する基本的な方針

**① グローバル化する社会の持続的な発展に向けて学び続ける人材の育成**
- 主体的に社会の形成に参画、持続可能な社会の発展に寄与
- 【主体的・対話的で深い学び】の視点からの授業改善、大学教育の質保証
- 探究・STEAM教育、文理横断・文理融合教育等の推進
- グローバル化の中で留学等国際交流の充実・文理融合教育、国内外の架け橋となる人材育成、外国語教育の充実、日本の教育の実現に貢献するESD等を推進
- リカレント教育を通じた高度人材育成

**② 誰一人取り残されず、全ての人の可能性を引き出す共生社会の実現に向けた教育の推進**
- 子供が抱える困難が多様化・複雑化する中で、個別最適・協働的な学びの一体的充実やインクルーシブ教育システムの推進による多様な教育ニーズへの対応
- 支援を必要とする子供の長所・美点に着目する視点の重視、多様性・公平・公正、包摂性（DE&I）の教育の実現に向けた教育の推進、アクセシビリティの向上
- ICT等の活用による多様な学びの実現や交流機会・アクセシビリティの向上

**③ 地域や家庭で共に学び支え合う社会の実現に向けた教育の推進**
- 持続可能な地域コミュニティの基盤形成に向けて、社会教育人材の機能強化に社会教育人材の養成・確保、社会教育施設の機能強化や活動機会の拡充
- コミュニティ・スクールと地域学校協働活動の一体的推進、家庭教育支援の充実による学校・地域の連携協働、生涯学習を通じた個人の成長と地域社会の発展により、当事者として地域社会の担い手となる

**④ 教育デジタルトランスフォーメーション（DX）の推進**
- GIGAスクール構想　情報活用能力の育成　教育データの標準化、基盤的ツールの開発・利活用の推進
- 校務DXを通じた働き方改革　教師のICT活用指導力の向上、DX人材の育成等を推進
- デジタルの活用と併せてリアル（対面）活動も不可欠、学習場面等に応じた最適な組合せ

### 日本社会に根差したウェルビーイング[※]の向上
- 多様な個人それぞれが幸せや豊かさを感じられるという点と、地域や社会が幸せや豊かさを感じられるという点の双方を重視
- 幸福感、学校や地域でのつながり、利他性、協働性、自己肯定感、自己実現等のバランスを重視
- 日本発の調和と協調（Balance and Harmony）に基づくウェルビーイングを発信

※身体的・精神的・社会的に良い状態にあること。短期的な幸福のみならず、生きがいや人生の意義などの将来にわたる持続的な幸福を含む

### 計画の実効性確保のための基盤整備・対応

| DXに至る3段階（電子化→最適化→新たな価値（DX））において、第3段階を見据えた第1段階から第2段階への着実な移行を推進 | GIGAスクール構想、校務DXを通じた働き方改革、第3段階から着実な推進 | 教育データの標準化、教育データの分析・利活用の推進 | デジタルの活用と併せてリアル（対面）活動も不可欠、学習場面等に応じた最適な組合せ |
|---|---|---|---|
| 学校における働き方改革、処遇改善、指導・運営体制の整備、ICT環境の整備、経済状況等によらない学びの確保 | NPO・企業等との連携・協働、質の高い教育研究環境の整備、児童生徒等の安全安心の確保 | 教育の実効性確保のための基盤整備・対応 | 各関係団体・関係者（子供を含む）との対話を重視した計画の策定 |

## 今後の教育政策の遂行に当たっての評価・投資等の在り方

**教育政策の持続的改善のための評価・指標の在り方**
・客観的な根拠を重視した教育政策のPDCAサイクルの推進
・調査結果（定量・定性調査）に基づく多様な関係者の対話を通じた政策の評価・改善

**評価の在り方**
・データ等を分析し、企画立案等を行うことのできる行政職員の育成
・教育データ（ビッグデータ）の分析に基づいた政策の評価・改善の促進

**投資の在り方**
「人への投資」は成長の源泉であり、成長と分配の好循環を生み出すため、教育への効果的投資を図る必要。未来への投資としての教育投資を社会全体で確保。

① 教育費負担軽減の着実な実施や教育の質の向上による投資を支える環境
・幼児教育・保育の無償化、高等学校等就学支援金による授業料支援、高等教育の修学支援新制度による教育費負担軽減を着実に実施
・高等教育の給付型奨学金や授業料等減免の中間層への拡大　等

② 各教育段階における教育の質の向上に向けた環境整備
・GIGAスクール構想の推進、学校における働き方改革、処遇改善、指導・運営体制の充実
　教師の育成・支援の一体的推進
・国立大学法人運営費交付金、私学助成の適切な措置、成長分野への転換支援の基金創設、学校施設・大学キャンパスの教育研究環境の向上と老朽化対策等
・リカレント教育の中間層への拡大

→ OECD諸国など諸外国における公財政支出など教育投資の状況を参考とし、必要な予算について財源を措置し、更に必要な教育投資を確保

## 今後5年間の教育政策の目標と基本施策

| 教育政策の目標 | 基本施策（例） | 指標（例） |
| --- | --- | --- |
| 1. 確かな学力の育成、幅広い知識と教養・専門的能力・職業実践力の育成 | ○個別最適な学びと協働的な学びの一体的充実<br>○新しい時代に求められる資質・能力を育成する学習指導の実施<br>○幼児教育の質の向上　○高等学校教育改革　○大学入学者選抜改革<br>○学修者本位の教育の推進　○文理横断・文理融合教育の推進<br>○キャリア教育・職業教育の推進　○学校段階間・学校段階と社会の接続の推進 | ・OECDのPISAにおける世界トップレベル水準の維持・到達<br>・授業の内容がよく分かると思う児童生徒の割合<br>・将来の夢や目標を持っている児童生徒の割合<br>・高校生・大学生の授業外学修時間<br>・PBL（課題解決型学習）を行う大学生の割合<br>・職業実践力育成プログラム（BP）の認定課程数 |
| 2. 豊かな心の育成 | ○道徳教育の推進　○発達支持的生徒指導の推進　○いじめへの対応、人権教育<br>○児童生徒の自殺対策の推進　○体験活動の充実　○読書活動の充実<br>○伝統や文化等に関する教育の推進　○文化芸術による子供の豊かな心の育成の推進 | ・自分にはよいところがあると思う児童生徒の割合<br>・人が困っているときは進んで助けていると思う児童生徒の割合<br>・自然体験活動に参加した青少年の割合 |
| 3. 健やかな体の育成、スポーツを通じた豊かな心身の育成 | ○学校保健、学校給食・食育の充実　○生活習慣の確立、学校体育の充実、学校体育の高度化<br>○運動部活動改革の推進と身近な地域における子供のスポーツ環境の整備充実<br>○アスリートの発掘・育成支援 | ・朝食を欠食する児童生徒の割合<br>・1週間の総運動時間が60分未満の児童生徒の割合<br>・卒業後にもスポーツをしたいと思う児童生徒の割合 |
| 4. グローバル社会における人材育成 | ○日本人学生・生徒の海外留学の推進　○外国人留学生の受入れの充実<br>○高等学校・高等専門学校・大学等の国際化　○外国語教育の充実 | ・日本人留学50万人、外国人留学生受入40万人（2033まで）<br>・英語力について、中・高卒業段階で一定水準を達成した児童生徒の割合 |
| 5. イノベーションを担う人材育成 | ○探究・STEAM教育の充実　○大学院教育改革　○理数教育及び女性の活躍推進<br>○起業家教育（アントレプレナーシップ教育）の推進　○高等専門学校教育の高度化<br>○大学の共創拠点化 | ・修士入学者数に対する博士入学者数の割合<br>・自然科学（理系）分野を専攻する学生の割合<br>・大学等における起業家教育の受講経験者数 |
| 6. 主体的に社会の形成に参画する態度の育成、規範意識の醸成 | ○子供の意見表明　○主権者教育の推進　○消費者教育の推進<br>○持続可能な開発のための教育（ESD）の推進　○男女共同参画の推進<br>○環境教育の推進　○災害復興教育の推進 | ・地域や社会をよくするために何かしてみたいと思う児童生徒の割合<br>・学級生活をよりよくするために学級会等で話し合い、互いの意見を生かして解決方法を決めていると答える児童生徒の割合 |

| 教育政策の目標 | 基本施策（例） | 指標（例） |
|---|---|---|
| 7. 多様な教育ニーズへの対応と社会的包摂 | ○特別支援教育の推進 ○不登校児童生徒への支援の推進 ○ヤングケアラーへの支援 ○子供の貧困対策 ○海外で学ぶ日本人・日本で学ぶ外国人等への教育の推進 ○特異な才能のある児童生徒に対する指導・支援 ○大学等における学生支援 ○夜間中学の設置・充実 ○高校定時制・通信制課程の質の確保・充実 ○障害者の生涯学習の推進 ○高等専修学校の教育の充実 ○日本語教育の推進 | ・個別の指導計画・個別の教育支援計画の作成状況 ・学校内外で相談・指導等を受けていない不登校児童生徒数の割合 ・不登校特例校の設置箇数 ・夜間中学校数 ・日本語指導が必要な児童生徒で指導を受けている者がある者の割合 ・在留外国人数に占める日本語学習者割合 |
| 8. 生涯学び、活躍できる環境整備 | ○大学等と産業界の連携等による環境整備の推進 ○働きながら学べる環境の充実 ○リカレント教育のための経済支援・情報提供 ○現代的・社会的課題に対応した学習の推進 ○女性活躍に向けたリカレント教育の推進 ○高齢者の生涯学習の推進 ○リカレント教育の成果の適切な評価・活用 ○生涯を通じた文化芸術活動の推進 | ・この1年くらいの間に生涯学習をしたことがある者の割合 ・この1年くらいの間に学修した成果を仕事や就職の上で生かしている者等の割合 ・鑑賞以外の文化芸術活動への参加割合 |
| 9. 学校・家庭・地域の連携・協働の推進による地域の教育力の向上 | ○コミュニティ・スクールと地域学校協働活動の一体的推進 ○部活動の地域連携や地域クラブ活動への移行に向けた環境の一体的な整備 | ・コミュニティ・スクールを導入している公立学校数 ・学校運営協議会が果たす役割を認識する学校割合 ・コミュニティ・スクールや地域学校協働活動の住民参画状況 |
| 10. 地域コミュニティの基盤を支える社会教育の推進 | ○社会教育施設の機能強化 ○社会教育人材の養成 ○地域課題の解決に向けた関係強化・施設との連携 | ・知識・経験等を地域や社会での活動に生かしている人の割合 ・社会教育士の称号付与数 ・公民館等における社会教育主事資格者数 |
| 11. 教育DXの推進・デジタル人材の育成 | ○1人1台端末の活用 ○児童生徒の情報活用能力の育成 ○教師の指導力向上 ○校務DXの推進 ○教育データの標準化（高等教育）○教育データの分析・利活用 ○デジタル人材育成の推進 ○社会教育分野のデジタル活用推進 | ・児童生徒の情報活用能力（情報活用能力調査能力値）・教師のICT活用指導力 ・ICT機器を活用した授業頻度 ・数理・データサイエンス・AI教育プログラム受講対象学生数 |
| 12. 指導体制・ICT環境の整備、教育研究基盤の強化 | ○学校における働き方改革 ○処遇改善・指導・運営体制の一体的推進 ○教師の養成・採用・研修の一体的改革 ○ICT環境の充実 ○教育研究の質向上に向けた基盤の確立（高等教育段階）○地方教育行政の充実 | ・教師の在校等時間の短縮 ・特別免許状の授与件数 ・教員採用選考試験の採用倍率、人材確保のための取組状況 ・児童生徒1人1台端末の整備状況 ・ICT支援員の配置状況 ・大学における外部資金獲得状況 ・大学間連携に取り組む大学数 |
| 13. 経済的状況、地理的条件によらない質の高い学びの確保 | ○教育費負担の軽減に向けた経済的支援 ○へき地や過疎地域等における学びの支援 ○災害時における学びの支援 | ・住民税非課税世帯等の子供の大学等進学率 ・経済的理由による高等学校の中退者数・割合 ・高等学校の学びの質向上のための遠隔教育における実施科目数 |
| 14. NPO・企業・地域団体等との連携・協働 | ○NPOとの連携 ○企業との連携 ○スポーツ・文化芸術団体との連携 ○医療・保健機関との連携 ○福祉機関との連携 ○警察・司法との連携 ○関係省庁との連携 | ・職場見学・職業体験・就業体験活動の実施の割合 ・都道府県等の教育行政に係る法務相談体制の整備状況 |
| 15. 安全・安心で質の高い教育研究環境の整備、児童生徒等の安全確保 | ○学校施設の整備 ○学校における教材等の官民連携 ○私立学校の教育研究基盤の整備 ○文教施設の官民連携の推進 ○学校安全の推進 | ・公立小中学校や国立大学等の施設の老朽化対策実施率 ・私立学校施設の耐震化率 ・学校管理下における障害や重度の負傷を伴う事故等件数 |
| 16. 各ステークホルダーとの対話を通じた計画策定・フォローアップ | ○各ステークホルダー（子供含む）からの意見聴取・対話 | ・国・地方公共団体の教育振興基本計画策定における各ステークホルダー（子供含む）の意見聴取・反映の状況の改善 |

# Chapter I ②文部科学省

2023（令和5）年6月16日閣議決定

## 教育改革編 「第4期教育振興基本計画」

──── SUMMARY ────

### ① 計画の背景

第3期教育振興基本計画が2022年度までであったことを受けて中央教育審議会は2023年3月、「次期教育振興基本計画について」と題する答申を発表。第3期期間中には、新型コロナウイルス感染症の感染拡大と国際情勢の不安定化という予測困難な時代の象徴ともいうべき事態が生じ、わが国の教育の課題が浮き彫りになるとともに、学びの変容がもたらされたと指摘。教育振興基本計画を「将来の予測が困難な時代において教育政策の進むべき方向性を示す『羅針盤』となるべき総合計画」であると位置付けた。これを踏まえて2023年6月、第4期教育振興基本計画が閣議決定された。

### ② 計画の内容

第4期教育振興基本計画はまず、「教育を通じて生涯にわたる一人一人の『可能性』と『チャンス』を最大化する」ことを基本的な方針として掲げた第3期教育振興基本計画の成果と課題を総括した。まず、初等中等教育段階の成果としては国際的に高い学力水準の維持、GIGA スクール構想、教職員定数改善など、高等教育段階では教学マネジメントや質保証システムの確立、連携・統合のための体制整備などを挙げた。一方、課題としてはコロナ禍でのグローバルな交流や体験活動の停滞、不登校・いじめ重大事態等の増加、学校の長時間勤務や教師不足、地域の教育力の低下、家庭を取り巻く環境の変化、高度専門人材の不足や労働生産性の低迷、博士課程進学率の低さなどを指摘した。

これらを踏まえ、第4期教育振興基本計画は計画のコンセプトとして「**持続可能な社会の創り手の育成**」「**日本社会に根差したウェルビーイングの向上**」を掲げた。まず、前者では2040年以降の社会を見据え、将来の予測が困難な時代において、未来に向けて自らが社会の創り手となり、課題解決などを通じて持続可能な社会を維持・発展させていく必要性等を説いた。後者では、ウェルビーイングを「身体的・精神的・社会的に良い状態にあることをいい、短期的な幸福のみならず、生きがいや人生の意義など将来にわたる持続的な幸福を含むもの」と定義付け。日本社会に根差したウェルビーイングの要素として「幸福感（現在と将来、自分と周りの他者）」「学校や地域でのつながり」「協働性」「利他性」「多様性への理解」「サポートを受けられる環境」「社会貢献意識」「自己肯定感」「自己実現（達成感、キャリア意識など）」「心身の健康」「安全・安心な環境」などを挙げ、これらを教育を通じ

教育基本法第17条第1項により，国（政府）は「教育振興基本計画」を策定する義務が課されている。「第4期教育振興基本計画」は，「持続可能な社会の創り手の育成」「日本社会に根差したウェルビーイングの向上」を計画の2つのコンセプトとし，今後の教育政策に関する5つの基本的な方針と，16の教育政策の目標，基本施策及び指標を示した。計画期間は2023〜27年度。

―――――――――――――――――――――― SUMMARY ―――

て向上させていくことが重要であると主張した。その上で，5つの基本的な方針と16の教育政策の目標，基本施策及び指標を示した。

【今後の教育政策に関する5つの基本的な方針】

(1) グローバル化する社会の持続的な発展に向けて学び続ける人材の育成

(2) 誰一人取り残されず，全ての人の可能性を引き出す共生社会の実現に向けた教育の推進

(3) 地域や家庭で共に学び支え合う社会の実現に向けた教育の推進

(4) 教育デジタルトランスフォーメーション（DX）の推進

(5) 計画の実効性確保のための基盤整備・対話

【教育政策の16の目標】

①確かな学力の育成，幅広い知識と教養・専門的能力・職業実践力の育成

②豊かな心の育成　③健やかな体の育成，スポーツを通じた豊かな心身の育成

④グローバル社会における人材育成　⑤イノベーションを担う人材育成

⑥主体的に社会の形成に参画する態度の育成・規範意識の醸成

⑦多様な教育ニーズへの対応と社会的包摂

⑧生涯学び，活躍できる環境整備

⑨学校・家庭・地域の連携・協働の推進による地域の教育力の向上

⑩地域コミュニティの基盤を支える社会教育の推進

⑪教育DXの推進・デジタル人材の育成

⑫指導体制・ICT環境の整備，教育研究基盤の強化

⑬経済的状況，地理的条件によらない質の高い学びの確保

⑭NPO・企業・地域団体等との連携・協働

⑮安全・安心で質の高い教育研究環境の整備，児童生徒等の安全確保

⑯各ステークホルダーとの対話を通じた計画策定・フォローアップ

3　計画の影響

　第4期教育振興基本計画の計画期間は2023〜27年度の5年間。教育基本法第17条第2項により，各地方公共団体には教育振興基本計画策定の努力義務が課されており，今後は「（国の）計画を参酌し，その地域の実情に応じ，当該地方公共団体における教育の振興のための施策に関する基本的な計画」となるよう，新たな教育振興基本計画を順次策定または改訂するものと思われる。なお，地方公共団体の教育振興基本計画は「東京都教育ビジョン」など独自の名称を有するものもあるので注意すること。

# CONTENTS

# はじめに

（略）

# Ⅰ．我が国の教育をめぐる現状・課題・展望

## (1) 教育の普遍的な使命

○　明治5年に我が国最初の全国規模の近代教育法令である「学制」が公布されてから令和4年で150年を迎えた。この間，各般の教育改革を経て，我が国の教育は国際的に高い水準を達成するに至り，社会の発展に大きく寄与してきた。

○　近時の新型コロナウイルス感染症の感染拡大やロシアによるウクライナ侵略は，平穏な日常が脅かされ，基本的な価値が揺らぐという事態をもたらし，平成18年に改正された教育基本法の前文にある**「たゆまぬ努力によって築いてきた民主的で文化的な国家を更に発展させるとともに，世界の平和と人類の福祉の向上に貢献する」**ことの重要性や教育の目標にある生命を尊重することの大切さを再確認する契機となった。

○　同法第1条においては，教育の目的として**「人格の完成」「平和で民主的な国家及び社会の形成者として必要な資質を備えた心身ともに健康な国民の育成」**が規定されるとともに，第2条においては教育の目標として，①幅広い知識と教養を身に付け，真理を求める態度を養い，豊かな情操と道徳心を培うとともに，健やかな身体を養うこと，②個人の価値を尊重して，その能力を伸ばし，創造性を培い，自主及び自律の精神を養うとともに，職業及び生活との関連を重視し，勤労を重んずる態度を養うこと，③正義と責任，男女の平等，自他の敬愛と協力を重んずるとともに，公共の精神に基づき，主体的に社会の形成に参画し，その発展に寄与する態度を養うこと，④生命を尊び，自然を大切にし，環境の保全に寄与する態度を養うこと，⑤伝統と文化を尊重し，それらをはぐくんできた我が国と郷土を愛するとともに，他国を尊重し，国際社会の平和と発展に寄与する態度を養うこと，が規定されている。第4条においては，すべての国民がその能力に応じてひとしく教育を受ける機会を与えられる**「教育の機会均等」**が規定されている。

○　これら教育基本法の理念・目的・目標・機会均等の実現を目指すことは，先行きが不透明で将来の予測が困難な時代においても変わることのない，立ち返るべき教育の**「不易」**である。教育振興基本計画は，**「不易」**を普遍的な使命としつつ，社会や時代の**「流行」**の中で，我が国の教育という大きな船の羅針盤となるものと言えよう。**「流行」**を取り入れてこそ**「不易」**としての普遍的使命が果たされるものであり，**不易流行**の元にある教育の本質的価値を実現するために，羅針盤の指し示す進むべき方向に向けて必要な教育政策を着実に実行していかなければならない。

(2) 第3期計画期間中の成果と課題

○ 教育基本法の改正後，国は同法に基づく教育振興基本計画をこれまで第1期，第2期，第3期と策定し，教育の目的や理念を具体化する施策を総合的，体系的に位置付けて取組を進めてきた。

○ 第1期教育振興基本計画（平成20年7月1日閣議決定）においては今後10年間を通じて目指すべき教育の姿を示して計画を推進し，その検証結果も踏まえて，第2期教育振興基本計画（平成25年6月14日閣議決定）においては「自立」「協働」「創造」を基軸とした生涯学習社会の構築に向けて教育政策を推進した。

○ 第3期教育振興基本計画（平成30年6月15日閣議決定）においては，第2期計画の理念を引き継ぎつつ，2030年以降の社会の変化を見据えた教育政策の在り方を示すとともに「教育を通じて生涯にわたる一人一人の「可能性」と「チャンス」を最大化する」ことを基本的な方針として掲げ，「教育立国」の実現に向けて取組を進めた。

○ こうした取組の成果として，まず初等中等教育段階においては，PISA 等の国際調査において，高い学力水準を維持しているほか，GIGA スクール構想により1人1台端末と高速通信ネットワーク等の ICT 環境の整備が飛躍的に進展した。また，小学校における35人学級の計画的整備や高学年教科担任制の推進等の教職員定数の改善と支援スタッフの充実が図られた。また，インクルーシブ教育システムを推進するため，通級による指導に係る教員定数の基礎定数化，教職課程における特別支援教育に関する科目の必修化，外部人材への財政支援の拡充等を実施した。

○ 高等教育段階においては，グランドデザイン答申を踏まえ，大学の認証評価のための法改正，全学的な教学マネジメントや質保証システムの確立，高等教育機関の連携・統合のための体制整備，大学設置基準の改正等，学修者本位の教育への転換に向けた取組を推進した。

○ さらには幼稚園等から大学等までの学校段階を通じた教育費負担の軽減として，幼児教育・保育の無償化，高等学校等就学支援金の充実，高等教育修学支援新制度の導入が行われた。これにより，経済的に困難な世帯の子供の大学進学率が向上するとともに，経済的な理由による大学等中退者・高校中退者の減少がもたらされた。また，質の高い教育研究環境の整備を推進するとともに，安全・安心の確保に向けて施設の長寿命化や耐震化などが一定程度進展した。

○ 一方，新型コロナウイルス感染症の感染拡大により，留学をはじめとするグローバルな人的交流が激減したほか，様々な体験活動の停滞をもたらした。また，学校が児童生徒等の子供たちの居場所・セーフティネットとして身体的・精神的な健康を支えるという，学校の福祉的役割を再認識する契機ともなった。

○ 近年，いじめの重大事態の発生件数や児童生徒の自殺者数は増加傾向にあり，憂慮すべき状況である。また，不登校児童生徒数は増加しており，個々の状況に応じた適切な支援が求められている。なお，不登校が家庭の貧困につながるとの懸念も指摘されている。

○ **学校における働き方改革**については，その成果が着実に出つつあるものの，依然として長時間勤務の教職員も多く，引き続き取組を加速させていく必要がある。

○ 近年の大量退職等に伴う採用者数の増加や既卒の受験者数の減少，産休・育休取得者や特別支援学級の増加等が要因となり，採用倍率の低下や教師不足といった課題も生じている。

○ 地域の教育力の低下や，地域コミュニティ機能の強化の重要性が指摘される中で，地域と学校の連携・協働体制の構築の取組であるコミュニティ・スクールと地域学校協働活動の一体的な取組は全体としては進んでいる一方で，自治体間・学校種間で差が生じている。また，共働き家庭やひとり親家庭の増加，地域のつながりの希薄化など，家庭を取り巻く環境が変化する中，子育てに不安を持つ保護者も多く，地域全体で家庭教育を支えることの重要性が高まっている。

○ 社会経済の発展の観点からは，イノベーション人材をはじめとする高度専門人材の不足や労働生産性の低迷が指摘される中，社会人の学び直しが十分に進んでいない状況に対し，**リカレント教育**[*1]，とりわけリスキリングの重要性が指摘されている。また，人生100年時代において，高齢者を含めた全ての人が豊かな人生を送ることができるよう，生涯を通じそれぞれのニーズに応じて学習することを可能とすることが重要である。

○ 大学等の高等教育機関においては，授業外学修時間の増加などコロナ禍における学修機会の確保の取組の成果が見られる一方，全学的な教学マネジメントの確立に向けた具体的な取組の進展について大学間の差が見られるため，学生の学びの質・量確保に向けた取組が求められる。また，博士課程進学率が低い傾向[*2]が続いており，博士人材が産業界等を含め幅広く活躍するためのキャリアパス整備等による進学意欲の向上が求められる。さらに，社会人の受入れを一層推進していく必要がある。

○ 学校施設については，老朽化の進行や多様な教育内容・方法等への対応が依然課題となっていることから，安全・安心で質の高い教育研究環境の整備を継続的に行っていく必要がある。

## (3) 社会の現状や変化への対応と今後の展望

○ 現代は将来の予測が困難な時代であり，その特徴である変動性，不確実性，複雑性，曖昧性の頭文字[*3]を取って「**VUCA」の時代**とも言われている。こ

---

*1 **リカレント教育**とは，学校教育を修了した後，社会人が再び学校等で受ける教育のこと（recurrent：循環）。職業から離れて行われるものか，職業に就きながら行われるものかを問わず，職業に必要とされるスキルを身につけるためのリスキリングや，職業とは直接的には結びつかない技術や教養等に関する学び直しを含む概念として用いている。

*2 人文・社会科学系においては修士課程進学者も少ない。

*3 Volatility（変動性），Uncertainty（不確実性），Complexity（複雑性），Ambiguity（曖昧性）。

れまでの3回にわたる計画の中で，少子化・人口減少や高齢化，グローバル化の進展と国際的な地位の低下，地球規模の課題，子供の貧困，格差の固定化と再生産，地域間格差，社会のつながりの希薄化などは，社会の課題として継続的に掲げられてきた。こうした中，第3期計画期間中に発生した新型コロナウイルス感染症の感染拡大の影響及びロシアのウクライナ侵略による国際情勢の不安定化は，正に予測困難な時代を象徴する事態であったと言えよう。このような危機に対応する強靱さ（レジリエンス）を備えた社会をいかに構築していくかという観点はこれからの重要な課題である。

○ 新型コロナウイルス感染症の感染拡大の影響としては，国際経済の停滞，グローバルな人的交流の減少，体験活動の機会の減少などの事態が生じた。また，学校の臨時休業により，学校の居場所やセーフティネットとしての福祉的役割を再認識するきっかけとなった。感染拡大当初はICTの活用が十分ではなく，デジタル化への対応の遅れが浮き彫りとなったが，これを契機として遠隔・オンライン教育が進展し，学びの変容がもたらされた。こうした社会状況もあいまって，**デジタルトランスフォーメーション（DX）**の進展は社会により良い変化をもたらす可能性のある変革として注目されている。

○ 2040年以降の社会を見据えたとき，現時点で予測される社会の課題や変化に対応して人材を育成するという視点と，予測できない未来に向けて自らが社会を創り出していくという視点の双方が必要となる。

○ 予測できる社会の変化としてはまず，人口減少が挙げられ，現在の生産年齢人口である15～64歳の人口は，2050年には現在の2／3に減少すると推計されている。我が国の労働生産性は国際的に見て低く，このままでは社会経済の活力や水準の維持が危ぶまれる状況にある。また，人口減少・高齢化は特に地方において深刻であり，地方創生の観点からの対応も必要である。加えて，長寿化が進展する中での対応も求められる。

○ **デジタルトランスフォーメーション**や地球温暖化と関連して，デジタル人材やグリーン（脱炭素）人材が不足するとの予測がある。また，AIやロボットの発達により，特定の職種では雇用が減少し，今後は問題発見力や的確な予測，革新性といった能力が一層求められることが予測されており，労働市場の在り方や働く人に必要とされるスキルが今後変容していくことが見通される。特に生成AIは人々の暮らしや社会に大きな変革をもたらす可能性があることが指摘されている。

○ 経済先進諸国においては，経済的な豊かさのみならず，精神的な豊さや健康までを含めて幸福や生きがいを捉える「**ウェルビーイング（Well-being）**」の考え方が重視されてきており，経済協力開発機構（OECDの「**ラーニング・コンパス2030（学びの羅針盤2030）**」では，個人と社会の**ウェルビーイング**は「私たちの望む未来（Future We Want）」であり，社会の**ウェルビーイング**は共通の「目的地」とされている。

○ 社会の多様化が進む中，障害の有無や年齢，文化的・言語的背景，家庭環境などにかかわらず，誰一人取り残されることなく，誰もが生き生きとした人生

を享受することのできる共生社会の実現を目指し，その実現に向けた社会的包摂を推進する必要がある。

○　成年年齢や選挙権年齢が18歳に引き下げられ，若者の自己決定権の尊重や積極的な社会参画が図られるとともに，こども基本法及びこども家庭庁設置法が成立し，子供の権利利益の擁護及び意見表明などについて規定されたことを踏まえた対応が必要である。

○　また，予測できない未来に向けて自らが社会を創り出していくという視点からは，「持続可能な社会の創り手」という学習指導要領前文に定められた目指すべき姿を実現することが求められる。その際，教育基本法の理念・目的・目標について規定されている普遍的価値を共有した上で，主体的な社会の創り手となる考え方が重要である。

○　今後目指すべき未来社会像として，第6期科学技術・イノベーション基本計画において，持続可能性と強靱性を備え，国民の安全と安心を確保するとともに，一人一人が多様な幸せを実現できる，人間中心の社会としての「Society5.0（超スマート社会）」が示されている。

○　これら社会の現状や変化を踏まえて2040年以降の社会を展望したとき，教育こそが，社会をけん引する駆動力の中核を担う営みであり，人間中心の社会を支えるシステムとなる時代が到来していると言えよう。将来の予測が困難な時代において，一人一人の豊かで幸せな人生と社会の持続的な発展を実現するために，教育の果たす役割はますます大きくなっている。

○　こうした認識の下，目指すべき社会像の中での教育の在り方を本計画において示すものである。

## (4)　教育政策に関する国内外の動向

○　第3期計画期間中には，中央教育審議会において，「学校における働き方改革」答申，「令和の日本型学校教育」答申，「高等教育のグランドデザイン」答申，「第3次学校安全の推進に関する計画の策定」答申，「「令和の日本型学校教育」を担う教師の養成・採用・研修等の在り方」答申が示された。また，生涯学習分科会，初等中等教育分科会，大学分科会において，各政策分野の審議まとめ等が取りまとめられるとともに，文部科学省に設置された各種の有識者会議において教育政策に係る提言がなされた。

○　また，教育未来創造会議第一次提言及び第二次提言，総合科学技術・イノベーション会議の教育・人材育成に関する政策パッケージ，経済産業省の未来人材ビジョンなど，関係省庁においても，教育政策に関する議論・提言が行われている。

○　国外では，経済協力開発機構（OECD）において，2030年の教育を見据えた「ラーニング・コンパス2030（学びの羅針盤2030）」が示されるとともに，ユネスコでは「教育の未来」グローバルレポートが取りまとめられている。

# Ⅱ．今後の教育政策に関する基本的な方針

（総括的な基本方針・コンセプト）

○　上述の我が国の教育をめぐる現状・課題・展望を踏まえ，本計画では2040年以降の社会を見据えた教育政策におけるコンセプトとも言うべき総括的な基本方針として「持続可能な社会の創り手の育成」及び「日本社会に根差したウェルビーイングの向上」を掲げる。両者は今後我が国が目指すべき社会及び個人の在り様として重要な概念であり，これらの相互循環的な実現に向けた取組が進められるよう教育政策を講じていくことが必要である。

## (1)　2040年以降の社会を見据えた持続可能な社会の創り手の育成

○　グローバル化や気候変動などの地球環境問題，少子化・人口減少，都市と地方の格差などの社会課題やロシアのウクライナ侵略による国際情勢の不安定化の中で，一人一人のウェルビーイングを実現していくためには，この社会を持続的に発展させていかなければならない。特に我が国においては少子化・人口減少が著しく，将来にわたって財政や社会保障などの社会制度を持続可能なものとし，現在の経済水準を維持しつつ，活力あふれる社会を実現していくためには，一人一人の生産性向上と多様な人材の社会参画を促進する必要がある。また，社会課題の解決と経済成長を結び付けて新たなイノベーションにつながる取組を推進することが求められる。Society5.0においてこれらを実現していくために不可欠なのは「人」の力であり，「人への投資」を通じて社会の持続的な発展を生み出す人材を育成していかなければならない。

○　こうした社会の実現に向けては，一人一人が自分のよさや可能性を認識するとともに，あらゆる他者を価値のある存在として尊重し，多様な人々と協働しながら様々な社会的変化を乗り越え，豊かな人生を切り拓き，「持続可能な社会の創り手」になることを目指すという考え方が重要である。将来の予測が困難な時代において，未来に向けて自らが社会の創り手となり，課題解決などを通じて，持続可能な社会を維持・発展させていくことが求められる。

○　Society5.0においては，「主体性」，「リーダーシップ」，「創造力」，「課題設定・解決能力」，「論理的思考力」，「表現力」，「チームワーク」などの資質・能力を備えた人材が期待されている。こうした要請も踏まえ，個々人が自立して自らの個性・能力を伸長するとともに，多様な価値観に基づいて地球規模課題の解決等をけん引する人材を育成していくことも重要である。

## (2)　日本社会に根差したウェルビーイングの向上

○　ウェルビーイングとは身体的・精神的・社会的に良い状態にあることをいい，短期的な幸福のみならず，生きがいや人生の意義など将来にわたる持続的な幸福を含むものである。また，個人のみならず，個人を取り巻く場や地域，社会が持続的に良い状態であることを含む包括的な概念である。

○ ウェルビーイングの捉え方は国や地域の文化的・社会的背景により異なり得るものであり，一人一人の置かれた状況によっても多様なウェルビーイングの求め方があり得る。

○ すなわち，ウェルビーイングの実現とは，多様な個人それぞれが幸せや生きがいを感じるとともに，地域や社会が幸せや豊かさを感じられるものとなることであり，教育を通じて日本社会に根差したウェルビーイングの向上を図っていくことが求められる。

○ ウェルビーイングの国際的な比較調査においては，自尊感情や自己効力感が高いことが人生の幸福をもたらすとの考え方が強調されており，これは個人が獲得・達成する能力や状態に基づくウェルビーイング（獲得的要素）を重視する欧米的な文化的価値観に基づく側面がある。同調査によると日本を含むアジアの文化圏の子供や成人のウェルビーイングは低いとの傾向が報告されることがあるが，我が国においては利他性，協働性，社会貢献意識など，人とのつながり・関係性に基づく要素（協調的要素）が人々のウェルビーイングにとって重要な意味を有している。このため，我が国においては，ウェルビーイングの獲得的要素と協調的要素を調和的・一体的に育む日本発のウェルビーイングの実現を目指すことが求められる。こうした「調和と協調（Balance and Harmony)」に基づくウェルビーイングの考え方は世界的にも取り入れられつつあり，我が国の特徴や良さを生かすものとして国際的に発信していくことも重要である。

○ 日本社会に根差したウェルビーイングの要素としては，「幸福感（現在と将来，自分と周りの他者)」，「学校や地域でのつながり」，「協働性」，「利他性」，「多様性への理解」，「サポートを受けられる環境」，「社会貢献意識」，「自己肯定感」，「自己実現（達成感，キャリア意識など)」，「心身の健康」，「安全・安心な環境」などが挙げられる。これらを，教育を通じて向上させていくことが重要であり，その結果として特に子供たちの主観的な認識が変化したかについてエビデンスを収集していくことが求められる。なお，協調的幸福については，「同調圧力」につながるような組織への帰属を前提とした閉じた協調ではなく，他者とのつながりやかかわりの中で共創する基盤としての協調という考え方が重要であるとともに，物事を前向きに捉えていく姿勢も重要である。

○ ウェルビーイングと学力は対立的に捉えるのではなく，個人のウェルビーイングを支える要素として学力や学習環境，家庭環境，地域とのつながりなどがあり，それらの環境整備のための施策を講じていくという視点が重要である。また，社会情動的スキルやいわゆる非認知能力を育成する視点も重要である。さらに，組織や社会を優先して個人のウェルビーイングを犠牲にするのではなく，個人の幸せがまず尊重されるという前提に立つことが必要である。

○ 子供たちのウェルビーイングを高めるためには，教師のウェルビーイングを確保することが必要であり，学校が教師のウェルビーイングを高める場となることが重要である。子供の成長実感や保護者や地域との信頼関係があり，職場の心理的安全性が保たれ，労働環境などが良い状態であることなどが求められ

る。加えて，職員や支援人材など学校の全ての構成員の**ウェルビーイング**の確保も重要である。こうしたことが学びの土壌や環境を良い状態に保ち，学習者の**ウェルビーイング**を向上する基盤となり，結果として家庭や地域の**ウェルビーイング**にもつながるものとなる。

○　さらに，生涯学習・社会教育を通じて，地域コミュニティを基盤として**ウェルビーイング**を実現していく視点も大切である。

○　**ウェルビーイング**が実現される社会は，子供から大人まで一人一人が担い手となって創っていくものである。社会全体の**ウェルビーイング**の実現に向けては，個人の**ウェルビーイング**が様々な場において高まり，個人の集合としての場や組織の**ウェルビーイング**が高い状態が実現され，そうした場や組織が社会全体に増えていくことが必要となる。子供たち一人一人が幸福や生きがいを感じられる学びを保護者や地域の人々とともにつくっていくことで，学校に携わる人々の**ウェルビーイング**が高まり，その広がりが一人一人の子供や地域を支え，更には世代を超えて循環していくという在り方が求められる。

○　第2期教育振興基本計画において掲げられるとともに，第3期教育振興基本計画においてもその理念が継承された「**自立**」，「**協働**」，「**創造**」については，「**自立**」と「**協働**」は個別最適な学びと協働的な学びの一体的充実に対応する方向性であり，「**創造**」は主体的・対話的で深い学びの視点からの授業改善を通じてもたらされるものである。これまでの計画の基軸を発展的に継承し，誰もが地域や社会とのつながりや国際的なつながりを持つことができるような教育を推進することで，個人と社会の**ウェルビーイング**の実現を目指すことが重要である。

**（5つの基本的な方針）**

○　本計画においては，上述の総括的な基本方針の下，以下の5つの基本的な方針を定める。

① グローバル化する社会の持続的な発展に向けて学び続ける人材の育成
② 誰一人取り残されず，全ての人の可能性を引き出す共生社会の実現に向けた教育の推進
③ 地域や家庭で共に学び支え合う社会の実現に向けた教育の推進
④ 教育デジタルトランスフォーメーション（DX）の推進
⑤ 計画の実効性確保のための基盤整備・対話

**① グローバル化する社会の持続的な発展に向けて学び続ける人材の育成**
**（社会の持続的な発展に向けて）**

○　将来の予測が困難な **VUCA** と言われる時代の中で，個人と社会の**ウェルビーイング**を実現していくためには，社会の持続的な発展に向けて学び続ける人材の育成が必要である。グローバル化や**デジタルトランスフォーメーション**は労働市場に変容をもたらしており，これからの時代の働き手に必要となる能力は変化している。AIやロボットによる代替が困難である，新しいものを創り出す創造力や，他者と協働しチームで問題を解決するといった能力が今後一層

求められることが予測され，こうした変化に教育も対応していく必要がある。

○　少子化・人口減少が著しく進展する我が国がこれからも活力あふれる社会として持続していくため，質の高い教育により一人一人の生産性や創造性を一段と伸長させていくことが急務であり，以下に示す取組を進めていかなければならない。

**（主体的に社会の形成に参画する態度の育成と価値創造の志向）**

○　我が国の子供たちは社会の形成に主体的に参画する意識が低いことが指摘されている。社会の持続的な発展を生み出す人材を養成するためには，自らが社会を形成する一員であり，合意形成を経て自らルールや仕組みを作ることができる存在であるという認識を持つことが重要である。このことは OECD の**ラーニング・コンパス**における生徒のエージェンシー（社会的な文脈の中で，変革を起こすために目標を設定し，振り返りながら責任ある行動をとる能力）の重視とも軌を一にする方向性である。地域の具体的な課題など実社会における課題解決学習やキャリア教育，主権者教育など，様々な活動を通じて主体的に社会の形成に参画する態度を育成していく必要がある。なお，校則の策定や見直しの過程で児童生徒が関与することについては，自ら校則を守ろうとする意識の醸成につながるものと考えられる。

○　あわせて，社会の持続的な発展のためには，その時代において将来を見通したときに求められる分野の人材を養成することが必要である。現在，デジタルやグリーン（脱炭素など）等がこれからの社会における価値創造にとって重要な分野であることが見通されており，こうした成長分野における人材養成へのシフトを機動的に行っていく必要がある。また，社会の課題が多様化・複雑化する中，個々の専門知のみによる課題解決が困難となるなど，文理の壁を超えた普遍的知識・能力を備えた人材育成が求められており，人文・社会科学の厚みのある「知」の蓄積を図るとともに，自然科学の「知」との融合などによる，「総合知[*4]」の創出の重要性が指摘されている。こうした観点から，発達の段階に応じて文理横断的・探究的な学習を推進するとともに，大学においては，これまで培われてきた専門知の深化や横断性・学際性の向上に加え，従来の学部等の組織の枠を超えた文理横断・文理融合教育を推進することが求められる。併せて理数系分野におけるジェンダーギャップの解消にも取り組むことが必要である。

**（主体的・対話的で深い学び，アクティブ・ラーニング，大学教育の質保証）**

○　「令和の日本型学校教育」答申において指摘されている「正解（知識）の暗記」，**「正解主義」**への偏りから脱却し，学びの動機付けや幅広い資質・能力の育成に向けて**「主体的・対話的で深い学び」**の視点からの授業改善を行っていくことは，社会の持続的な発展を生み出す人材養成において不可欠である。

○　学習者を主体として，他者との協働や課題解決型学習などを通じ，深い学習を体験し，自ら思考することを重視する考え方は，初等中等教育のみならず，

---

＊4　多様な「知」が集い，新たな価値を創出する「知の活力」を生むこと。

高等教育や生涯学習・社会教育においても重要である。生涯の人格形成の基礎
となる幼児教育や義務教育で培ってきた資質・能力や学習意欲を，後期中等教
育，高等教育において損なわずに更に伸長させていくことができるよう，高等
学校教育改革，大学入学者選抜の改善，大学等における課題解決型学習
（PBL）等によるアクティブ・ラーニングの充実などに取り組む必要がある。
その際，自己の主体性を軸にした学びに向かう一人一人の能力や態度を育むと
いう視点をもって，教育課程の編成・実施や質保証の取組を行うことが重要で
ある。

○　また，大学教育については，教育改善に積極的に取り組む大学と消極的な大
学とに二極化しているという指摘や，改善の取組が単に認証評価への対応等の
ための形式的・表層的なものにとどまっており，授業科目レベルでの教育の改
善にはつながっていないといった指摘がされている。こうしたことも踏まえ，
全ての大学において，「３つの方針」に基づく体系的かつ組織的な大学教育の
展開や，学生や社会の声も反映した大学教育の成果の点検・評価等による教学
マネジメントの確立等といった内部質保証の充実が行われ，学修者本位の教育
が実現されるよう，各大学の取組を促していくことが重要である。

（グローバル人材育成）

○　新型コロナウイルス感染症の感染拡大及び国際情勢の不安定化により，世界
経済の停滞や国際的分断の進行の懸念が高まっている。こうした中で，グロー
バルな立場から社会の持続的な発展を生み出す人材として，地球規模の諸課題
を自らに関わる問題として捉え，世界を舞台に国際的なルール形成をリードし
たり，社会経済的な課題解決に参画したりするグローバル・リーダーや，グ
ローバルな視点を持って地域社会の活性化を担う人材の育成を推進していく必要
がある。また，グローバル競争が激化する中，世界の中で我が国が輝き続ける
ためには，世界で活躍するイノベーターやリーダー人材を育成していくことが
求められる。

○　日本や外国の言語や文化を理解し，日本への愛着や誇りを持ちつつ，グロー
バルな視野で活躍するための資質・能力の育成が求められており，コロナ禍で
激減した日本人学生・生徒の海外留学や，より若年段階からの国際的な交流活
動の推進，外国人留学生の受入れ環境，大学等のグローバル化の基盤・ルール
の整備，外国語教育の充実，外国人への教育の充実，国際理解教育の推進など
を図っていく必要がある。

○　また，産学官をあげてグローバル人材を育成する取組の推進や，優れた外国
人材の受入れを図る視点，外国につながる子供の持つ多様性を「長所・強み」
として生かす視点，海外で学ぶ日本人の子供への教育を保障する在外教育施設
の魅力を高める取組も重要である。あわせて，距離や場所，時間の制約を克服
するデジタルの活用により様々な国際交流・教育プログラムの展開の可能性が
生まれており，遠隔・オンラインとリアルを組み合わせた取組の推進が求めら
れる。

○　その際，グローバル化に対応した教育システムの国際標準や平準化が今後進

められることが予測される中で，日本の教育の位置付けを検討していくことが求められる。

**（持続可能な社会の創り手の育成に貢献するESD（持続可能な開発のための教育）の推進）**

○　持続可能な開発のための目標（SDGs）の実現に貢献するESDは，現代社会における地球規模課題の諸課題を自らに関わる問題として主体的にとらえ，その解決に向けて自分で考え，行動する力を身に付けるとともに，新たな価値観や行動等の変容をもたらすための教育である。

○　ESDの推進はグローバル人材の育成にも資する取組であり，多くの児童生徒学生等がグローバルな環境を体験する機会を与えられることが求められる。

**（多様な才能・能力を生かす教育）**

○　近年，海外において多様な才能を有する人物のアイデアにより非連続なイノベーションが創出され，企業価値や行政機能が高められた事例が注目されている。他方，我が国においては，これまで学校教育において一人一人の子供たちの多様な才能をどのように伸長していくのかという議論が十分行われてこなかった。子供たち一人一人の多様な才能・能力を埋もれさせず，その才能を伸ばしていくための教育を行っていくことは重要な課題である。これまでの同一年齢で同一内容を学習することを前提とした教育の在り方に過度にとらわれず，個々に最適な学びを提供するとともに，正解（知識）の暗記や画一的な教育による弊害を排し，同質ではなく異質なものとの融合こそがイノベーションを生み出すとの発想の下，多様な才能・能力を生かす教育を行っていくことが求められる。

**（地域・産学官連携，職業教育）**

○　地域が持続的に発展していくためには，その地域への愛着・誇りを持ち，仕事を通じて経済的に自立し，地域の課題解決に主体的に参加する人材を育成することが必要である。また地域住民同士が相互につながり，かかわりあう関係を築いていくことが求められる。

○　社会経済の発展をけん引するイノベーションの創出や各地域における産業振興に向けて，学校と産業界が一体となって人材育成に取り組むことが一層重要となっている。経済産業省の「未来人材ビジョン」においては，今後重視される「問題発見力」「的確な予測」「革新性」等が求められる職種では労働需要が増加し，相対的に求められない職種では減少すると推計されており，産学官が対話をしつつ共に各地域や産業分野において求められる資質・能力を育てていく必要がある。

○　そのためには，学校を地域や社会に対して開いていくことが重要である。小中高等学校等においてコミュニティ・スクールや地域学校協働活動，探究活動，キャリア教育・職業教育等を通じ，地域や産業界などの声を聞くとともに，教育実践への協力を得ていくことが求められる。また，実践的・創造的な技術者の養成を行う高等専門学校における教育の充実，地域産業における中核的な役割を担う専門人材育成に向けた専修学校における職業教育の充実を図ることも

重要である。大学においては，地域や産業界等と大学との連携強化や，地域ニーズを踏まえた教育プログラムの構築，大学教育の質に関する情報公表等を進めることが期待される。さらに，**起業家教育（アントレプレナーシップ教育**<sup></sup>\*5 をあらゆる学校段階で推進していくことや，機関の枠を超えた産業界等との連携により大学院教育を強化していくことが求められる。

○　学校と地域・産学官の連携を推進していくためには，人と人，組織と組織をつなぎ，広げていく機能が重要となる。そのためのコーディネーター人材の育成や，コンソーシアムによる組織間の連携が求められる。

○　大学のキャンパスは，高度で先進的な人材や設備が集積しており，地域における人材育成，イノベーション・産業振興のハブや脱炭素化等の様々な面で重要な役割を果たしていることから，大学における教育研究活動とその活動の場となるキャンパス環境の整備が一体となった共創拠点（イノベーション・コモンズ）化を推進していくことが重要である。

**（マルチステージの人生を生涯にわたって学び続ける学習者の育成）**

○　人生100年時代は，同一年齢での単線的な学びや進路選択を前提とした人生のモデルから，一人一人の学ぶ時期や進路が複線化する人生のマルチステージモデルへと転換することが予測されている。こうした社会の構造的な変化に対応するため，学校教育における学びの多様化とともに，社会人の学び直し（**リカレント教育**）をはじめとする生涯学習の必要性が高まっている。

　　職業に直結した学びのほかにも，ライフステージの変化（例えば結婚，出産，育児，介護，病気，退職など）に応じて生じる様々な悩みの中で，「人生を豊かにするための学び」や「他者との学びあい」を身近なものとすることが重要である。また，高齢者を年齢によって画一的に捉えることなく，第二の人生を生きる個人の意欲や能力を生かすエイジフリーな社会に対応した学習機会の確保も重要であり，国や地方公共団体等は個人が生涯にわたって学習する機会を得られるよう条件を整備する必要がある。

○　生涯学習社会を実現するためには，まず，生涯にわたって学び続ける学習者としての基盤を学校教育等において培うことが重要である。初等中等教育や高等教育において，学習内容を人生や社会の在り方と結び付けて深く理解することや，興味・関心を喚起する学びを提供することなどにより，学びを習慣化し，生涯にわたって能動的に学び続けるための態度を涵養することが重要である。また，地域における社会教育を通じて，地域のつながりの中で体験的に学び，地域における様々な活動に積極的・主体的に関わる意識を高め，それを生涯にわたって実践していくことが望ましい。さらに，公開講座や文化・スポーツ活動など，大学が有する地域における学びの拠点としての機能も重要である。

○　また，生涯学習の推進に当たっては，ICT の活用などによる柔軟な学習機会の一層の充実を図る必要がある。さらに，学校教育と社会教育が連携することも重要であり，コミュニティ・スクールと地域学校協働活動の一体的推進に

---

＊5　急激な社会環境の変化を受容し，新たな価値を生み出していく精神（アントレプレナーシップ）を備えた人材の創出のための教育の総称。

より，学校と地域住民が連携・協働することで，子供たちの学びの場を学校から地域社会に広げ，次世代の社会の担い手としての成長を支えていくことが求められる。

（リカレント教育を通じた高度専門人材育成）
○　我が国は諸外国と比べて労働生産性の低さが課題となっているが，その一因として，大人になってから大学等において学ぶ学生の割合が低く，社外学習や自己啓発を行っていない社会人が諸外国と比べて突出して多いことが報告されている。社会の持続的な発展を支える観点からも，**リカレント教育**を通じて，複雑化・高度化する企業課題や産業ニーズに対応して自らの知識や技能をアップデートできる高度専門人材を育成していくというリスキリング的な視点も重要である。知識の集積や体系化された理論の中核的機関である大学・専門学校等の高等教育機関において，社会人が学びやすい教育プログラムが提供されるとともに，企業等において学びの成果が適切に評価され，キャリアアップが促進される好循環を作り出すことが求められる。また，就職・転職といった自らの意思による労働移動も含む選択肢の増加や，それに伴う社会経済的地位の向上が図られることも重要である。そのためには，学修歴や学修成果の可視化，学位と資格等との関係性の可視化，学ぶ意欲がある人への支援の充実などの環境整備が必要である。

○　その際，産学官で具体的な対応策に向けた対話・連携を図ることが不可欠である。産業界が**Society5.0**において期待する資質として「主体性」，「チームワーク・リーダーシップ・協調性」，「実行力」，「学び続ける力」，能力として「課題設定・解決能力」，「論理的思考力」，「創造力」が挙げられており，こうした認識を共有しつつ，具体的なスキルアップにつながる教育プログラムを開発・提供していくことが求められる。

②　**誰一人取り残されず，全ての人の可能性を引き出す共生社会の実現に向けた教育の推進**
（共生社会の実現に向けた教育の考え方）
○　一人一人の多様な**ウェルビーイング**の実現のためには，誰一人取り残されず，全ての人の可能性を引き出す学びを，学校をはじめとする教育機関の日常の教育活動に取り入れていく必要がある。

○　近年，いじめの重大事態の発生件数や児童生徒の自殺者数は増加傾向であり，憂慮すべき状況である。また，不登校児童生徒数が増加しており，個々の状況に応じた適切な支援が求められている。児童虐待，ヤングケアラー，貧困など，子供の抱える困難は多様化・複雑化している。また，肥満・痩身，アレルギー疾患，メンタルヘルスの問題など，子供の心身の健康には多様な課題が生じている。さらに，特別支援教育を受ける障害のある子供は近年増加傾向にあり，医療的ケア児や病気療養中の子供に対する支援も重要である。性的マイノリティに係る児童生徒等へのきめ細かな対応も必要である。特定分野に特異な才能のある児童生徒に対する指導・支援の必要性も高まっている。地域社会の国際化が進む中，我が国で学ぶ外国人の子供や海外で学ぶ日本人の子供の学びも保

障されるとともに，多文化共生の考え方も取り入れていく必要がある。

○ 誰一人取り残されず，相互に多様性を認め，高め合い，他者の**ウェルビーイング**を思いやることができる教育環境を個々の状況に合わせて整備することで，つらい様子の子供が笑顔になり，その結果として自分の目標を持って学習等に取り組むことができる場面を一つでも多く作り出すことが求められる。

○ その際，支援を必要とする子供やマイノリティの子供の他の子供との差異を「弱み」として捉え，そこに着目して支えるという視点だけではなく，そうした子供たちが持っている「長所・強み」に着目し，可能性を引き出して発揮させていく視点（エンパワメント）を取り入れることも大切である。このことにより，マイノリティの子供の尊厳を守るとともに，周りの子供や大人が多様性を尊重することを学び，誰もが違いを乗り越え共に生きる共生社会の実現に向けたマジョリティの変容にもつなげていくことが重要である。

○ また，一人一人のニーズに合わせた教育資源の配分を行うという「**公平，公正**」の考え方も重要となる。「**多様性**」，「**包摂性**」に「**公平，公正**」を加え頭文字を取った **DE＆I**（Diversity Equity and Inclusion）の考え方も重視されてきている。

○ 加えて，離島，中山間地域等の地理的条件にかかわらず，全国どこでも子供たちが充実した教育を受けられるようにすることが重要である。

○ こうした方向性は初等中等教育以降の教育段階においても重要であり，例えば大学や専門学校等の高等教育機関における障害のある学生・生徒の学習機会の提供や学校を卒業した障害のある人々への生涯学習機会の提供も充実していく必要がある。

○ 一人一人が多様な他者を理解・尊重し，包摂的な社会を築いていくためには，例えば障害の有無にかかわらず共に学ぶ「交流及び共同学習」や，国内外において外国人児童生徒学生等と交流する留学・異文化交流・国際理解教育，地域で子供が交流・協働する体験活動やキャリア教育・職業教育など，自らとは異なる立場や地域にいる人々と接する機会や異なる環境に身を置く機会を持つことが重要である。

○ これまで学校では「みんなで同じことを，同じように」することを過度に要求され，「**同調圧力**」を感じる子供が増えてきたことが指摘されている。異なる立場や考え，価値観を持った人々同士が，お互いの組織や集団の境界を越えて混ざり合い，学び合うことは，「**同調圧力**」への偏りから脱却する上で重要であり，学校のみならず社会全体で重視していくべき方向性である。また，そのことを可能にするための土壌として，「風通しの良い」組織・集団であることが大切である。そのためには，子供のみならず大人も含めて，多様性を受け入れる寛容で成熟した存在となることが必要である。加えて，これまでの同一年齢で同一内容を学習することを前提とした教育の在り方に過度にとらわれず，日本型学校教育の優れた蓄積も生かして，**個別最適な学びと協働的な学びを一体的に**充実していくことも重要である。

○ こうしたことを通じて，一人一人が自分のよさや可能性を認識するとともに，

あらゆる他者を価値のある存在として尊重する共生社会を実現していくことが求められる。また，組織や集団における多様性の尊重は，イノベーション創出にもつながる重要な考え方である。

（共生社会の実現に向けた教育の方向性）

○　「令和の日本型学校教育」答申で提言された「**個別最適な学びと協働的な学びの一体的充実**」は，多様な子供の状況に応じた学びを進めるとともに，多様な他者と学び合う機会を確保するものであり，共生社会の実現に向けて必要不可欠な教育政策の方向性である。また，障害者の権利に関する条約に基づく**インクルーシブ教育システム**を推進していくことも重要である。高等教育においては，グランドデザイン答申をはじめとする累次の答申・審議まとめ等において，多様な価値観を持つ多様な人材が集まるキャンパスにおいて，一人一人の学生の学修意欲を喚起し，学修者本位の教育を提供していく方向性が示されている。こうした目指すべき教育の方向性を共生社会の実現という観点から改めて捉え直し，教育に携わる者が共有した上で，日常の教育の営みの中に取り込んでいかなければならない。

○　その際，第3期計画期間中に飛躍的に整備されたICT環境を効果的に活用していく必要がある。**GIGAスクール構想**による1人1台端末や高速通信ネットワーク環境の整備などにより，距離や場所，時間の制約が取り払われ，様々な国や地域との交流が容易になるとともに，へき地における教育環境の充実や，登校できない子供の学びや交流の機会の充実が可能となっている。また，デジタルの特性を生かした障害のある子供や外国人児童生徒等のアクセシビリティの向上も期待される。ICTを活用した新たな取組の実践を通じて，一人一人の状況やニーズに応じたより良い教育環境を目指していく必要がある。

○　児童生徒に対する生徒指導は，学習指導と並んで，共生社会実現に向けた資質・能力の育成に重要な意義を有するものである。児童生徒が自発的・主体的に自らを発達させていくことが尊重され，その過程を学校や教職員が支えていくという発達支持的生徒指導を重視していくことが求められる。また，児童生徒が将来において社会的な自己実現ができるような資質・能力・態度を形成するように働きかけるための教育相談も，生徒指導と一体化させ，全教職員が一致して取組を進めることが求められる。

○　コロナ禍によりその機会が減少した様々な体験活動（自然体験活動，社会体験活動，文化芸術活動等）は，自己肯定感や協調性，主観的幸福感など，**ウェルビーイング**の向上に資するものであって，体験を通して他者と協働することにより共生社会の実現にもつながる意義を有するものであり，その機会の充実を図っていくことが求められる。また，児童生徒等の心身の健やかな育成に向けた学校保健，食育，スポーツ活動，豊かな感性を育む読書活動の推進も重要である。

○　あわせて，個人と社会の**ウェルビーイング**の実現の観点からは，保護者や地域住民等が学校運営に当事者として参画するコミュニティ・スクールや，地域住民等の参画により地域と学校が連携・協働する地域学校協働活動を一体的に

推進するとともに，地域の多様な人材を活用した家庭教育支援チームの活動を推進していくことが効果的である。高等教育段階では地域連携プラットフォームなどの枠組みを活用することにより，大学と地域との協働を進めていくことが求められる。学び手，学校，保護者・地域住民等が「三方よし」となり，それぞれの**ウェルビーイング**が高まるよう三者が一体となって取組を推進することが求められる。

③　地域や家庭で共に学び支え合う社会の実現に向けた教育の推進
（社会教育を通じた持続的な地域コミュニティの基盤形成）

○　社会教育は，地域住民が共に学ぶものであり，地域コミュニティ形成の営みという性格を強く有している。近年，防災，福祉，産業振興，文化交流など，広義のまちづくり・地域づくりに関する多様な行政分野において，その地域課題の解決に向けて，関係省庁が地域コミュニティに関する政策を提示している。これらの政策は地域コミュニティが維持されていてこそ機能するものであり，社会教育の役割が重要となる。

○　地域において人々の関係を共感的・協調的なものとするためには，社会教育による「学び」を通じて人々の「つながり」や「かかわり」を作り出し，協力し合える関係としての土壌を耕しておくことが求められる。こうして形成された地域の人々の関係は持続的な地域コミュニティの基盤となり，ひいては社会全体の基盤となる。「人づくり・つながりづくり・地域づくり」の循環が生み出されることにより，地域コミュニティにおける個人と地域全体の**ウェルビーイング**の向上がもたらされる。地域で人と人とのつながりを作り，協調的な幸福感を紡ごうと取り組んでいる人たちが自信と誇りを持つことができるようにしていく必要がある。

○　このため，地域と学校をつなぐ地域学校協働活動推進員等のコーディネーターの育成とともに，前述したコミュニティ・スクールと地域学校協働活動の一体的推進など，社会教育の充実による地域の教育力の向上や地域コミュニティの基盤強化を図ることが求められる。

（公民館等の社会教育施設の機能強化，社会教育人材の養成と活躍機会の拡充）

○　デジタル田園都市国家構想基本方針においてデジタル技術を活用し，地域の特性を生かした地域の社会課題の解決・地域の魅力向上が提言される中，公民館や図書館等の社会教育施設は，社会教育の拠点として，自らが果たす役割を明確化することが求められている。それに当たっては，地域住民の意向を運営に取り入れることなどにより，機能強化を図ることが重要である。その際，貧困の状態にある子供，外国人，障害者やその家族，社会的に孤立しがちな若者や高齢者など，困難な立場に置かれている人々の社会的包摂の観点からの対応が求められる。

○　また，社会教育施設には，オンラインによる講座等の受講機会の拡充やデジタル教育の充実とともに，住民同士が対面によりつながりを持てる機会の充実も求められる。あわせて，学校施設との複合化や，文教施設を官民連携で整備

することも，地域コミュニティの拠点を形成する上で重要である。

○　社会教育に対するニーズが高まる中，地域において社会教育活動を支える社会教育主事及び社会教育士の役割はその重要性を増している。都道府県・市町村における社会教育主事の配置促進や社会教育士の活躍機会の拡充に向けた取組を推進することが必要である。

**（生涯学習社会の実現，障害者の生涯学習の推進）**

○　生涯学習は，一人一人が豊かな人生を送ることができるよう，個人の自発的意思に基づいて行うことを基本として，生涯を通じて行うものである。教養を高め，多様な人々と出会い，自己実現を図るための学習は，長寿化が進展する人生100年時代において，生涯を通じた**ウェルビーイング**の実現につながる重要な意義を有するものである。子供や若者，社会人，高齢者など，年齢を問わず学び続け，生涯学習を通じて自らの向上や地域や社会への貢献の意欲を持ち，当事者として地域社会の担い手となる人を尊重する社会が目指されるべきであり，そのために社会教育が果たす役割は大きい。

○　また，障害者の生涯学習機会が不足している状況にあり，機会拡充に向けて一層推進していく必要がある。国や地方公共団体において，障害者の生涯学習の推進を生涯学習・社会教育推進施策として明確に位置付けるとともに，その担い手の人材育成・確保や理解促進のための取組を促進していくことが求められる。


④　**教育デジタルトランスフォーメーション（DX）の推進**
**（DX に至る3段階）**

○　新型コロナウイルス感染症の感染拡大は，世界全体にデジタル化の飛躍的進展をもたらした。今後，社会全体の**デジタルトランスフォーメーション（DX）**，メタバース活用，Web3.0等の推進に向けた環境整備が加速していく中で，教育の分野において ICT を活用することが特別なことではなく「日常化」するなど，デジタル化を更に推進していくことが不可欠である。

○　デジタル化には一般に「**デジタイゼーション**」，「**デジタライゼーション**」，「**デジタルトランスフォーメーション（DX）**」の3段階があると言われている。第1段階の**デジタイゼーション**は紙の書類などアナログな情報をデジタル化することを表し，例えば紙のプリントをデジタル化して配信することがこれに該当する。第2段階の**デジタライゼーション**は，サービスや業務プロセスをデジタル化することを表し，例えば紙の教材を組み合わせている現状から，デジタル教材のリコメンドを参考に教材の最適な選択を行うことができるようになることがこれに該当する。第3段階の**デジタルトランスフォーメーション**は，デジタル化でサービスや業務，組織を変革することを指し，例えば教育データに基づく教育内容の重点化と教育リソースの配分の最適化が該当する。

○　**教育 DX** を推進していくためには，①教育データの標準化などの共通的なルールの整備，②基盤的ツールの開発・活用，③教育データの分析・利活用について，可能な部分から着手し全国的な仕組みにつなげていく必要がある。

127

○ GIGA スクール構想による1人1台端末の実現をはじめ，第3期計画期間中に全国の小中高等学校等における ICT 環境整備は飛躍的に進展した。これにより第1段階の準備は整ったところである。今後は，全ての学校において第1段階を着実に実行しつつ，当面，第3段階を見据えながら，全国全ての学校で，第1段階から第2段階への移行を着実に進めることが求められる。その際，デジタル技術とデータを活用して知見の共有と新たな教育価値の創出を目指す将来的な第3段階の構想について，ICT 活用やデータ利活用のイメージを教育行政や教師をはじめとする教育関係者が共有した上で取組を進めるとともに，第3段階に相当する先進事例の創出に取り組むことが重要である。イメージは，利活用の場面（教育や学習のリソースとしてのデジタルの活用，教育データの利活用など）の分類・整理をした上で示すとともに，そこに至るまでにクリアすべきハードル・時間軸を整理していくことが有用である。また，DX 時代の到来に備えて，制度設計を見直していく検討も求められる。

○ DX の推進に当たっては，デジタル機器・教材の活用はあくまで手段であることに留意することが必要である。教育 DX を進めた上で，デジタルも活用して問題解決や価値創造ができる人材の育成こそが目指されるべきである。

**（各学校段階における教育 DX の推進）**

○ 初等中等教育においては，学習の基盤となる資質・能力としての情報活用能力を育成するとともに，そのための教師の指導力向上・ICT 環境整備の更なる充実が求められる。また，デジタル教科書・教材・学習支援ソフトの活用に向けた取組の推進，クラウド活用による次世代の校務 DX を通じた教育データの利活用や学校における働き方改革にも取り組む必要がある。

○ 高等教育においては，コロナ禍において世界的に遠隔・オンライン教育が進展し，高等教育の新たな可能性を開くものとなった。面接授業と遠隔授業を効果的に組み合わせたハイブリッド型教育やデジタルを活用した教育の高度化を図るとともに，データサイエンス等の履修促進などを進めることが求められる。また，社会の DX を支える DX 人材の養成も重要である。

○ 生涯学習においては，遠隔・オンライン教育の活用による受講の利便性の向上や学習履歴の可視化におけるデジタル技術の活用を推進すべきである。また，公民館や図書館等の社会教育施設におけるデジタル基盤の強化やデジタル教育の充実も求められる。

○ これらの取組の推進に当たっては，デジタル社会の正負の側面にも留意しつつ，デジタルリテラシーやサイバーセキュリティの知識を身に付け，自分で考え行動できる力を育むことも求められる。その際，地域や学校間の格差拡大につながらないよう，十分な支援が必要である。

○ また，誰一人取り残されず，全ての人の可能性を引き出すための教育を実現する観点から，遠隔・オンライン教育やデジタル機器の機能を最大限に活用して誰もが質の高い教育を受ける機会を確保することが重要である。

○ さらに，子供の貧困や虐待，いじめなどの困難の中には実態が見えにくく，子供に支援が届きにくいという課題がある中で，関係機関とも連携して学校の

福祉的役割<sup>＊6</sup>をより発揮していくためには，自治体においてデータを連携させることで子供の SOS を把握し，プッシュ型支援につなげていくことが重要である。

○　**生成 AI** については，教育現場での利用により効果をもたらす可能性と生じうるリスクを踏まえて対応することが必要である。

○　データの利活用に当たっては，個人情報の適正な取扱いとデータの活用のバランスが問題となる。今後，**DX** の推進により更に充実した指導や支援が提供されていくことに鑑みれば，安心・安全を確保した上で，よりデータの利活用を図っていく方向で検討を進めるべきである。その際，保護者等に対するデータ利活用のメリットや技術的な安全性等についての説明を行うことにより理解を得ていくことが求められる。

○　**DX** の推進のプロセスにおいては，国や地方公共団体の各レイヤーでルールや標準化を進めるとともに，個々の学校においてその権限に基づき業務フローの改善を行うという，両輪で推進していくという視点も重要である。

**（デジタルの活用とリアル（対面）活動の重要性）**

○　学びに新たな可能性をもたらしたデジタルを活用した教育は積極的に活用されることが求められる。また，リアル（対面）による授業や課外活動の役割も教育において不可欠である。デジタルとアナログ，遠隔・オンラインと対面・オフラインは，いわゆる**「二項対立」**の関係には立たないことに留意が必要である。これらの最適な組合せは，学校段階や学習場面，また一人一人の状況によって異なるものであり，双方のメリット・デメリットを考慮する必要がある。

○　例えば，大学においては，遠隔・オンライン教育のメリットとして，自分のペースで学修できることや自分の選んだ場所で授業を受けられること等が挙げられている。一方で，質問等，相互のやり取りの機会が少ないこと，友人と授業が受けられないこと，身体的疲労が大きいことなどがデメリットとして挙げられている。その他，遠隔・オンライン教育であれば国内外の他大学等の授業を履修することが容易となる，通学が困難な状況でも学修機会を確保することができるといった利点も想定される。

○　小中高等学校においては，従来の教師による対面指導に加え，一斉学習や個別学習，協働学習など様々な学習場面において ICT を活用することや，目的に応じ遠隔授業やオンデマンドの動画教材を取り入れるなど，子供の主体的な学びを支援する伴走者としての教師の役割を果たしつつ，リアルとデジタルを融合した授業づくりに取り組むことが考えられる。その際，教科内のみならず学校教育活動全体の中でのリアルとデジタルの組合せの検討や，デジタル教科書・教材・ソフトウェアの活用も重要である。さらに，学校で学びたくても学べない児童生徒への遠隔・オンライン教育や，個々の才能を伸ばすための高度な学びへの対応など，デジタルの利点を生かした活用も考えられる。

＊6　子供たちが人と安全・安心につながることができる居場所・セーフティネットとして身体的・精神的な健康を支えることであり，困難を抱える子供を，学校を通じて福祉的・医療的支援につなげることも含まれる。

○ 一方，コロナ禍においては，子供たちのリアルな体験機会が大きく減少しており，地域や企業と連携・協働して，リアルな体験活動の機会を充実させていくことも必要である。

○ これらの効果と課題等を踏まえ，それぞれの学校等において，教育効果を最大限に発揮する活用方法を検討することが求められる。

⑤ 計画の実効性確保のための基盤整備・対話
（教育政策推進の実効性の確保）

○ 基本的な方針の①～④までの教育政策を推進し，本計画の実効性を確保するためには，経済的・地理的状況によらず子供たちの学びを確保するための支援，指導体制・ICT 環境の整備，地方教育行政の充実，安全安心で質の高い教育研究環境の整備，大学の経営基盤の確立，各高等教育機関の機能強化などを図ることが重要である。

（経済的状況によらず学びの機会を確保するための支援）

○ 子供たちの学びの経済的支援については，幼児教育・保育の無償化，義務教育段階の就学援助，高等学校等就学支援金・高校生等奨学給付金，高等教育の修学支援新制度及び貸与型奨学金など，幼児期から高等教育段階まで切れ目のない支援により，希望する誰もが質の高い教育を受けられるための環境が整備されてきた。今後，教育未来創造会議第一次提言やこども未来戦略方針，経済財政運営と改革の基本方針2023の内容を踏まえ，新たな時代に対応する学びの支援の充実を図ることが求められる。

（指導体制・ICT 環境等の整備）

○ 我が国の初等中等教育は国際的にも高く評価されており，これは教育現場で日々子供たちに向き合う教師の熱意と努力に支えられている。他方，近年，子供たちが抱える困難が多様化・複雑化するとともに，情報活用能力など新たな能力育成の要請等もあり，我が国の教師の仕事時間は国際的に見て長くなっていることに加え，教師不足の問題が顕在化している。本計画の実効性確保のためには，教師の人材確保が不可欠であり，学校における働き方改革の更なる推進と併せて，指導体制の整備等を通じ，教職の魅力の向上を図る必要がある。その際，多様化・複雑化する困難等に対し「チーム学校」として対応するためには，教員業務支援員やスクールカウンセラー，スクールソーシャルワーカー等の支援スタッフの役割も重要である。また，令和4年度に実施した教員勤務実態調査の結果等を踏まえ，**学校における働き方改革**の更なる加速化，処遇改善，指導・運営体制の充実，教師の育成支援[*7]を一体的に進める必要がある。

○ 加えて，ICT 環境の充実は計画の実効性の確保のために不可欠である。1

---

＊7 心理・福祉等の特定分野における強みなど多様な専門性を有する教職員集団の構築に向けた免許制度改革，大学と教育委員会による教員養成課程の見直しや地域枠の設定，奨学金の返還支援に係る速やかな検討，特別免許状等の活用を含む教師の養成・採用，長期間職務を離れた者を含む高度専門職としての学びやキャリア形成の充実を含む研修・研さん機会の高度化等の一体的改革の推進。

人1台端末の持続的な活用やネットワーク環境の更なる改善に取り組むとともに，校務の DX，ICT 支援員の配置，GIGA スクール運営に係る体制の強化，教師の ICT 活用指導力の向上等，GIGA スクール構想を更に推進していく必要がある。

○ さらに，学校教育の成否を左右する教師について，その質の向上を図るため，デジタル技術の活用を含めた教員研修の高度化を進め，教師の個別最適な学びや協働的な学びを支える仕組みを構築する必要がある。

○ これらの取組を推進していくためには，地方教育行政の充実を図ることが必要であり，教育委員会の機能強化・活性化や教育委員会と首長部局の連携等を推進することが求められる。

○ 大学においては，学修者本位の教育を実現していくため，教員の多様性の確保，大学のミッションに応じた教員評価，TA・RA の活用，教職協働の推進，教育研究の時間を生み出す組織マネジメントの確立・推進等が求められる。

**（NPO・企業等多様な担い手との連携・協働）**

○ 「自前主義からの脱却」は学校段階を通じて今後重要となる学校経営の方向性である。学校外の多様な担い手による学びの提供や多様な支援体制の確保は子供たちの**ウェルビーイング**を育む上で重要な役割を果たす。不登校の児童生徒や引きこもりの青少年の支援などに取り組む NPO 法人，子供たちの体験活動の機会提供や ICT 教育支援を行う企業，部活動を支える地域のスポーツ及び文化芸術団体など，多様な担い手と学校との連携・協働を推進すべきである。高等教育段階においても学外の様々な機関との連携・協働を行うことが求められる。さらに，少子化が進展する中で，他校・他大学との連携を進めることも重要な視点である。

○ その際，地域によっては学校外の多様な担い手が十分に確保できない状況もあり，連携・協働の広がりを通じて担い手の育成・確保を図るという視点やICT の活用を組み合わせて取り組んでいくことも重要である。また，学校と学校外の多様な担い手をつなぐコーディネーターの役割も重要となる。

○ また，医療・保健機関，福祉機関，警察・司法との連携により，子供の健康や安全を守るための取組を引き続き推進する必要がある。

○ こうした取組の推進に向けて，文部科学省と関係省庁との連携も必要である。

**（安全・安心で質の高い教育研究環境の整備，社会教育施設等の整備）**

○ 目指すべき新しい時代の姿として，個別最適な学びと協働的な学びの一体的な充実や，社会変化に対応しデジタルやグリーン，**ウェルビーイング**や共生社会等を推進するためには，安全・安心で質の高い教育研究環境の確保が重要である。小中高等学校から高等教育段階を通じて，適切な維持管理や長寿命化改修をはじめとした計画的な老朽化対策，防災機能強化を行うとともに，脱炭素化やバリアフリー化，地域との連携・共創拠点等の観点から環境整備を推進する必要がある。

○ また，質の高い学びを実現するため，学校図書館や教材の整備の充実を図る必要がある。社会教育施設については，利用者の学習機会の充実の観点から，

デジタル基盤を強化することが求められる。

（私立学校の振興）

○　建学の精神に基づく多様な人材育成や特色ある教育研究を展開し，公教育の大きな部分を担っている私立学校の振興は重要であることから，私学助成の性格を踏まえた上で支援を行いつつ，私立学校の特色の発揮と質的充実に向けた支援及びメリハリある配分を強化することが重要である。また，寄附金収入等の多元的な資金調達のための環境整備や，各学校法人が，自ら経営状況を的確に分析し，早期の経営判断を行うよう必要な支援を実施するなど，私立学校の教育研究環境の整備に向けた取組を推進することが重要である。

（児童生徒等の安全確保）

○　「第3次学校安全の推進に関する計画」に基づき，組織的・実践的な安全対策に取り組むセーフティプロモーションスクールの考え方を取り入れ，全ての児童生徒等が，自ら適切に判断し，主体的に行動できるよう，安全に関する資質・能力を身に付けるとともに，学校安全に関する組織的取組の推進，家庭・地域・関係機関等との連携・協働，学校における安全管理の取組の充実等を推進する必要がある。

（こども政策との連携）

○令和5年4月に施行されたこども基本法において，こども施策の基本理念や基本となる事項が定められるとともに，こども施策を総合的に推進するためのこども大綱を定めることとされている。子供の健やかな成長に向けては，「学び」に係る政策と「育ち」に係る政策の両者が，それぞれの目的を追求する中で，専門性を高めつつ緊密に連携することが重要であり，教育振興基本計画の推進に当たっては，こども大綱に基づくこども施策と相互に連携 *8 を図りながら取り組む必要がある。

（各ステークホルダーとの対話を通じた計画策定・フォローアップ）

○　計画策定に向けては，教育関係団体や関係省庁から意見を聴くとともに，教育の当事者である子供からの意見を聴くことも必要である。本計画の策定に当たっては，関係団体等からのヒアリングやパブリックコメントの実施に加え，生徒・学生からのヒアリング，内閣府「ユース政策モニター」の子供・若者との意見交換・アンケートなどを実施し，寄せられた意見等を踏まえて検討を行った。また，データなどのエビデンスも踏まえた対話を通じて計画の策定・広報・フォローアップを行うことで，教育現場，地方公共団体（教育委員会及び首長部局），子供・学生・保護者・学習者，大学等の高等教育機関など，各ステークホルダーと政府が一体となって教育を振興していく共通意識を持つことが重要である。

---

＊8　例えば，こども家庭庁における，幼児期までのこどもの育ちに係る基本的な指針（仮称）の策定，こどもの居場所づくりに関する指針（仮称）の策定，第三者性の確保や重大事態への対応改善などのいじめの防止対策の体制強化，こどもや若者から直接意見を聴く仕組みづくりなどとの連携。

## Ⅲ．今後の教育政策の遂行に当たっての評価・投資等の在り方

（略）

## Ⅳ．今後5年間の教育政策の目標と基本施策

（略）

# 詳説 新学習指導要領はこう変わる！

新学習指導要領の改訂のキーワード「社会に開かれた教育課程」「主体的・対話的で深い学び」「カリキュラム・マネジメント」を押さえるとともに，育成を目指す3つの資質・能力（①知識及び技能，②思考力，判断力，表現力等，③学びに向かう力，人間性など），6つの教育内容の主な改善事項（①言語能力の確実な育成，②理数教育の充実，③伝統や文化に関する教育の充実，④道徳教育の充実，⑤体験活動の充実，⑥外国語教育の充実）──などが，新学習指導要領の中でどのように見現化されているかを確認すること。

## 1．今回の改訂の基本的な考え方

○ 教育基本法，学校教育法などを踏まえ，これまでの我が国の学校教育の実践や蓄積を活かし，子供たちが未来社会を切り拓くための資質・能力を一層確実に育成。その際，子供たちに求められる資質・能力とは何かを社会と共有し，連携する「**社会に開かれた教育課程**」を重視。

○ 知識及び技能の習得と思考力，判断力，表現力等の育成のバランスを重視する現行学習指導要領の枠組みや教育内容を維持した上で，知識の理解の質をさらに高め，確かな学力を育成。

○ 先行する特別教科化など道徳教育の充実や体験活動の重視，体育・健康に関する指導の充実により，豊かな心や健やかな体を育成【小中】。

○ 高大接続改革という，高等学校教育を含む初等中等教育改革と，大学教育改革，そして両者をつなぐ大学入学者選抜改革の一体的改革の中で実施される改訂【高】。

## 2．知識の理解の質を高め資質・能力を育む「主体的・対話的で深い学び」

◆「何ができるようになるか」を明確化

知・徳・体にわたる「生きる力」を子供たちに育むため，「何のために学ぶのか」という学習の意義を共有しながら，授業の創意工夫や教科書等の教材の改善を引き出していけるよう，全ての教科等を，①知識及び技能，②思考力，判断力，表現力等，③学びに向かう力，人間性等の3つの柱で再整理。

◆我が国の教育実践の蓄積に基づく授業改善【小中】

我が国のこれまでの教育実践の蓄積に基づく授業改善の活性化により，子供たちの知識の理解の質の向上を図り，これからの時代に求められる資質・能力を育んでいくことが重要。

小・中学校においては，これまでと全く異なる指導方法を導入しなければならないと浮足立つ必要はなく，これまでの教育実践の蓄積を若手教員にもしっかり引き継ぎつつ，

授業を工夫・改善する必要。

◆**主体的・対話的で深い学びの実現に向けた授業改善【高】**

　選挙権年齢が18歳以上に引き下げられ，生徒にとって政治や社会が一層身近なものとなっており，高等学校においては，社会で求められる資質・能力を全ての生徒に育み，生涯にわたって探究を深める未来の創り手として送り出していくことがこれまで以上に求められる。

　そのため，**主体的・対話的で深い学び**の実現に向けた授業改善が必要。特に，生徒が各教科・科目等の特質に応じた見方・考え方を働かせながら，知識を相互に関連付けてより深く理解したり，情報を精査して考えを形成したり，問題を見いだして解決策を考えたり，思いや考えを基に創造したりすることに向かう過程を重視した学習の充実が必要。

## ３．各学校におけるカリキュラム・マネジメントの確立

○　教科等の目標や内容を見渡し，特に学習の基盤となる資質・能力（言語能力，情報活用能力，問題発見・解決能力等）や現代的な諸課題に対応して求められる資質・能力の育成のためには，教科等横断的な学習を充実する必要。また，「**主体的・対話的で深い学び**」の充実には単元など数コマ程度の授業のまとまりの中で，習得・活用・探究のバランスを工夫することが重要。

○　そのため，学校全体として，教育内容や時間の適切な配分，必要な人的・物的体制の確保，実施状況に基づく改善などを通して，教育課程に基づく教育活動の質を向上させ，学習の効果の最大化を図る**カリキュラム・マネジメント**を確立。

## ４．教科・科目構成の見直し【高】

○　高等学校において育成を目指す資質・能力を踏まえつつ，教科・科目の構成を改善。
　国語科における科目の再編（「現代の国語」「言語文化」「論理国語」「文学国語」「国語表現」「古典探究」），地理歴史科における「歴史総合」「地理総合」の新設，公民科における「公共」の新設，共通教科「理数」の新設，など

## ５．教育内容の主な改善事項

① **言語能力の確実な育成**

・発達の段階に応じた，語彙の確実な習得，意見と根拠，具体と抽象を押さえて考えるなど情報を正確に理解し適切に表現する力の育成【小中：国語】

・学習の基盤としての各教科等における言語活動（実験レポートの作成，立場や根拠を明確にして議論することなど）の充実【小中：総則，各教科等】

・科目の特性に応じた語彙の確実な習得，主張と論拠の関係や推論の仕方など，情報を的確に理解し効果的に表現する力の育成【高：国語】

・学習の基盤としての各教科等における言語活動（自らの考えを表現して議論すること，観察や調査などの過程と結果を整理し報告書にまとめることなど）の充実【高：総則，各教科等】

② **理数教育の充実**

・前回改訂において２～３割程度授業時数を増加し充実させた内容を今回も維持した上で，日常生活等から問題を見いだす活動【小：算数，中：数学】や見通しをもっ

135

た観察・実験【小中：理科】などの充実によりさらに学習の質を向上
- 必要なデータを収集・分析し，その傾向を踏まえて課題を解決するための統計教育の充実【小：算数，中：数学】，自然災害に関する内容の充実【小中：理科】
- 理数を学ぶことの有用性の実感や理数への関心を高める観点から，日常生活や社会との関連を重視【高：数学，理科】するとともに，見通しをもった観察，実験を行うことなどの科学的に探究する学習活動の充実【高：理科】などの充実により学習の質を向上
- 必要なデータを収集・分析し，その傾向を踏まえて課題を解決するための統計教育を充実【高：数学】
- 将来，学術研究を通じた知の創出をもたらすことができる創造性豊かな人材の育成を目指し，新たな探究的科目として，「理数探究基礎」及び「理数探究」を新設【高：理数】

③ 伝統や文化に関する教育の充実
- 正月，わらべうたや伝統的な遊びなど我が国や地域社会における様々な文化や伝統に親しむこと【幼稚園】
- 古典など我が国の言語文化【小中：国語】，県内の主な文化財や年中行事の理解【小：社会】，我が国や郷土の音楽，和楽器【小中：音楽】，武道【中：保健体育】，和食や和服【小：家庭，中：技術・家庭】などの指導の充実
- 我が国の言語文化に対する理解を深める学習の充実【高：国語「言語文化」「文学国語」「古典探究」】
- 政治や経済，社会の変化との関係に着目した我が国の文化の特色【高：地理歴史】，我が国の先人の取組や知恵【高：公民】，武道の充実【高：保健体育】，和食，和服及び和室など，日本の伝統的な生活文化の継承・創造に関する内容の充実【高：家庭】

④ 道徳教育の充実
- 先行する道徳の特別教科化【小：平成30年４月，中：平成31年４月】による，道徳的価値を自分事として理解し，多面的・多角的に深く考えたり，議論したりする道徳教育の充実
- 各学校において，校長のリーダーシップの下，道徳教育推進教師を中心に，全ての教師が協力して道徳教育を展開することを新たに規定【高：総則】
- 公民の「公共」，「倫理」，特別活動が，人間としての在り方生き方に関する中核的な指導の場面であることを明記【高：総則】

⑤ 体験活動の充実
- 生命の有限性や自然の大切さ，挑戦や他者との協働の重要性を実感するための体験活動の充実【小中：総則】，自然の中での集団宿泊体験活動や職場体験の重視【小中：特別活動等】

⑥ 外国語教育の充実
- 小学校において，中学年で「外国語活動」を，高学年で「外国語科」を導入【小】
- 小・中・高等学校一貫した学びを重視し，外国語能力の向上を図る目標を設定するとともに，国語教育との連携を図り日本語の特徴やよさに気付く指導の充実【小中】
- 統合的な言語活動を通して「聞くこと」「読むこと」「話すこと［やり取り・発表］」

「書くこと」の力をバランスよく育成するための科目（「英語コミュニケーションⅠ，Ⅱ，Ⅲ」）や，発信力の強化に特化した科目を新設【高：「論理・表現Ⅰ，Ⅱ，Ⅲ」】

- 小・中・高等学校一貫した学びを重視して外国語能力の向上を図る目標を設定し，目的や場面，状況などに応じて外国語でコミュニケーションを図る力を着実に育成【高】

⑦ **職業教育の充実**

- 就業体験等を通じた望ましい勤労観，職業観の育成【高：総則】，職業人に求められる倫理観に関する指導【高：職業教育に関する各専門教科】

- 地域や社会の発展を担う職業人を育成するため，社会や産業の変化の状況等を踏まえ，持続可能な社会の構築，情報化の一層の進展，グローバル化などへの対応の視点から各教科の教育内容を改善【高】

- 産業界で求められる人材を育成するため，「船舶工学」【高：工業】，「観光ビジネス」【高：商業】，「総合調理実習」【高：専門家庭】，「情報セキュリティ」【高：専門情報】，「メディアとサービス」【高：専門情報】を新設

⑧ **その他の重要事項**

○ 幼稚園教育要領

- 「幼児期の終わりまでに育ってほしい姿」の明確化
（「健康な心と体」「自立心」「協同性」「道徳性・規範意識の芽生え」「社会生活との関わり」「思考力の芽生え」「自然との関わり・生命尊重」「数量や図形，標識や文字などへの関心・感覚」「言葉による伝え合い」「豊かな感性と表現」）

○ 初等中等教育の一貫した学びの充実

- 小学校入学当初における生活科を中心とした「スタートカリキュラム」の充実【小：総則，各教科等】

- 幼小，小中，中高といった学校段階間の円滑な接続や教科等横断的な学習の重視【小中：総則，各教科等】

- 必要な資質・能力を身に付けるため，中学校との円滑な接続や，高等学校卒業以降の教育や職業との円滑な接続について明記【高：総則】

○ 主権者教育，消費者教育，防災・安全教育などの充実

- 市区町村による公共施設の整備や租税の役割の理解【小：社会】，国民としての政治への関わり方について自分の考えをまとめる【小：社会】，民主政治の推進と公正な世論の形成や国民の政治参加との関連についての考察【中：社会】，主体的な学級活動，児童会・生徒会活動【小中：特別活動】

- 政治参加と公正な世論の形成，政党政治や選挙，主権者としての政治参加の在り方についての考察【高：公民】，主体的なホームルーム活動，生徒会活動【高：特別活動】

- 少子高齢社会における社会保障の意義，仕事と生活の調和と労働保護立法，情報化による産業等の構造的な変化，起業，国連における持続可能な開発のための取組【中：社会】

- 財政及び租税の役割，少子高齢社会における社会保障の充実・安定化，職業選択，起業，雇用と労働問題，仕事と生活の調和と労働保護立法，金融を通した経済活動の活性化，国連における持続可能な開発のための取組【高：公民】

- 売買契約の基礎【小：家庭】，計画的な金銭管理や消費者被害への対応【中：技

137

術・家庭】
- 多様な契約，消費者の権利と責任，消費者保護の仕組み【高：公民，家庭】
- 都道府県や自衛隊等国の機関による災害対応【小：社会】，自然災害に関する内容【小中：理科】
- 世界の自然災害や防災対策【高：地理歴史】，防災と安全・安心な社会の実現【高：公民】，安全・防災や環境に配慮した住生活の工夫【高：家庭】
- オリンピック・パラリンピックの開催を手掛かりにした戦後の我が国の展開についての理解【小：社会】，オリンピック・パラリンピックに関連したフェアなプレイを大切にするなどスポーツの意義の理解【小：体育，中：保健体育】，障害者理解・心のバリアフリーのための交流【小中：総則，道徳，特別活動】
- オリンピックやパラリンピック等の国際大会は，国際親善や世界平和に大きな役割を果たしていること，共生社会の実現にも寄与していることなど，スポーツの意義や役割の理解【高：保健体育】，障害者理解・心のバリアフリーのための交流【高：総則，特別活動】
- 高齢者の尊厳と介護についての理解（認知症含む），生活支援に関する技能【高：家庭】
- 海洋に囲まれた多数の島からなる我が国の国土に関する指導の充実【小中：社会】
- 我が国の領土等国土に関する指導の充実【高：地理歴史，公民】
○　情報活用能力（プログラミング教育を含む）
- コンピュータ等を活用した学習活動の充実【各教科等】
- コンピュータでの文字入力等の習得，プログラミング的思考の育成【小：総則，各教科等（算数，理科，総合的な学習の時間など）】
- 情報科の科目を再編し，全ての生徒が履修する「情報Ⅰ」を新設することにより，プログラミング，ネットワーク（情報セキュリティを含む。）やデータベース（データ活用）の基礎等の内容を必修化【高：情報】
- データサイエンス等に関する内容を大幅に充実【高：情報】
○　部活動
- 教育課程外の学校教育活動として教育課程との関連の留意，社会教育関係団体等との連携による持続可能な運営体制【中高：総則】
○　子供たちの発達の支援（キャリア教育，障害に応じた指導，日本語の能力等に応じた指導，不登校等）
- 学級経営や生徒指導，キャリア教育の充実について，小学校段階から明記【小中：総則，特別活動】
- 社会的・職業的自立に向けて必要な基盤となる資質・能力を身に付けていくことができるよう，特別活動を要としつつ各教科・科目等の特質に応じて，キャリア教育の充実を図ることを明記【高：総則】
- 特別支援学級や通級による指導における個別の指導計画等の全員作成，各教科等における学習上の困難に応じた指導の工夫【小中：総則，各教科等】
- 通級による指導における個別の指導計画等の全員作成，各教科等における学習上の困難に応じた指導の工夫【高：総則，各教科等】
- 日本語の習得に困難のある児童生徒や不登校の児童生徒への教育課程【小中：総則】，夜間その他の特別の時間に授業を行う課程について規定【中：総則】

- 日本語の習得に困難のある生徒への配慮や不登校の生徒への教育課程について新た
に規定【高：総則】

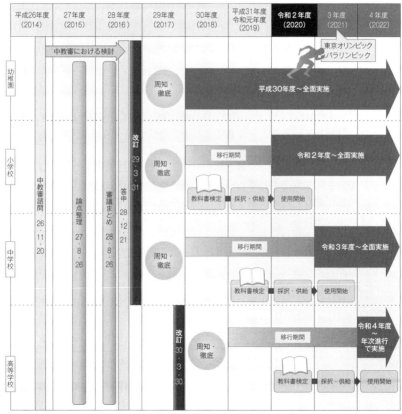

## ◆新学習指導要領の実施スケジュール◆

※特別支援学校小学部・中学部学習指導要領は，2017年4月28日告示
　同高等部学習指導要領は，2019年2月4日告示

# Chapter I ③中央教育審議会答申

**教育改革編**

「幼稚園，小学校，中学校，高等学校及び特別支援学校の学習指導要領等の改善及び必要な方策等について」

## ━ SUMMARY ━

### ① 答申の背景

　21世紀の社会は知識基盤社会であり，情報化やグローバル化といった社会的変化が，人間の予測を超えて加速度的に進展するようになってきている。とりわけ第4次産業革命ともいわれる，進化した人工知能が様々な判断を行ったり，身近な物の働きがインターネット経由で最適化されたりする時代の到来が，社会や生活を大きく変えていくとの予測がなされている。

　こうした社会の状況を踏まえて，新学習指導要領の改訂の方向性を示す答申が発表された。

### ② 答申のポイント

#### (1) 子供たちに育成すべき資質・能力の3つの柱

　答申は，これからの子供たちに育成すべき資質・能力として下記の3つの柱を示した。これに基づいて，新学習指導要領の教科等の目標や内容を整理する必要があると指摘した。

　①「何を理解しているか，何ができるか（生きて働く「知識・技能」の習得）」

　②「理解していること・できることをどう使うか（未知の状況にも対応できる「思考力・判断力・表現力等」の育成）」

　③「どのように社会・世界と関わり，よりよい人生を送るか（学びを人生や社会に生かそうとする「学びに向かう力・人間性等」の涵養）」

#### (2) 社会に開かれた教育課程の下，カリキュラム・マネジメントを実現

　よりよい学校教育を通して，よりよい社会を創るという理念を学校と社会とが共有し，各学校において必要な学習内容をどのように学び，どのような資質・能力を身に付けられるようにするのかを教育課程において明確にしながら，社会との連携及び協働によりその実現を図っていくための教育課程を「社会に開かれた教育課程」とした。

　この理念の下，児童生徒や地域の実情等を踏まえて，各学校が設定する学校教育目標を実現するために，学習指導要領等に基づき教育課程を編成し，それを実施・評価し改善していく「カリキュラム・マネジメント」を実現するとしている。

　なお，新学習指導要領の「総則」では，「カリキュラム・マネジメント」を「児童（生徒）や学校，地域の実態を適切に把握し，教育の目的や目標の実現に必要な教育の内容等を教科等横断的な視点で組み立てていくこと，教育課程の実施状況を評価してその改善を図っていくこと，教育課程の実施に

答申は，ほぼ10年に１回の割合で改訂される学習指導要領の基本理念や，具体的な改訂内容の柱などを提言。これからの子供たちに育成すべき資質・能力の３つの柱を示すとともに，社会に開かれた教育課程の下，カリキュラム・マネジメントを実践し，子供たちに「主体的・対話的で深い学び」（アクティブ・ラーニング）を実現させるため，学習指導要領の枠組みの見直しを求めた。

必要な人的又は物的な体制を確保するとともにその改善を図っていくことなどを通して，教育課程に基づき組織的かつ計画的に各学校の教育活動の質の向上を図っていくこと」と定義付けしている。

(3)　「主体的・対話的で深い学び」の実現（「アクティブ・ラーニング」の視点）

　子供たちが，学習内容を人生や社会の在り方と結び付けて深く理解し，これからの時代に求められる資質・能力を身に付け，生涯にわたって能動的に学び続けることができるよう，「主体的・対話的で深い学び」の実現に向けて，授業改善に向けた取組を活性化していくことが重要である。

　新学習指導要領が目指すのは，子供たちの学びの過程を質的に高めていくことであり，子供たちが「何ができるようになるか」を明確にしながら，「何を学ぶか」という学習内容と，「どのように学ぶか」という学びの過程を組み立てていくことが重要になる。

(4)　学習指導要領等の枠組みの見直し

　新学習指導要領については，以下の６点に沿って枠組みを考えていくことが必要であると指摘し，これが「総則」の章立ての構成に反映された。

　　① 「何ができるようになるか」（育成を目指す資質・能力）
　　② 「何を学ぶか」（教科等を学ぶ意義と，教科等間・学校段階間のつながりを踏まえた教育課程の編成）
　　③ 「どのように学ぶか」（各教科等の指導計画の作成と実施，学習・指導の改善・充実）
　　④ 「子供一人一人の発達をどのように支援するか」（子供の発達を踏まえた指導）
　　⑤ 「何が身に付いたか」（学習評価の充実）
　　⑥ 「実施するために何が必要か」（学習指導要領等の理念を実現するために必要な方策）

3　答申が与えた影響

　文部科学省は，2017年３月に幼稚園教育要領，小学校・中学校学習指導要領，同年４月に特別支援学校幼稚部教育要領，同小学部・中学部学習指導要領，2018年３月に高等学校学習指導要領，2019年２月に特別支援学校高等部学習指導要領を告示した。

●新学習指導要領は2018年度から幼稚園，2020年度から小学校，2021年度から中学校で全面実施。2022年度から高等学校で学年進行により実施

# CONTENTS

# はじめに

（略）

# 第1部　学習指導要領等改訂の基本的な方向性

## 第1章　これまでの学習指導要領等改訂の経緯と子供たちの現状

（前回改訂までの経緯）

○　学習指導要領等は，教育基本法に定められた教育の目的等の実現を図るため，学校教育法に基づき国が定める教育課程の基準であり，教育の目標や指導すべき内容等を示すものである。各学校においては，学習指導要領等に基づき，その記述のより具体的な意味などについて説明した教科等別の解説も踏まえつつ，地域の実情や子供の姿に即して教育課程が編成され，年間指導計画や授業ごと

の学習指導案等が作成され，実施されている。

○　このように，各学校が編成する教育課程や，教員の創意工夫に支えられた個々の授業を通じて，あるいは，教科書をはじめとする教材を通じて，学習指導要領等の理念は具体化され，子供たちの学びを支える役割を果たしている。

○　これまで学習指導要領等は，時代の変化や子供たちの状況，社会の要請等を踏まえ，おおよそ10年ごとに，数次にわたり改訂されてきた。例えば，我が国が工業化という共通の社会的目標に向けて，教育を含めた様々な社会システムを構想し構築していくことが求められる中で行われた昭和33年の改訂，また，高度経済成長が終焉を迎える中で個性重視のもと「新しい学力観」を打ち出した平成元年の改訂など，時代や社会の変化とともに，学習指導要領等の改訂も重ねられてきた。

○　そこでは常に，学校内外の様々な立場の関係者との幅広い対話を通じて，時代の変化や社会の要請などを踏まえながら，将来への展望を描いてきた。このような将来展望とともに，その時点での成果と課題の検証を踏まえながら，未来に向けてふさわしい学校教育の在り方を構築するという作業の積み重ねの上に，学習指導要領等は築かれてきたと言えよう。

○　改訂に向けた議論においては，教育内容や授業時数の量的な在り方も常に焦点の一つとなってきたところである。教育内容の一層の向上を図った昭和43年の改訂において，学習指導要領等の内容や授業時数は量的にピークを迎えたが，これに対し，学校教育が知識の伝達に偏りつつあるのではないかとの指摘がなされるようになった。その後の改訂では，子供たちがゆとりの中で繰り返し学習したり，自分の興味・関心等に応じた学習にじっくり取り組んだりすること等を目指した平成10年の改訂まで，教育内容の精選・厳選と授業時数の削減が図られてきた。

○　教育行政がこのような量的軽減を目指す方向性を打ち出す中，時代は21世紀となり，新しい知識・情報・技術が社会のあらゆる領域で重要性を増す，いわゆる知識基盤社会を迎えることとなった。こうした社会を生きていく子供たちには，知識を質・量両面にわたって身に付けていくことの重要性が高まる一方で，平成10年の改訂を受けた指導については，子供の自主性を尊重する余り，教員が指導を躊躇する状況があったのではないか，小・中学校における教科の授業時数が，習得・活用・探究という学びの過程を実現するには十分ではなく，学力が十分に育成されていないのではないか[*1]，といった危機感が教育関係者や保護者の間に生じた。こうした危機感を受けて，学校においては，知識の量を確保していくための様々な工夫も展開された[*2]。

---

[*1]　中央教育審議会答申「幼稚園，小学校，中学校，高等学校及び特別支援学校の学習指導要領等の改善について」（平成20年1月17日）参照。

[*2]　これまで社会や経済の量的拡大に支えられてきた我が国が，質的な豊かさに支えられる成熟社会に向かう中で，20代の若い世代の多くも，新しい時代にふさわしい価値観を持って，地域や社会を支え活躍している。現在の20代の若者たちについては，他の世代に比べ，働くことを社会貢献につなげて考える割合が高いとの調査結果がある。また，情報機器等を活用してつ

○ 平成15年の学習指導要領一部改正において，その基準性を明確にし，学習指導要領に示されていない内容も加えて指導することができることを明確にしたのも，子供たちの現状と未来を考え，知識を含め必要な力をバランス良く育もうとする，教職員の努力を後押しするものであった。こうした各学校の地道な工夫や努力が，平成20年の改訂に向けた基盤となっていった。

○ 平成20年に行われた前回の改訂は，教育基本法の改正により明確になった教育の目的や目標を踏まえ，知識基盤社会でますます重要になる子供たちの「生きる力」をバランス良く育んでいく観点から見直しが行われた。

○ 特に学力については，「ゆとり」か「詰め込み」かの二項対立を乗り越え，いわゆる**学力の三要素**，すなわち学校教育法第30条第２項[*3]に示された「**基礎的な知識及び技能**」，「**これらを活用して課題を解決するために必要な思考力，判断力，表現力その他の能力**」及び「**主体的に学習に取り組む態度**」から構成される「確かな学力」のバランスのとれた育成が重視されることとなった。教育目標や内容が見直されるとともに，習得・活用・探究という学びの過程の中で，記録，要約，説明，論述，話合いといった言語活動や，他者，社会，自然・環境と直接的に関わる体験活動等を重視することとされたところであり，そのために必要な授業時数も確保されることとなった。

○ また，幼児教育についても，教育基本法の改正によりその基本的な考え方が明確にされ，義務教育及びその後の教育の基礎を培うものとして，学校教育の一翼を担ってきており，子供の主体性を大事にしつつ，一人一人に向き合い，総合的な指導が行われてきている。

（子供たちの現状と課題）

○ 学習指導要領等は，こうした経緯で改善・充実が図られてきた。改訂に当たって議論の出発点となるのは，子供たちの現状や課題についての分析と，これから子供たちが活躍する将来についての見通しである。

○ 子供たちの具体的な姿からは，どのような現状を読み取ることができるだろうか。学力については，国内外の学力調査の結果によれば近年改善傾向にあり，国際教育到達度評価学会（IEA）が平成27年に実施した国際数学・理科教育動向調査（TIMSS2015）においては，小学校，中学校ともに全ての教科において引き続き上位を維持しており，平均得点は有意に上昇している。また，経済協力開発機構（OECD）が平成27年に実施した生徒の学習到達度調査（PISA2015）においても，科学的リテラシー，読解力，数学的リテラシーの各

---

ながりを生み出すことが得意な世代であるとの指摘もある。一部には，「ゆとり世代」などと一くくりに論じられることもあるが，これらの世代の活躍は，社会や経済の構造が急速に変化する中で，自らの生き方在り方を考え抜いてきた若者一人一人の努力と，学習内容の削減が行われた平成10年改訂の実施に当たっても，身に付けるべき知識の質・量両面にわたる重要性を深く認識しながら，確かな学力のバランスのとれた育成に全力を傾注してきた多くの教育関係者や保護者などの努力の成果であると言えよう。

*3　中学校は第49条，高等学校は第62条，中等教育学校は第70条の規定によりそれぞれ準用されている。

分野において，国際的に見ると引き続き平均得点が高い上位グループに位置しており，調査の中心分野であった科学的リテラシーの能力[*4]について，平均得点は各能力ともに国際的に上位となっている。子供たちの学習時間については，増加傾向にあるとの調査結果もある[*5]。

○　また，「人の役に立ちたい」と考える子供の割合は増加傾向[*6]にあり，また，選挙権年齢が引き下げられてから初の選挙となった第24回参議院議員通常選挙における18歳の投票率は若年層の中では高い割合となり，選挙を通じて社会づくりに関わっていくことへの関心の高さをうかがわせた。こうした調査結果からは，学習への取組や人とのつながり，地域・社会との関わりを意識し，関わっていこうとする子供たちの姿が浮かび上がってくる。

○　内閣府の調査によれば，子供たちの9割以上が学校生活を楽しいと感じ，保護者の8割は総合的に見て学校に満足している。こうした現状は，各学校において，学習指導要領等に基づく真摯な取組が重ねられてきたことの成果であると考えられる。

○　一方で，我が国の子供たちはどのような課題を抱えているのであろうか。学力に関する調査においては，判断の根拠や理由を明確に示しながら自分の考えを述べたり，実験結果を分析して解釈・考察し説明したりすることなどについて課題が指摘されている。また，学ぶことの楽しさや意義が実感できているかどうか，自分の判断や行動がよりよい社会づくりにつながるという意識を持っているかどうかという点では，肯定的な回答が国際的に見て相対的に低いことなども指摘されている。

○　こうした調査結果からは，学ぶことと自分の人生や社会とのつながりを実感しながら，自らの能力を引き出し，学習したことを活用して，生活や社会の中で出会う課題の解決に主体的に生かしていくという面から見た学力には，課題があることが分かる。

○　また，スマートフォンなどの普及に伴い，情報通信技術（ICT）を利用する時間は増加傾向にある。情報化が進展し身近に様々な情報が氾濫し，あらゆる分野の多様な情報に触れることがますます容易になる一方で，視覚的な情報と言葉との結びつきが希薄になり，知覚した情報の意味を吟味したり，文章の構造や内容を的確に捉えたりしながら読み解くことが少なくなっているのではないかとの指摘もある。

○　PISA2015では，読解力について，国際的には引き続き平均得点が高い上位グループに位置しているものの，前回調査と比較して平均得点が有意に低下し

*4　現象を科学的に説明する能力，科学的探究を評価して計画する能力，データと証拠を科学的に解釈する能力の三つに分類されている。

*5　ベネッセ教育総合研究所「第5回学習基本調査」報告書［2015］による。

*6　内閣府が実施した「平成25年小学生・中学生の意識調査」によれば，「人の役に立つ人間になりたい」という項目について，「そう思う」が75.6％，「どちらかというとそう思う」が21.9％となっている。平成18年の前回調査に比べて増加傾向にあり，特に「そう思う」の割合は約20ポイント増加している。

ているという分析がなされている。この結果の背景には，調査の方式がコンピュータを用いたテスト（CBT）に全面移行する中で，子供たちが，紙ではないコンピュータ上の複数の画面から情報を取り出し，考察しながら解答することに慣れておらず，戸惑いがあったものと考えられること，また，情報化の進展に伴い，特に子供にとって言葉を取り巻く環境が変化する中で，一定量の文章に接する機会が変化してきていることなどがあると考えられ，そうした中で，読解力に関して指摘されてきた前述のような諸課題が，より具体的な分析結果として浮かび上がってきたものと見ることができる。子供たちが将来どのような場面に直面したとしても発揮できるような，確かな読解力[*7]を育んでいくことがますます重要となっている。

○　子供たちの読書活動についても，量的には改善傾向にあるものの，受け身の読書体験にとどまっており，著者の考えや情報を読み解きながら自分の考えを形成していくという，能動的な読書[*8]になっていないとの指摘もある。教科書の文章を読み解けていないとの調査結果[*9]もあるところであり，文章で表された情報を的確に理解し，自分の考えの形成に生かしていけるようにすることは喫緊の課題である。特に，小学校低学年における学力差はその後の学力差に大きく影響すると言われる中で，語彙の量と質の違いが学力差に大きく影響しているとの指摘もあり，言語能力の育成は前回改訂に引き続き課題となっている。

○　子供たちが活躍する将来を見据え，一人一人が感性を豊かにして，人生や社会の在り方を創造的に考えることができるよう，豊かな心や人間性を育んでいく観点からは，子供が自然の中で豊かな体験をしたり，文化芸術を体験して感性を高めたりする機会が限られているとの指摘もある。子供を取り巻く地域や家庭の環境，情報環境等が劇的に変化する中でも，子供たちが様々な体験活動を通じて，生命の有限性や自然の大切さ，自分の価値を認識しつつ他者と協働することの重要性などを，実感しながら理解できるようにすることは極めて重要であり，そのために，学級等を単位とした集団の中で体系的・継続的な活動を行うことのできる学校の場を生かして，地域・家庭と連携・協働しつつ，体験活動の機会を確保していくことが課題となっている。

○　平成27年３月に行われた道徳教育に関する学習指導要領一部改正に当たって[*10]は，多様な人々と互いを尊重し合いながら協働し，社会を形作っていく上で共通に求められるルールやマナーを学び，規範意識などを育むとともに，人としてよりよく生きる上で大切なものとは何か，自分はどのように生きるべき

---

*7　PISA2015における読解力の定義は，「自らの目標を達成し，自らの知識と可能性を発達させ，社会に参加するために，書かれたテキストを理解し，利用し，熟考し，これに取り組むこと」であり，書いてあることを受け身で捉えるだけではなく，見つけ出した情報を多面的・多角的に吟味し見定めていくことや，情報と自分の知識等を結び付けたりして考えをまとめていくことなどが求められている。

*8　趣味のための読書にとどまらず，情報を主体的に読み解き，考えの形成に生かしていく読書（インタラクティブ・リーディング）の重要性が指摘されているところである。

*9　中学生・高校生を対象とした国立情報学研究所の調査による。

*10　中央教育審議会答申「道徳に係る教育課程の改善等について」（平成26年10月21日）参照。

かなどについて考えを深め，自らの生き方を育んでいくことなどの重要性が指摘されている。

○　体力については，運動する子供とそうでない子供の二極化傾向が見られること，スポーツに関する科学的知見を踏まえて，「する」のみならず，「みる，支える，知る」といった多様な視点からスポーツとの関わりを考えることができるようにすることなどが課題となっている。

○　子供の健康に関しては，性や薬物等に関する情報の入手が容易になるなど，子供たちを取り巻く環境が大きく変化している。また，食を取り巻く社会環境の変化により，栄養摂取の偏りや朝食欠食といった食習慣の乱れ等に起因する肥満や生活習慣病，食物アレルギー等の健康課題が見られる。さらに，東日本大震災や平成28年（2016年）熊本地震をはじめとする様々な自然災害の発生や，情報化やグローバル化等の社会の変化に伴い，子供を取り巻く安全に関する環境も変化している。こうした課題を乗り越えるためには，必要な情報を自ら収集し，適切な意思決定や行動選択を行うことができる力を子供たち一人一人に育むことが課題となっている。

**（子供たち一人一人の成長を支え可能性を伸ばす視点の重要性）**

○　こうした全般的な傾向に加えて，子供の発達や学習を取り巻く個別の教育的ニーズを把握し，一人一人の可能性を伸ばしていくことも課題となっている。

○　子供の貧困が課題となる中[*11]，家庭の経済事情が，進学率や学力，子供の体験の豊かさなどに大きな影響を及ぼしていると指摘されている。学校教育が個々の家庭の経済事情を乗り越えて，子供たちに必要な力を育んでいくために有効な取組を展開していくこと，個に応じた指導や学び直しの充実等を通じ，一人一人の学習課題に応じて，初等中等教育を通じて育むべき力を確実に身に付けられるようにしていくことが期待されている。

○　また，特別支援教育の対象となる子供たちは増加傾向にあり，通常の学級において，知的発達に遅れはないものの学習面又は行動面での著しい困難を示す児童生徒が6.5％程度在籍しているという調査結果[*12]もある。全ての学校や学級に，発達障害を含めた障害のある子供たちが在籍する可能性があることを前提に，子供たち一人一人の障害の状況や発達の段階に応じて，その力を伸ばしていくことが課題となっている。

○　近年では，外国籍の子供や，両親のいずれかが外国籍であるなどの，外国につながる子供たちも増加傾向にあり，その母語や日本語の能力も多様化している状況にある[*13]。こうした子供たちが，一人一人の日本語の能力に応じた支援

---

*11　平成25年国民生活基礎調査（厚生労働省）によれば，平成24年の子供の貧困率は16.3％。貧困率（相対的貧困率）とは，国民の所得の世帯収入から子供を含む国民一人一人の所得を仮に計算し，順番に並べたとき，真ん中の人の額（中央値）の半分（貧困線）に満たない人の割合。子供の貧困率は，18歳未満でこの貧困線に届かない人の割合を指す。

*12　文部科学省が実施した「通常の学級に在籍する発達障害の可能性のある特別な教育的支援を必要とする児童生徒に関する調査結果について」（平成24年12月5日）参照。

*13　公立学校に在籍する外国人児童生徒は37,095人であり，その約4割が日本語指導を必要と

を受け，学習や生活の基盤を作っていけるようにすることも大きな課題である。

○　また，教育を受ける機会を均等に確保していくという観点からは，不登校児童生徒数が依然として高水準で推移*14していることや，義務教育未修了の学齢超過者等の就学機会が限られていることなどの課題があるところである。

○　加えて，子供たちが自分の**キャリア形成**[*15]の見通しの中で，個性や能力を生かして学びを深め将来の活躍につなげることができるよう，学校教育で学んだことをきっかけとして，興味や関心に応じた多様な学習機会につなげていけるようにすることも期待されているところである。

## 第2章　2030年の社会と子供たちの未来

### （予測困難な時代に，一人一人が未来の創り手となる）

○　こうした現状分析を踏まえ，子供たちがその長所を伸ばしつつ課題を乗り越えていけるようにすることが重要であるが，教育課程の在り方を検討するに当たっては，加えて，子供たちが現在と未来に向けて，自らの人生をどのように拓いていくことが求められているのか，また，新しい時代を生きる子供たちに，学校教育は何を準備しなければならないのかという，これから子供たちが活躍することとなる将来についての見通しが必要となる。

○　新しい学習指導要領等は，過去のスケジュールを踏まえて実施されれば，例えば小学校では，東京オリンピック・パラリンピック競技大会が開催される2020年から，その10年後の2030年頃までの間，子供たちの学びを支える重要な役割を担うことになる。学校教育の将来像を描くに当たって一つの目標となる，この2030年頃の社会の在り方を見据えながら，その先も見通した姿を考えていくことが重要となる。

○　前回改訂の答申で示されたように，21世紀の社会は知識基盤社会であり，新しい知識・情報・技術が，社会のあらゆる領域での活動の基盤として飛躍的に重要性を増していく。こうした社会認識は今後も継承されていくものであるが，近年顕著となってきているのは，知識・情報・技術をめぐる変化の早さが加速

---

している。また，日本語指導が必要な日本国籍の児童生徒も近年急増している。日本語指導が必要な児童生徒が在籍する学校は，全体の2割となっており，自治体の割合としては約5割に達している。

*14　不登校児童生徒の支援については，児童生徒一人一人の社会的自立に向け，個々の多様な課題に対応した切れ目のない支援を目指した取組が関係者においてなされてきたところであるが，「児童生徒の問題行動等生徒指導上の諸問題に関する調査」によれば，我が国の小・中学校の不登校児童生徒数は平成25年度から3年連続で増加し，不登校児童生徒数が高水準で推移している。具体的には，国・公・私立の小・中学校で平成27年度に不登校を理由として30日以上欠席した児童生徒数は，小学生は27,581人，中学生は98,428人の合計126,009人となっている。

*15　中央教育審議会答申「今後の学校におけるキャリア教育・職業教育の在り方について」（平成23年1月31日）では，「人が，生涯の中で様々な役割を果たす過程で，自らの役割の価値や自分と役割との関係を見いだしていく連なりや積み重ね」を**キャリア**の意味としている。

度的となり，情報化やグローバル化といった社会的変化が，人間の予測を超えて進展するようになってきていることである。

○　とりわけ最近では，第４次産業革命ともいわれる，進化した人工知能が様々な判断を行ったり，身近な物の働きがインターネット経由で最適化されたりする時代の到来が，社会や生活を大きく変えていくとの予測がなされている。"人工知能の急速な進化が，人間の職業を奪うのではないか" "今学校で教えていることは時代が変化したら通用しなくなるのではないか" といった不安の声もあり，それを裏付けるような未来予測も多く発表されている[16]。

○　また，情報技術の飛躍的な進化等を背景として，経済や文化など社会のあらゆる分野でのつながりが国境や地域を越えて活性化し，多様な人々や地域同士のつながりはますます緊密さを増してきている。こうしたグローバル化が進展する社会の中では，多様な主体が速いスピードで相互に影響し合い，一つの出来事が広範囲かつ複雑に伝播し，先を見通すことがますます難しくなってきている。

○　このように，社会の変化は加速度を増し，複雑で予測困難となってきており，しかもそうした変化が，どのような職業や人生を選択するかにかかわらず，全ての子供たちの生き方に影響するものとなっている。社会の変化にいかに対処していくかという受け身の観点に立つのであれば，難しい時代になると考えられるかもしれない。

○　しかし，このような時代だからこそ，子供たちは，変化を前向きに受け止め[17]，私たちの社会や人生，生活を，人間ならではの感性を働かせてより豊かなものにしたり，現在では思いもつかない新しい未来の姿を構想し実現したりしていくことができる[18]。

○　人工知能がいかに進化しようとも，それが行っているのは与えられた目的の中での処理である。一方で人間は，感性を豊かに働かせながら，どのような未来を創っていくのか，どのように社会や人生をよりよいものにしていくのかという目的を自ら考え出すことができる。多様な文脈が複雑に入り交じった環境の中でも，場面や状況を理解して自ら目的を設定し，その目的に応じて必要な情報を見いだし，情報を基に深く理解して自分の考えをまとめたり，相手にふさわしい表現を工夫したり，答えのない課題に対して，多様な他者と協働しな

*16　子供たちの65％は将来，今は存在していない職業に就く（キャシー・デビッドソン氏（ニューヨーク市立大学大学院センター教授））との予測や，今後10年～20年程度で，半数近くの仕事が自動化される可能性が高い（マイケル・オズボーン氏（オックスフォード大学准教授））などの予測がある。また，2045年には人工知能が人類を越える「シンギュラリティ」に到達するという指摘もある。

*17　アラン・ケイ氏（カリフォルニア大学ロサンゼルス校准教授）は，「未来を予測する最善の方法は，それを発明することだ」と述べている。

*18　例えば，新たな技術は，様々な課題に新たな解決策を見いだし，新たな価値を創造していく人間の活動を活性化することにつながる。また，グローバル化は，様々な考え方が交錯し互いに影響を与え合う機会を生み出し，そうした多様性の中で新たなアイディアが生まれ，既存の枠を越えた知の統合がなされ，新しい価値が創造されていく重要な背景になっている。

がら目的に応じた納得解を見いだしたりすることができるという強みを持っている。

○　このために必要な力を成長の中で育んでいるのが，人間の学習である。解き方があらかじめ定まった問題を効率的に解いたり，定められた手続を効率的にこなしたりすることにとどまらず，直面する様々な変化を柔軟に受け止め，感性を豊かに働かせながら，どのような未来を創っていくのか，どのように社会や人生をよりよいものにしていくのかを考え，主体的に学び続けて自ら能力を引き出し，自分なりに試行錯誤したり，多様な他者と協働したりして，新たな価値[19]を生み出していくために必要な力を身に付け，子供たち一人一人が，予測できない変化に受け身で対処するのではなく，主体的に向き合って関わり合い，その過程を通して，自らの可能性を発揮し，よりよい社会と幸福な人生の創り手となっていけるようにすることが重要である。

**（「生きる力」の育成と，学校教育及び教育課程への期待）**

○　こうした力は，これまでの学校教育で育まれてきたものとは異なる全く新しい力ということではない。学校教育が長年その育成を目指してきた，変化の激しい社会を生きるために必要な力である**「生きる力」**[20]や，その中でこれまでも重視されてきた知・徳・体の育成ということの意義を，加速度的に変化する社会の文脈の中で改めて捉え直し，しっかりと発揮できるようにしていくことであると考えられる。時代の変化という**「流行」**の中で未来を切り拓いていくための力の基盤は，学校教育における**「不易」**たるものの中で育まれると言えよう。

○　学校教育が目指す子供たちの姿と，社会が求める人材像の関係については，長年議論が続けられてきた。社会や産業の構造が変化し，質的な豊かさが成長を支える成熟社会に移行していく中で，特定の既存組織のこれまでの在り方を前提としてどのように生きるかだけではなく，様々な情報や出来事を受け止め，主体的に判断しながら，自分を社会の中でどのように位置付け，社会をどう描くかを考え，他者と一緒に生き，課題を解決していくための力の育成が社会的な要請となっている。

○　こうした力の育成は，学校教育が長年**「生きる力」**の育成として目標としてきたものであり，学校教育がその強みを発揮し，一人一人の可能性を引き出して豊かな人生を実現し，個々のキャリア形成を促し，社会の活力につなげていくことが，社会からも強く求められているのである。

○　今は正に，学校と社会とが認識を共有し，相互に連携することができる好機

*19　ここで言う新たな価値とは，グローバルな規模でのイノベーションのような大規模なものに限られるものではなく，地域課題や身近な生活上の課題を自分なりに解決し，自他の人生や生活を豊かなものとしていくという様々な工夫なども含むものである。

*20　**「生きる力」**とは，「変化が激しく，新しい未知の課題に試行錯誤しながらも対応することが求められる複雑で難しい次代を担う子供たちにとって，将来の職業や生活を見通して，社会において自立的に生きるために必要とされる力」である（中央教育審議会答申「幼稚園，小学校，中学校，高等学校及び特別支援学校の学習指導要領等の改善について」（平成20年1月17日）参照）。

にあると言える。教育界には，変化が激しく将来の予測が困難な時代にあってこそ，子供たちが自信を持って自分の人生を切り拓き，よりよい社会を創り出していくことができるよう，必要な力を確実に育んでいくことが期待されている。

○　そのためには，前章において指摘された課題を乗り越え，子供たちに未来を創り出す力を育んでいくことができるよう，学校教育の改善，とりわけその中核となる教育課程の改善を図っていかなければならない。

**（我が国の子供たちの学びを支え，世界の子供たちの学びを後押しする）**

○　本答申の姿勢は，このように，子供たちの現状と未来を見据えた視野からの教育課程の改善を目指すものである。こうした改革の方向性は国際的な注目も集めているところであり，例えば，OECDとの間で実施された政策対話[21]の中では，学力向上を着実に図りつつ，新しい時代に求められる力の育成という次の段階に進もうとしている日本の改革が高く評価されるとともに，その政策対話等の成果を基に，2030年の教育の在り方を国際的に議論していくための新しいプロジェクトが立ち上げられた。こうした枠組みの中でも，また，平成28年5月に開催されたG7倉敷教育大臣会合などにおいても，我が国のカリキュラム改革は，もはや諸外国へのキャッチアップではなく，世界をリードする役割を期待されている。

○　特に，自然環境や資源の有限性等を理解し，持続可能な社会づくりを実現していくことは，我が国や各地域が直面する課題であるとともに，地球規模の課題でもある。子供たち一人一人が，地域の将来などを自らの課題として捉え，そうした課題の解決に向けて自分たちができることを考え，多様な人々と協働し実践できるよう，我が国は，**持続可能な開発のための教育（ESD）に関するユネスコ世界会議**[22]のホスト国としても，先進的な役割を果たすことが求められる[23]。

○　また，2020年に開催される東京オリンピック・パラリンピック競技大会の開催を，スポーツへの関心を高めることはもちろん，多様な国や地域の文化の理解を通じて，多様性の尊重や国際平和に寄与する態度や，多様な人々が共に生きる社会の実現に不可欠な他者への共感や思いやりを子供たちに培っていくことの契機ともしていかなくてはならない。

○　教育の将来像を描くに当たって一つの目標となる，2030年の社会の在り方を見据えながら，その先も見通した初等中等教育の在り方を示し，我が国の子供たちの学びを支えるとともに，世界の子供たちの学びを後押しするものとすることが，今回の改訂には期待されている。

---

*21　これまでに，平成27年3月3日（パリで開催）と6月29日（東京で開催）の2回実施。

*22　平成26年11月に愛知県名古屋市及び岡山県岡山市で開催。

*23　こうした国際的な視野を持つ人間の育成は，国際バカロレアが目指す学習者像にもつながるものである。

# 第3章 「生きる力」の理念の具体化と教育課程の課題

## 1．学校教育を通じて育てたい姿と「生きる力」の理念の具体化

○　子供たちにどのような力を育むものかを議論するに当たって，まず踏まえるべきは，教育基本法をはじめとした教育法令が定める教育の目的や目標である。特に，教育基本法に定める教育の目的を踏まえれば，学校教育においては，個人一人一人の**「人格の完成」**と，**「平和で民主的な国家及び社会の形成者として必要な資質」**を備えた心身ともに健康な国民の育成に向けて，子供たちの資質・能力を育むことが求められる。

○　また，同じく教育基本法第2条は，教育の目的を実現するため，知・徳・体の調和のとれた発達を基本としつつ，個人の自立，他者や社会との関係，自然や環境との関係，我が国の伝統や文化を基盤として国際社会を生きる日本人という観点から，具体的な教育目標[*24]を定めているところである。

○　こうした教育基本法が目指す教育の目的や目標に基づき，先に見た子供たちの現状や課題を踏まえつつ，2030年とその先の社会の在り方を見据えながら，学校教育を通じて子供たちに育てたい姿を描くとすれば，以下のような在り方が考えられる。

- 社会的・職業的に自立した人間として，我が国や郷土が育んできた伝統や文化に立脚した広い視野を持ち，理想を実現しようとする高い志や意欲を持って，主体的に学びに向かい，必要な情報を判断し，自ら知識を深めて個性や能力を伸ばし，人生を切り拓いていくことができること。
- 対話や議論を通じて，自分の考えを根拠とともに伝えるとともに，他者の考えを理解し，自分の考えを広げ深めたり，集団としての考えを発展させたり，他者への思いやりを持って多様な人々と協働したりしていくことができること。
- 変化の激しい社会の中でも，感性を豊かに働かせながら，よりよい人生や社会の在り方を考え，試行錯誤しながら問題を発見・解決し，新たな価値を創造していくとともに，新たな問題の発見・解決につなげていくことができること。

○　こうした姿は，前章において述べたとおり，変化の激しい社会を生きるために必要な力である**「生きる力」**[*25]を，現在とこれからの社会の文脈の中で改め

---

*24　教育基本法第2条が掲げる教育の目標は，以下のとおりである。
　一　幅広い知識と教養を身に付け，真理を求める態度を養い，豊かな情操と道徳心を培うとともに，健やかな身体を養うこと。
　二　個人の価値を尊重して，その能力を伸ばし，創造性を培い，自主及び自律の精神を養うとともに，職業及び生活との関連を重視し，勤労を重んずる態度を養うこと。
　三　正義と責任，男女の平等，自他の敬愛と協力を重んずるとともに，公共の精神に基づき，主体的に社会の形成に参画し，その発展に寄与する態度を養うこと。
　四　生命を尊び，自然を大切にし，環境の保全に寄与する態度を養うこと。
　五　伝統と文化を尊重し，それらをはぐくんできた我が国と郷土を愛するとともに，他国を尊重し，国際社会の平和と発展に寄与する態度を養うこと。

153

て捉え直し，しっかりと発揮できるようにすることで実現できるものであると考えられる。言い換えれば，これからの学校教育においては，「生きる力」の現代的な意義を踏まえてより具体化し，教育課程を通じて確実に育むことが求められている。

## 2．「生きる力」の育成に向けた教育課程の課題

⑴　教科等を学ぶ意義の明確化と，教科等横断的な教育課程の検討・改善に向けた課題

○　「生きる力」の実現という観点からは，前回改訂において重視された**学力の三要素**のバランスのとれた育成や，各教科等を貫く改善の視点であった言語活動や体験活動の重視等については，学力が全体として改善傾向にあるという成果を受け継ぎ，引き続き充実を図ることが重要であると考える。

○　一方で，第1章において述べたとおり，子供たちの学力に関する今後の課題として，学ぶことと自分の人生や社会とのつながりを実感しながら，自らの能力を引き出し，学習したことを活用して，生活や社会の中で出会う課題の解決に主体的に生かしていけるように学校教育を改善すべきことが挙げられている。また，言語活動の充実は，思考力・判断力・表現力等の育成に大きな効果を上げてきた一方で，子供たちが情報を的確に理解し，自分の考えの形成に生かしていけるようにすることには依然として課題が指摘されている。言語活動を通じて，どのような力を育み伸ばすのかを，より明確にして実践していくことの必要性が浮かび上がっている。

○　学力に関するこうした課題に加えて，豊かな心や人間性，健やかな体の育成に関する子供たちの現状や課題に的確に対応していくためには，知・徳・体のバランスのとれた力である**「生きる力」**という理念をより具体化し，それがどのような資質・能力を育むことを目指しているのかを明確にしていくことが重要である。さらに，それらの資質・能力と各学校の教育課程や，各教科等の授業等とのつながりが分かりやすくなるよう，学習指導要領等の示し方を工夫することが求められる。

○　特に近年では，大量退職・大量採用の影響などにより，地域や学校によっては，30代，40代の教員の数が極端に少なく，学校内における年齢構成の不均衡[*26]が生じており，初任者等の若手教員への指導技術の伝承が難しくなっているとの指摘もある。こうした中，**「生きる力」**の理念の具体化や，資質・能力と教育課程とのつながりの明確化を図ることにより，学習指導要領等が，個々の教室における具体的な指導がどのような力を育成するものであるかをより深

---

*25　**「生きる力」**については，過去の中央教育審議会答申において，変化の激しいこれからの社会を生きていくために必要な資質・能力の総称であると位置付けられている（平成8年7月答申参照）。

*26　中央教育審議会が平成27年12月に取りまとめた「これからの学校教育を担う教員の資質能力の向上について」において指摘されているように，大量退職・大量採用の影響などにより，地域や学校によっては，30代，40代の教員の数が極端に少なくなっている。

く認識し，創意工夫を凝らして授業や指導を改善するための重要な手立てとなることが期待される。

○　議論の上で参考としたのは，国内外における，教育学だけではなく，人間の発達や認知に関する科学なども含めた幅広い学術研究の成果や教育実践などを踏まえた資質・能力についての議論の蓄積である。前回改訂の検討過程においても，育成を目指す資質・能力を踏まえ教育課程を分かりやすく整理することの重要性は認識されていたが，当時はまだ資質・能力[*27]の育成と子供の発達，教育課程との関係等に関する議論の蓄積[*28]が乏しかった。

○　そのため，現行の学習指導要領では，言語活動の充実を各教科等を貫く改善の視点として掲げるにとどまっている。言語活動の導入により，思考力等の育成に一定の成果は得られつつあるものの，教育課程全体としてはなお，各教科等において「教員が何を教えるか」という観点を中心に組み立てられており，それぞれ教えるべき内容に関する記述を中心に，教科等の枠組みごとに知識や技能の内容に沿って順序立てて整理したものとなっている[*29]。そのため，一つ一つの学びが何のためか，どのような力を育むものかは明確ではない。

○　このことが，各教科等の縦割りを超えた指導改善の工夫が妨げられているのではないか，指導の目的が「何を知っているか」にとどまりがちであり，知っ

---

*27　「資質」「能力」という言葉については，例えば，教育基本法第５条第２項において，義務教育の目的として「各個人の有する能力を伸ばしつつ社会において自立的に生きる基礎を培い，また，国家及び社会の形成者として必要とされる基本的な資質を養うこと」とされている。ここで「資質」については，「教育は，先天的な資質を更に向上させることと，一定の資質を後天的に身に付けさせるという両方の観点をもつものである」とされている（田中壮一郎監修「逐条解説改正教育基本法」(2007年)参照）。

　　なお，現行学習指導要領では，例えば総合的な学習の時間の目標として，「自ら課題を見付け，自ら学び，自ら考え，主体的に判断し，よりよく問題を解決する資質や能力を育成する」こととされている。こうしたことも踏まえ，本答申では，資質と能力を分けて定義せず，「資質・能力」として一体的に捉えた用語として用いることとしている。

*28　資質・能力の在り方については，OECD におけるキーコンピテンシーの議論や，問題発見・解決能力，21世紀型スキルなど，これまでも多くの提言が国内外でなされてきた。これらは全て，社会において自立的に生きるために必要とされる力とは何かを具体的に特定し，学校教育の成果をそうした力の育成につなげていこうとする試みである。文部科学省においても「育成すべき資質・能力を踏まえた教育目標・内容と評価の在り方に関する検討会」を設置して検討を重ね，その成果は平成26年３月に論点整理としてとりまとめられた。そこでは，教育の目標や内容の在り方について，①問題解決能力や論理的思考力，メタ認知など，教科等を横断して育成されるもの，②各教科等で育成されるもの（教科等ならではの見方・考え方など教科等の本質に関わるものや，教科等固有の個別の知識やスキルに関するもの）といった視点で，相互に関連付けながら位置付けなおしたり明確にしたりすることが提言された。

*29　例えば，高等学校の世界史Ａの内容においては「産業革命と資本主義の確立，フランス革命とアメリカ諸国の独立，自由主義と国民主義の進展を扱い，ヨーロッパ・アメリカにおける工業化と国民形成を理解させる。」といった，歴史的事象の知識・理解に関する項目が立てられている。科目全体として歴史的思考力を育むことが目指されていながら，このように歴史的事象に関する知識の習得のみを目指すものとも受けとめられる項目も見受けられ，歴史の推移や変化を理解して現代的な諸課題の解決に生かせるようにしようという教育のねらいを踏まえた指導の改善や教材の開発が進みにくい要因の一つとなっているのではないかとの指摘もある。

155

ていることを活用して**「何ができるようになるか」**にまで発展していないのではないかとの指摘の背景になっていると考えられる。

○　教育課程において，各教科等において何を教えるかという内容は重要ではあるが，前述のとおり，これまで以上に，その内容を学ぶことを通じて**「何ができるようになるか」**を意識した指導が求められている。特に，これからの時代に求められる資質・能力については，第5章において述べるように，情報活用能力や問題発見・解決能力，様々な現代的な諸課題に対応して求められる資質・能力など，特定の教科等だけではなく，全ての教科等のつながりの中で育まれるものも多く指摘されている[*30][*31]。

○　重要となるのは，"この教科を学ぶことで何が身に付くのか"という，各教科等を学ぶ本質的な意義を明らかにしていくことに加えて，学びを教科等の縦割りにとどめるのではなく，教科等を越えた視点で教育課程を見渡して相互の連携を図り，教育課程全体としての効果が発揮できているかどうか，教科等間の関係性を深めることでより効果を発揮できる場面はどこか，といった検討・改善を各学校が行うことであり，これらの各学校における検討・改善を支える観点から学習指導要領等の在り方を工夫することである。

○　新しい学習指導要領等には，各学校がこうした教育課程の検討・改善や，創意工夫にあふれた指導の充実を図ることができるよう，**「生きる力」**とは何かを資質・能力として具体化し，教育目標や教育内容として明示したり，教科等間のつながりがわかりやすくなるよう示し方を工夫したりしていくことが求められる。

⑵　社会とのつながりや，各学校の特色づくりに向けた課題

○　現在，保護者や地域住民が学校運営に参画するコミュニティ・スクール（学校運営協議会制度）や，幅広い地域住民等の参画により地域全体で未来を担う子供たちの成長を支え地域を創生する地域学校協働活動等の推進により，学校と地域の連携・協働が進められてきている[*32]。こうした進展は，学校の設置者

---

*30　**持続可能な開発のための教育（ESD）**が目指すもの，教科等を越えた教育課程全体の取組を通じて，子供たち一人一人が，自然環境や地域の将来などを自らの課題として捉え，そうした課題の解決に向けて自分ができることを考え実践できるようにしていくことである。

*31　主権者として求められる力の育成に当たっても，小・中学校の社会科や高等学校の公民科における政治や選挙の仕組みを具体的に学ぶ学習のみならず，それぞれの学校段階での各教科等にわたる主権者教育を通じて，国家及び社会の形成者として主体的に参画しようとする資質・能力を，重要な役割を果たすことが求められる家庭や地域社会との連携のなかで育むことが必要である。

　　文部科学省においては「主権者教育の推進に関する検討チーム」が設置され，平成28年6月には「最終まとめ～主権者として求められる力を育むために～」がまとめられた。そこにおいては，主権者教育の目的を，単に政治の仕組みについて必要な知識を習得させるのみならず，主権者として社会の中で自立し，他者と連携・協働しながら，社会を生き抜く力や地域の課題解決を社会の構成員の一人として主体的に担う力を発達段階に応じて，身に付けさせるものとされている。

*32　コミュニティ・スクールについては，平成28年現在，全国2,806校（全国9道県を含む294

や管理職，地域社会の強いリーダーシップによるものであるが，今後，これらの取組を更に広げていくためには，学校教育を通じてどのような資質・能力を育むことを目指すのか，学校で育まれる資質・能力が社会とどのようにつながっているのかについて，地域と学校が認識を共有することが求められる。

○ また，学校教育に「外の風」，すなわち，変化する社会の動きを取り込み，世の中と結び付いた授業等を通じて，子供たちがこれからの人生を前向きに考えていけるようにすることや，発達の段階に応じて積み重ねていく学びの中で，地域や社会と関わり，様々な職業に出会い，社会的・職業的自立に向けた学びを積み重ねていくことが，これからの学びの鍵となる。

○ 教育課程は，学校教育において最も重要な役割を担うものでありながら，各学校における日々の授業や指導の繰り返しの中で，その存在や意義が余りにも当然のこととなり，改めて振り返られることはそれほど多くはない。

○ 今後，子供たちに求められる資質・能力を明確にして地域と共有したり，学校経営の見直しを図り学校の特色を作り上げたりするためには，教育課程の編成主体である各学校が，学校教育の軸となる教育課程の意義や役割を再認識し，地域の実情や子供たちの姿を踏まえながら，どのような資質・能力を育むことを目指し，そのためにどのような授業を行っていくのか，その実現に向けて，人材や予算，時間，情報，施設や設備，教育内容といった学校の資源をどう再配分していくのかを考え効果的に組み立てていくことが重要になる。そのためには，教育課程の基準である学習指導要領等が，学校教育の意義や役割を社会と広く共有したり，学校経営の改善に必要な視点を提供したりするものとして見直されていく必要がある。

### (3) 子供たち一人一人の豊かな学びの実現に向けた課題

○ 学校は，今を生きる子供たちにとって，未来の社会に向けた準備段階としての場であると同時に，現実の社会との関わりの中で，毎日の生活を築き上げていく場でもある。学校そのものが，子供たちや教職員，保護者，地域の人々などから構成される一つの社会でもあり，子供たちは，こうした学校も含めた社会の中で，生まれ育った環境に関わらず，また，障害の有無に関わらず，様々な人と関わりながら学び，その学びを通じて，自分の存在が認められることや，自分の活動によって何かを変えたり，社会をよりよくしたりできることなどの実感を持つことができる。

○ そうした実感は，子供たちにとって，自分の活動が身近な地域や社会生活に影響を与えるという認識につながり，これを積み重ねていくことにより，主体的に学びに向かい，学んだことを人生や社会づくりに生かしていこうという意識や積極性につながっていく。

---

の教育委員会）が指定されている。幼稚園109園，小学校1,819校，中学校835校，高等学校25校，特別支援学校11校と，小・中学校を中心に指定校の数は増加してきている。また，地域学校協働活動を推進する地域学校協働本部の基盤となる学校支援地域本部は，平成28年現在で4,527本部（実施市町村数は669）が実施されている（小学校6,881校，中学校3,148校）。

○ こうした学校での学びの質を高め，豊かなものとしていくことにより，子供たちは，学習内容を人生や社会の在り方と結び付けて深く理解したり，これからの時代に求められる資質・能力を身に付けたり，生涯にわたって能動的に学び続けたりすることができるようになる。全ての子供は，学ぶことを通じて，未来に向けて成長しようとする潜在的な力を持っている。

○ また，子供たち一人一人は，多様な可能性を持った存在であり，多様な教育的ニーズを持っている。成熟社会において新たな価値を創造していくためには，一人一人が互いの異なる背景を尊重し，それぞれが多様な経験を重ねながら，様々な得意分野の能力を伸ばしていくことが，これまで以上に強く求められる。一方で，苦手な分野を克服しながら，社会で生きていくために必要となる力をバランス良く身に付けていけるようにすることも重要である。

○ 我が国が平成26年に批准した「障害者の権利に関する条約」において提唱されている**インクルーシブ教育システム**[*33]の理念の推進に向けて，一人一人の子供たちが，障害の有無やその他の個々の違いを認め合いながら，共に学ぶことを追求することは，誰もが生き生きと活躍できる社会を形成していくことでもある。

○ また，前項(2)においても触れたように，学校と社会との接続を意識し，子供たち一人一人に，社会的・職業的自立に向けて必要な基盤となる能力や態度を育み，**キャリア発達**を促す**キャリア教育**[*34]の視点も重要である。

○ 教育課程の改善に当たっては，発達の段階に応じた共通の教育目標の達成を目指しつつ，前述のような視点から，子供たち一人一人の潜在的な力を引き出し高めていくことができるよう，また，一人一人の教職員が教室や社会においてその力を発揮し活躍できるようにすることが重要である。学習指導要領等には，こうした視点を共有していくための手立てとしての役割も期待されているところである。

### (4) 学習評価や条件整備等との一体的改善・充実に向けた課題

○ 新しい学習指導要領等の理念を実現していくためには，それを実現するために必要な施策を，教育課程の改善の方向性と一貫性を持って実施していくことが必要である。例えば，学習評価については，従来は，学習指導要領の改訂を

---

[*33] 障害者の権利に関する条約第24条によれば，**インクルーシブ教育システム**とは，人間の多様性の尊重等を強化し，障害者が精神的及び身体的な能力等を可能な最大限度まで発達させ，自由な社会に効果的に参加することを可能とするとの目的の下，障害のある者と障害のない者が共に学ぶ仕組みであり，障害のある者が一般的な教育制度から排除されないこと，自己の生活する地域において初等中等教育の機会が与えられること，個人に必要な「**合理的配慮**」が提供されること等が必要とされている。

[*34] **キャリア教育**とは，一人一人の社会的・職業的自立に向け，必要な基盤となる能力や態度を育てることを通じて，**キャリア発達**を促す教育のことであり，社会の中で自分の役割を果たしながら，自分らしい生き方を実現していく過程を，**キャリア発達**としている。平成23年に中央教育審議会において取りまとめられた答申「今後の学校におけるキャリア教育・職業教育の在り方について」に関する一層の理解と取組の充実が求められる。

終えた後に検討を行うことが一般的であったが，資質・能力を効果的に育成するためには，教育目標・内容と学習評価とを一体的に検討することが重要である。諮問においても一体的な検討が要請されていたところであり，本答申において，学習評価についても考え方を整理することとした。

○　また，学習指導要領等の在り方にとどまらず，それを実現するための条件整備が必要不可欠であることは言うまでもない。第10章において述べるように，教職員定数の充実などの指導体制の確立や教員の資質・能力の向上，ICT 環境など教育インフラの充実など必要な条件整備を強く求めたい。

## 第4章　学習指導要領等の枠組みの改善と「社会に開かれた教育課程」

### 1.「社会に開かれた教育課程」の実現

○　前章において述べたように，新しい学習指導要領等においては，教育課程を通じて，子供たちが変化の激しい社会を生きるために必要な資質・能力とは何かを明確にし，教科等を学ぶ本質的な意義を大切にしつつ，**教科等横断的**な視点も持って育成を目指していくこと，社会とのつながりを重視しながら学校の特色づくりを図っていくこと，現実の社会との関わりの中で子供たち一人一人の豊かな学びを実現していくことが課題となっている。

○　これらの課題を乗り越え，子供たちの日々の充実した生活を実現し，未来の創造を目指していくためには，学校が社会や世界と接点を持ちつつ，多様な人々とつながりを保ちながら学ぶことのできる，開かれた環境となることが不可欠である。そして，学校が社会や地域とのつながりを意識し，社会の中の学校であるためには，学校教育の中核となる教育課程もまた社会とのつながりを大切にする必要がある。

○　こうした社会とのつながりの中で学校教育を展開していくことは，我が国が社会的な課題を乗り越え，未来を切り拓（ひら）いていくための大きな原動力ともなる*35。特に，子供たちが，身近な地域を含めた社会とのつながりの中で学び，自らの人生や社会をよりよく変えていくことができるという実感を持つことは，困難を乗り越え，未来に向けて進む希望と力を与えることにつながるものである。

○　前述のとおり，今は正に，社会からの学校教育への期待と学校教育が長年目指してきたものが一致し，これからの時代を生きていくために必要な力とは何

---

*35　未曾有の大災害となった東日本大震災における困難を克服する中でも，子供たちが現実の課題と向き合いながら学び，国内外の多様な人々と協力し，被災地や日本の未来を考えていく姿が，復興に向けての大きな希望となった。人口減少下での様々な地域課題の解決に向けても，社会に開かれた学校での学びが，子供たち自身の生き方や地域貢献につながっていくとともに，地域が総掛かりで子供の成長を応援し，そこで生まれる絆を地域活性化の基盤としていくという好循環をもたらすことになる。ユネスコが提唱する**持続可能な開発のための教育（ESD）**や主権者教育も，身近な課題について自分ができることを考え行動していくという学びが，地球規模から身近な地域の課題の解決の手掛かりとなるという理念に基づくものである。

かを学校と社会とが共有し，共に育んでいくことができる好機にある。これからの教育課程には，社会の変化に目を向け，教育が普遍的に目指す根幹を堅持しつつ，社会の変化を柔軟に受け止めていく「社会に開かれた教育課程」としての役割が期待されている。

このような「社会に開かれた教育課程」としては，次の点が重要になる。

① 社会や世界の状況を幅広く視野に入れ，よりよい学校教育を通じてよりよい社会を創るという目標を持ち，教育課程を介してその目標を社会と共有していくこと。

② これからの社会を創り出していく子供たちが，社会や世界に向き合い関わり合い，自らの人生を切り拓いていくために求められる資質・能力とは何かを，教育課程において明確化し育んでいくこと。

③ 教育課程の実施に当たって，地域の人的・物的資源を活用したり，放課後や土曜日等を活用した社会教育との連携を図ったりし，学校教育を学校内に閉じずに，その目指すところを社会と共有・連携しながら実現させること。

○ この「社会に開かれた教育課程」の実現を目標とすることにより，学校の場において，子供たち一人一人の可能性を伸ばし，新しい時代に求められる資質・能力を確実に育成したり，そのために求められる学校の在り方を不断に探究する文化を形成したりすることが可能になるものと考えられる。

## 2．学習指導要領等の改善の方向性

○ 「社会に開かれた教育課程」の理念のもと，第1章及び第2章において述べた子供たちの現状や将来展望，前章において述べた教育課程の課題を踏まえ，子供たちに新しい時代を切り拓いていくために必要な資質・能力を育むためには，以下の3点にわたる改善・充実を行うことが求められる。

### (1) 学習指導要領等の枠組みの見直し
### （「学びの地図」としての枠組みづくりと，各学校における創意工夫の活性化）

○ 第一は，学習指導要領等の枠組みを大きく見直すことである。これからの教育課程やその基準となる学習指導要領等には，学校教育を通じて育む「生きる力」とは何かを資質・能力として明確にし，教科等を学ぶ意義を大切にしつつ教科等横断的な視点で育んでいくこと，社会とのつながりや各学校の特色づくり，子供たち一人一人の豊かな学びの実現に向けた教育改善の軸としての役割が期待されている。

○ 現行の学習指導要領については，前章2．において述べたように，言語活動の導入に伴う思考力等の育成に一定の成果は得られつつあるものの，全体としてはなお，各教科等において「教員が何を教えるか」という観点を中心に組み立てられており，そのことが，教科等の縦割りを越えた指導改善の工夫や，指導の目的を「何を知っているか」にとどまらず「何ができるようになるか」にまで発展させることを妨げているのではないかとの指摘もあるところである。

○ これからの教育課程や学習指導要領等は，学校の創意工夫の下，子供たちの

多様で質の高い学びを引き出すため，学校教育を通じて子供たちが身に付けるべき資質・能力や学ぶべき内容などの全体像を分かりやすく見渡せる「**学びの地図**」として，教科等や学校段階を越えて教育関係者間で共有したり，子供自身が学びの意義を自覚する手掛かりを見いだしたり，家庭や地域，社会の関係者が幅広く活用したりできるものとなることが求められている。教育課程が，学校と社会や世界との接点となり，さらには，子供たちの成長を通じて現在と未来をつなぐ役割を果たしていくことが期待されているのである。

○　それを実現するためには，まず学習する子供の視点に立ち，教育課程全体や各教科等の学びを通じて「**何ができるようになるのか**」という観点から，育成を目指す資質・能力を整理する必要がある。その上で，整理された資質・能力を育成するために「**何を学ぶか**」という，必要な指導内容等を検討し，その内容を「**どのように学ぶか**」という，子供たちの具体的な学びの姿を考えながら構成していく必要がある。

○　この「**どのように学ぶか**」という視点は，資質・能力の育成に向けて，子供一人一人の興味や関心，発達や学習の課題等を踏まえ，それぞれの個性に応じた学びを引き出していく上でも重要である。こうした観点からは，「**子供の発達をどのように支援するか**」という視点も重要になる。

○　加えて，前章2.(4)において述べたように，教育課程の改善は学習指導要領等の理念を実現するために必要な施策と一体的に実施される必要があり，学習評価等を通じて

「**何が身に付いたか**」を見取ることや，「**実施するために何が必要か**」を教育課程の在り方と併せて考えていくことも重要になる。

○　これらをまとめれば，新しい学習指導要領等に向けては，以下の6点に沿って改善すべき事項をまとめ，枠組みを考えていくことが必要となる。

① 「**何ができるようになるか**」（育成を目指す資質・能力）
② 「**何を学ぶか**」（教科等を学ぶ意義と，教科等間・学校段階間のつながりを踏まえた教育課程の編成）
③ 「**どのように学ぶか**」（各教科等の指導計画の作成と実施，学習・指導の改善・充実）
④ 「**子供一人一人の発達をどのように支援するか**」（子供の発達を踏まえた指導）
⑤ 「**何が身に付いたか**」（学習評価の充実）
⑥ 「**実施するために何が必要か**」（学習指導要領等の理念を実現するために必要な方策）

○　次章から第10章まで，及び第2部においては，学習指導要領等の目標や内容の示し方について，前述の①〜⑥を踏まえつつ，必要な事項を整理した。特に各教科等においては，育成を目指す資質・能力を明確にし，教育目標や教育内容を再整理するとともに，各学校における指導上の創意工夫の参考となる，各教科等の特質に応じた学びの過程の考え方も併せて示したところである。

○　なお，学習指導要領等は，教育の内容及び方法についての必要かつ合理的な

161

事項を示す大綱的基準として，法規としての性格を有している。一方で，その適用に当たって法規としての学習指導要領等に反すると判断されるのは，例えば，学習指導要領等に定められた個別具体的な内容項目を行わない場合や，教育の具体的な内容及び方法について学校や教員に求められるべき裁量を前提としてもなお明らかにその範囲を逸脱した場合など，学習指導要領等の規定に反することが明白に捉えられる場合である。そのため，資質・能力の育成に向けては，学習指導要領等に基づき，目の前の子供たちの現状を踏まえた具体的な目標の設定や指導の在り方について，学校や教員の裁量に基づく多様な創意工夫が前提とされているものであり，特定の目標や方法に画一化されるものではない。

○　今回の改訂の趣旨は，新しい時代に求められる資質・能力の育成やそのための各学校の創意工夫に基づいた指導の改善といった大きな方向性を共有しつつ，むしろ，その実現に向けた多様な工夫や改善の取組を活性化させようとするものである。

**（新しい学習指導要領等の考え方を共有するための，総則の抜本的改善）**

○　新しい学習指導要領等では，「社会に開かれた教育課程」の理念を実現するため，前述①～⑥に沿った改善が図られることとなるが，こうした枠組みについての考え方が関係者において共有されることが重要になる。また，学習指導要領等の改訂を契機に，子供たちが「何ができるようになるか」を重視するという視点が共有され，教科書や教材が改善され，学校や教職員の創意工夫に基づいた多様で質の高い指導の充実が図られることが求められる。

○　そのためには，このような教育課程の改善の基本的な考え方が，教職員や関係者に分かりやすく情報発信され，理解されることが必要である。学習指導要領等には，教育課程に関する基本的な事項を示す要として，総則の章があるが，これまでの役割は，各教科等において何を教えるかということを前提に，主に授業時間の取扱いについての考え方や，各教科等の指導に共通する留意事項を示すことに限られていた。

○　学習指導要領等の改訂においては，この総則の位置付けを抜本的に見直し，前述①～⑥に沿った章立てとして組み替え，後述する資質・能力の在り方や「アクティブ・ラーニング」の視点も含め，必要な事項が各学校における教育課程編成の手順を追って分かりやすくなるように整理することが求められる。

○　このような総則の抜本的な見直しは，全ての教職員が校内研修や多様な研修の場を通じて，新しい教育課程の考え方について理解を深めることができるようにするとともに，日常的に総則を参照することにより，次項において述べる「カリキュラム・マネジメント」を通じた学校教育の改善・充実を実現しやすくするものである。

⑵　**教育課程を軸に学校教育の改善・充実の好循環を生み出す「カリキュラム・マネジメント」の実現**
　**（「カリキュラム・マネジメント」の重要性）**

○　第二は，各学校における「カリキュラム・マネジメント」の確立である。改めて言うまでもなく，教育課程とは，学校教育の目的や目標を達成するために，教育の内容を子供の心身の発達に応じ，授業時数との関連において総合的に組織した学校の教育計画であり，その編成主体は各学校である。各学校には，学習指導要領等を受け止めつつ，子供たちの姿や地域の実情等を踏まえて，各学校が設定する学校教育目標を実現するために，学習指導要領等に基づき教育課程を編成し，それを実施・評価し改善していくことが求められる。これが，いわゆる「カリキュラム・マネジメント」である。

○　「社会に開かれた教育課程」の理念のもと，子供たちが未来の創り手となるために求められる資質・能力を育んでいくためには，子供たちが「**何ができるようになるか**」「**何を学ぶか**」「**どのように学ぶか**」など，前項(1)において掲げた①～⑥に関わる事項を各学校が組み立て，家庭・地域と連携・協働しながら実施し，目の前の子供たちの姿を踏まえながら不断の見直しを図ることが求められる。今回の改訂は，各学校が学習指導要領等を手掛かりに，この「**カリキュラム・マネジメント**」を実現し，学校教育の改善・充実の好循環を生み出していくことを目指すものである。

○　特に，次期学習指導要領等が目指す理念を実現するためには，教育課程全体を通した取組を通じて，**教科等横断的**な視点から教育活動の改善を行っていくことや，学校全体としての取組を通じて，教科等や学年を越えた組織運営の改善を行っていくことが求められる。各学校が編成する教育課程を軸に，教育活動や学校経営などの学校の全体的な在り方をどのように改善していくのかが重要になる。

（「カリキュラム・マネジメント」の三つの側面）

○　こうした「カリキュラム・マネジメント」については，これまで，教育課程の在り方を不断に見直すという以下の②の側面から重視されてきているところであるが，「**社会に開かれた教育課程**」の実現を通じて子供たちに必要な資質・能力を育成するという，新しい学習指導要領等の理念を踏まえれば，これからの「カリキュラム・マネジメント」については，以下の三つの側面から捉えることができる。

①　各教科等の教育内容を相互の関係で捉え，学校教育目標[*36]を踏まえた**教科等横断的**な視点で，その目標の達成に必要な教育の内容を組織的に配列していくこと。

②　教育内容の質の向上に向けて，子供たちの姿や地域の現状等に関する調査や各種データ等に基づき，教育課程を編成し，実施し，評価して改善を図る一連のPDCAサイクルを確立すること。

③　教育内容と，教育活動に必要な人的・物的資源等を，地域等の外部の資源

---

*36　学校教育目標については，第5章2.の（各学校が育成を目指す資質・能力の具体化）の項において述べるように，学校や地域が創り上げてきた文化を受け継ぎつつ，子供たちや地域の変化を受け止め，子供たちのどのような資質・能力を育成していくのかという観点から不断の見直しや具体化が求められるところである。

も含めて活用しながら効果的に組み合わせること。

**（全ての教職員で創り上げる各学校の特色）**

○　「カリキュラム・マネジメント」の実現に向けては，校長又は園長を中心と
しつつ，教科等の縦割りや学年を越えて，学校全体で取り組んでいくことがで
きるよう，学校の組織や経営の見直しを図る必要がある。そのためには，管理
職のみならず全ての教職員が「カリキュラム・マネジメント」の必要性を理解
し，日々の授業等についても，教育課程全体の中での位置付けを意識しながら
取り組む必要がある。また，学習指導要領等の趣旨や枠組みを生かしながら，
各学校の地域の実情や子供たちの姿等と指導内容を見比べ，関連付けながら，
効果的な年間指導計画等の在り方や，授業時間や週時程の在り方等について，
校内研修等を通じて研究を重ねていくことも重要である。

○　このように，「カリキュラム・マネジメント」は，全ての教職員が参加する
ことによって，学校の特色を創り上げていく営みである。このことを学校内外
の教職員や関係者の役割分担と連携の観点で捉えれば，管理職や教務主任のみ
ならず，生徒指導主事や進路指導主事なども含めた全ての教職員が，教育課程
を軸に自らや学校の役割に関する認識を共有し，それぞれの校務分掌の意義を
子供たちの資質・能力の育成という観点から捉え直すことにもつながる。

○　また，家庭・地域とも子供たちにどのような資質・能力を育むかという目標
を共有し，学校内外の多様な教育活動がその目標の実現の観点からどのような
役割を果たせるのかという視点を持つことも重要になる。そのため，園長・校
長がリーダーシップを発揮し，地域と対話し，地域で育まれた文化や子供たち
の姿を捉えながら，地域とともにある学校として何を大事にしていくべきかと
いう視点を定め，学校教育目標や育成を目指す資質・能力，学校のグランドデ
ザイン等として学校の特色を示し，教職員や家庭・地域の意識や取組の方向性
を共有していくことが重要である。

**（資質・能力の育成を目指した教育課程編成と教科等間のつながり）**

○　こうした組織体制のもと，これからの時代に求められる資質・能力を育むた
めには，各教科等の学習とともに，**教科等横断的**な視点に立った学習が重要で
あり，各教科等における学習の充実はもとより，教科等間のつながりを捉えた
学習を進める必要がある。そのため，教科等の内容について，「カリキュラ
ム・マネジメント」を通じて相互の関連付けや横断を図り，必要な教育内容を
組織的に配列し，各教科等の内容と教育課程全体とを往還させるとともに，人
材や予算，時間，情報，教育内容といった必要な資源を再配分することが求め
られる。

○　特に，特別活動や総合的な学習の時間[*37]においては，各学校の教育課程の特
色に応じた学習内容等を検討していく必要があることから，「カリキュラム・
マネジメント」を通じて，子供たちにどのような資質・能力を育むかを明確に

---

[*37]　第2部第2章17.(1)②においても述べるとおり，総合的な学習の時間において，学習指導
　　要領に定められた目標を踏まえて各学校が教科横断的に目標を定めることは，各学校における
　　**カリキュラム・マネジメント**の鍵となる。

し，それを育む上で効果的な学習内容や活動を組み立て，各教科等における学びと関連付けていくことが不可欠である。

○　このような「カリキュラム・マネジメント」はどの学校段階においても強く要請されるものであるが，第２部第１章２.(4)において述べるように，小学校における授業時数の確保をその中でどのように行っていくかは，各学校の力量や教育行政の真価が問われる課題である。各学校の特色を踏まえた創意工夫を生かしつつ，取り得る選択肢の検証や普及，必要な条件整備などについて，国や教育委員会が支援体制を整えていくことが求められる。

○　また，特に高等学校においては，教科・科目選択の幅の広さを生かしながら，生徒に育成する資質・能力を明らかにし，具体的な教育課程を編成していくことが求められる。義務教育段階の学習内容の学び直しなど，生徒の多様な学習課題を踏まえながら，学校設定教科・科目を柔軟に活用していくことも求められる。

（学校評価との関係）

○　各学校が自らの教育活動その他の学校運営について，目指すべき目標を設定し，その達成状況や達成に向けた取組の適切さ等について評価し改善していく取組である学校評価についても，子供たちの資質・能力の育成や「カリキュラム・マネジメント」と関連付けながら実施されることが求められる。

○　学校のグランドデザインや学校経営計画に記される学校教育目標等の策定は，教育課程編成の一環でもあり，「カリキュラム・マネジメント」の中心となるものである。学校評価において目指すべき目標を，子供たちにどのような資質・能力を育みたいかを踏まえて設定し，教育課程を通じてその実現を図っていくとすれば，学校評価の営みは「カリキュラム・マネジメント」そのものであると見ることもできる。各学校が育成を目指す資質・能力を学校教育目標として具体化し，その実現に向けた教育課程と学校運営を関連付けながら改善・充実させていくことが求められる。

（教育課程の実施状況の把握）

○　教育課程を軸に，教育活動や学校経営の不断の見直しを図っていくためには，子供たちの姿や地域の現状等を把握できる調査結果や各種データ等が必要となる。国，教育委員会等及び学校それぞれにおいて，学習指導要領等に基づく教育課程の実施状況を定期的に把握していくことが求められる。

(3)　「主体的・対話的で深い学び」の実現（「アクティブ・ラーニング」の視点）

○　第三は，子供たちが，学習内容を人生や社会の在り方と結び付けて深く理解し，これからの時代に求められる資質・能力を身に付け，生涯にわたって能動的に学び続けたりすることができるようにするため，子供たちが「どのように学ぶか」という学びの質を重視した改善を図っていくことである。

○　学びの質を高めていくためには，第７章において述べる「主体的・対話的で深い学び」の実現に向けて，日々の授業を改善していくための視点を共有し，授業改善に向けた取組を活性化していくことが重要である。

○　これが「アクティブ・ラーニング」の視点からの授業改善であるが，形式的に対話型を取り入れた授業や特定の指導の型を目指した技術の改善にとどまるものではなく，子供たちそれぞれの興味や関心を基に，一人一人の個性に応じた多様で質の高い学びを引き出すことを意図するものであり，さらに，それを通してどのような資質・能力を育むかという観点から，学習の在り方そのものの問い直しを目指すものである。

○　次期学習指導要領が目指すのは，学習の内容と方法の両方を重視し，子供たちの学びの過程を質的に高めていくことである。単元*38や題材のまとまりの中で，子供たちが「何ができるようになるか」を明確にしながら，「何を学ぶか」という学習内容と，「どのように学ぶか」という学びの過程を，前項(2)において述べた「カリキュラム・マネジメント」を通じて組み立てていくことが重要になる。

○　また，「カリキュラム・マネジメント」は，学校の組織力を高める観点から，学校の組織や経営の見直しにつながるものである。その意味において，今回の改訂において提起された「アクティブ・ラーニング」と「カリキュラム・マネジメント」は，教育課程を軸にしながら，授業，学校の組織や経営の改善などを行うためのものであり，両者は一体として捉えてこそ学校全体の機能を強化することができる。

## 第5章　何ができるようになるか
### ―育成を目指す資質・能力―

○　本章以下第10章まで順次，第4章2.(1)に掲げた①～⑥に沿った具体的な改善の方向性を示すこととする。

### 1. 育成を目指す資質・能力についての基本的な考え方

○　育成を目指す資質・能力の具体例については，様々な提案がなされており，社会の変化とともにその数は増えていく傾向にある。国内外の幅広い学術研究の成果や教育実践の蓄積を踏まえ，そうした数多くの資質・能力についての考え方を分析してみると，以下のように大別できる。

・例えば国語力，数学力などのように，伝統的な教科等の枠組みを踏まえなが

*38　単元とは，各教科等において，一定の目標や主題を中心として組織された学習内容の有機的な一まとまりのことであり，単元の構成は，教育課程編成の一環として行われる。教科書を含む教材の章立て等も，こうした単元の構成をイメージしながら構成されている。また，単元ではなく題材といった呼び方をする場合や，単元の内容のまとまりの大きさに応じて，大単元，小単元といった呼び方を用いる場合等もある。従来，単元については，実生活に起こる問題を解決する経験のまとまりを内容とする経験単元と，科学・学問の基礎を子供の発達過程に即して体系的に教えようとする教材単元という二つの考え方が提起されてきた。現在，各学校において実施されている単元については，各教科等の系統的な内容を扱いつつ，その中での学習のまとまりを子供にとって意味のある学びとしようとする様々な工夫が展開されており，今回改訂の議論は，こうした工夫を後押ししようとするものである。

ら，社会の中で活用できる力としての在り方について論じているもの。

- 例えば言語能力や情報活用能力などのように，教科等を越えた全ての学習の基盤として育まれ活用される力について論じているもの。
- 例えば安全で安心な社会づくりのために必要な力や，自然環境の有限性の中で持続可能な社会をつくるための力などのように，今後の社会の在り方を踏まえて，子供たちが現代的な諸課題に対応できるようになるために必要な力の在り方について論じているもの。

○ 教育課程とは，学校教育を通じて育てたい姿に照らしながら，必要となる資質・能力を，一人一人の子供にいわば全人的に育んでいくための枠組みであり，特定の教科等や課題のみに焦点化した学習プログラムを提供するものではない。したがって，資質・能力の在り方については，前述いずれかの特定の考え方に基づいて議論するのではなく，全てを視野に入れて必要な資質・能力が確実に育まれるように議論し，それを教育課程の枠組みの中で実現できるようにしていくことが必要となる。

○ 前述のように大別した資質・能力を，教育課程を通じてどのように育むことができるかという観点からは，それぞれ以下のような課題がある。

- 各教科等で学んだことが，一人一人のキャリア形成やよりよい社会づくりにどのように生かされるかを見据えながら，各教科等を学ぶ意義を明確にし，各教科等において育む資質・能力を明確にすること。
- 全ての学習の基盤として育まれ活用される資質・能力と教科等の関係を明確にし，言語活動やICTを活用した学習活動等といった，教科等の枠を越えて共通に行う学習活動を重視し，教育課程全体を見渡して確実に育んでいくこと。
- 現代的な諸課題に対応して求められる資質・能力と教科等の関係を明確にし，どの教科等におけるどのような内容に関する学びが資質・能力の育成につながるのかを可視化し，教育課程全体を見渡して確実に育んでいくこと。

○ こうした課題を乗り越えて，資質・能力を育んでいくには，全ての資質・能力に共通し，その資質・能力を高めていくために重要となる要素とは何かを明らかにし，その要素を基に，教科等と教育課程全体の関係や，教育課程に基づく教育と資質・能力の育成の間をつなぐことによって，求められる資質・能力を教育課程の中で計画的に整理し，体系的に育んでいくことができるようにする必要がある。

## 2．資質・能力の三つの柱に基づく教育課程の枠組みの整理
### （資質・能力の三つの柱）

○ 全ての資質・能力に共通し，それらを高めていくために重要となる要素は，教科等や直面する課題の分野を越えて，学習指導要領等の改訂に基づく新しい教育課程に共通する重要な骨組みとして機能するものである。こうした骨組みに基づき，教科等と教育課程全体のつながりや，教育課程と資質・能力の関係を明らかにし，子供たちが未来を切り拓いていくために必要な資質・能力を確

実に身に付けられるようにすることが重要である。

○ 海外の事例や，カリキュラムに関する先行研究等に関する分析によれば，資質・能力に共通する要素は，知識に関するもの，スキルに関するもの，情意（人間性など）に関するものの三つに大きく分類されている。

前述の三要素は，学校教育法第30条第2項が定める学校教育において重視すべき三要素（「知識・技能」「思考力・判断力・表現力等」「主体的に学習に取り組む態度」）とも大きく共通している。

○ これら三要素を議論の出発点としながら，学習する子供の視点に立ち，育成を目指す資質・能力の要素について議論を重ねてきた成果を，以下の資質・能力の三つの柱として整理した。この資質・能力の三つの柱は，2030年に向けた教育の在り方に関するOECDにおける概念的枠組みや，本年5月に開催されたG7倉敷教育大臣会合における共同宣言に盛り込まれるなど，国際的にも共有されているところである。

### ① 「何を理解しているか，何ができるか（生きて働く「知識・技能」の習得）」

各教科等において習得する知識や技能[39]であるが，個別の事実的な知識のみを指すものではなく，それらが相互に関連付けられ，さらに社会の中で生きて働く知識となるものを含む[40]ものである。

例えば，"何年にこうした出来事が起きた"という歴史上の事実的な知識は，"その出来事はなぜ起こったのか"や"その出来事がどのような影響を及ぼしたのか"を追究する学習の過程を通じて，当時の社会や現代に持つ意味などを含め，知識相互がつながり関連付けられながら習得されていく。それは，各教科等の本質を深く理解するために不可欠となる主要な概念の習得につながるものである。そして，そうした概念が，現代の社会生活にどう関わってくるかを考えていけるようにする[41]ための指導も重要

---

*39 この「技能」には，身体的技能や芸術表現のための技能も含まれる。

*40 子供たちが学ぶ過程の中で，新しい知識が，既に持っている知識や経験と結び付けられることにより，各教科等における学習内容の本質的な理解に関わる主要な概念として習得され，そうした概念がさらに，社会生活において活用されるものとなることが重要である。前回改訂においても，「生命やエネルギー，民主主義や法の支配といった各教科の基本的な概念などの理解は，これらの概念等に関する個々の知識を体系化することを可能とし，知識・技能を活用する活動にとって重要な意味をもつものであり，教育内容として重視すべきものとして，適切に位置付けていくことが必要である」とされたところ（「幼稚園，小学校，中学校，高等学校及び特別支援学校の学習指導要領等の改善について（答申）」（平成20年1月中央教育審議会））であるが，今回改訂ではさらに，「主体的・対話的で深い学び」を通じて，こうした各教科等における概念の習得を確実なものとするとともに，本章3．において述べる「見方・考え方」として，生活や社会の中で活用されるものになることを目指している。

*41 生命やエネルギー，民主主義や法の支配といった，各教科等における「概念」と社会生活との結び付けは，各教科等のみならず，教育課程全体を見渡した教科等横断的な取り組みや，総合的な学習の時間や特別活動において各教科等で習得した概念を実生活の課題解決に活用することなどを通じて図られる必要がある。本章3．において述べるような，教科学習と教科等

である。基礎的・基本的な知識を着実に習得しながら，既存の知識と関連付けたり組み合わせたりしていくことにより，学習内容（特に主要な概念に関するもの）の深い理解と，個別の知識の定着を図るとともに，社会における様々な場面で活用できる概念としていくことが重要となる[42]。

　技能についても同様に，一定の手順や段階を追って身に付く個別の技能のみならず，獲得した個別の技能が自分の経験や他の技能と関連付けられ，変化する状況や課題に応じて主体的に活用できる技能として習熟・熟達していくということが重要である。例えば，走り幅跳びにおける走る・跳ぶ・着地するなど種目特有の基本的な技能は，それらを段階的に習得してつなげるようにするのみならず，類似の動きへの変換や他種目の動きにつなげることができるような気付きを促すことにより，生涯にわたる豊かなスポーツライフの中で主体的に活用できる習熟した技能として習得されることになる。

　こうした視点に立てば，長期的な視野で学習を組み立てていくことが極めて重要となる。知識や技能は，思考・判断・表現を通じて習得されたり，その過程で活用されたりするものであり，また，社会との関わりや人生の見通しの基盤ともなる。このように，**資質・能力の三つの柱**は相互に関係し合いながら育成されるものであり，資質・能力の育成は知識の質や量に支えられていることに留意が必要である[43]。こうした学びや知識等に関する考え方は，芸術やスポーツ等の分野についても当てはまるものであり，これらの分野における知識とは何かということも，第2部の各教科等に関するまとめにおいて整理している。

## ② 「理解していること・できることをどう使うか（未知の状況にも対応できる「思考力・判断力・表現力等」の育成）」

　将来の予測が困難な社会の中でも，未来を切り拓いていくために必要な思考力・判断力・表現力等である。思考・判断・表現の過程には，大きく分類して以下の三つがあると考えられる[44]。

---

横断的な学習との双方が位置付けられている我が国のカリキュラムは，こうした社会生活との結び付けの観点からも効果的である。

[42] 子供一人一人の知識や経験と結び付いて，自分なりに活用できるようになることが重要であるが，学習者が知識としての客観性や系統性を無視して，無関係の知識や経験と結び付けて誤った理解をしたままとならないよう，教員が学びの過程に関わることにより，歴史的に積み上げられた知識としての客観性も保たれたものとする必要がある。

[43] 教育課程の考え方については，ともすれば，学ぶべき知識を系統的に整理した内容（コンテンツ）重視か，資質・能力（コンピテンシー）重視かという議論がなされがちであるが，これらは相互に関係し合うものであり，資質・能力の育成のためには知識の質や量も重要となる。

[44] こうした過程の中で，以下のような思考・判断・表現を行うことができることが重要である。

• 新たな情報と既存の知識を適切に組み合わせて，それらを活用しながら問題を解決したり，考えを形成したり，新たな価値を創造していくために必要となる思考
• 必要な情報を選択し，解決の方向性や方法を比較・選択し，結論を決定していくために必要

- 物事の中から問題を見いだし，その問題を定義し解決の方向性を決定し，解決方法を探して計画を立て，結果を予測しながら実行し，振り返って次の問題発見・解決につなげていく過程
- 精査した情報を基に自分の考えを形成し，文章や発話によって表現したり，目的や場面，状況等に応じて互いの考えを適切に伝え合い，多様な考えを理解したり，集団としての考えを形成したりしていく過程
- 思いや考えを基に構想し，意味や価値を創造していく過程

③ 「どのように社会・世界と関わり，よりよい人生を送るか（学びを人生や社会に生かそうとする「学びに向かう力・人間性等」の涵養）」

　　前述の①及び②の資質・能力を，どのような方向性で働かせていくかを決定付ける重要な要素であり，以下のような情意や態度等に関わるものが含まれる。こうした情意や態度等を育んでいくためには，体験活動も含め，社会や世界との関わりの中で，学んだことの意義を実感できるような学習活動を充実させていくことが重要となる。

- 主体的に学習に取り組む態度も含めた学びに向かう力や，自己の感情や行動を統制する能力，自らの思考の過程等を客観的に捉える力など，いわゆる「メタ認知」に関するもの。一人一人が幸福な人生を自ら創り出していくためには，情意面や態度面について，自己の感情や行動を統制する力や，よりよい生活や人間関係を自主的に形成する態度等を育むことが求められる。こうした力は，将来における社会的な不適応を予防し保護要因[*45]を高め，社会を生き抜く力につながるという観点からも重要である。
- 多様性を尊重する態度と互いのよさを生かして協働する力，持続可能な社会づくりに向けた態度，リーダーシップやチームワーク，感性，優しさや思いやりなど，人間性等に関するもの。

（資質・能力の三つの柱に基づく教育課程の枠組みの整理）

○　この**資質・能力の三つの柱**は，本章3.において述べる各教科等において育む資質・能力や，4.において述べる教科等を越えた全ての学習の基盤として育まれ活用される資質・能力，5.において述べる現代的な諸課題に対応して求められる資質・能力の全てに共通する要素である。教科等と教育課程全体の関係や，教育課程に基づく教育と資質・能力の育成の間をつなぎ，求められる資質・能力を確実に育むことができるよう，育成を目指す資質・能力はこの三つの柱で整理するとともに，教科等の目標や内容についても，この三つの柱に基づく再整理を図ることとする。

○　教育課程には，発達に応じて，これら三つをそれぞれバランス良く膨らませ

　　な判断や意思決定
- 伝える相手や状況に応じた表現

＊45　社会的な不適応を起こす可能性を予防するもの。自己の感情や行動を統制する能力や，よりよい生活や人間関係を自主的に形成する態度等を獲得することや，生徒と教員，生徒同士のつながりなどが保護要因に当たるものとされる。

ながら，子供たちが大きく成長していけるようにする役割が期待されている。

**（各学校が育成を目指す資質・能力の具体化）**

○　こうした枠組みを踏まえ，教育課程全体を通じてどのような資質・能力の育成を目指すのかは，各学校の学校教育目標等として具体化されることになる。こうした学校教育目標等は，前述した「カリキュラム・マネジメント」の中心となるものである。学習指導要領等が，教育の根幹と時代の変化という「**不易と流行**」を踏まえて改善が図られるように，学校教育目標等についても，同様の視点から，学校や地域が作り上げてきた文化を受け継ぎつつ，子供たちや地域の変化を受け止めた不断の見直しや具体化が求められる。特に「**学びに向かう力・人間性等**」については，各学校が子供の姿や地域の実情を踏まえて，何をどのように重視するかなどの観点から明確化していくことが重要である。

○　各学校においては，**資質・能力の三つの柱**に基づき再整理された学習指導要領等を手掛かりに，「カリキュラム・マネジメント」の中で，学校教育目標や学校として育成を目指す資質・能力を明確にし，家庭や地域とも共有しながら，教育課程を編成していくことが求められる。

## 3．教科等を学ぶ意義の明確化

**（各教科等において育まれる資質・能力と教育課程全体の枠組み）**

○　子供たちに必要な資質・能力を育んでいくためには，各教科等での学びが，一人一人のキャリア形成やよりよい社会づくりにどのようにつながっているのかを見据えながら，各教科等をなぜ学ぶのか，それを通じてどういった力が身に付くのかという，教科等を学ぶ本質的な意義を明確にすることが必要になる。

○　こうした各教科等の意義が明確になることにより，教科等と教育課程全体の関係付けや，**教科等横断的**に育まれる資質・能力との関係付けが容易となり，教育課程をどのように工夫・改善すれば子供たちの資質・能力の育成につながるのかという，教科等を越えた教職員の連携にもつながる。

○　**資質・能力の三つの柱**に照らしてみると，教科等における学習は，知識・技能のみならず，それぞれの体系に応じた思考力・判断力・表現力等や学びに向かう力・人間性等を，それぞれの教科等の文脈に応じて，内容的に関連が深く子供たちの学習対象としやすい内容事項と関連付けながら育むという，重要な役割を有している[46]。

---

*46　例えば，思考力は，国語や外国語において様々な資料から必要な情報を整理して自分の考えをまとめる過程や，社会科において社会的事象から見いだした課題や多様な考え方を多面的・多角的に考察して自分の考えをまとめていく過程，数学において事象を数学的に捉えて問題を設定し，解決の構想を立てて考察していく過程，理科において自然の事象を，目的意識を持って観察・実験し科学的に探究する過程，音楽や美術において自分の意図や発想に基づき表現を工夫していく過程，保健体育において自己や仲間の運動課題や健康課題に気付き，その解決策を考える過程，技術・家庭科において生活の課題を見いだし，最適な解決策を追究する過程，道徳において人間としての生き方についての考えを深める過程などを通じて育まれていく。これらの思考力を基盤に判断力や表現力等も同様に，各教科等の中でその内容に応じ育まれる。
　　**学びに向かう力・人間性等**についても同様であり，各教科等を通じて育まれた社会観や自然

○　ただし，各教科等で育まれた力を，当該教科等における文脈以外の，実社会の様々な場面で活用できる汎用的な能力に更に育てたり，**教科等横断的**に育む資質・能力の育成につなげたりしていくためには，学んだことを，教科等の枠を越えて活用していく場面が必要となり，そうした学びを実現する教育課程全体の枠組みが必要になる。

○　正にそのための重要な枠組みが，各教科等間の内容事項について相互の関連付けを行う全体計画の作成や，**教科等横断的**な学びを行う総合的な学習の時間や特別活動，高等学校の専門学科における課題研究の設定などである。このように，教育課程において，教科学習と**教科等横断的**な学習との双方が位置付けられていることは，我が国のカリキュラムが国際的に評価される点の一つでもある。

○　こうした教育課程の枠組みやそれに基づく教育活動を，子供たちの資質・能力の育成に生かすためには，本章2．において述べたように，教科等や課題の分野を越えて共通する**資質・能力の三つの柱**を，新しい教育課程を支える重要な骨組みとしながら，教科等と教育課程全体のつながりや，教育課程と資質・能力の関係を見直して明確にし，子供たちに必要な資質・能力の育成を保証する構造にしていくことが求められる。

○　今回の改訂においては，全ての教科等について，この力はこの教科等においてこそ身に付くのだといった，各教科等を学ぶ本質的な意義を捉え直す議論が展開され，各教科等において育成を目指す**資質・能力が三つの柱**に基づき整理されている。こうした議論は，教科等を越えて，各学校段階や初等中等教育全体で育成することを目指す資質・能力の在り方に関する議論と往還させながら進められてきた。

○　こうした議論の積み重ねを踏まえ，各教科等の教育目標や内容については，第2部において示すとおり，資質・能力の在り方を踏まえた再編成を進めることが必要である。なお，幼稚園教育要領においても，**資質・能力の三つの柱**について幼児教育の特質を踏まえた整理を行い，「健康」「人間関係」「環境」「言葉」「表現」という現在の領域構成を引き継ぎつつ，内容の見直しを**資質・能力の三つの柱**に沿って図ることが求められる。

**（各教科等の特質に応じた「見方・考え方」）**

○　子供たちは，各教科等における習得・活用・探究という学びの過程において，各教科等で習得した概念（知識）を活用したり，身に付けた思考力を発揮させたりしながら，知識を相互に関連付けてより深く理解したり，情報を精査して考えを形成したり，問題を見いだして解決策を考えたり，思いや考えを基に創造したりすることに向かう。こうした学びを通じて，資質・能力がさらに伸ばされたり，新たな資質・能力が育まれたりしていく。

○　その過程においては，"どのような視点で物事を捉え，どのような考え方で思考していくのか"という，物事を捉える視点や考え方も鍛えられていく。こ

---

観，人間観などは，「どのように社会・世界と関わり，よりよい人生を送るか」を決定する重要な要素となっていく。

うした視点や考え方には，教科等それぞれの学習の特質が表れるところであり，例えば算数・数学科においては，事象を数量や図形及びそれらの関係などに着目して捉え，論理的，統合的・発展的に考えること，国語科においては，対象と言葉，言葉と言葉の関係を，言葉の意味，働き，使い方等に着目して捉え，その関係性を問い直して意味付けることなど[*47]と整理できる。

○　こうした各教科等の特質に応じた物事を捉える視点や考え方が「**見方・考え方**」であり，各教科等の学習の中で働くだけではなく，大人になって生活していくに当たっても重要な働きをするものとなる。私たちが社会生活の中で，データを見ながら考えたり，アイディアを言葉で表現したりする時には，学校教育を通じて身に付けた「数学的な見方・考え方」や，「言葉による見方・考え方」が働いている。各教科等の学びの中で鍛えられた「**見方・考え方**」を働かせながら，世の中の様々な物事を理解し思考し，よりよい社会や自らの人生を創り出していると考えられる。

○　「**見方・考え方**」を支えているのは，各教科等の学習において身に付けた**資質・能力の三つの柱**である。各教科等で身に付けた知識・技能を活用したり，思考力・判断力・表現力等や学びに向かう力・人間性等を発揮させたりして，学習の対象となる物事を捉え思考することにより，各教科等の特質に応じた物事を捉える視点や考え方も，豊かで確かなものになっていく。物事を理解するために考えたり，具体的な課題について探究したりするに当たって，思考や探究に必要な道具や手段として**資質・能力の三つの柱**が活用・発揮され，その過程で鍛えられていくのが「**見方・考え方**」であるといえよう。

○　前述のとおり，「**見方・考え方**」には教科等ごとの特質があり，各教科等を学ぶ本質的な意義の中核をなすものとして，教科等の教育と社会をつなぐものである。子供たちが学習や人生において「**見方・考え方**」を自在に働かせられるようにすることにこそ，教員の専門性が発揮されることが求められる。

○　学習指導要領においては，長年，見方や考え方といった用語が用いられてきているが，その内容については必ずしも具体的に説明されてはこなかった。今回の改訂においては，これまで述べたような観点から各教科等における「**見方・考え方**」とはどういったものかを改めて明らかにし，それを軸とした授業改善の取組を活性化しようとするものである[*48]。

---

*47　各教科等における「**見方・考え方**」については，「社会に開かれた教育課程」の観点を踏まえて，各教科の担当以外の関係者にとっても分かりやすいものすることが必要である。

*48　この背景には，現行の学習指導要領において言語活動の充実が盛り込まれ，全ての教科等で共通の視点からの授業改善が図られる中で，同じ言語で物事を捉えて思考していくに当たっても，捉え方や考え方には教科等の特質が見られ，それを各教科等で意識して磨いていくことが重要ではないか，といった具体的な授業改善の成果が蓄積されてきたことなどがある。

　なお，教科の枠組と学問の体系との関係については丁寧に論じられる必要があるが，学問の領域においても，"○○学の学びの本質的意義"が社会とのつながりの中で議論されていることについて触れておきたい。日本学術会議は分野別に大学教育の教育課程編成上の参照基準を作成しているが，その中では，各学問分野が，どのような世界の認識の仕方や世界への関与の仕方を身に付けさせようとしているのかという特性を踏まえ，分野に固有の知的訓練を通じて

## 4．教科等を越えた全ての学習の基盤として育まれ活用される資質・能力

○　私たちは生涯にわたって学び続け，その成果を人生や社会の在り方に反映していく。そうした学びの本質を踏まえ，学習の基盤を支えるために必要な力とは何かを教科等を越えた視点で捉え，育んでいくことが重要となる。

○　様々な情報を理解して考えを形成し，文章等により表現していくために必要な読解力は，学習の基盤として時代を超えて常に重要なものであり，これからの時代においてもその重要性が変わることはない。第1章において指摘したように，情報化の進展の中でますます高まる読解力の重要性とは裏腹に，子供たちが教科書の文章すら読み解けていないのでないかとの問題提起もあるところであり，全ての学習の基盤となる言語能力の育成を重視することが求められる。

○　また，急速に情報化が進展する社会の中で，情報や情報手段を主体的に選択し活用していくために必要な情報活用能力，物事を多面的・多角的に吟味し見定めていく力（いわゆる「**クリティカル・シンキング**」），統計的な分析に基づき判断する力，問題を見いだし解決に向けて思考するために必要な知識やスキル（問題発見・解決能力）などを，各学校段階を通じて体系的に育んでいくことの重要性は高まっていると考えられる。

○　加えて，これまで全ての教科等において重視されてきている体験活動や協働的な学習，見通しや振り返りといった学習活動も，それらを通じて，学習を充実させ社会生活で生きる重要な資質・能力が育まれているということを捉え直しながら，更なる充実を図っていくことが求められる[49]。

○　このような，教科等の枠を越えて全ての学習の基盤として育まれ活用される資質・能力についても，**資質・能力の三つの柱**に沿って整理し，教科等の関係や，教科等の枠を越えて共通に重視すべき学習活動との関係を明確にし，教育課程全体を見渡して組織的に取り組み，確実に育んでいくことができるようにすることが重要である。

○　ここでは例示的に，言語能力と情報活用能力について整理するが，その他の資質・能力についても，同様の整理を行い，学習指導要領等や解説に反映させていくことが求められる。

### （言語能力の育成）

○　子供は，乳幼児期から身近な人との関わりや生活の中で言葉を獲得していき，発達段階に応じた適切な環境の中で，言語を通じて新たな情報を得たり，思考・判断・表現したり，他者と関わったりする力を獲得していく。教科書や教

---

獲得されるが汎用的な有用性を持つ力（ジェネリックスキル）が明確化されている。こうした取組は「**見方・考え方**」と共通の方向性を持つものと考えられ，教育全体の質の改善・向上を支えていく役割を担うものである。

＊49　学習の基盤となる資質・能力と学習活動の関係については，言語活動を通じて育成される言語能力（読解力や語彙力等を含む。），言語活動やICTを活用した学習活動等を通じて育成される情報活用能力，問題解決的な学習を通じて育成される問題発見・解決能力，体験活動を通じて育成される体験から学び実践する力，「**対話的な学び**」を通じて育成される多様な他者と協働する力，見通し振り返る学習を通じて育成される学習を見通し振り返る力などが挙げられる。

員の説明，様々な資料等から新たな知識を得たり，事象を観察して必要な情報を取り出したり，自分の考えをまとめたり，友達の思いを受け止めながら自分の思いを伝えたり，学級で目的を共有して協働したりすることができるのも，言葉の役割に負うところが大きい。

○　このように，言葉は，学校という場において子供が行う学習活動を支える重要な役割を果たすものであり，全ての教科等における資質・能力の育成や学習の基盤となるものである。したがって，言語能力の向上は，学校における学びの質や，教育課程全体における資質・能力の育成の在り方に関わる課題であり，第１章において述べたように，文章で表された情報の的確な理解に課題があると指摘される中，ますます重視していく必要がある。

○　こうした言語能力の具体的な内容は，別紙２－１のとおり整理できる。特に，**「思考力・判断力・表現力等」**や**「学びに向かう力・人間性等」**を整理するに当たっては，「創造的・論理的思考」，「感性・情緒」，「他者とのコミュニケーション」の言語能力の三つの側面から言語能力を構成する資質・能力を捉えている。

○　このように整理された資質・能力を，それが働く過程，つまり，私たちが認識した情報を基に思考し，思考したものを表現していく過程に沿って整理すると，別紙２－２のとおりとなる。①テクスト（情報）[*50]を理解するための力が「認識から思考へ」の過程の中で，②文章や発話により表現するための力が「思考から表現へ」の過程の中で働いている。

○　言語能力は，こうした言語能力が働く過程を，発達段階に応じた適切な言語活動を通じて繰り返すことによって育まれる。言語活動については，現行の学習指導要領の下，全ての教科等において重視し，その充実を図ってきたところであるが，今後，全ての教科等の学習の基盤である言語能力を向上させる観点から，より一層の充実を図ることが必要不可欠である。

○　特に言葉を直接の学習対象とする国語教育及び外国語教育の果たすべき役割は極めて大きい。言語能力を構成する資質・能力やそれらが働く過程，育成の在り方を踏まえながら，国語教育及び外国語教育それぞれにおいて，発達の段階に応じて育成を目指す資質・能力を明確にし，言語活動を通じた改善・充実を図ることが重要である。

○　加えて，国語教育と外国語教育は，学習の対象となる言語は異なるが，ともに言語能力の向上を目指すものであるため，共通する指導内容や指導方法を扱う場面がある。別紙２－３のとおり，学習指導要領等に示す指導内容を適切に連携させたり，各学校において指導内容や指導方法等を効果的に連携させたりすることによって，外国語教育を通じて国語の特徴に気付いたり，国語教育を通じて外国語の特徴に気付いたりするなど，言葉の働きや仕組みなどの言語としての共通性や固有の特徴への気付きを促すことを通じて相乗効果を生み出し，言語能力の効果的な育成につなげていくことが重要である。

＊50　本答申においては，文章，及び，文章になっていない断片的な言葉，言葉が含まれる図表などの文章以外の情報も含めて「テクスト（情報）」と記載する。

○　また，読書は，多くの語彙や多様な表現を通して様々な世界に触れ，これを疑似的に体験したり知識を獲得したりして，新たな考え方に出会うことを可能にする。このため，言語能力を向上させる重要な活動の一つとして，各学校段階において，読書活動の充実を図っていくことが必要である。

○　こうした方向性や，第１章において述べた読解力に関する喫緊の課題を踏まえ，国においては，読解力を支える語彙力の強化や，文章の構造と内容の把握，文章を基にした考えの形成など，文章を読むプロセスに着目した学習の充実，情報活用に関する指導の充実，コンピュータを活用した指導への対応など，学習指導要領の改訂による国語教育の改善・充実を図っていくことが求められる[51]。あわせて，子供たちの読解力の現状に関するより詳細な分析を通じて課題等を明確にすることや，言語能力の向上に向けた実践的な調査研究を行う地域を指定し具体的な指導改善の方法を蓄積すること，諸外国における取組状況を把握・分析したりすることなどより，読解力の向上の取組を支える基盤を整えていくことも重要である[52]。

○　こうした改善・充実を踏まえ，学習評価や高等学校・大学の入学者選抜においても，言語活動を通じて身に付いた資質・能力を評価していくようにすることが重要である。

（情報活用能力（情報技術を手段として活用する力を含む）の育成）

○　情報活用能力とは，世の中の様々な事象を情報とその結び付きとして捉えて把握し，情報及び情報技術を適切かつ効果的に活用して，問題を発見・解決したり自分の考えを形成したりしていくために必要な資質・能力[53]のことである。

○　将来の予測が難しい社会においては，情報や情報技術を受け身で捉えるのではなく，手段として活用していく力が求められる。未来を拓いていく子供たちには，情報を主体的に捉えながら，何が重要かを主体的に考え，見いだした情報を活用しながら他者と協働し，新たな価値の創造に挑んでいくことがますます重要になってくる。

○　また，情報化が急速に進展し，身の回りのものに情報技術が活用されていたり，日々の情報収集や身近な人との情報のやりとり，生活上必要な手続など，日常生活における営みを，情報技術を通じて行ったりすることが当たり前の世の中となってきている。情報技術は今後，私たちの生活にますます身近なものとなっていくと考えられ，情報技術を手段として活用していくことができるよ

---

*51　こうした国語教育の充実を踏まえつつ，各教科等においても，言語活動の充実やICTの活用を図っていくことが求められる。

*52　文部科学省においては，平成28年12月に「読解力の向上に向けた対応策」を公表したところであり，これに基づく改善・充実が求められる。

*53　**プログラミング的思考**や，情報モラル，情報セキュリティ，統計等に関する資質・能力も含まれる。情報活用能力は，様々な事象を言葉で捉えて理解し，言葉で表現するために必要な言語能力と相まって育成されていくものであることから，国語教育や各教科等における言語活動を通じた言語能力の育成の中で，情報活用能力を育んでいくことも重要である。また，各教科等において，様々な情報を得るために学校図書館や地域の図書館を活用できるようにすることも重要である。

うにしていくことも重要である。

○ 加えて，スマートフォンやソーシャル・ネットワーキング・サービス（以下「SNS」という。）が急速に普及し，これらの利用を巡るトラブルなども増大している。子供たちには，情報技術が急速に進化していく時代にふさわしい情報モラルを身に付けていく必要がある。

○ こうした情報活用能力については，これまで「情報活用の実践力」「情報の科学的な理解」「情報社会に参画する態度」の３観点と８要素に整理されてきているが，今後，教育課程を通じて体系的に育んでいくため，別紙３−１のとおり，**資質・能力の三つの柱**に沿って再整理した。

○ 情報技術の基本的な操作については，インターネットを通じて情報を得たり，文章の作成や編集にアプリケーションを活用したり，メールやSNSを通じて情報を共有することが社会生活の中で当たり前となっている中で，小学校段階から，文字入力やデータ保存などに関する技能の着実な習得を図っていくことが求められる[*54]。

○ また，身近なものにコンピュータが内蔵され，プログラミングの働きにより生活の便利さや豊かさがもたらされていることについて理解し，そうしたプログラミングを，自分の意図した活動に活用していけるようにすることもますます重要になっている。将来どのような職業に就くとしても，時代を超えて普遍的に求められる**「プログラミング的思考」**[*55]などを育む**プログラミング教育**の実施を，子供たちの生活や教科等の学習と関連付けつつ，発達の段階に応じて位置付けていく[*56]ことが求められる。その際，小・中・高等学校を見通した学びの過程[*57]の中で，**「主体的・対話的で深い学び」**の実現に資する**プログラミング教育とすること**[*58]が重要である。

---

*54 小学生の１分間あたりのキーボードでの文字入力数が平均5.9文字であることなども踏まえながら，着実な習得に向けて，教科等の学習との関連付けや教材の充実等を検討していくことが求められる。

*55 「プログラミング的思考」とは，自分が意図する一連の活動を実現するために，どのような動きの組合せが必要であり，一つ一つの動きに対応した記号を，どのように組み合わせたらいいのか，記号の組合せをどのように改善していけば，より意図した活動に近づくのか，といったことを論理的に考えていく力のことである（文部科学省に設置された「小学校段階における論理的思考力や創造性，問題解決能力等の育成とプログラミング教育に関する有識者会議」が本年６月にまとめた「小学校段階におけるプログラミング教育の在り方について（議論の取りまとめ）」参照）。

*56 小学校において，教科等における学習上の必要性や学習内容と関連付けながら**プログラミング教育**を行う単元を位置付けること，中学校の技術・家庭科技術分野において**プログラミング教育**に関する内容が倍増すること，高等学校における情報科の共通必履修科目の新設を通じて，小・中・高等学校を通じた**プログラミング教育**の充実を図ることとしている。

*57 「小学校段階におけるプログラミング教育の在り方について（議論の取りまとめ）」では，小学校の段階では，身近な生活でコンピュータが活用されていることや，問題の解決には必要な手順があることに気付くことを重視し，中学校段階で社会におけるコンピュータの役割や影響を理解するとともに，簡単なプログラムを作成できるようにすること，高等学校段階でコンピュータの働きを科学的に理解するとともに，実際の問題解決にコンピュータを活用できるようにすることを目指すことと整理している。

○　また，社会生活の中でICTを日常的に活用することが当たり前の世の中となる中で，社会で生きていくために必要な資質・能力を育むためには，学校の生活や学習においても，日常的にICTを活用できる環境を整備していくことが不可欠である。

○　文部科学省が設置した「2020年代に向けた教育の情報化に関する懇談会」において，次期学習指導要領等の実現に不可欠なICT環境やICT教材の在り方について方向性がまとめられたところである[*59]。こうした方向性を踏まえ，国が主導的な役割を果たしながら，各自治体における必要な環境整備を加速化していくことを強く要請する。

### 5．現代的な諸課題に対応して求められる資質・能力

○　第3章において指摘したように，社会を生きるために必要な力である「生きる力」とは何かを，将来の予測が困難となっていく現在とこれからの社会の文脈の中で捉え直し，資質・能力として具体化して教育課程を通じて育んでいくことが，今回の改訂における課題の一つとなっている。

○　こうした，現代的な諸課題に対応して求められる資質・能力としては，以下のようなものが考えられる。

**（変化の中に生きる社会的存在として）**

○　前述のとおり，社会が成熟社会に移行していく中で，特定の既存組織のこれまでの在り方を前提としてどのように生きるかだけではなく，複雑で変化の激しい社会の中で，様々な情報や出来事を受け止め，主体的に判断しながら，自分を社会の中でどのように位置付け，社会をどう描くかを考え，他者と一緒に生き，課題を解決していくための力がますます重要となる。平和で民主的な国家及び社会の在り方に責任を有する主権者として，また，多様な個性・能力を生かして活躍する自立した人間として，適切な判断・意思決定や公正な世論の形成，政治参加や社会参画，一層多様性が高まる社会における自立と共生に向けた行動を取っていくことが求められる。

○　こうした観点から，主権者として求められる力[*60]や，安全・安心な生活や社会づくりに必要な資質・能力を，各学校段階を通じて体系的に育んでいくことの重要性は高まっていると考えられる。

○　また，我が国が，科学技術・学術研究の先進国として，将来にわたり存在感を発揮するとともに成果を広く共有していくためには，子供たちが，卓越した研究や技術革新，技術経営などの新たな価値の創造を担うキャリアに関心を持つことができるよう，理数科目等に関する学習への関心を高め，裾野を広げていくことも重要である。加えて，豊かな感性や想像力等を育むことは，あらゆ

---

*58　一人で黙々とコンピュータに向かっているだけで授業が終わったり，子供自身の生活や体験と切り離された抽象的な内容に終始したりすることがないよう，留意が必要である。

*59　「2020年代に向けた教育の情報化に関する懇談会」最終まとめ（平成28年7月）参照。

*60　生産や消費などの経済的主体や，司法参加などの法的主体，政治参加などの政治的主体等として求められる力を含む。

る創造の源泉となるものであり，芸術系教科等における学習や，美術館や音楽会等を活用した芸術鑑賞活動等を充実させていくことも求められる。

○　あわせて，人は仕事を持つことによって，社会と関わり，社会的な責任を果たし，生計を維持するとともに，自らの個性を発揮し，自己を実現することができるものである。こうした観点からは，地域や社会における様々な産業の役割を理解し，地域創生等に生かしていこうとする力を身に付けていくことが重要になる。こうした力は，将来の自分自身の進路選択や，職業に従事するために必要な専門性を生涯にわたって獲得していこうとする意欲にもつながるものであり，子供たちの進路や発達の段階に応じた職業教育の充実の基盤となるものである。

### （グローバル化する社会の中で）

○　グローバル化する中で世界と向き合うことが求められている我が国においては，自国や他国の言語や文化を理解し，日本人としての美徳やよさを生かしグローバルな視野で活躍するために必要な資質・能力[*61]の育成が求められている。前項4．において述べた言語能力を高め，国語で情報を的確に捉えて考えをまとめ表現したりできるようにすることや，外国語を使って多様な人々と目的に応じたコミュニケーションを図れるようにすることが，こうした資質・能力の基盤となる。加えて，古典や歴史，芸術の学習等を通じて，日本人として大切にしてきた文化を積極的に享受し，我が国の伝統や文化を語り継承していけるようにすること，様々な国や地域について学ぶことを通じて，文化や考え方の多様性を理解し，多様な人々と協働していくことができるようにすることなどが重要である。

○　2020年に開催される東京オリンピック・パラリンピック競技大会も，その開催を契機に，子供たちがスポーツへの関心を高め，「する，みる，支える，知る」などのスポーツとの多様な関わり方を楽しめるようにすることが期待されているが，効果はそれにとどまらない。スポーツを通じて，他者との関わりを学んだり，ルールを守り競い合っていく力を身に付けたりできるようにしていくこと，一つの目標を立ててそれに向かって挑戦し，やり遂げることの意義を実感すること，さらには，多様な国や地域の文化の理解を通じて，多様性の尊重や国際平和に寄与する態度を身に付けたり，ボランティア活動を通じて，他者への共感や思いやりを育んだりしていくことにもつながるものである[*62]。

○　また，世界とその中における我が国を広く相互的な視野で捉えながら，社会の中で自ら問題を発見し解決していくことができるようにしていくことも重要

---

＊61　「グローバル人材育成推進会議」が平成24年にまとめた審議まとめにおいては，「グローバル人材」の概念として，要素Ⅰ：語学力・コミュニケーション能力，要素Ⅱ：主体性・積極性，チャレンジ精神，協調性・柔軟性，責任感・使命感，要素Ⅲ：異文化に対する理解と日本人としてのアイデンティティーを挙げている。

＊62　国際オリンピック委員会では，オリンピックの価値を，卓越，友情，敬意／尊重とし，オリンピック精神の教育的価値を，努力から得られる喜び，フェアプレー，他者への敬意，向上心，体と頭と心のバランスと整理している。また，国際パラリンピック委員会では，パラリンピックの価値を，勇気，決意，インスピレーション，平等としている。

となる。国際的に共有されている**持続可能な開発目標（SDGs**[*63]**）**なども踏まえつつ，自然環境や資源の有限性，貧困，イノベーションなど，地域や地球規模の諸課題について，子供一人一人が自らの課題として考え，持続可能な社会づくりにつなげていく力を育んでいくことが求められる。

**（現代的な諸課題に対応して求められる資質・能力と教育課程）**

○ このように，現代的な諸課題に対応して求められる資質・能力としては，以下のようなものが考えられる。

- 健康・安全・食に関する力
- 主権者として求められる力
- 新たな価値を生み出す豊かな創造性
- グローバル化の中で多様性を尊重するとともに，現在まで受け継がれてきた我が国固有の領土や歴史について理解し，伝統や文化を尊重しつつ，多様な他者と協働しながら目標に向かって挑戦する力
- 地域や社会における産業の役割を理解し地域創生等に生かす力
- 自然環境や資源の有限性等の中で持続可能な社会をつくる力
- 豊かなスポーツライフを実現する力

○ これらが**教科等横断的**なテーマであることを踏まえ，それを通じてどのような力の育成を目指すのかを**資質・能力の三つの柱**に沿って明確にし，関係教科等や教育課程全体とのつながりの整理を行い，その育成を図っていくことができるようにすることが求められる。各学校においては，子供の姿や地域の実情を捉え，学校教育目標に照らした重点化を図りながら体系的に育成していくことが重要である。

○ ここでは例示的に，健康・安全・食に関わる資質・能力及び主権者として求められる資質・能力について整理したが，その他の資質・能力についても，同様の整理を行い，学習指導要領等や解説に反映させていくことが求められる。

**（健康・安全・食に関する資質・能力）**

○ 子供たちが心身ともに健やかに育つことは，時代を超えて全ての人々の願いである。子供たちは，学習の場であり生活の場である学校において，他者との関わりを深めつつ，多様な経験を積み重ね，視野を広げ，人生や社会の在り方等について考えながら，心身ともに成長していく。こうした場である学校において，健康で安全な生活を送ることができるようにするとともに，生涯にわたって健康で安全な生活や健全な食生活を送るために必要な資質・能力を育み，安全で安心な社会づくりに貢献することができるようにすることが重要である。

○ 1.でも述べたように，とりわけ近年では，情報化社会の進展により，様々

---

[*63] 2015年9月の国連サミットにおいて全会一致で採択された先進国を含む国際社会全体の開発目標であり，2030年を期限とする包括的な目標として設定されたもの。具体的には以下の17の目標が設定されている。

①貧困，②飢餓，③保健，④教育，⑤ジェンダー，⑥水・衛生，⑦エネルギー，⑧成長・雇用，⑨イノベーション，⑩不平等，⑪都市，⑫生産・消費，⑬気候変動，⑭海洋資源，⑮陸上資源，⑯平和，⑰実施手段

な健康情報や性・薬物等に関する情報の入手が容易になるなど，子供たちを取り巻く環境が大きく変化している。このため，子供たちが，健康情報や性に関する情報等を正しく選択して適切に行動できるようにするとともに，薬物乱用防止等を徹底することが課題となっている。

○ また，食を取り巻く社会環境が変化し，栄養摂取の偏りや朝食欠食といった食習慣の乱れ等に起因する肥満や生活習慣病，食物アレルギー等の健康課題が見られるほか，食品の安全性の確保や食糧自給率向上，食品ロス削減等の食に関わる課題が顕在化している。

○ さらに，東日本大震災をはじめとする様々な自然災害の発生や，情報化やグローバル化等の社会の変化に伴い子供を取り巻く安全に関する環境も変化していることを踏まえ，子供たちが起こりうる危険を理解し，いかなる状況下でも自らの生命を守り抜く自助とともに，自分自身が社会の中で何ができるのかを考える共助・公助の視点からの教育の充実も課題となっている。

○ こうした課題を乗り越え，生涯にわたって健康で安全な生活や健全な食生活を送ることができるよう，必要な情報を自ら収集し，適切な意思決定や行動選択を行うことができる力を子供たち一人一人に育むことが強く求められている。

○ こうした健康・安全・食に関する資質・能力の具体的な内容は，別紙4のとおり整理できる。これらを教科等横断的な視点で育むことができるよう，教科等間相互の連携を図っていくことが重要である。学校保健計画や学校安全計画，食に関する指導の全体計画についても，資質・能力に関する整理を踏まえて作成・評価・改善し，地域や家庭とも連携・協働した実施体制を確保していくことが重要である[*64]。

○ また，第8章において述べるように，子供たちの発達を支えるためには，主に集団の場面で，あらかじめ適切な時期・場面に必要な指導・援助を行うガイダンスに加えて，主に個別指導により，個々の子供が抱える課題の解決に向けて指導・援助するカウンセリングを，それぞれ充実させていくという視点が必要であり，こうした視点に立って，一人一人の発達の特性等に応じた個別指導を充実させていくことも重要になる。

**（主権者として求められる資質・能力）**

○ 議会制民主主義を定める日本国憲法の下，民主主義を尊重し責任感をもって政治に参画しようとする国民を育成することは学校教育に求められる極めて重要な要素の一つであり，18歳への選挙権年齢の引下げにより，小・中学校からの体系的な主権者教育の充実を図ることが求められている。

○ また，主権者教育については，政治に関わる主体として適切な判断を行うことができるようになることが求められており，そのためには，政治に関わる主体としてだけではなく広く国家・社会の形成者としていかに社会と向き合うか，例えば，経済に関わる主体（消費者等としての主体を含む）等として適切な生

---

*64 なお，従来，教科等を中心とした「安全学習」「保健学習」と特別活動等による「安全指導」「保健指導」に分類されている構造については，資質・能力の育成と，教育課程全体における教科等の役割を踏まえた再整理が求められる。

活を送ったり産業に関わったりして，社会と関わることができるようになることも前提となる。

○　こうした主権者として必要な資質・能力の具体的な内容としては，国家・社会の基本原理となる法やきまりについての理解や，政治，経済等に関する知識を習得させるのみならず，事実を基に多面的・多角的に考察し，公正に判断する力や，課題の解決に向けて，協働的に追究し根拠をもって主張するなどして合意を形成する力，よりよい社会の実現を視野に国家・社会の形成に主体的に参画しようとする力である。これらの力を**教科横断的**な視点で育むことができるよう，教科等間相互の連携を図っていくことが重要である。

○　これらの力を育んでいくためには，発達段階に応じて，家庭や学校，地域，国や国際社会の課題の解決を視野に入れ，学校の政治的中立性を確保しつつ，例えば，小学校段階においては地域の身近な課題を理解し，その解決に向けて自分なりに考えるなど，現実の社会的事象を取り扱っていくことが求められる。

○　その際，専門家や関係機関の協力を得て実践的な教育活動を行うとともに，現実の複雑な課題について児童生徒が課題や様々な対立する意見等を分かりやすく解説する新聞や専門的な資料等を活用することが期待される。

○　また，主権者教育については，家庭・地域との連携が重要であり，例えば投票に対する親しみを持たせるために，公職選挙法改正により全国で可能となったいわゆる子連れ投票の仕組みを生かして保護者が児童生徒を投票所に同伴したり，児童生徒と地域の課題について話し合ったりすることや，地域の行事などで児童生徒が主体的に取り組む機会を意図的に創出していくことが期待される。

## 6．資質・能力の育成と，子供たちの発達や成長のつながり
### （学校段階や，義務教育，初等中等教育全体を通じて育成を目指す資質・能力）

○　初等中等教育においては，幼児教育において培われた基礎[65]の上に，小・中学校段階の義務教育を通じて，「各個人の有する能力を伸ばしつつ社会において自立的に生きる基礎」及び「国家及び社会の形成者として必要とされる基本的な資質」[66]を育むこととされている。

○　また，義務教育の基礎の上に行われる[67]高等学校教育は，中学校卒業後の約98％の者が進学し，社会で生きていくために必要となる力を共通して身に付けることのできる，初等中等教育最後の教育機関である。選挙権年齢が18歳に引き下げられ，子供にとって政治や社会がより一層身近なものとなっていることなども踏まえ，高等学校を卒業するまでにどのような力を身に付けておくべきかを明確に示すことが求められている。

○　今回の改訂における教育課程の枠組みの整理は，こうした「高等学校を卒業する段階で身に付けておくべき力は何か」や，「義務教育を終える段階で身に

---

＊65　教育基本法第11条，学校教育法第22条。
＊66　教育基本法第5条第2項。
＊67　学校教育法第50条。

付けておくべき力は何か」を，幼児教育，小学校教育，中学校教育，高等学校教育それぞれの在り方を考えつつ，幼児教育から高等学校教育までを通じた見通しを持って，**資質・能力の三つの柱**で明確にするものである。

○　これにより，各教科等で学ぶことを単に積み上げるのではなく，義務教育や高等学校教育を終える段階で身に付けておくべき力を踏まえて，各学校・学年段階で学ぶべき内容を見直すなど，発達の段階に応じた縦のつながりと，各教科等の横のつながりを行き来しながら，教育課程の全体像を構築していくことが可能となる。加えて，幼小，小中，中高の学びの連携・接続についても，学校段階ごとの特徴を踏まえつつ，前の学校段階での教育が次の段階で生かされるよう，学びの連続性を確保することを容易にするものである*68。

**（一人一人の発達や成長をつなぐ視点）**

○　第1章において指摘されているような子供たちの現状を踏まえれば，資質・能力の育成に当たっては，子供一人一人の興味や関心，発達や学習の課題等を踏まえ，それぞれの個性に応じた学びを引き出し，一人一人の資質・能力を高めていくことが重要となる。

○　各学校においては，生徒指導やキャリア教育，個に応じた指導や，特別支援教育，日本語の能力に応じた支援など，子供一人一人の発達や成長を支える多様な取組が行われている。それらの取組についても，育成を目指す資質・能力との関係を捉え直すことにより，それぞれの取組の意義がより明確になり，教育課程を軸に関係者が課題や目標を共有し，一人一人の個性に応じた効果的な取組の充実を図っていくことが可能になると考えられる。

○　例えば，**資質・能力の三つの柱**など，育成を目指す資質・能力についての基本的な考え方を，通常の学級，通級による指導，特別支援学級，特別支援学校において共有することで，子供の障害の状態や発達の段階に応じた組織的，継続的な支援が可能となり，一人一人の子供に応じた指導の一層の充実が促されていくと考えられる。こうした方向性は，障害者の権利に関する条約に掲げら

---

*68　こうした三つの柱に基づく資質・能力の全体像の示し方としては，3．において示した学校教育を通じて育てたい姿を踏まえつつ，以下のようなイメージが考えられる。今後，こうした資質・能力を学校段階別に整理して明確化していくことにより，各学校等がこれらを基にしながら，自校の教育目標や育成を目指す資質・能力を明確にしていけるようにすることが求められる。

　教育基本法及び学校教育法に規定する教育の目的及び目標を実現し，子供たちに生きる力を育むため，各教科等の特質に応じた「見方・考え方」を働かせた学習活動を通じて，各学校段階において求められる資質・能力の育成を次のとおり目指すこと。

①　発達の段階に応じた生活の範囲や領域に関わる物事について理解し，生活や学習に必要な技能を身に付けるようにする。

②　情報を捉えて多角的に精査したり，問題を見いだし他者と協働しながら解決したり，自分の考えを形成し伝え合ったり，思いや考えを基に創造したりするために必要な思考力・判断力・表現力等を育成する。

③　伝統や文化に立脚した広い視野を持ち，感性を豊かに働かせながら，よりよい社会や人生の在り方について考え，学んだことを主体的に生かしながら，多様な人々と協働して新たな価値を創造していこうとする学びに向かう力や人間性を涵養する。

れた**インクルーシブ教育システム**の理念を踏まえ，子供たちの十分な学びを確保し，子供たちの自立と社会参加を一層推進していくためにも重要である。

○　そのためにも，資質・能力の育成に当たっては，子供たち一人一人が「**どのように学ぶか**」あるいは「**子供の発達をどのように支援するか**」という視点が重要になる。これらに関しては，第７章及び第８章において重要な点をまとめている。

## 第６章　何を学ぶか　―教科等を学ぶ意義と，教科等間・学校段階間のつながりを踏まえた教育課程の編成―

○　次期学習指導要領等については，**資質・能力の三つの柱**を骨組みとして，教科等と教育課程全体のつながりや，教育課程と資質・能力の関係を明らかにすることとしている。これは教育課程について，教えるべき知識や技能の内容に沿って順序立てて整理するのみならず，それらを学ぶことでどのような力が身に付くのかまでを視野に入れたものとするということである。

○　こうした観点から，学習指導要領の各教科等における教育目標や内容については，第２部に示すとおり，**資質・能力の三つの柱**を踏まえて再整理し示していくこととしている。これにより，**資質・能力の三つの柱**を踏まえて，教科等間の横のつながりや，幼小，小中，中高の縦のつながりの見通しを持つことができるようになり，各学校の学校教育目標において育成を目指す資質・能力を，教科等における資質・能力や内容と関連付け，教育課程として具体化していくことが容易となる*69。

○　特に，本年度からは小中一貫教育が制度化され，義務教育学校及び小中一貫型の小・中学校においては，４－３－２や５－４といった柔軟な学年段階の区切りの設定や，小・中学校段階の９年間を一貫させた教育課程の編成などが進められることとなる。こうしたことも踏まえれば，各学校が，縦と横のつながりを意識しながら，その特色に応じた教育課程を編成していくことができるようにすることは，今後ますます重要となる。

○　教科等における学習と，教科等や学校段階を越えた教育課程の在り方と関連付けながら検討していくことは，資質・能力の育成に当たって，教科等における学習が重要な意義を持つことを再確認することであるとも言える。前章３．において述べたように，様々な資質・能力は，教科等の学習から離れて単独に育成されるものではなく，関連が深い教科等の内容事項と関連付けながら育まれるものであることや，資質・能力の育成には知識の質や量が重要であり，教

---

＊69　次期学習指導要領に向けた各教科等における議論においては，各教科等で学校や学年段階に応じて学ぶことを単に積み上げるのではなく，義務教育や高等学校教育を終える段階で身に付けておくべき力を踏まえつつ，各学校・学年段階で学ぶべき内容を見直すなど，発達の段階に応じた縦のつながりと，各教科の横のつながりを行き来しながら検討が行われた。各学校においても，こうした検討過程を踏まえて改訂される学習指導要領等に基づき，縦と横のつながりを意識しながら教育課程全体を編成していくことが求められる。

科等の学習内容が資質・能力の育成を支えていることが明らかになってきている。今回の改訂は、そうした教科等の学習の意義を再確認しながら、教科等相互あるいは学校段階相互の関係をつなぐことで、教科等における学習の成果を、「何を知っているか」にとどまらず「何ができるようになるか」にまで発展させることを目指すものである。

○　こうした考えに基づき、今回の改訂は、学びの質と量を重視するものであり、学習内容の削減を行うことは適当ではない[*70]。教科・科目構成については、第2部に示すとおり、初等中等教育全体を通じた資質・能力育成の見通しの中で、小学校における外国語教育については、教科の新設等を行い、また、高等学校においては、国語科、地理歴史科その他の教科について、初等中等教育を修了するまでに育成を目指す資質・能力の在り方や、高等学校教育における「共通性の確保」及び「多様性への対応」の観点を踏まえつつ、科目構成の見直しを行うことが必要である。

○　各学校においては、学習指導要領、特に総則を手掛かりとしながら、学校教育目標や学校として育成を目指す資質・能力を実現するため、各教科等を学ぶ意義と**教科等横断的**な視点、学校段階間の連携・接続の視点を踏まえて、教育課程を編成することが求められる。

○　また、幼稚園教育要領においては、幼稚園における生活の全体を通じて総合的に指導するという幼児教育の特質を踏まえ、ねらいや内容をこれまでどおり「健康」「人間関係」「環境」「言葉」「表現」の領域別に示しつつ、**資質・能力の三つの柱**に沿って内容の見直しを図ることや、「幼児期の終わりまでに育ってほしい姿」を位置付けることが必要である。こうしたことを踏まえながら、幼児教育と小学校の各教科等における教育との接続の充実や関係性の整理を図っていく必要がある。


# 第7章　どのように学ぶか　―各教科等の指導計画の作成と実施、学習・指導の改善・充実―

## 1．学びの質の向上に向けた取組
### （学びの質の重要性と「アクティブ・ラーニング」の視点の意義）

○　学校での学びは、個々の教員の指導改善の工夫や教材研究の努力に支えられ

---

*70　時代の変化等を踏まえた内容項目の吟味・更新等は行うが、全体として、各教科等における習得・活用・探究を行うために必要な学習内容や授業時間を維持することとし、内容の精選・厳選や授業時数の削減は行わない。なお、前回改訂においては、知識・技能の量のみに対応させて授業時数の増が図られたわけではなく、観察・実験等を含め、思考力・判断力・表現力等を育むための学習に必要となる時間も想定しながら、学習内容の見直し等が図られたことに留意が必要である。

なお、高等学校教育においては、些末な事実的知識の暗記が大学入学者選抜で問われることが課題になっており、そうした点を克服するため、各教科の主要な概念（第5章2．①参照）につながる重要用語を中心に用語の構造を整理すること等を含めた高大接続改革を進めていく必要がある。

ている。こうした工夫や努力は，子供たちが「どのように学ぶか」を追究することに向けられたものである。

○　学びの成果として，生きて働く「**知識・技能**」，未知の状況にも対応できる「**思考力・判断力・表現力等**」，学びを人生や社会に生かそうとする「**学びに向かう力・人間性等**」を身に付けていくためには，学びの過程において子供たちが，主体的に学ぶことの意味と自分の人生や社会の在り方を結び付けたり，多様な人との対話を通じて考えを広げたりしていることが重要である。また，単に知識を記憶する学びにとどまらず，身に付けた資質・能力が様々な課題の対応に生かせることを実感できるような，学びの深まりも重要になる。

○　子供たちは，このように，主体的に，対話的に，深く学んでいくことによって，学習内容を人生や社会の在り方と結び付けて深く理解したり，未来を切り拓くために必要な資質・能力を身に付けたり，生涯にわたって能動的に学び続けたりすることができる。また，それぞれの興味や関心を基に，自分の個性に応じた学びを実現していくことができる。

○　こうした学びの質に着目して，授業改善の取組を活性化しようというのが，今回の改訂が目指すところである。平成26年11月の諮問において提示された「**アクティブ・ラーニング**」については，子供たちの「**主体的・対話的で深い学び**」を実現するために共有すべき授業改善の視点として，その位置付けを明確にすることとした。

**（創意工夫に基づく指導方法の不断の見直しと「授業研究」）**

○　教育方法に関するこれまでの議論においても，子供たちが主体的に学ぶことや，学級やグループの中で協働的に学ぶことの重要性は指摘されてきており，多くの実践も積み重ねられてきた。特に小・中学校では，全国学力・学習状況調査において，主として「活用」に関する問題（いわゆるB問題）が出題され，関係者の意識改革や授業改善に大きな影響を与えたことなどもあり，多くの関係者による実践が重ねられてきている。「**アクティブ・ラーニング**」を重視する流れは，こうした優れた実践を踏まえた成果である。

○　他方，高等学校，特に普通科における教育については，自らの人生や社会の在り方を見据えてどのような力を主体的に育むかよりも，大学入学者選抜に向けた対策が学習の動機付けとなりがちであることが課題となっている。現状の大学入学者選抜では，知識の暗記・再生や暗記した解法パターンの適用の評価に偏りがちであること，一部のAO入試や推薦入試においては，いわゆる学力不問と揶揄されるような状況が生じていることなどを背景として，高等学校における教育が，小・中学校に比べ知識伝達型の授業にとどまりがちであることや，卒業後の学習や社会生活に必要な力の育成につながっていないことなどが指摘されている[71]。第2部第1章4．において述べるとおり，今後は，特に高等学校において，義務教育までの成果を確実につなぎ，一人一人に育まれた力

---

*71　中央教育審議会答申「新しい時代にふさわしい高大接続の実現に向けた高等学校教育，大学教育，大学入学者選抜の一体改革について」（平成26年12月）及び高大接続システム改革会議最終報告（平成28年3月）参照。

を更に発展・向上させることが求められる。

○　我が国では，教員がお互いの授業を検討しながら学び合い，改善していく「授業研究」が日常的に行われ，国際的にも高い評価を受けており，子供が興味や関心を抱くような身近な題材を取り上げて，学習への主体性を引き出したり，相互に対話しながら多様な考え方に気付かせたりするための工夫や改善が続けられてきている。こうした「授業研究」の成果は，日本の学校教育の質を支える貴重な財産である。

○　一方で，こうした工夫や改善の意義について十分に理解されないと，例えば，学習活動を子供の自主性のみに委ね，学習成果につながらない「活動あって学びなし」と批判される授業に陥ったり，特定の教育方法にこだわるあまり，指導の型をなぞるだけで意味のある学びにつながらない授業になってしまったりという恐れも指摘されている。

○　平成26年11月の諮問以降，学習指導要領等の改訂に関する議論において，こうした指導方法を焦点の一つとすることについては，注意すべき点も指摘されてきた。つまり，育成を目指す資質・能力を総合的に育むという意義を踏まえた積極的な取組の重要性が指摘される一方で，指導法を一定の型にはめ，教育の質の改善のための取組が，狭い意味での授業の方法や技術の改善に終始するのではないかといった懸念などである。我が国の教育界は極めて真摯に教育技術の改善を模索する教員の意欲や姿勢に支えられていることは確かであるものの，これらの工夫や改善が，ともすると本来の目的を見失い，特定の学習や指導の「型」に拘泥する事態を招きかねないのではないかとの指摘を踏まえての危惧と考えられる。

○　変化を見通せないこれからの時代において，新しい社会の在り方を自ら創造することができる資質・能力を子供たちに育むためには，教員自身が習得・活用・探究という学びの過程全体を見渡し，個々の内容事項を指導することによって育まれる資質・能力を自覚的に認識しながら，子供たちの変化等を踏まえつつ自ら指導方法を不断に見直し，改善していくことが求められる。

○　このような中で次期学習指導要領等が学習・指導方法について目指すのは，特定の型を普及させることではなく，後述のような視点に立って学び全体を改善し，子供の学びへの積極的関与と深い理解を促すような指導や学習環境を設定することにより，子供たちがこうした学びを経験しながら，自信を育み必要な資質・能力を身に付けていくことができるようにすることである。

○　そうした学びを実現する具体的な学習・指導方法は限りなく存在し得るものであり，教員一人一人が，子供たちの発達の段階や発達の特性，子供の学習スタイルの多様性や教育的ニーズと教科等の学習内容，単元の構成や学習の場面等に応じた方法について研究を重ね，ふさわしい方法を選択しながら，工夫して実践できるようにすることが重要である。

## 2.「主体的・対話的で深い学び」を実現することの意義
（「主体的・対話的で深い学び」とは何か）

○ 「主体的・対話的で深い学び」の実現とは，特定の指導方法のことでも，学校教育における教員の意図性を否定することでもない。人間の生涯にわたって続く「学び」という営みの本質を捉えながら，教員が教えることにしっかりと関わり，子供たちに求められる資質・能力を育むために必要な学びの在り方を絶え間なく考え，授業の工夫・改善を重ねていくことである。

○ 「主体的・対話的で深い学び」の具体的な内容については，以下のように整理することができる。

「主体的・対話的で深い学び」の実現とは，以下の視点に立った授業改善を行うことで，学校教育における質の高い学びを実現し，学習内容を深く理解し，資質・能力を身に付け，生涯にわたって能動的（アクティブ）に学び続けるようにすることである。

① 学ぶことに興味や関心を持ち，自己のキャリア形成の方向性と関連付けながら，見通しを持って粘り強く取り組み，自己の学習活動を振り返って次につなげる「主体的な学び」が実現できているか。

　子供自身が興味を持って積極的に取り組むとともに，学習活動を自ら振り返り意味付けたり，身に付いた資質・能力を自覚したり，共有したりすることが重要である。

② 子供同士の協働，教職員や地域の人との対話，先哲の考え方を手掛かりに考えること等を通じ，自己の考えを広げ深める「対話的な学び」が実現できているか。

　身に付けた知識や技能を定着させるとともに，物事の多面的で深い理解に至るためには，多様な表現を通じて，教職員と子供や，子供同士が対話し，それによって思考を広げ深めていくことが求められる。

③ 習得・活用・探究という学びの過程の中で，各教科等の特質に応じた「見方・考え方」を働かせながら，知識を相互に関連付けてより深く理解したり，情報を精査して考えを形成したり，問題を見いだして解決策を考えたり，思いや考えを基に創造したりすることに向かう「深い学び」が実現できているか。

　子供たちが，各教科等の学びの過程の中で，身に付けた資質・能力の三つの柱を活用・発揮しながら物事を捉え思考することを通じて，資質・能力がさらに伸ばされたり，新たな資質・能力が育まれたりしていくことが重要である。教員はこの中で，教える場面と，子供たちに思考・判断・表現させる場面を効果的に設計し関連させながら指導していくことが求められる。

○ これら「主体的な学び」「対話的な学び」「深い学び」の三つの視点は，子供の学びの過程としては一体として実現されるものであり，また，それぞれ相互に影響し合うものでもあるが，学びの本質として重要な点を異なる側面から捉えたものであり，授業改善の視点としてはそれぞれ固有の視点であることに留意が必要である。単元や題材のまとまりの中で，子供たちの学びがこれら三つ

の視点を満たすものになっているか，それぞれの視点の内容と相互のバランスに配慮しながら学びの状況を把握し改善していくことが求められる。

（各教科等の特質に応じた学習活動を改善する視点）

○　「アクティブ・ラーニング」については，総合的な学習の時間における地域課題の解決や，特別活動における学級生活の諸問題の解決など，地域や他者に対して具体的に働きかけたり，対話したりして身近な問題を解決することを指すものと理解されることも見受けられるが，そうした学びだけを指すものではない。

○　例えば国語や各教科等における言語活動[*72]や，社会科において課題を追究し解決する活動，理科において観察・実験を通じて課題を探究する学習，体育における運動課題を解決する学習，美術における表現や鑑賞の活動など，全ての教科等における学習活動に関わるものであり，これまでも充実が図られてきたこうした学習を，更に改善・充実させていくための視点であることに留意が必要である。

○　こうした学習活動については，今までの授業時間とは別に新たに時間を確保しなければできないものではなく，現在既に行われているこれらの活動を，「主体的・対話的で深い学び」の視点で改善し，単元や題材のまとまりの中で指導内容を関連付けつつ，質を高めていく工夫が求められていると言えよう。

○　重要なことは，これまでも重視されてきた各教科等の学習活動が，子供たち一人一人の資質・能力の育成や生涯にわたる学びにつながる，意味のある学びとなるようにしていくことである。そのためには，授業や単元の流れを子供の「主体的・対話的で深い学び」の過程として捉え，子供たちが，習得した概念や思考力等を手段として活用・発揮させながら学習に取り組み，その中で資質・能力の活用と育成が繰り返される[*73]ような指導の創意工夫を促していくことが求められる。あわせて，教科等を超えて授業改善の視点を共有することにより，教育課程全体を通じた質の高い学びを実現していくことも期待される。

○　第2部では，各教科等の指導においてこれまで重視されてきている学習活動を，子供たちにとっての学びの過程として捉え直し，学習過程のイメージとして示している。こうした学習過程の実現を目指しながら，子供の実情や指導の内容に応じ，授業の組み立て方や重点の置き方，具体的な指導方法について，幅広い創意工夫が期待されるものである。

○　各学校における実践を支えるため，今後，学習指導要領等の解説や指導事例集も含めた全体の姿の中で，指導の参考となる解説や事例を示すなど，更なる支援を図っていく必要がある[*74]。なお，こうした事例を示す際には，それによ

---

[*72]　第1章において指摘されているように，読むことについても，受け身の読書にとどまらず，情報を主体的に読み解き考えの形成に生かしていく読書（インタラクティブ・リーディング）の重要性が指摘されているところである。

[*73]　これはすなわち，子供たちが学ぶ過程において，前述の「見方・考え方」を働かせることができているかどうかということである。

[*74]　指導の参考となる事例等を示していくに当たっては，学習指導要領等の理念を実現するた

り指導が固定化されないような工夫が求められる。

（単元等のまとまりを見通した学びの実現）

○ また，「主体的・対話的で深い学び」は，1単位時間の授業の中で全てが実現されるものではなく，単元や題材のまとまりの中で，例えば主体的に学習を見通し振り返る場面をどこに設定するか，グループなどで対話する場面をどこに設定するか，学びの深まりを作り出すために，子供が考える場面と教員が教える場面をどのように組み立てるか，といった視点で実現されていくことが求められる。

○ こうした考え方のもと，各学校の取組が，毎回の授業の改善という視点を超えて，単元や題材のまとまりの中で，指導内容のつながりを意識しながら重点化していけるような，効果的な単元の開発や課題の設定に関する研究に向かうものとなるよう，単元等のまとまりを見通した学びの重要性や，評価の場面との関係などについて，総則などを通じて分かりやすく示していくことが求められる。

（「深い学び」と「見方・考え方」）

○ 「アクティブ・ラーニング」の視点については，深まりを欠くと表面的な活動に陥ってしまうといった失敗事例も報告されており，「深い学び」の視点は極めて重要である。学びの「深まり」の鍵となるものとして，全ての教科等で整理されているのが，第5章3.において述べた各教科等の特質に応じた「見方・考え方」である。今後の授業改善等においては，この「見方・考え方」が極めて重要になってくると考えられる。

○ 「見方・考え方」は，新しい知識・技能を既に持っている知識・技能と結び付けながら社会の中で生きて働くものとして習得したり，思考力・判断力・表現力を豊かなものとしたり，社会や世界にどのように関わるかの視座を形成したりするために重要なものである。既に身に付けた**資質・能力の三つの柱**によって支えられた「**見方・考え方**」が，習得・活用・探究という学びの過程の中で働くことを通じて，資質・能力がさらに伸ばされたり，新たな資質・能力が育まれたりし，それによって「**見方・考え方**」が更に豊かなものになる，という相互の関係にある。

○ 質の高い深い学びを目指す中で，教員には，指導方法を工夫して必要な知識・技能を教授しながら，それに加えて，子供たちの思考を深めるために発言を促したり，気付いていない視点を提示したりするなど，学びに必要な指導の

めの具体的な手立てを共有し，各学校の多様な創意工夫を促すものにしていく必要がある。平成14年から本格実施された「総合的な学習の時間」について，創設時にはそのねらいや授業時数等のみを示すものとされ，具体的な在り方は全て各学校に委ねられたが，教員の負担感，テーマ設定の難しさ，具体的な実施内容に関する教員の悩みなどが指摘され，何らかの参考となる手引きが必要であるとの指摘がなされるに至り（中央教育審議会答申「初等中等教育における当面の教育課程及び指導の充実・改善方策について」（平成15年10月）），前回改訂においては，教育課程における位置付けを明確にするとともに，効果的な事例の情報提供などを行う必要があるとされた。こうした経緯も踏まえ，創意工夫を促すための事例提供等に取り組んでいくことが求められる。

190

在り方を追究し，必要な学習環境を積極的に設定していくことが求められる。そうした中で，着実な習得の学習が展開されてこそ，主体的・能動的な活用・探究の学習を展開することができると考えられる。

○　今回の改訂が目指すのは，第4章2．(3)において述べたように，学習の内容と方法の両方を重視し，子供の学びの過程を質的に高めていくことである。「見方・考え方」を軸としながら，幅広い授業改善の工夫が展開されていくことを期待するものである。

## 3．発達の段階や子供の学習課題等に応じた学びの充実

○　「主体的・対話的で深い学び」の具体的な在り方は，発達の段階や子供の学習課題等に応じて様々である。基礎的・基本的な知識・技能の習得に課題が見られる場合には，それを身に付けさせるために，子供の学びを深めたり主体性を引き出したりといった工夫を重ねながら，確実な習得を図ることが求められる。

○　子供たちの実際の状況を踏まえながら，資質・能力を育成するために多様な学習活動を組み合わせて授業を組み立てていくことが重要であり，例えば高度な社会課題の解決だけを目指したり，そのための討論や対話といった学習活動を行ったりすることのみが「主体的・対話的で深い学び」ではない点に留意が必要である。

○　「主体的・対話的な学び」の充実に向けては，読書活動のみならず，子供たちが学びを深めるために必要な資料（統計資料や新聞，画像や動画等も含む）の選択や情報の収集，教員の授業づくりや教材準備等を支える学校図書館の役割に期待が高まっている。公共図書館との連携など，地域との協働も図りつつ，その機能を充実させていくことが求められる[*75]。資料調査や，本物の芸術に触れる鑑賞の活動等を充実させる観点からは，博物館や美術館，劇場等との連携を積極的に図っていくことも重要である。

○　また，社会や世界との関わりの中で，学んだことの意義を実感できるような学習活動も極めて重要であり，体験活動を通じて，様々な物事を実感を伴って理解したり，人間性を豊かにしたりしていくことも求められる。

○　加えて，ICTの特性・強み[*76]を，「主体的・対話的で深い学び」の実現につなげ，子供たちに情報技術を手段として活用できる力を育むためにも，学校において日常的にICTを活用できるような環境づくりとともに，学びの質を高めるICTの活用方法についての実践的研究と成果の普及が求められる。

---

*75　文部科学省に設置された「学校図書館の整備充実に関する調査研究協力者会議」が本年10月に取りまとめた「これからの学校図書館の整備充実について（報告）」参照。

*76　ICTの特性・強みとしては，①多様で大量の情報を収集，整理・分析，まとめ表現することなどができ，カスタマイズが容易であること，②時間や空間を問わずに，音声・画像・データ等を蓄積・送受信できるという時間的・空間的制約を超えること，③距離に関わりなく相互に情報の発信・受信のやりとりができるという，双方向性を有することが挙げられる。

## 第8章　子供一人一人の発達をどのように支援するか　―子供の発達を踏まえた指導―

○　第5章6.において指摘したように，資質・能力の育成に当たっては，子供一人一人の興味や関心，発達や学習の課題等を踏まえ，それぞれの個性に応じた学びを引き出し，一人一人の資質・能力を高めていくことが重要となる。各学校が行う進路指導や生徒指導，学習指導等についても，子供たちの一人一人の発達を支え，資質・能力を育成するという観点からその意義を捉え直し，充実を図っていくことが必要となる。

○　また，個々の子供の発達課題や教育的ニーズをきめ細かに支えるという視点から，特別支援教育や，日本語の能力に応じた支援等についても，教育課程や各教科等の関係性を明確にしながら，充実を図っていくことが求められている。

○　あわせて，不登校児童生徒について，個々の児童生徒の意思を尊重しつつ，保護者及び関係機関と連携を図り，その社会的な自立に向けて必要な支援を行うことや，夜間中学に通う生徒に対する教育も重要である。

○　なお，子供たちの発達を支えるためには，児童生徒の発達の特性や教育活動の特性を踏まえて，予め適切な時期・場面において，主に集団の場面で必要な指導・援助を行う**ガイダンス**と，個々の児童生徒が抱える課題に対して，その課題を受け止めながら，主に個別指導により解決に向けて指導・援助する**カウンセリング**を，それぞれ充実させていくという視点が必要である[*77]。

○　また，第10章において述べるとおり，「**チームとしての学校**」の視点に立ち，子供たち一人一人の教育的ニーズを踏まえながら，きめ細やかに発達を支えていくという視点を学校全体で共有するとともに，スクールカウンセラーやスクールソーシャルワーカー補習支援などを行うサポートスタッフ，特別支援教育支援員など，教員以外の専門スタッフ等の参画を得ていくことも重要となる。

### 1．学習活動や学校生活の基盤となる学級経営の充実

○　第3章2.(3)においても指摘したように，学校は，今を生きる子供たちにとって，未来の社会に向けた準備段階としての場である同時に，現実の社会との関わりの中で，毎日の生活を築き上げていく場でもある。

○　そうした学校における，子供たちの学習や生活の基盤となるのが，日々の生活を共にする基礎的な集団である学級やホームルーム[*78]である。これまで総則においては，小学校においてのみ学級経営の充実が位置付けられ，中学校，高等学校においては位置付けられてこなかった。

○　今回，子供たちの学習や生活における学校や学級の重要性が，今一度捉え直されたことを受けて，特別活動においても，第2部第2章16.に示すとおり，

---

[*77]　平成28年12月7日には，不登校児童生徒等に対する教育機会の確保や夜間中学における就学の機会の提供等を含めた「義務教育の段階における普通教育に相当する教育の機会の確保等に関する法律」が成立したところである。

[*78]　高等学校においては，ホームルームが生徒の学校における基礎的な生活単位となる。

学級活動・ホームルーム活動の中心的な意義を踏まえた上で改善が図られることが求められる。総則においても，小・中・高等学校を通じた学級・ホームルーム経営の充実を図り，子供の学習活動や学校生活の基盤としての学級という場を豊かなものとしていくことが重要である。

## ２．学習指導と生徒指導

○　子供たちにとって学習の場であり生活の場である学校において，教員の指導は，学習指導の側面と生徒指導の側面を持つ。

○　生徒指導とは，一人一人の児童生徒の人格を尊重し，個性の伸長を図りながら，社会的資質や行動力を高めることを目指して行われる教育活動のことである。今回，全ての教科等において育む「学びに向かう力・人間性」が整理されることにより，今後，教科等における学習指導と生徒指導とは，目指すところがより明確に共有されることとなり，更に密接な関係を有するものになると考えられる。

○　生徒指導については，今回整理された資質・能力等も踏まえて，改めて，一人一人の生徒の健全な成長を促し，生徒自ら現在及び将来における自己実現を図っていくために必要な力の育成を目指すという意義を捉え直していくことが求められる。ともすれば，個別の問題行動等への対応にとどまりがちとも指摘されるが，どのような資質・能力の育成を目指すのかということや，一人一人のキャリア形成の方向性等を踏まえながら，その機能が発揮されるようにしていくことが重要である。

○　また，学習指導においても，子供一人一人に応じた「主体的・対話的で深い学び」を実現していくために，子供一人一人の理解（いわゆる児童生徒理解）の深化を図るという生徒指導の基盤や，子供一人一人が自己存在感を感じられるようにすること，教職員と児童生徒の信頼関係や児童生徒相互の人間関係づくり，児童生徒の自己選択や自己決定を促すといった生徒指導の機能を生かして充実を図っていくことが求められる。

○　このように，学習指導と生徒指導とを分けて考えるのではなく，相互に関連付けながら充実を図ることが重要であり，そのことが，前述した学級経営の充実にもつながるものと考えられる。

## ３．キャリア教育（進路指導を含む）

○　第３章２.⑶においても指摘したように，子供たちに将来，社会や職業で必要となる資質・能力を育むためには，学校で学ぶことと社会との接続を意識し，一人一人の社会的・職業的自立に向けて必要な基盤となる資質・能力を育み，キャリア発達を促すキャリア教育の視点も重要である。

○　キャリア教育については，中央教育審議会が平成23年１月にまとめた答申「今後の学校におけるキャリア教育・職業教育の在り方について」を踏まえ，その理念が浸透してきている一方で，例えば，職場体験活動のみをもってキャリア教育を行ったものとしているのではないか，社会への接続を考慮せず，次

の学校段階への進学のみを見据えた指導を行っているのではないか，職業を通じて未来の社会を創り上げていくという視点に乏しく，特定の既存組織のこれまでの在り方を前提に指導が行われているのではないか，といった課題も指摘されている。また，将来の夢を描くことばかりに力点が置かれ，「働くこと」の現実や必要な資質・能力の育成につなげていく指導が軽視されていたりするのではないか，といった指摘もある。

○　こうした課題を乗り越えて，**キャリア教育**を効果的に展開していくためには，教育課程全体を通じて必要な資質・能力の育成を図っていく取組が重要になる。小・中学校では，特別活動の学級活動を中核としながら，総合的な学習の時間や学校行事，特別の教科　道徳や各教科における学習，個別指導としての進路相談等の機会を生かしつつ，学校の教育活動全体を通じて行うことが求められる。高等学校においても，小・中学校における**キャリア教育**の成果を受け継ぎながら，特別活動のホームルーム活動を中核とし，総合的な探究の時間や学校行事[*79]，公民科に新設される科目「公共」をはじめ各教科・科目等における学習，個別指導としての進路相談等の機会を生かしつつ，学校の教育活動全体を通じて行うことが求められる。

○　このように，小・中・高等学校を見通した，かつ，学校の教育活動全体を通じた**キャリア教育**の充実を図るため，**キャリア教育**の中核となる特別活動について，その役割を一層明確にする[*80]観点から，小・中・高等学校を通じて，学級活動・ホームルーム活動に一人一人のキャリア形成と実現に関する内容を位置付けるとともに，「**キャリア・パスポート（仮称）**[*81]」の活用を図ることを検討する。

○　加えて，高等学校においては，「公共」において，教科目標の実現を図るとともに，**キャリア教育**の観点からは，特別活動のホームルーム活動などと連携

---

[*79]　勤労生産・奉仕的行事として，職場体験活動，就業体験（インターンシップ）などのキャリア形成に関わる啓発的な体験活動が実施される。

[*80]　学級活動やホームルーム活動を通じて，各教科等における学習の内容や，特別活動における様々な活動や行事の内容を見通したり振り返ったりし，自己の生き方・キャリア形成につなげていく役割が期待されている。

[*81]　小学校から高等学校までの特別活動をはじめとしたキャリア教育に関わる活動について，学びの過程を記述し振り返ることができるポートフォリオとしての機能を持つ教材として議論されている。ここで言う「パスポート」とは，公文書である旅券という本来の意味を超えて，学びの履歴を積み重ねていくことにより，過去の履歴を振り返ったり，将来の学びの予定を考え積み重ねたりしていくことを支援する仕組みを指すものである（参考：国家資格であるITパスポート試験など）。
　　既に複数の地方自治体において，「キャリアノート」や「キャリア教育ノート」などの名称で，児童生徒が様々な学習や課外活動の状況を記録したり，ワークシートとして用いたりするなど，子供自らが履歴を作り上げていく取組が行われており，こうした取組も，「**キャリア・パスポート（仮称）**」と同様の趣旨の活動と考えることができる。こうした既存の取組の成果も参考としながら，各学校が育成を目指す資質・能力を反映するなど，学校や地域の特色を反映できるものにすること，生徒が受動的に作成するだけにならないよう，作成する過程で自らを振り返ることにつながるものにすることなどについて，留意する必要がある。

し，インターンシップの事前・事後の学習との関連を図ることなどを通して，社会に参画する力を育む中核的機能を担うことが期待されている。

　　また，高等学校の就業体験（インターンシップ）については，これまで主に高等学校卒業後に就職を希望する生徒が多い普通科や専門学科での実習を中心に行われてきたが，今後は，大学進学希望者が多い普通科の高等学校においても，例えば研究者や大学等の卒業が前提となる資格を要する職業も含めた就業体験（いわゆる「アカデミック・インターンシップ」）を充実するなど，それぞれの高等学校や生徒の特性を踏まえた多様な展開が期待される。

○　日常の教科・科目等の学習指導においても，自己のキャリア形成の方向性と関連付けながら見通しを持ったり，振り返ったりしながら学ぶ**「主体的・対話的で深い学び」**を実現するなど，教育課程全体を通じて**キャリア教育**を推進する必要がある。

○　**キャリア教育**は，子供たちに社会や職業との関連を意識させる学習であることから，その実施に当たっては，地域との連携が不可欠である。各学校が育成を目指す資質・能力を共有しながら，地域全体で子供の社会的・職業的自立に向けた基盤を作っていくことができるよう，第10章において述べるように，地域との連携・協働を進めていく必要がある。

○　なお，進路指導[*82]については，そのねらいは**キャリア教育**の目指すところとほぼ同じであるものの，実際に学校で行われている進路指導においては，進路指導担当の教員と各教科担当の教員との連携が不十分であったり，一人一人の発達を組織的・体系的に支援しようとする意識や，教育課程における各活動の関連性や体系性等が希薄であったりすることなどにより，子供たちの意識の変容や資質・能力の育成に結び付いていないとの指摘もある。各学校においては，これまでの進路指導の実践を**キャリア教育**の視点からとらえ直し，その在り方を見直していくことが求められる。

## 4．個に応じた指導

○　児童生徒一人一人の可能性を最大限に伸ばし，社会をよりよく生きる資質・能力を育成する観点から，児童生徒の実態に応じた指導方法や指導体制の工夫改善を通じて，**個に応じた指導**を推進する必要がある。特に，次期学習指導要領等では，第5章6．において示したように，一人一人の発達や成長をつなぐ視点で資質・能力を育成していくことが重要であり，学習内容を確実に身に付ける観点から，個に応じた指導を一層重視する必要がある。

○　特に，授業が分からないという悩みを抱えた児童生徒への指導に当たっては，個別の学習支援や学習相談を通じて，自分にふさわしい学び方や学習方法を身

---

＊82　進路指導とは，生徒の個人資料，進路情報，啓発的経験及び相談を通じて，生徒が自ら，将来の進路を選択・計画し，就職又は進学をして，更にその後の生活によりよく適応し，能力を伸長するように，教員が組織的・継続的に指導・援助する過程であり，どのような人間になり，どう生きていくことが望ましいのかといった長期的展望に立った人間形成を目指す教育活動である。

に付け，主体的に学習を進められるようにすることが重要である。

○　また，基礎的・基本的な知識・技能の習得が重要であることは言うまでもないが，思考力・判断力・表現力等や学びに向かう力等こそ，家庭の経済事情など，子供を取り巻く環境を背景とした差が生まれやすい能力であるとの指摘もあることに留意が必要である。一人一人の課題に応じた**「主体的・対話的で深い学び」**を実現し，学びの動機付けや幅広い資質・能力の育成に向けた効果的な取組を展開していくことによって，学校教育が個々の家庭の経済事情等に左右されることなく，子供たちに必要な力を育んでいくことが求められる。その際，教職員定数の充実などの指導体制の確立やICT環境などの教育インフラの充実など必要な条件整備が重要であることは言うまでもない。

## 5．教育課程全体を通じたインクルーシブ教育システムの構築を目指す特別支援教育

○　障害者の権利に関する条約に掲げられた**インクルーシブ教育システム**の構築を目指し，子供たちの自立と社会参加を一層推進していくためには，通常の学級，通級による指導，特別支援学級，特別支援学校において，子供たちの十分な学びを確保し，一人一人の子供の障害の状態や発達の段階に応じた指導や支援を一層充実させていく必要がある。

○　その際，小・中学校と特別支援学校との間での柔軟な転学や，中学校から特別支援学校高等部への進学などの可能性も含め，教育課程の連続性を十分に考慮し，子供の障害の状態や発達の段階に応じた組織的・継続的な指導や支援を可能としていくことが必要である。

○　そのためには，特別支援教育に関する教育課程の枠組みを，全ての教職員が理解できるよう，小・中・高等学校の各学習指導要領の総則において，通級による指導や特別支援学級（小・中学校のみ）における教育課程編成の基本的な考え方を示していくことが求められる。また，幼・小・中・高等学校の通常の学級においても，発達障害を含む障害のある子供が在籍している可能性があることを前提に，全ての教科等において，一人一人の教育的ニーズに応じたきめ細かな指導や支援ができるよう，障害種別の指導の工夫のみならず，各教科等の学びの過程において考えられる困難さに対する指導の工夫の意図，手立ての例を具体的に示していくことが必要である。

○　また，通級による指導を受ける児童生徒及び特別支援学級に在籍する児童生徒については，一人一人の教育的ニーズに応じた指導や支援が組織的・継続的に行われるよう，**「個別の教育支援計画」**や**「個別の指導計画」**を全員作成することが適当である[83]。

---

[83]　個々の子供の障害の状態等に応じたきめ細かな指導を行うために，指導の目標や内容，配慮事項などを示した計画（**「個別の指導計画」**）や，学校生活だけでなく家庭生活や地域での生活を含め，長期的な視点に立って幼児期から学校卒業後まで一貫した支援を行うため，家庭や医療機関，福祉施設などの関係機関と連携し，様々な側面からの取組を示した計画（**「個別の教育支援計画」**）を作成し，計画的・組織的な指導や支援が行われるようになっている。個々

○ 加えて，平成30年度から制度化される高等学校における通級による指導については，単位認定の在り方など制度の実施にあたり必要な事項を示すことが必要である。また，実施に向けて円滑に準備が進められるよう，校内体制及び関係機関との連携体制，各教科等の指導を行う教員との連携の仕方，通級による指導に関する指導内容や指導方法などの実践例を紹介することが求められる。

○ 障害者理解や交流及び共同学習については，グローバル化など社会の急激な変化の中で，多様な人々が共に生きる社会の実現を目指し，一人一人が，多様性を尊重し，協働して生活していくことができるよう，各教科等の特質に応じた「見方・考え方」と関連付けながら[*84]，学校の教育活動全体での一層の推進を図ることが求められる。さらに，学校の教育課程上としての学習活動にとどまらず，地域社会との交流の中で，障害のある子供たちが地域社会の構成員であることをお互いが学ぶという，地域社会の中での交流及び共同学習の推進を図る必要がある。

○ その際，2020年東京オリンピック・パラリンピック競技大会を契機とする「心のバリアフリー」の推進の動向も踏まえ，全ての人が，障害等の有無にかかわらず，多様性を尊重する態度を育成できるようにすることが求められる。

○ 前述のような方向性を踏まえ，教育課程全体を通じた特別支援教育の充実を図るための具体的な取組の方向性は，別紙7のとおりである。

## 6．子供の日本語の能力に応じた支援の充実

○ 子供たちが学校教育を通じて，一人一人の資質・能力を伸ばしていくためには，学校における学習や生活の基盤となる日本語の能力に応じた支援を充実させ，日本語を用いて，学校生活を営むとともに，学習に取り組むことができるようにしていく必要がある。

○ 近年では特に，外国籍の児童生徒や，両親のいずれかが外国籍である等の外国につながる児童生徒（以下「外国人児童生徒等」という。）のうち，公立学校等に在籍する日本語指導が必要な児童生徒が年々増加傾向にあり（現在37,095人），その母語や日本語の能力も多様化している状況にある。

○ 現行の学習指導要領では，「海外から帰国した児童などについては，学校生活への適応を図るとともに，外国における生活経験を生かすなど適切な指導を行うこと」とされており，日本語の能力の測定方法や指導内容の在り方など，各学校における指導の充実を支える仕組みも整えられてきているところである。

---

の子供の障害等の状態の把握に当たっては，必要に応じて，専門の医師や心理学の専門家等と連携協力し，障害の状態，発達や経験の程度等を的確に把握することが求められている。

[*84] 具体的には，例えば以下のようなものが考えられる。
- 保健体育科における共生の視点に立った関わり方
- 生活科における身近な人々との接し方
- 音楽科，図画工作科，美術科や芸術科における感じ方や表現の，相違や共通性，よさなどの気付きを通した自己理解や他者理解
- 道徳科における，正義，公正，差別や偏見のない社会の実現
- 特別活動におけるよりよい集団生活や社会の形成など

こうした成果を踏まえながら，海外から帰国した児童生徒や外国人児童生徒が
どのような年齢・学年で日本の学校教育を受けることになったとしても，一人
一人の日本語の能力に応じた支援を受け，学習や生活の基盤を作っていくこと
ができるよう，指導の目標や支援の視点を明確にして取り組んでいくことが求
められる。

○　平成26年からは，児童生徒の日本語の能力に応じて，特別の指導を行う必要
がある場合には，通級による指導を行うことができるよう「特別の教育課程」
が制度化されたところである[*85]。児童生徒の状況に応じて，在籍学級における
支援と通級による指導の双方を充実させていくことが必要である。

○　具体的な取組の方向性は，別紙8のとおりである。こうした取組を通じて，
支援を必要とする子供たちの学習や生活の基盤が形成され，同時に，多様な生
活経験を持つ子供たちによる豊かな学びの場が実現されることが期待される。

# 第9章　何が身に付いたか　―学習評価の充実―

## 1．学習評価の意義等

○　学習評価は，学校における教育活動に関し，子供たちの学習状況を評価する
ものである。「子供たちにどういった力が身に付いたか」という学習の成果を
的確に捉え，教員が指導の改善を図るとともに，子供たち自身が自らの学びを
振り返って次の学びに向かうことができるようにするためには，この学習評価
の在り方が極めて重要であり，教育課程や学習・指導方法の改善と一貫性を持
った形で改善を進めることが求められる。

○　子供たちの学習状況を評価するために，教員は，個々の授業のねらいをどこ
までどのように達成したかだけではなく，子供たち一人一人が，前の学びから
どのように成長しているか，より深い学びに向かっているかどうかを捉えてい
くことが必要である。

○　また，学習評価については，子供の学びの評価にとどまらず，「カリキュラ
ム・マネジメント」の中で，教育課程や学習・指導方法の評価と結び付け，子
供たちの学びに関わる学習評価の改善を，更に教育課程や学習・指導の改善に
発展・展開させ，授業改善及び組織運営の改善に向けた学校教育全体のサイク
ルに位置付けていくことが必要である。

## 2．評価の三つの観点

○　現在，各教科について，学習状況を分析的に捉える「観点別学習状況の評
価」と，総括的に捉える「評定」とを，学習指導要領に定める目標に準拠した

---

[*85]　平成26年5月1日現在，通級による指導を受けている外国人児童生徒は，小学校4,296人，
中学校1,463人であり，日本国籍の児童生徒は，小学校985人，中学校231人となっている。制
度化により，指導の質の向上や，組織的・継続的な支援の充実が期待されている。一方で，よ
り充実した体制整備を求める声も多い（文部科学省「日本語指導が必要な児童生徒の受入れ状
況等に関する調査（平成26年度）」）。

評価として実施することが明確にされている。評価の観点については，従来の4観点の枠組みを踏まえつつ，学校教育法第30条第2項[*86]が定める学校教育において重視すべき三要素（「知識・技能」「思考力・判断力・表現力等」「主体的に学習に取り組む態度」）を踏まえて再整理され，現在，「知識・理解」「技能」「思考・判断・表現」「関心・意欲・態度」の四つの観点が設定されているところである。

○ 今回の改訂においては，全ての教科等において，教育目標や内容を，**資質・能力の三つの柱**に基づき再整理することとしている。これは，資質・能力の育成を目指して「**目標に準拠した評価**」を実質化するための取組でもある。

○ 今後，小・中学校を中心に定着してきたこれまでの学習評価の成果を踏まえつつ，**目標に準拠した評価**を更に進めていくため，こうした教育目標や内容の再整理を踏まえて，**観点別評価**については，**目標に準拠した評価**の実質化や，教科・校種を超えた共通理解に基づく組織的な取組を促す観点から，小・中・高等学校の各教科を通じて[*87]，「知識[*88]・技能」「思考・判断・表現」「**主体的に学習に取り組む態度**」の3観点に整理することとし，指導要録の様式を改善することが必要である。

○ その際，「学びに向かう力・人間性等」に示された資質・能力には，感性や思いやりなど幅広いものが含まれるが，これらは**観点別学習状況の評価**になじむものではないことから，評価の観点としては学校教育法に示された「**主体的に学習に取り組む態度**」として設定し，感性や思いやり等については**観点別学習状況の評価**の対象外とする必要がある。

○ すなわち，「**主体的に学習に取り組む態度**」と，資質・能力の柱である「**学びに向かう力・人間性**」の関係については，「学びに向かう力・人間性」には①「**主体的に学習に取り組む態度**」として**観点別評価**（学習状況を分析的に捉える）を通じて見取ることができる部分と，②**観点別評価**や評定にはなじまず，こうした評価では示しきれないことから個人内評価（個人のよい点や可能性，進歩の状況について評価する）を通じて見取る部分があることに留意する必要がある。

○ これらの観点については，毎回の授業で全てを見取るのではなく，単元や題材を通じたまとまりの中で，学習・指導内容と評価の場面を適切に組み立てていくことが重要である。

○ なお，**観点別学習状況の評価**には十分示しきれない，児童生徒一人一人のよい点や可能性，進歩の状況等については，日々の教育活動や総合所見等を通じて積極的に子供に伝えることが重要である。

---

*86 中学校は第49条，高等学校は第62条，中等教育学校は第70条の規定によりそれぞれ準用されている。

*87 今回の改訂において教科として導入される，小学校の外国語科についても同様である。

*88 第5章2．①に示した知識についての整理を踏まえ，この「知識」には，従来「理解」として整理されてきた内容も含まれるものとする。

## 3．評価に当たっての留意点等

○ 「目標に準拠した評価」の趣旨からは，評価の観点については，学習指導要領における各教科等の指導内容が資質・能力を基に構造的に整理されることにより明確化される。今般，中央教育審議会においては，第3章2.(4)において述べたように，学習評価について学習指導要領の改訂を終えた後に検討するのではなく，本答申において，学習指導要領等の在り方と一体として考え方をまとめることとした。指導要録の改善・充実や多様な評価の充実・普及など，今後の専門的な検討については，本答申の考え方を前提として，それを実現するためのものとして行われることが求められる。

○ 学習指導要領改訂を受けて作成される，学習評価の工夫改善に関する参考資料についても，詳細な基準ではなく，資質・能力を基に再整理された学習指導要領を手掛かりに，教員が評価規準を作成し見取っていくために必要な手順を示すものとなることが望ましい。そうした参考資料の中で，各教科等における学びの過程と評価の場面との関係性も明確にできるよう工夫することや，複数の観点を一体的に見取ることも考えられることなどが示されることが求められる。

○ 評価の観点のうち「主体的に学習に取り組む態度」については，学習前の診断的評価のみで判断したり，挙手の回数やノートの取り方などの形式的な活動で評価したりするものではない。子供たちが自ら学習の目標を持ち，進め方を見直しながら学習を進め，その過程を評価して新たな学習につなげるといった，学習に関する自己調整を行いながら，粘り強く知識・技能を獲得したり思考・判断・表現しようとしたりしているかどうかという，意思的な側面を捉えて評価することが求められる。

○ このことは現行の「関心・意欲・態度」の観点についても本来は同じ趣旨であるが，上述の挙手の回数やノートの取り方など，性格や行動面の傾向が一時的に表出された場面を捉える評価であるような誤解が払拭し切れていないのではないか，という問題点が長年指摘され現在に至ることから，「関心・意欲・態度」を改め「主体的に学習に取り組む態度」としたものである。こうした趣旨に沿った評価が行われるよう，単元や題材を通じたまとまりの中で，子供が学習の見通しを持って学習に取り組み，その学習を振り返る場面を適切に設定することが必要となる。

○ こうした姿を見取るためには，子供たちが主体的に学習に取り組む場面を設定していく必要があり，「アクティブ・ラーニング」の視点からの学習・指導方法の改善が欠かせない。また，学校全体で評価の改善に組織的に取り組む体制づくりも必要となる。

○ なお，こうした観点別学習状況の評価については，小・中学校と高等学校とでは取組に差があり，高等学校では，知識量のみを問うペーパーテストの結果や，特定の活動の結果などのみに偏重した評価が行われているのではないかとの懸念も示されているところである。義務教育までにバランス良く培われた資質・能力を，高等学校教育を通じて更に発展・向上させることができるよう，

高等学校教育においても，指導要録の様式の改善などを通じて評価の観点を明確にし，**観点別学習状況の評価**を更に普及させていく必要がある。

○　また，資質・能力のバランスのとれた学習評価を行っていくためには，指導と評価の一体化を図る中で，論述やレポートの作成，発表，グループでの話合い，作品の制作等といった多様な活動に取り組ませるパフォーマンス評価などを取り入れ，ペーパーテストの結果にとどまらない，多面的・多角的な評価を行っていくことが必要である。さらには，総括的な評価のみならず，一人一人の学びの多様性に応じて，学習の過程における形成的な評価を行い，子供たちの資質・能力がどのように伸びているかを，例えば，日々の記録やポートフォリオなどを通じて，子供たち自身が把握できるようにしていくことも考えられる。

○　また，子供一人一人が，自らの学習状況やキャリア形成を見通したり，振り返ったりできるようにすることが重要である。そのため，子供たちが自己評価を行うことを，教科等の特質に応じて学習活動の一つとして位置付けることが適当である。例えば，特別活動（学級活動・ホームルーム活動）を中核としつつ，**「キャリア・パスポート（仮称）」**などを活用して，子供たちが自己評価を行うことを位置付けることなどが考えられる。その際，教員が対話的に関わることで，自己評価に関する学習活動を深めていくことが重要である。

○　こうした評価を行う中で，教員には，子供たちが行っている学習にどのような価値があるのかを認め，子供自身にもその意味に気付かせていくことが求められる。そのためには，教員が学習評価の質を高めることができる環境づくりが必要である。教員一人一人が，子供たちの学習の質を捉えることのできる目を培っていくことができるよう，研修の充実等を図っていく必要がある。特に，高等学校については，義務教育までにバランス良く培われた資質・能力を，高等学校教育を通じて更に発展・向上させることができるよう，教員の評価者としての能力の向上の機会を充実させることなどが重要である。

○　加えて，知識の理解の質を高めるという次期学習指導要領等の趣旨を踏まえ，高等学校入学者選抜，大学入学者選抜の質的改善が図られるようにする必要がある。

# 第10章　実施するために何が必要か　―学習指導要領等の理念を実現するために必要な方策―

○　「社会に開かれた教育課程」を実現するためには，そのために必要な次期学習指導要領等の姿を描くのみならず，これからの学校教育の在り方に関わる諸改革との連携を図ることや，学習指導要領等の実施に必要な人材や予算，時間，情報，施設・設備といった資源をどのように整えていくかという，条件整備等が必要不可欠であり，その着実な推進を国や教育委員会等の行政や設置者には強く求めたい。

## 1．「次世代の学校・地域」創生プランとの連携

○　中央教育審議会においては，平成27年12月に，教員の資質・能力の向上を目指す制度改革，「**チームとしての学校**」の実現，地域と学校の連携・協働に向けた改革を柱とする三つの答申[*89]を示しており，それを受けて文部科学省は，一億総活躍社会の実現と地方創生の推進のため，答申の内容の具体化を着実に推進するべく平成28年1月に「「次世代の学校・地域」創生プラン」を策定した。

○　この中で，教員の資質・能力の向上を目指す制度改革については，国，教育委員会，学校，大学等が目標を共有して連携しながら，次期学習指導要領等に向けて教員に求められる力を効果的に育成できるよう，教育委員会と大学等との協議の場の設置や教員に求められる能力を明確化する教員育成指標，それを踏まえた研修計画の策定などを示している。また，「教員は学校で育つ」ものであることから，日常的に学び合う校内研修の充実等を支援する方策を講じることとし，「**アクティブ・ラーニング**」の視点からの授業改善や外国語教育等の新たな教育課題に対応した教員研修・養成も充実していくこととしている[*90]。

○　「**チームとしての学校**」の実現へ向けた改革については，複雑化・多様化する学校の諸課題に対応し，子供たちに必要な資質・能力を育成していけるよう，①学校において教職員が心理や福祉等の専門スタッフと連携・分担する「専門性に基づくチーム体制の構築」や，②管理職の養成，選考・登用，研修の在り方の見直しを含む「学校のマネジメント機能の強化」，③人材育成の推進や業務環境の改善，学校への支援の充実等といった「教職員一人一人が力を発揮できる環境の整備」の三つの視点に沿った施策を講じることを示している。これにより，学校の教育力・組織力を向上させ，組織として教育活動に取り組む体制を作り上げるとともに，必要な指導体制を整備することとしている。

○　地域と学校の連携・協働に向けた改革については，地域の人々と目標やビジョンを共有し，地域と一体となって子供たちを育む「地域とともにある学校」への転換を図るため，全ての公立学校がコミュニティ・スクールとなることを目指して取組を一層推進・加速することとしている。また，次代の郷土をつくる人材の育成，学校を核としたまちづくり，地域で家庭を支援し子育てできる環境づくり，学び合いを通じた社会的包摂という方向を目指して取組を進めることにより，学校と地域との組織的・継続的な連携・協働体制を確立していくことを示している。そのため，地域と学校が連携・協働して，地域全体で未来を担う子供たちの成長を支え，地域を創生する活動を「地域学校協働活動」と

---

＊89　平成27年12月21日に中央教育審議会がまとめた，「新しい時代の教育や地方創生の実現に向けた学校と地域の連携・協働の在り方と今後の推進方策について」「チームとしての学校の在り方と今後の改善方策について」「これからの学校教育を担う教員の資質能力の向上について～学び合い，高め合う教員育成コミュニティの構築に向けて～」の三つの答申。

＊90　こうした制度改革を実現するため，教育公務員特例法等の一部を改正する法律案が第192回国会に提出され，平成28年11月に可決・成立，平成29年4月から順次施行されることとなっている。

して推進することとし，この活動を推進する体制として従来の学校支援地域本部を「地域学校協働本部」へ発展させていくことや，地域住民や学校との連絡調整を行う「地域コーディネーター」の育成・確保などを行うこととしている。

○　これらは，「社会に開かれた教育課程」の実現を中心に据えつつ，学校については，その実現に必要な学校の指導体制の質・量両面での充実や，地域とともにある学校への転換を，地域については，次代の郷土をつくる人材の育成や，学校を核としたまちづくり等を一体的に進め，学校を核として地域社会が活性化していく「次世代の学校・地域」を創生していこうとするものであり，今後，その進展と軌を一にしながら教育課程の改善を進めていく必要がある。

## 2．学習指導要領等の実施に必要な諸条件の整備
（教員の資質・能力の向上）

○　子供たちに新しい社会の在り方を創造することができる資質・能力を育むためには，そのために必要な教育を創意工夫し，子供たちの学習に対する内発性を引き出していくことができるよう，教員一人一人の力量を高めていく必要がある。

○　我が国の教員に対する国際的な評価はもともと高く，特に，各教科等における授業改善に向けて行われる多様な研究に関しては，海外からも極めて高い関心が寄せられている。とりわけ，各学校における教員の学び合いを基調とする「授業研究」は，我が国において独自に発展した教員研修の仕組みであるが，近年「レッスン・スタディ」として国際的な広がりを見せている。

○　一方で，授業研究の対象が一回一回の授業における指導方法という狭い範囲にとどまりがちであり，単元や題材のまとまりを見通した指導の在り方や，教科等横断的な視点から内容や教材の改善を図っていく視点が弱いのではないかとの指摘もあるところである。特に，教科担任制となる中学校・高等学校となるにつれ，教科等の枠を越えて教育課程全体を見渡した視点で校内研修を行うことが少なくなるのではないかとの指摘もある。

○　これからの教員には，学級経営や児童生徒理解等に必要な力に加え，教科等を越えた「カリキュラム・マネジメント」の実現や，「主体的・対話的で深い学び」を実現するための授業改善や教材研究，学習評価の改善・充実などに必要な力等が求められる。教科等の枠を越えた校内の研修体制の一層の充実を図り，学校教育目標や育成を目指す資質・能力を踏まえ，「何のために」「どのような改善をしようとしているのか」を教員間で共有しながら，学校組織全体としての指導力の向上を図っていけるようにすることが重要である。

○　また，複雑化・多様化する学校の課題に対して，「チームとしての学校」の視点から対応していくため，例えば特別支援教育など学校教育を取り巻く共通的な課題や社会的な課題をテーマとした校内研修を通じてこれらに関する問題意識を共有し，個々の教員の資質向上を図ることも有効と考えられる。

○　教員の資質・能力の向上を目指す制度改革については，前述のとおり，国，教育委員会，学校，大学等が目標を共有してお互い連携しながら，次期学習指

導要領等に向けて教員に求められる力を効果的に育成できるよう，教育委員会と大学等との協議の場の設置や教員に求められる能力を明確化する教員育成指標，それを踏まえた研修計画の策定などを実施することとしている。教員研修自体の在り方を，「アクティブ・ラーニング」の視点で見直すことなども提言している。

○　教員養成においては，資質・能力を育成していくという新しい学習指導要領等の考え方を十分に踏まえ，教職課程における指導内容や方法の見直しを図ることが必要である。特に，教員養成大学・学部においては，新しい学習指導要領等の実施を踏まえた教員の指導力の向上に資するカリキュラム開発など，役割・使命は大きい。

○　また，学校が家庭・地域とも連携・協働しながら，新しい学習指導要領等の理念を実現していくためには，園長・校長のリーダーシップの発揮をはじめとする学校のマネジメント機能の強化が必要であり，例えば，教育委員会が実施している管理職研修を見直し，教職大学院をはじめとした大学と連携することなども考えられる。

○　今後とも，教員一人一人が社会の変化を見据えながら，これからの時代に必要な資質・能力を子供たちに育むことができるよう，教育課程の改善に向けた議論と歩調を合わせて，教員の養成・採用・研修を通じた改善を具体化していくことが求められる。

**（指導体制の整備・充実）**

○　こうした取組を通じて，教員一人一人が校内研修，校外研修などの様々な研修の機会を活用したり，自主的な学習を積み重ねたりしながらその力量を向上させていくとともに，教員一人一人の力量が発揮されるよう，必要な指導体制を整備していくことも必要である。

○　前述のような教員の研修機会を確保するとともに，次期学習指導要領等を踏まえた「カリキュラム・マネジメント」の実現や，「主体的・対話的で深い学び」を実現するための授業改善や教材研究，学習評価の充実，子供一人一人の学びを充実させるための少人数によるきめ細かな指導の充実など，次期学習指導要領等における指導や業務の在り方に対応するため，必要な教職員定数[91]の

*91　文部科学省では，本年7月に「次世代の学校指導体制強化のためのタスクフォース」がまとめた「次世代の学校指導体制の在り方について（最終まとめ）」を公表したところである。そこでは，1．学習指導要領改訂による「社会に開かれた教育課程」の実現（①小学校高学年を中心に，外国語等の教科で専科指導を行うため，専科担当教員や，中学校教員など，教科の専門性の高い教員の定数を充実，②「主体的・対話的で深い学び」を充実させるため，「アクティブ・ラーニング」の視点に立った研究等に必要な教員定数を充実，また，自治体や学校現場の判断により，学年段階や授業内容等を踏まえ，ティーム・ティーチングや少人数指導を実施するために必要な定数を確保）や，2．多様な子供たち一人一人の状況に応じた教育（障害のある児童生徒に対する通級による指導や，外国人児童生徒等教育の充実に係る定数を基礎定数化（対象児童生徒数に応じた算定）し，安定的・計画的な教員採用・配置を促進することなど），3．「次世代の学校・地域創生」プランの推進（教員の質の向上に向けた指導教諭の配置促進など）といった提言がなされているところである。

拡充を図ることが求められる。

○　また，学校を取り巻く複雑化・多様化した課題を解決に導いていくために，事務体制の強化を図り，各学校における予算の運用や施設・設備等の活用などが効果的に行われるようにするとともに，教員以外の専門スタッフ等も参画した「チームとしての学校」の実現し，教員が子供と向き合う時間的・精神的な余裕を確保したりしていくことが重要である。加えて，校長又は園長のリーダーシップのもと，「カリキュラム・マネジメント」を中心に学校の組織運営を改善・強化していくことや，教育課程の実施をはじめとした学校運営を行うために，コミュニティ・スクールや，様々な地域人材との連携・協働を通じて，地域で支えていくことなどについても，積極的に進めていくことが重要である。

○　国や各教育委員会等においても，教科等別の学習指導に関する改善のみならず，教科等を横断した教育課程全体の改善について助言を行うことができるような体制を整えていくことが必要であり，教育委員会における指導担当部課長や指導主事等の力量の向上が求められる[92]。各学校において，教科等横断的な視点で教育課程の編成に当たることのできるミドルリーダーの育成も急務であり，そのためには研修の充実のみならず，長期的な育成の視点を持った人事配置の工夫も重要となる。

○　加えて，授業改善や校内研修等の実践事例について，モデル校の先進事例等を動画も含めて参照できるようなアーカイブを整備していくことも考えられる[93]。また，研修ネットワークの構築や，養成・採用・研修を通じた教員の資質能力の向上に関する調査・分析・研究開発を行う全国的な拠点の整備のため，独立行政法人教員研修センター（平成29年4月から「独立行政法人教職員支援機構」）の機能強化を速やかに進める必要がある。あわせて，各地方自治体の教員研修施設において，新たな教育課題に対応した研修プログラムの開発や普及を図ることも重要である。

○　なお，第2部に示した高等学校に置かれる新教科・科目については，その趣旨の理解や指導体制の確立，指導方法の研修等に，特に配慮していくことが求められる。

（業務の適正化）

○　これからの時代を支える教育へ転換し，複雑化・困難化した課題に対応できる「次世代の学校」を実現するためには，教員が誇りや情熱をもって使命と職責を遂行できる環境が不可欠である。

○　文部科学省においては，平成28年6月に「学校現場における業務の適正化に

---

[92]　伝達講習などの機会のみならず，学校の環境の中でいかに教員が育っていくかという視野を持った体制の充実が求められる。

[93]　独立行政法人教員研修センターに設置されている次世代型教育推進センターにおいては，各県から集まった教員自身の手で，「主体的・対話的で深い学び」の実現に向けた授業研究と校内研修プログラムの開発等が行われている。また，各都道府県の教員研修施設においても，授業実践の蓄積や研修プログラムの開発・実施が進められているところであり，こうした研究やプログラムの蓄積を普及していくことが求められる。

向けて」をとりまとめ，教員の長時間勤務の状況を改善し，教員が子供と向き合う時間を確保するための改善方策を示している[*94]。具体的には，教職員の業務の見直しや，統合型校務支援システムの整備など，教員が担うべき業務に専念できる環境整備の推進，部活動における休養日の設定の徹底や外部人材の活用などの運営の適正化，勤務時間管理の適正化の推進等について示されているところであり，これらの改革工程パッケージに基づき，学校現場の業務の適正化に向けた方策を着実に実施していくことが求められる。

**（教材や教育環境の整備・充実）**

○　教科書を含めた教材についても，**資質・能力の三つの柱**や「**主体的・対話的で深い学び**」の実現に向けた視点を踏まえて改善を図り，新たな学びや多様な学習的ニーズに対応し，学習指導要領の各教科・科目等の目標を達成しやすいものとしていく必要がある[*95]。

○　特に主たる教材である教科書は，子供たちが「**どのように学ぶか**」に大きく影響するものであり，学習指導要領等が目指す理念を各学校において実践できるかは，教科書がどう改善されていくかにも懸かっている。「**主体的・対話的で深い学び**」を実現するには，教科書自体もそうした学びに対応したものに変わり，教員がそれを活用しながら，教科書以外の様々な教材も組み合わせて子供の学びの質を高めていくことができるようにすることが重要である。

○　加えて，科目構成の見直しが行われる高等学校については，各科目が育成を目指す資質・能力や学習過程の在り方を踏まえた教材が求められる。例えば，高等学校に新設される「**理数探究**」は，第2部に示すとおり，探究の過程を重視する科目となっており，スーパーサイエンスハイスクールにおける取組なども踏まえつつ，質の高い教材や指導方法が開発され，学校に提供・共有される必要がある。また，特に「歴史総合」や「生物」などでは，教材で扱われる用語が膨大となっていることが指摘される中で，科目のねらいを実現するため，主要な概念につながる重要用語を中心に整理するとともに，「**見方・考え方**」を働かせて考察・構想させるために必要な教材とすることが求められる。

---

[*94]　文部科学省に設置された「次世代の学校指導体制にふさわしい教職員の在り方と業務改善のためのタスクフォース」が取りまとめた「学校現場における業務の適正化に向けて」（平成28年6月13日）参照。

[*95]　文部科学省に設置された「「デジタル教科書」の位置付けに関する検討会議」が本年12月に取りまとめた最終まとめにおいては，「紙の教科書が，児童生徒の学習の充実，さらには，我が国の教育それ自体に大きな役割を果たしていることに疑いはない。それゆえ，児童生徒の主たる教材として紙の教科書が直ちに児童生徒の目の前からなくなるという状況には不安を覚える者も多いと考えられる」とされており，可搬性に富むことや空間的制約に拘束されないというデジタル媒体のメリットも踏まえつつ，基本的には紙の教科書を基本にしながら，デジタル教科書を併用し，紙の教科書により，基礎的・基本的な教育内容の履修を確実に担保した上で，デジタル教科書を部分的・補助的に使用することが適当であるとされている。こうしたデジタル教科書の導入により，主体的・対話的で深い学びの実現にも資することが期待されている。また，教科書の図版や写真を，動画や音声などのデジタル教材と関連付ける「拡張現実（Augmented Reality：AR）」技術等の活用も，学習者の理解の向上に効果があるものと考えられる。

○ 条件整備については，第7章3．において述べた学校図書館の充実に加えて，ICTの環境整備を進める必要がある。現在では，社会生活の中でICTを日常的に活用することが当たり前の世の中となっており，子供たちが社会で生きていくために必要な資質・能力を育むためには，学校の生活や学習においても日常的にICTを活用できる環境を整備していくこと，各自治体における環境整備の実態を把握・公表していくことが不可欠である。

○ 文部科学省が実施した「2020年代に向けた教育の情報化に関する懇談会」では，次期学習指導要領等の実現に不可欠なICT環境について，教員自身が授業内容や子供の姿に応じて自在にICTを活用しながら授業設計を行えるよう整備していくこと[*96]や，官民連携により優れたICT教材の開発を進めていくことなどが提言され，これを受けて，文部科学省において，今後の施策の方向性を示した「教育の情報化加速化プラン」をまとめたところである[*97]。その際，教育効果が高いだけでなく，教員にとって使いやすい機器や教材を，具体的かつ丁寧に学校現場に提供していくとともに，そうした機器や教材のよさを生かした授業を展開できるよう，ICTを用いた指導に関する教員研修の充実も求められる。

## 3．社会との連携・協働を通じた学習指導要領等の実施
### （家庭・地域との連携・協働）

○ 学校がその目的を達成するためには，「社会に開かれた教育課程」の理念のもと，家庭や地域の人々とともに子供を育てていくという視点に立ち，地域と学校の連携・協働の下，幅広い地域住民等（多様な専門人材，高齢者，若者，PTA・青少年団体，企業・NPO等）とともに，地域全体で子供たちの成長を支え，地域を創生する活動（地域学校協働活動）を進めながら，学校内外を通じた子供の生活の充実と活性化を図ることが大切であり，学校，家庭，地域社会がそれぞれ本来の教育機能を発揮し，全体としてバランスのとれた教育が行われることが重要である。

○ これまでも学校は，教育活動の計画や実施の場面で，家庭や地域の人々の積

---

*96 「2020年代に向けた教育の情報化に関する懇談会」最終まとめ（平成28年7月）においては，教員が必要なときに，児童生徒一人一台の教育用コンピュータ環境で授業が行えるよう，ICT環境整備目標を設定していく必要があることなどが示されている。議論の中では，一日一回程度は，各クラスにおいて，教育用コンピュータを利用できる環境を作っていくことが大事であり，普通教室でも使える可動式の教育用コンピュータが3クラスに1クラス分あれば，各クラス最低1日に一回は使える環境が可能ではないかとの意見もあったところである。

*97 同プランには，ICT環境整備の目標の考え方として，「教員自身が授業内容や子供の姿に応じて自在にICTを活用しながら授業設計を行えるようにする」観点から，次期学習指導要領に向けた中央教育審議会における議論や学校現場の現状等も踏まえながら，第3期教育振興基本計画に向けた具体的なICT環境整備目標について検討すること（平成28年度内を目途に検討・結論），大型提示装置について，普通教室への常設化に向けた取組を加速し，電子黒板に加え，テレビやプロジェクタについても大型提示装置として積極的に活用することを含め，ICT環境整備目標の考え方を再度整理することなどが盛り込まれている。

極的な協力を得てきたが，今後，一層家庭や地域の人々と目標やビジョンを共有し，家庭生活や社会環境の変化によって家庭の教育機能の低下も指摘される中，家庭の役割や責任を明確にしつつ具体的な連携<sup>*98</sup>を強化するとともに，地域と連携・協働して地域と一体となって子供たちを育む，地域とともにある学校への転換を図ることが必要である。

○　また，次期学習指導要領等では，**キャリア教育**の充実や，高等学校における専門的な教育の充実を図る観点から，企業の協力，産業界との関わりがこれまで以上に重要となる。教育課程の理念をどのように共有し，働きかけをしていくかを，具体的に計画していく必要がある。

○　加えて，経済的状況に関わらず教育を受けられる機会を整えていくことや，家庭環境や家族の状況の変化等を踏まえた適切な配慮を行っていくことも不可欠である。

**（高大接続改革等の継続）**

○　今回の学習指導要領改訂は，高等学校教育を含む初等中等教育改革のみならず，大学教育改革，そして両者をつなぐ大学入学者選抜改革をも進めようという，高大接続改革の実現を目指して実施されるものである。この三者の改革は密接に関連し合うものであり，一体的に改革を行うことが成功の鍵となる。

○　第2部第1章6.(5)においても述べるように，高等学校教育における子供たちの学びの成果が，大学入学者選抜を通じて適切に評価され，大学教育を通じて更に伸ばしていくことができるよう，今回改訂の趣旨も踏まえつつ，高大接続改革が引き続き強力に推進されるよう求める。

○　同時に，子供たちが学校から社会・職業へ移行した後までも見通し，第2部第1章6.(6)にも示した学校教育と社会や職業との接続を意識した改善・充実を進めていくことも重要である。その際，特定の既存組織のこれまでの在り方のみを前提とするのではなく，子供たちが職業を通じて未来の社会を創り上げていくという視点に立って接続を考えていくことが重要である。

**（新しい教育課程が目指す理念の共有と広報活動の充実）**

○　こうした取組を進めるに当たっては，新しい教育課程が目指す理念を，学校や教育関係者のみならず，保護者や地域の人々，産業界等を含め広く共有し，社会全体で協働的に子供の成長に関わっていくことが必要である。

○　特に学校現場への周知については，誰に向けてどのように伝えていくかというプロセスそのものが重要になる。例えば，学校長に対してどのように伝えるかは，学校としてどのような目標を掲げ「**カリキュラム・マネジメント**」を実

---

*98　学習指導・生徒指導の両面にわたる連携・協力として，各教科等における家庭学習の課題の与え方について教職員で共通理解を図りながら家庭と連携したり，主権者教育や道徳教育といったテーマについて，保護者と子供が新聞などを活用して一緒に話し合って学校での学びを深めたり，いわゆる子連れ投票の仕組みを活用して保護者が児童生徒を投票所に同伴したりといった取組がなされている。また，幼小連携の取組の中で，小学校入学までに家庭や幼児教育において育ってほしい姿を共有することなども行われており，これらの学校と家庭との具体的な連携を充実することが求められる。

質化していくのかという観点からも重要な要素となる。

○　また，一人一人の教職員が，本答申を通じて次期学習指導要領等の理念や基本的な考え方に触れ，自身の専門性を高めていけるようにすることも重要である。

○　地域社会と教育の理念を共有していくことは，様々な教育課題に対して，学校教育だけではなく社会教育と連携・分担しながら地域ぐるみで対応していくことにつながる。また，保護者の理解と協力を得ることは，学校教育の質の向上のみならず，家庭教育を充実させていくためにも大きな効果があると考えられる。

○　これらのためには，教職員一人一人や多くの保護者等に学習指導要領等の理念が分かりやすく伝わるような工夫が求められる。前回の改訂においては，それまで改訂の趣旨の周知・徹底が不十分であったとの調査結果[*99]を受け，教員全員に学習指導要領が行き渡るようにし，保護者全員に改訂のポイントを分かりやすく解説したパンフレットを配布するなどの周知広報活動を行った。これにより理念の共有が図られ，学力向上に向けた教科等の枠を越えた取組や家庭・地域との意識の共有など，今回改訂への基盤が作られた。

○　「社会に開かれた教育課程」を目指す今回改訂においては，こうした取組の継続はもちろんのこと，加えて動画等による解説などさらなる工夫[*100]が求められる。国には，あらゆる媒体を通じて本答申や，今後改訂される学習指導要領等の内容を広く広報し，その成果を今後の教育課程の改善等に生かしていくことを強く求めたい。

## 第2部　各学校段階，各教科等における改訂の具体的な方向性

（略）

---

[*99]　「学校教育に関する意識調査（小・中学校については平成15年，高等学校については平成16年に実施）」によれば，平成10年に改訂された学習指導要領の実施を知らなかった保護者の割合は，高校生保護者で52%，中学生保護者で28%，小学生保護者で29%となっている。

[*100]　学習指導要領等を**「学びの地図」**として幅広く共有され活用されるものにしていくためには，国が主導しながら，各項目の分類・整理や関連付け等に資する取組を推進していくことも求められる。

# 文部科学省「小学校，中学校，高等学校及び特別支援学校等における児童生徒の学習評価及び指導要録の改善等について（通知）」

（2019〈平成31〉年3月29日）

## 1．学習評価についての基本的な考え方

(1) カリキュラム・マネジメントの一環としての指導と評価

「学習指導」と「学習評価」は学校の教育活動の根幹であり，教育課程に基づいて組織的かつ計画的に教育活動の質の向上を図る「カリキュラム・マネジメント」の中核的な役割を担っていること。

(2) 主体的・対話的で深い学びの視点からの授業改善と評価

指導と評価の一体化の観点から，新学習指導要領で重視している「主体的・対話的で深い学び」の視点からの授業改善を通して各教科等における資質・能力を確実に育成する上で，学習評価は重要な役割を担っていること。

(3) 学習評価について指摘されている課題

学習評価の現状としては，(1)及び(2)で述べたような教育課程の改善や授業改善の一連の過程に学習評価を適切に位置付けた学校運営の取組がなされる一方で，例えば，学校や教師の状況によっては，

- 学期末や学年末などの事後での評価に終始してしまうことが多く，評価の結果が児童生徒の具体的な学習改善につながっていない，
- 現行の「関心・意欲・態度」の観点について，挙手の回数や毎時間ノートをとっているかなど，性格や行動面の傾向が一時的に表出された場面を捉える評価であるような誤解が払拭しきれていない，
- 教師によって評価の方針が異なり，学習改善につなげにくい，
- 教師が評価のための「記録」に労力を割かれて，指導に注力できない，
- 相当な労力をかけて記述した指導要録が，次の学年や学校段階において十分に活用されていない，

といった課題が指摘されていること。

(4) 学習評価の改善の基本的な方向性

(3)で述べた課題に応えるとともに，学校における働き方改革が喫緊の課題となっていることも踏まえ，次の基本的な考え方に立って，学習評価を真に意味のあるものとすることが重要であること。

【1】児童生徒の学習改善につながるものにしていくこと

【2】教師の指導改善につながるものにしていくこと

【3】これまで慣行として行われてきたことでも，必要性・妥当性が認められないものは見直していくこと

これに基づく主な改善点は次項以降に示すところによること。

## 2．学習評価の主な改善点について

(1) 各教科等の目標及び内容を「知識及び技能」，「思考力，判断力，表現力等」，「学びに向かう力，人間性等」の資質・能力の三つの柱で再整理した新学習指

導要領の下での指導と評価の一体化を推進する観点から，観点別学習状況の評価の観点についても，これらの資質・能力に関わる「**知識・技能**」，「**思考・判断・表現**」，「**主体的に学習に取り組む態度**」の３観点に整理して示し，設置者において，これに基づく適切な観点を設定することとしたこと。その際，「**学びに向かう力，人間性等**」については，「**主体的に学習に取り組む態度**」として観点別学習状況の評価を通じて見取ることができる部分と観点別学習状況の評価にはなじまず，個人内評価等を通じて見取る部分があることに留意する必要があることを明確にしたこと。

(2) 「**主体的に学習に取り組む態度**」については，各教科等の観点の趣旨に照らし，知識及び技能を獲得したり，思考力，判断力，表現力等を身に付けたりすることに向けた粘り強い取組の中で，自らの学習を調整しようとしているかどうかを含めて評価することとしたこと（各教科等の観点の趣旨は，本通知の別紙４及び別紙５に示している）。

(3) 学習評価の結果の活用に際しては，各教科等の児童生徒の学習状況を観点別に捉え，各教科等における学習状況を分析的に把握することが可能な**観点別学習状況の評価**と，各教科等の児童生徒の学習状況を総括的に捉え，教育課程全体における各教科等の学習状況を把握することが可能な**評定**の双方の特長を踏まえつつ，その後の指導の改善等を図ることが重要であることを明確にしたこと。

(4) 特に高等学校及び特別支援学校（視覚障害，聴覚障害，肢体不自由又は病弱）高等部における各教科・科目の評価について，学習状況を分析的に捉える観点別学習状況の評価と，これらを総括的に捉える評定の両方について，学習指導要領に示す各教科・科目の目標に基づき学校が地域や生徒の実態に即して定めた当該教科・科目の目標や内容に照らし，その実現状況を評価する，目標に準拠した評価として実施することを明確にしたこと。

### ３．指導要録の主な改善点について

　指導要録の改善点は以下に示すほか，別紙１から別紙３まで及び参考様式に示すとおりであること。設置者や各学校においては，それらを参考に指導要録の様式の設定や作成に当たることが求められること。

(1) 小学校及び特別支援学校（視覚障害，聴覚障害，肢体不自由又は病弱）小学部における「外国語活動の記録」については，従来，観点別に設けていた文章記述欄を一本化した上で，評価の観点に即して，児童の学習状況に顕著な事項がある場合にその特徴を記入することとしたこと。

(2) 高等学校及び特別支援学校（視覚障害，聴覚障害，肢体不自由又は病弱）高等部における「各教科・科目等の学習の記録」については，観点別学習状況の評価を充実する観点から，各教科・科目の観点別学習状況を記載することとしたこと。

(3) 高等学校及び特別支援学校（視覚障害，聴覚障害，肢体不自由又は病弱）高等部における「特別活動の記録」については，教師の勤務負担軽減を図り，観

点別学習状況の評価を充実する観点から，文章記述を改め，各学校が設定した観点を記入した上で，各活動・学校行事ごとに，評価の観点に照らして十分満足できる活動の状況にあると判断される場合に，○印を記入することとしたこと。

(4) 特別支援学校（知的障害）各教科については，特別支援学校の新学習指導要領において，小・中・高等学校等との学びの連続性を重視する観点から小・中・高等学校の各教科と同様に育成を目指す資質・能力の三つの柱で目標及び内容が整理されたことを踏まえ，その学習評価においても観点別学習状況を踏まえて文章記述を行うこととしたこと。

(5) 教師の勤務負担軽減の観点から，【1】「総合所見及び指導上参考となる諸事項」については，要点を箇条書きとするなど，その記載事項を必要最小限にとどめるとともに，【2】通級による指導を受けている児童生徒について，個別の指導計画を作成しており，通級による指導に関して記載すべき事項が当該指導計画に記載されている場合には，その写しを指導要録の様式に添付することをもって指導要録への記入に替えることも可能とするなど，その記述の簡素化を図ることとしたこと。

### 4．学習評価の円滑な実施に向けた取組について（略）

(1) 各学校においては，教師の勤務負担軽減を図りながら学習評価の妥当性や信頼性が高められるよう，学校全体としての組織的かつ計画的な取組を行うことが重要であること。具体的には，例えば以下の取組が考えられること。
- 評価規準や評価方法を事前に教師同士で検討し明確化することや評価に関する実践事例を蓄積し共有すること。
- 評価結果の検討等を通じて評価に関する教師の力量の向上を図ること。
- 教務主任や研究主任を中心として学年会や教科等部会等の校内組織を活用すること。

(2) 学習評価については，日々の授業の中で児童生徒の学習状況を適宜把握して指導の改善に生かすことに重点を置くことが重要であること。したがって観点別学習状況の評価の記録に用いる評価については，毎回の授業ではなく原則として単元や題材など内容や時間のまとまりごとに，それぞれの実現状況を把握できる段階で行うなど，その場面を精選することが重要であること。

(3) 観点別学習状況の評価になじまず個人内評価の対象となるものについては，児童生徒が学習したことの意義や価値を実感できるよう，日々の教育活動等の中で児童生徒に伝えることが重要であること。特に**「学びに向かう力，人間性等」**のうち「感性や思いやり」など児童生徒一人一人のよい点や可能性，進歩の状況などを積極的に評価し児童生徒に伝えることが重要であること。

(4) 言語能力，情報活用能力や問題発見・解決能力など教科等横断的な視点で育成を目指すこととされた資質・能力は，各教科等における**「知識・技能」**，**「思考・判断・表現」**，**「主体的に学習に取り組む態度」**の評価に反映することとし，各教科等の学習の文脈の中で，これらの資質・能力が横断的に育成・発揮され

ることが重要であること。

(5) 学習評価の方針を事前に児童生徒と共有する場面を必要に応じて設けること
は，学習評価の妥当性や信頼性を高めるとともに，児童生徒自身に学習の見通
しをもたせる上で重要であること。その際，児童生徒の発達の段階等を踏まえ，
適切な工夫が求められること。

(6) 全国学力・学習状況調査や高校生のための学びの基礎診断の認定を受けた測
定ツールなどの外部試験や検定等の結果は，児童生徒の学習状況を把握するた
めに用いることで，教師が自らの評価を補完したり，必要に応じて修正したり
していく上で重要であること。

　このような外部試験や検定等の結果の利用に際しては，それらが学習指導要
領に示す目標に準拠したものでない場合や，学習指導要領に示す各教科の内容
を網羅的に扱うものではない場合があることから，これらの結果は教師が行う
学習評価の補完材料であることに十分留意が必要であること。（以下略）

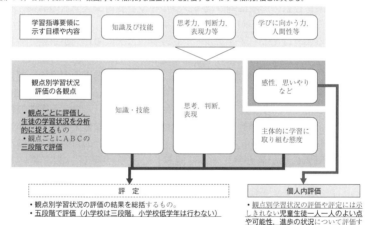

各教科における評価の基本構造

・各教科における評価は，学習指導要領で示す各教科の目標や内容に照らして学習状況を評価するもの（目標準拠評価）
・したがって，目標準拠評価は，集団内での相対的な位置付けを評価するいわゆる相対評価とは異なる。

※この図は，現行の取扱いに「答申」の指摘や新しい学習指導要領の趣旨を踏まえて作成したものである。

## Chapter I ④中央教育審議会報告

2012（平成24）年7月23日

教育改革編 「共生社会の形成に向けたインクルーシブ教育システム構築のための特別支援教育の推進」

### ━ SUMMARY ━

#### ① 報告の背景

2006年6月に学校教育法が一部改正され，2007年4月から障害児教育の名称が「特殊教育」から「特別支援教育」に変わり，それまでの盲・聾・養護学校が障害種を超えた「特別支援学校」へ一本化されるという大きな制度転換が図られた。

これ以降，障害者と共生できる社会の実現に向けた検討が継続して行われ，中央教育審議会の初等中等教育分科会特別支援教育の在り方に関する特別委員会が2012年7月にまとめたのが本報告である。

#### ② 報告のポイント

##### (1) 共生社会の形成に向けたインクルーシブ教育システムの構築

報告では，わが国が目指すべき共生社会の形成に向けて，障害者の権利に関する条約に基づくインクルーシブ教育システムの理念が重要であり，その構築のため，特別支援教育を着実に進めていく必要があると指摘。

「インクルーシブ教育システム」については，「障害者の権利に関する条約第24条によれば，『インクルーシブ教育システム』（inclusive education system，署名時仮訳：包容する教育制度）とは，人間の多様性の尊重等の強化，障害者が精神的及び身体的な能力等を可能な最大限度まで発達させ，自由な社会に効果的に参加することを可能とするとの目的の下，障害のある者と障害のない者が共に学ぶ仕組み」であり，「障害のある者が『general education system』（署名時仮訳：教育制度一般）から排除されないこと，自己の生活する地域において初等中等教育の機会が与えられること，個人に必要な『合理的配慮』が提供される等が必要」とされている。

さらに報告では，共生社会の形成に向けたインクルーシブ教育システム構築のためには特別支援教育を充実・発展させることが必要不可欠であるとして，以下の3つのポイントを掲げている。

①障害のある子どもが，その能力や可能性を最大限に伸ばし，自立し社会参加することができるよう，医療，保健，福祉，労働等との連携を強化し，社会全体の様々な機能を活用して，十分な教育が受けられるよう，障害のある子どもの教育の充実を図ることが重要である。

②障害のある子どもが，地域社会の中で積極的に活動し，その一員として豊かに生きることができるよう，地域の同世代の子どもや人々の交流等を通して，地域での生活基盤を形成することが求められている。このため，可能

特別支援教育を充実・発展させるためには，障害のある子どもと障害のない子どもという区別をなくし，両者が共に学べる教育システムを目指すというインクルーシブ教育システムの構築を提言。従来の「認定就学者」制度を廃止し，障害の状態，本人の教育的ニーズなどを総合的に判断して就学先を決定する仕組みへと変更する学校教育法施行令の一部改正を実現させた。

───────── SUMMARY ─────────

な限り共に学ぶことができるよう配慮することが重要である。

③特別支援教育に関連して，障害者理解を推進することにより，周囲の人々が，障害のある人や子どもと共に学び合い生きる中で，公平性を確保しつつ社会の構成員としての基礎を作っていくことが重要である。次代を担う子どもに対し，学校において，これを率先して進めていくことは，インクルーシブな社会の構築につながる。

また，インクルーシブ教育システムにおいては，小・中学校における通常の学級，通級による指導，特別支援学級，特別支援学校といった，連続性のある「多様な学びの場」が必要であると強調した。

(2) 就学先決定の仕組みの変更

報告は，障害のある子どもと障害のない子どもという区別をなくし，両者が共に学べる教育システムを目指すというインクルーシブ教育システムの考え方に基づき，就学基準に該当する障害のある子どもは特別支援学校に原則就学し，例外的に「認定就学者」として小・中学校へ就学するという従来の就学先決定の仕組みを改め，障害の状態，本人の教育的ニーズ，本人・保護者の意見，教育学，医学，心理学等専門的見地からの意見，学校や地域の状況等を踏まえた総合的な観点から就学先を決定する仕組みとすることが適当であると提言。これにより，2013年8月の学校教育法施行令の一部改正では特別支援学校へ就学することが適当であるとされる子どもたちは「**認定特別支援学校就学者**」と定義された。

また，多くの市町村教育委員会に設置されている「就学指導委員会」については，早期からの教育相談・支援や就学先決定時のみならず，その後の一貫した支援についても助言を行うという観点から，「**教育支援委員会**」**（仮称）**といった名称とすることが適当であるとした。

3 **報告が与えた影響**

報告を受けて，①就学先を決定する仕組みの改正，②障害の状態等の変化を踏まえた転学，③視覚障害者等による区域外就学等，④保護者及び専門家からの意見聴取の機会の拡大──などを柱とする改正学校教育法施行令が2013年8月に成立し，同年9月に施行された。

●障害のある子どもたちの就学先について，障害の状態，本人の教育的ニーズ，本人・保護者の意見などを総合的に判断して決定する仕組みに変更するなどの学校教育法施行令の改正（2013年8月），施行（同年9月）

------CONTENTS------

# はじめに

（略）

# 1．共生社会の形成に向けて

⑴　共生社会の形成に向けたインクルーシブ教育システムの構築
①　「共生社会」と学校教育
○　「共生社会」とは，これまで必ずしも十分に社会参加できるような環境になかった障害者等が，積極的に参加・貢献していくことができる社会である。それは，誰もが相互に人格と個性を尊重し支え合い，人々の多様な在り方を相互に認め合える全員参加型の社会である。このような社会を目指すことは，我が国において最も積極的に取り組むべき重要な課題である。
○　学校教育は，障害のある幼児児童生徒の自立と社会参加を目指した取組を含

め，「共生社会」の形成に向けて，重要な役割を果たすことが求められている。その意味で，共生社会の形成に向けた**インクルーシブ教育システム**の構築のための特別支援教育の推進についての基本的考え方が，学校教育関係者をはじめとして国民全体に共有されることを目指すべきである。

② 「インクルーシブ教育システム」の定義

○ 障害者の権利に関する条約第24条によれば，「**インクルーシブ教育システム**」(inclusive education system，署名時仮訳：包容する教育制度) とは，人間の多様性の尊重等の強化，障害者が精神的及び身体的な能力等を可能な最大限度まで発達させ，自由な社会に効果的に参加することを可能とするとの目的の下，障害のある者と障害のない者が共に学ぶ仕組みであり，障害のある者が「general education system」（署名時仮訳：教育制度一般）から排除されないこと，自己の生活する地域において初等中等教育の機会が与えられること，個人に必要な「合理的配慮」が提供される等が必要とされている。

○ 共生社会の形成に向けて，障害者の権利に関する条約に基づく**インクルーシブ教育システム**の理念が重要であり，その構築のため，特別支援教育を着実に進めていく必要があると考える。

○ **インクルーシブ教育システム**においては，同じ場で共に学ぶことを追求するとともに，個別の教育的ニーズのある幼児児童生徒に対して，自立と社会参加を見据えて，その時点で教育的ニーズに最も的確に応える指導を提供できる，多様で柔軟な仕組みを整備することが重要である。小・中学校における通常の学級，通級による指導，特別支援学級，特別支援学校といった，連続性のある「多様な学びの場」を用意しておくことが必要である。

○ **インクルーシブ教育システム**の構築については，諸外国においても，それぞれの課題を抱えながら，制度設計の努力をしているという実情がある。各国とも，**インクルーシブ教育システム**の構築の理念に基づきながら，漸進的に対応してきており，日本も同様である。教育制度には違いはあるが，各国とも**インクルーシブ教育システム**に向かうという基本的な方向性は同じである。

○ 障害者の権利に関する条約第8条には，障害者に関する社会全体の意識を向上させる必要性が示され，教育制度のすべての段階において障害者の権利を尊重する態度を育成することが規定されている。こうした規定を踏まえれば，学校教育において，障害のある人と障害のない人が触れ合い，交流していくという機会を増やしていくことが，特に重要であり，障害のある人と触れ合うことは，**共生社会**の形成に向けて望ましい経験となる。

○ 特別な指導を受けている児童生徒の割合を比べてみると，英国が約20％（障害以外の学習困難を含む），米国は約10％となっており，これに対して，日本は，特別支援学校，特別支援学級，通級による指導を受けている児童生徒を合わせても約３％に過ぎない。これは，特別な教育支援を必要とする児童生徒の多くは通常の学級で学んでおり，これらの児童生徒への対応が早急に求められていると考える。そこで，今後，実態把握を行い，それを踏まえた効果的な支

援を一層推進していくことが必要である。また，日本の義務教育段階での就学率は極めて高く，障害を理由として就学免除・猶予を受けている者がほとんどいない点について高く評価すべきである。

## (2) インクルーシブ教育システム構築のための特別支援教育の推進

### ① これまでの中央教育審議会答申における「特別支援教育の理念と基本的考え方」及び現状

○ 平成17年12月の中央教育審議会答申「特別支援教育を推進するための制度の在り方について」においては，**「特別支援教育の理念と基本的考え方」**が以下のように述べられている。

- これまでの「特殊教育」では，障害の種類や程度に応じて盲・聾・養護学校や特殊学級といった特別な場で指導を行うことにより，手厚くきめ細かい教育を行うことに重点が置かれてきた。
- 「特別支援教育」とは，障害のある幼児児童生徒の自立や社会参加に向けた主体的な取組を支援するという視点に立ち，幼児児童生徒一人一人の教育的ニーズを把握し，その持てる力を高め，生活や学習上の困難を改善又は克服するため，適切な指導及び必要な支援を行うものである。
- 現在，小・中学校において通常の学級に在籍するLD（学習障害）・ADHD（注意欠陥多動性障害）・高機能自閉症等の児童生徒に対する指導及び支援が喫緊の課題となっており，「特別支援教育」においては，特殊教育の対象となっている幼児児童生徒に加え，これらの児童生徒に対しても適切な指導及び必要な支援を行うものである。

○ このように，同答申においては，特殊教育から特別支援教育へ発展させ，発達障害のある幼児児童生徒を支援の対象とする方向性が示されるとともに，我が国が目指すべき社会の方向性が示された。同答申に基づき，平成18年6月に学校教育法が改正され，特別支援教育は，平成19年度から本格的に開始されたところであり，これにより，障害のある幼児児童生徒の教育の基本的な考え方について，特別な場で教育を行う「特殊教育」から，一人一人のニーズに応じた適切な指導及び必要な支援を行う「特別支援教育」に発展的に転換したと言える。

○ 現在，日本においては，義務教育段階で，特別支援学校に在籍している児童生徒は約65,000人で全体の0.6％程度，特別支援学級に在籍している児童生徒は約155,000人で全体の1.5％程度，通級による指導を受けている児童生徒は約65,000人で全体の0.6％程度となっている。また，小・中学校には，就学基準に該当する児童生徒が，特別支援学級で約17,000人，通常の学級で約3,000人在籍している。さらに，通常の学級には，LD，ADHD，高機能自閉症等の発達障害の可能性のある児童生徒が6.3％程度在籍していると考えられる。

### ② インクルーシブ教育システム構築のための特別支援教育の推進

○ 特別支援教育は，共生社会の形成に向けて，**インクルーシブ教育システム構**

築のために必要不可欠なものである。そのため，以下の考え方に基づき，特別
支援教育を発展させていくことが必要である。このような形で特別支援教育を
推進していくことは，子ども一人一人の教育的ニーズを把握し，適切な指導及
び必要な支援を行うものであり，この観点から教育を進めていくことにより，
障害のある子どもにも，障害があることが周囲から認識されていないものの学
習上又は生活上の困難のある子どもにも，更にはすべての子どもにとっても，
良い効果をもたらすことができるものと考えられる。

- 特別支援教育の推進についての基本的考え方として，第一に，障害のある子
  どもが，その能力や可能性を最大限に伸ばし，自立し社会参加することがで
  きるよう，医療，保健，福祉，労働等との連携を強化し，社会全体の様々な
  機能を活用して，十分な教育が受けられるよう，障害のある子どもの教育の
  充実を図ることが重要である。なお，特別支援教育の基本的考え方である，
  子ども一人一人の教育的ニーズを把握し，適切な指導及び必要な支援を行う
  という方法を，障害のある子どものみならず，障害があることが周囲から認
  識されていないものの学習上又は生活上の困難のある子どもにも適用して教
  育を行うことは，様々な形で積極的に社会に参加・貢献する人材を育成する
  ことにつながり，社会の潜在的能力を引き出すことになると考える。
- 第二に，障害のある子どもが，地域社会の中で積極的に活動し，その一員と
  して豊かに生きることができるよう，地域の同世代の子どもや人々の交流等
  を通して，地域での生活基盤を形成することが求められている。このため，
  可能な限り共に学ぶことができるよう配慮することが重要である。それが，
  障害のある子どもが積極的に社会に参加・貢献するための環境整備の一つと
  なるものである。
- そして，第三に，特別支援教育に関連して，障害者理解を推進することによ
  り，周囲の人々が，障害のある人や子どもと共に学び合い生きる中，公平性
  を確保しつつ社会の構成員としての基礎を作っていくことが重要である。次
  代を担う子どもに対し，学校において，これを率先して進めていくことは，
  インクルーシブな社会の構築につながる。これは，社会の成熟度の指標の一
  つとなるものである。(以下略)

(3)　共生社会の形成に向けた今後の進め方 （略）

## 2．就学相談・就学先決定の在り方について

(1)　早期からの教育相談・支援

① 早期からの教育相談・支援の充実

○　子ども一人一人の教育的ニーズに応じた支援を保障するためには，乳幼児期
　を含め早期からの教育相談や就学相談を行うことにより，本人・保護者に十分
　な情報を提供するとともに，幼稚園等において，保護者を含め関係者が教育的

ニーズと必要な支援について共通理解を深めることにより，保護者の障害受容につなげ，その後の円滑な支援にもつなげていくことが重要である。また，本人・保護者と市町村教育委員会，学校等が，教育的ニーズと必要な支援について合意形成を図っていくことが重要である。そのためには，早期からの教育相談・支援を踏まえて，市町村教育委員会が，保護者や専門家の協力を得つつ個別の教育支援計画を作成するとともに，それを適切に活用していくことが重要である。その際，子どもの教育的ニーズや困難に対応した支援という観点から作成することが必要である。

○　早期からの教育相談には，子どもの障害の受容に関わる保護者への支援，保護者が障害のある子どもとの関わり方を学ぶことにより良好な親子関係を形成するための支援，乳幼児の発達を促すような関わり方についての支援，障害による困難の改善に関する保護者の理解への支援，特別支援教育に関する情報提供等の意義があり，教育委員会においても，障害のある子どもを育てている保護者に対する支援に積極的に取り組む必要がある。また，早期からの教育相談を行うに当たっては，多くの保護者は，我が子の障害に戸惑いを感じ，就学先の決定に対しても不安を抱いている時期であることから，そのような保護者の気持ちを十分にくみ取り，保護者にとって身近な利用しやすい場所で，安心して相談を受けられるよう工夫するなど，保護者の気持ちを大切にした教育相談を行うことが重要である。

### ②　市町村教育委員会と関係機関等との連携

○　乳児期から幼児期にかけて，子どもが専門的な教育相談・支援が受けられる体制を医療，保健，福祉等との連携の下に早急に確立することが必要であり，それにより，高い教育効果が期待できる。特に，視覚障害や聴覚障害の場合には，同じ障害のある一定規模の学習集団があることが重要であり，視覚障害者や聴覚障害者を対象とした特別支援学校においては，乳幼児期からの相談体制や支援体制を更に充実させることが必要である。また，それ以外の障害種についても早期支援が重要である。

○　市町村教育委員会は，域内の学校と幼稚園，保育所等との連携を図るとともに，医療や福祉等の関係部局と十分に連携し，例えば乳幼児検診の結果を必要に応じて共有するなど，必要な教育相談・支援体制を構築することが必要である。また，近隣の特別支援学校，都道府県の特別支援教育センター（都道府県の教育センター特別支援教育担当部門や市町村の教育センターを含む。）等の地域の資源の活用を十分図り，相談・支援体制の充実に努めることが必要である。

○　平成24年4月から施行された改正児童福祉法により，障害児支援事業者は，障害児支援利用計画（福祉サービスを中心に支援計画全体をまとめたもの）や個別支援計画（各福祉サービスにおける支援計画）を作成し，取り組むこととなった。これらは，保護者と共有されるものであり，これらの計画を教育分野においても情報共有していくことで，早期からの教育相談・支援の充実や一貫

220

した支援が行われることが期待される。

○ 乳幼児健診と就学前の療育・相談との連携，子ども家庭支援ネットワークを中心とした事業や幼稚園，保育所等と小学校の連携を図る事業など，教育委員会と首長部局とが連携した，子どもの発達支援や子育て支援の施策が行われることで，支援の担い手を多層的にするとともに，連携のキーパーソンとなる職員として複数の職員を配置するなど，教育と福祉が互いに顔の見える連携を実現し，担当者同士の信頼関係を構築することが重要である。

## (2) 就学先決定の仕組み
### ① 就学先の決定等の仕組みの改善
○ 就学基準に該当する障害のある子どもは特別支援学校に原則就学するという従来の就学先決定の仕組みを改め，障害の状態，本人の教育的ニーズ，本人・保護者の意見，教育学，医学，心理学等専門的見地からの意見，学校や地域の状況等を踏まえた総合的な観点から就学先を決定する仕組みとすることが適当である。その際，市町村教育委員会が，本人・保護者に対し十分情報提供をしつつ，本人・保護者の意見を最大限尊重し，本人・保護者と市町村教育委員会，学校等が教育的ニーズと必要な支援について合意形成を行うことを原則とし，最終的には市町村教育委員会が決定することが適当である。保護者や市町村教育委員会は，それぞれの役割と責任をきちんと果たしていく必要がある。このような仕組みに変えていくため，速やかに関係する法令改正等を行い，体制を整備していくべきである。なお，就学先を決定する際には，後述する「合理的配慮」についても合意形成を図ることが望ましい。

○ 現在，多くの市町村教育委員会に設置されている「就学指導委員会」については，早期からの教育相談・支援や就学先決定時のみならず，その後の一貫した支援についても助言を行うという観点から，「教育支援委員会」（仮称）といった名称とすることが適当である。「教育支援委員会」（仮称）については，以下のように機能を拡充し，一貫した支援を目指す上で重要な役割を果たすことが期待される。

(ｱ) 障害のある子どもの状態を早期から把握する観点から，教育相談との連携により，障害のある子どもの情報を継続的に把握すること。

(ｲ) 就学移行期においては，教育委員会と連携し，本人・保護者に対する情報提供を行うこと。

(ｳ) 教育的ニーズと必要な支援について整理し，個別の教育支援計画の作成について助言を行うこと。

(ｴ) 市町村教育委員会による就学先決定に際し，事前に総合的な判断のための助言を行うこと。

(ｵ) 就学先の学校に対して適切な情報提供を行うこと。

(ｶ) 就学後についても，必要に応じ「学びの場」の変更等について助言を行うこと。

(ｷ) 後述する「合理的配慮」の提供の妥当性についての評価や，「合理的配慮」

に関し，本人・保護者，設置者・学校の意見が一致しない場合の調整について助言を行うこと。

○　「教育支援委員会」（仮称）においては，教育学，医学，心理学等の専門家の意見を聴取することに加え，本人・保護者の意向を聴取することが必要である。特に，障害者基本法の改正により，本人・保護者の意向を可能な限り尊重することが求められていることに留意する必要がある。また，教育においては，それぞれの発達の段階において言語の果たすべき役割が大きいとの指摘もあることから，必要に応じて，委員会の専門家に言語発達に知見を有する者を加えることなども考えられる。必要に応じ，各教育委員会が関係者のための研修会を行うことなども考えられる。

○　就学時に決定した「学びの場」は，固定したものではなく，それぞれの児童生徒の発達の程度，適応の状況等を勘案しながら，柔軟に転学ができることを，すべての関係者の共通理解とすることが重要である。そのためには，教育相談や個別の教育支援計画に基づく関係者による会議などを定期的に行い，必要に応じて個別の教育支援計画及び就学先を変更できるようにしていくことが適当である。この場合，特別支援学校は都道府県教育委員会に設置義務があり，小・中学校は市町村教育委員会に設置義務があることから，密接に連携を図りつつ，同じ場で共に学ぶことを追求するという姿勢で対応することが重要である。その際，必要に応じ，「教育支援委員会」（仮称）の助言を得ることも考えられる。

② 情報提供の充実等

○　就学相談の初期の段階で，就学先決定についての手続の流れや就学先決定後も柔軟に転学できることなどについて，本人・保護者にあらかじめ説明を行うことが必要である（就学に関するガイダンス）。このことは，就学後に学校で適切な対応ができなかったことによる二次的な障害の発生を防止する観点からも重要である。

○　自分の子どもを学校，市町村教育委員会，地域が進んで受け入れてくれるという姿勢が見られなければ，保護者は心を開いて就学相談をすることができない。学校や市町村教育委員会が，保護者の「伴走者」として親身になって相談相手となることで保護者との信頼関係が生まれる。学校，市町村教育委員会は，まずは障害のある子どもを地域で受け入れるという意識を持って，就学相談・就学先決定に臨むとともに，保護者に対して，子どもの健康，学習，発達，成長という観点を大切にして就学相談・就学先決定に臨むよう働きかけることが必要である。

○　小学校が就学相談の窓口となり，幼稚園や保育所と日常的に連携を行うことで障害の状態やニーズを把握している市町村もあり，これに当たっては，就学相談に関する管理職研修を実施するとともに，住民向けに広報誌で周知を図っているなどの工夫が見られる。また，特別な支援を必要とする子どもへの支援を行うネットワークを取りまとめる機関を設け，巡回相談などの各種教育相談

を実施させるとともに，必要に応じて，教育，医療，保健，福祉の連携を行っている市町村もある。これらの先行事例も参考としながら，相談・支援体制の充実に努めることが必要である。

○ 就学先を決定するに当たり，就学先の学習の具体的な様子が分からなければ，保護者は判断を行うことができない。例えば，英国，米国においては，行政側が，医療，福祉など教育以外の情報も含めた適切な情報を保護者に提供し，また，他の保護者とも情報交換できるセンターの設置などの取組を行っている。改正障害者基本法においても，本人・保護者に対する十分な情報提供が求められており，地域の学校で学ぶことや特別支援学校で学ぶことについて，体験入学などを通じた十分な情報提供を行っていくことが重要である。

○ 平成19年の学校教育法改正においても，各学校が学校運営状況の評価を行うこととされており，それを学校・家庭・地域間のコミュニケーションツールとして活用し，情報共有や連携協力を促進することを通じて，学校・家庭・地域それぞれの教育力を高めていくことが期待されている。このことからも，今後情報提供の更なる充実が図られていくことが期待される。

○ 障害のある子どもの能力を十分発達させていく上で，受入先の小・中学校には，必要な教育環境の整備が求められることになる。このためには，あらかじめ人的配置や物的整備を計画的に行うよう努めるとともに，後述する**「合理的配慮」**の提供を行うことが必要である。障害の状態，教育的ニーズ，学校，地域 の実情等に応じて，本人・保護者に，受けられる教育や支援等についてあらかじめ説明し，十分な理解を得るようにすることが重要である。

○ 保護者の思いと子ども本人の教育的ニーズは，異なることもあり得ることに留意することが必要である。保護者の思いを受け止めるとともに，本人に必要なものは何かを考えていくことが必要であり，そのためには，市町村教育委員会が本人・保護者の意見を十分に聞き，共通認識を醸成していくことが重要である。

○ 市町村教育委員会が，保護者への説明や学校への指導・助言等の教育支援を適切に行うためには，専門的な知識を持った職員を配置するなどの体制整備が必要である。現行の「就学指導委員会」においても，自治体によっては，専門家の専門性が十分ではない，あるいは，単独で専門家を確保することが困難といった課題もある。例えば，専門家の確保を他の自治体と共同で実施することや都道府県教育委員会からの支援を受けることなども考えられる。

### ③ 就学先決定について意見が一致しない場合について

○ 共生社会の形成に向けた取組としては，教育委員会が，早期からの教育相談・支援による相談機能を高め，合意形成のプロセスを丁寧に行うことにより，十分に話し合い，意見が一致するように努めることが望ましい。しかしながら，それでも意見が一致しない場合が起こり得るため，市町村教育委員会の判断の妥当性を市町村教育委員会以外の者が評価することで，意見が一致する可能性もあり，市町村教育委員会が調整するためのプロセスを明確化しておくことが

望ましい。例えば，本人・保護者の要望を受けた市町村教育委員会からの依頼に基づき，都道府県教育委員会による市町村教育委員会に対する指導・助言の一環として，都道府県教育委員会の**「教育支援委員会」**（仮称）に第三者的な有識者を加えて活用することも考えられる。なお，市町村教育委員会は，あらかじめ本人・保護者に対し，行政不服審査制度も含めた就学に関する情報提供を行っておくことが望ましい。

### (3)　一貫した支援の仕組み
### ①　「相談支援ファイル」や個別の教育支援計画の活用等
○　可能な限り早期から成人に至るまでの一貫した指導・支援ができるように，子どもの成長記録や指導内容等に関する情報を，その扱いに留意しつつ，必要に応じて関係機関が共有し活用することが必要である。子どもの成長記録や生活の様子，指導内容に関するあらゆる情報を記録し，必要に応じて関係機関が共有できる**「相談支援ファイル」**を作成している自治体の例もある。これは，関係機関が共有することにより，就学先決定，転学，就労判定などの際の資料としても活用できることから，個人情報の利用について，本人・保護者 の了解を得た上で，情報の取扱いに留意して活用していくことが必要である。例えば，幼稚園，保育所等と小学校との間，小学校と中学校との間で，それぞれの連携・情報交換を進めることも考えられる。「子ども・若者育成支援推進法」にあるように，社会生活を円滑に営む上での困難を有する子ども・若者が社会生活を円滑に営むことができるようにするための支援その他の取組について，国，地方公共団体は総合的な子ども・若者育成支援のための施策を推進することが求められる。

○　障害者手帳等を所持しない場合でも，**「相談支援ファイル」**により支援を必要とすることが明確になる。また，継続的な支援を行うためには，情報を一元化して共有することが必要であり，**相談支援ファイル**は有効と考えられる。子どもの状況だけではなく，学校や関係機関とともに検討する支援内容についても相談支援ファイルに記載できるように工夫し，支援を必要とする子どもや保護者と関係機関等とのつながりを大切にしながら，一貫した支援を行うことができる体制を構築していくことが適当である。

○　一部の自治体では，域内に在住するすべての就学予定者を対象として，幼稚園，保育所等における成長・発達の様子や必要な支援について記入した**「就学支援シート」**を作成し，それぞれの学校で保護者と担任等が子どもの学校生活，学習内容を検討する際に活用しており，このような取組を拡大することも重要である。

○　**個別の教育支援計画，個別の指導計画**については，現在，特別支援学校の学習指導要領等には作成が明記されているが，幼・小・中・高等学校等で学ぶ障害のある幼児児童生徒については，必要に応じて作成されることとなっており，必ず作成することとなっていない。これを障害のある児童生徒等すべてに拡大していくことについて検討する必要がある。

○ 特別支援学校では，**個別の教育支援計画**を活用し，幼稚部・小学部・中学部・高等部で一貫性のあるキャリア教育を推進し，卒業後の継続した支援を行っている。また，進路指導において，子どもが自分の進路計画を自ら作っていくというような取組も始まっている。これらの取組を一層発展させるとともに，特別支援学校以外の障害のある子どもにも広げていくことが望ましい。

○ 適切な支援のためには，複数の関係機関が有効に連携することが必要であり，個人情報保護に留意しつつ，支援や指導に必要な情報について共有する範囲を明確に定め，対応していく体制づくりが求められる。個人情報の取扱いについては，自治体における個人情報保護条例を踏まえつつ，支援を積極的に展開できるような運用のルールづくりを進める必要がある。親の会等の障害者関係団体，NPO 等においても，**個別の教育支援計画**を活用する意義についての理解啓発活動等を行うことが望まれる。

○ 教育，医療，保健，福祉等の関係機関，親の会等の障害者関係団体，NPO等との連携を更に密にして，早期からの教育相談・支援について取り組むことが必要である。また，国においては，文部科学省と内閣府，厚生労働省をはじめとする関係府省との施策の連携が重要である。

○ 望ましい自立と社会参加のための教育という意味で，キャリア教育と特別支援教育の考え方には共通するものがある。社会環境の変化が大きくなっていく中，特別支援学校や特別支援学級で行われてきている自立支援，職業教育や職場体験を更に発展させ，進化させていくべきである。

○ 生涯学習等の機会が確保されることが望ましい。具体的には，職業教育に関する学習の機会が確保されること，障害による学習上又は生活上の困難を改善・克服する方法について，在学中に行われた指導を卒業後も継続して受けることができるよう学校が教育相談を行うこと，生涯学習に関する情報が本人や保護者に届くようにすること，学校と生涯学習を提供する教育機関との引継ぎがなされること等が望ましい。

② 学校外・放課後等における支援について

○ 就労や社会参加を見通して教育目標を考えるという視点を持つことにより，学校が，保健や福祉サービス，相談支援事業所，専門機関とのつながりを柔軟に持つことが重要である。

○ 学校が放課後支援サービスや外部機関と連携を密にし，児童生徒等の生活を一層充実させることが望ましい。その際，放課後支援サービス等においても，障害について理解のある者が配置されることが望ましい。

○ 通学時の支援やコミュニケーション手段の確保について，教育・福祉の連携や社会的支援の整備等の支援の充実を図ることが望ましい。

③ 保護者との連携・支援

○ 学校と家庭が密接に連携することが障害のある子どもの支援を行う上で重要である。例えば，障害のある子どもが在籍する学校と家庭が，子どもの成長に

ついて定期的に情報共有することやそれぞれの役割を明確化することなどが考えられる。

○　保護者の障害理解や心理的安定を図るため，保護者の気持ちに寄り添った支援を行うことが重要である。例えば，保護者の悩みを聞くなどの教育相談の実施，障害理解のための研修の実施，障害者や「先輩」保護者の話を聞く機会の提供等が考えられる。

(4)　就学相談・就学先決定に係る国・都道府県教育委員会の役割（略）

## 3．障害のある子どもが十分に教育を受けられるための合理的配慮及びその基礎となる環境整備

### (1)　「合理的配慮」について

○　学校教育においては，学校の設置者及び学校により，個々の幼児児童生徒の発達や年齢に応じた個別の配慮が行われている。教育基本法第6条第2項においても，「(前略) 教育の目的が達成されるよう，教育を受ける者の心身の発達に応じて，体系的な教育が組織的に行われなければならない。この場合において，教育を受ける者が，学校生活を営む上で必要な規律を重んずるとともに，自ら進んで学習に取り組む意欲を高めることを重視して行わなければならない。」とされている。

○　今般，障害者の権利に関する条約の批准に向けた障害者基本法の改正により，障害者に対して合理的な配慮を行うこと等が示された。また，教育分野については，第16条第1項において，「国及び地方公共団体は，障害者が，その年齢及び能力に応じ，かつ，その特性を踏まえた十分な教育が受けられるようにするため，可能な限り障害者である児童及び生徒が障害者でない児童及び生徒と共に教育を受けられるよう配慮しつつ，教育の内容及び方法の改善及び充実を図る等必要な施策を講じなければならない」とされた。さらに，第16条第4項において，「国及び地方公共団体は，障害者の教育に関し，調査及び研究並びに人材の確保及び資質の向上，適切な教材等の提供，学校施設の整備その他の環境の整備を促進しなければならない」とされている。

○　「合理的配慮」は新しい概念であり，また，上記のとおり，障害者基本法において，新たに「可能な限り障害者である児童及び生徒が障害者でない児童及び生徒と共に教育を受けられるよう配慮しつつ」と規定された趣旨をも踏まえて，本特別委員会において，障害者の権利に関する条約の理念を踏まえた障害のある子どもに対する「合理的配慮」の観点について整理を行った。学校教育においてこれまで行われてきた配慮を，今回，「合理的配慮」の観点として改めて整理したことで，それぞれの学校における障害のある子どもへの教育が一層充実したものになっていくことを願ってやまない。また，「合理的配慮」については，教育委員会，学校，各教員が正しく認識して取り組むとともに，

本人及び保護者に適切な情報提供を行うことが求められる。さらに，地域における理解啓発を図るための活動を進めることが求められる。

① 「合理的配慮」の定義

○ 「障害者の権利に関する条約」においては，第24条（教育）において，教育についての障害者の権利を認め，この権利を差別なしに，かつ，機会の均等を基礎として実現するため，障害者を包容する教育制度（**インクルーシブ教育システム**；inclusive education system）等を確保することとし，その権利の実現に当たり確保するものの一つとして，「個人に必要とされる合理的配慮が提供されること」とされている。

○ また，第２条の定義において，**「合理的配慮」**とは，「障害者が他の者と平等にすべての人権及び基本的自由を享有し，又は行使することを確保するための必要かつ適当な変更及び調整であって，特定の場合において必要とされるものであり，かつ，均衡を失した又は過度の負担を課さないものをいう」とされている。なお，「負担」については，「変更及び調整」を行う主体に課される負担を指すとされている。

○ さらに，同条において，「障害を理由とする差別」とは，「障害を理由とするあらゆる区別，排除又は制限であって，政治的，経済的，社会的，文化的，市民的その他のあらゆる分野において，他の者と平等にすべての人権及び基本的自由を認識し，享有し，又は行使することを害し，又は妨げる目的又は効果を有するものをいう。障害を理由とする差別には，あらゆる形態の差別（**合理的配慮の否定を含む。**）を含む」とされている。

② 本特別委員会における「合理的配慮」の定義

○ 上記の定義に照らし，本特別委員会における**「合理的配慮」**とは，**「障害のある子どもが，他の子どもと平等に「教育を受ける権利」を享有・行使することを確保するために，学校の設置者及び学校が必要かつ適当な変更・調整を行うことであり，障害のある子どもに対し，その状況に応じて，学校教育を受ける場合に個別に必要とされるもの」**であり，**「学校の設置者及び学校に対して，体制面，財政面において，均衡を失した又は過度の負担を課さないもの」**，と定義した。なお，障害者の権利に関する条約において，**「合理的配慮」**の否定は，障害を理由とする差別に含まれるとされていることに留意する必要がある。

③ 「均衡を失した」又は「過度の」負担について

○ 「合理的配慮」の決定・提供に当たっては，各学校の設置者及び学校が体制面，財政面をも勘案し，「均衡を失した」又は「過度の」負担について，個別に判断することとなる。各学校の設置者及び学校は，障害のある子どもと障害のない子どもが共に学ぶという**インクルーシブ教育システム**の構築に向けた取組として，**「合理的配慮」**の提供に努める必要がある。その際，現在必要とされている**「合理的配慮」**は何か，何を優先して提供する必要があるかなどにつ

いて，共通理解を図る必要がある。

④ 「合理的配慮」と「基礎的環境整備」

○ 障害のある子どもに対する支援については，法令に基づき又は財政措置により，国は全国規模で，都道府県は各都道府県内で，市町村は各市町村内で，教育環境の整備をそれぞれ行う。これらは，「合理的配慮」の基礎となる環境整備であり，それを「基礎的環境整備」と呼ぶこととする。これらの環境整備は，その整備の状況により異なるところではあるが，これらを基に，設置者及び学校が，各学校において，障害のある子どもに対し，その状況に応じて，「合理的配慮」を提供する。

○ 学校の設置者及び学校は，個々の障害のある子どもに対し，「合理的配慮」を提供する。「合理的配慮」を各学校の設置者及び学校が行う上で，国，都道府県，市町村による「基礎的環境整備」は重要であり，本特別委員会において「基礎的環境整備」について現状と課題を整理した。

○ また，「合理的配慮」については，個別の状況に応じて提供されるものであり，これを具体的かつ網羅的に記述することは困難であることから，「合理的配慮」を提供するに当たっての観点を「合理的配慮」の観点として，①教育内容・方法，②支援体制，③施設・設備について，それぞれを類型化するとともに，観点ごとに，各障害種に応じた「合理的配慮」を例示するという構成で整理した。

⑤ 「合理的配慮」の決定に当たっての基本的考え方

○ 「合理的配慮」を行う前提として，学校教育に求めるものを以下のとおり整理した。

  (ア) 障害のある子どもと障害のない子どもが共に学び共に育つ理念を共有する教育

  (イ) 一人一人の状態を把握し，一人一人の能力の最大限の伸長を図る教育（確かな学力の育成を含む）

  (ウ) 健康状態の維持・改善を図り，生涯にわたる健康の基盤をつくる教育

  (エ) コミュニケーション及び人との関わりを広げる教育

  (オ) 自己理解を深め自立し社会参加することを目指した教育

  (カ) 自己肯定感を高めていく教育

○ これらは，障害者の権利に関する条約第24条第1項の目的である，

  (a) 人間の潜在能力並びに尊厳及び自己の価値についての意識を十分に発達させ，並びに人権，基本的自由及び人間の多様性の尊重を強化すること。

  (b) 障害者が，その人格，才能及び創造力並びに精神的及び身体的な能力をその可能な最大限度まで発達させること。

  (c) 障害者が自由な社会に効果的に参加することを可能とすること。

と方向性を同じくするものであり，「合理的配慮」の決定に当たっては，これらの目的に合致するかどうかの観点から検討が行われることが重要である。

228

⑥ 決定方法について

○ 「合理的配慮」は，一人一人の障害の状態や教育的ニーズ等に応じて決定されるものであり，その検討の前提として，各学校の設置者及び学校は，興味・関心，学習上又は生活上の困難，健康状態等の当該幼児児童生徒の状態把握を行う必要がある。これを踏まえて，設置者及び学校と本人及び保護者により，個別の教育支援計画を作成する中で，発達の段階を考慮しつつ，「合理的配慮」の観点を踏まえ，「合理的配慮」について可能な限り合意形成を図った上で決定し，提供されることが望ましく，その内容を個別の教育支援計画に明記することが望ましい。また，個別の指導計画にも活用されることが望ましい。

○ 「合理的配慮」の決定に当たっては，各学校の設置者及び学校が体制面，財政面をも勘案し，「均衡を失した」又は「過度の」負担について，個別に判断することとなる。その際，現在必要とされている「合理的配慮」は何か，何を優先して提供する必要があるかなどについて共通理解を図る必要がある。なお，設置者及び学校と本人及び保護者の意見が一致しない場合には，「教育支援委員会」（仮称）の助言等により，その解決を図ることが望ましい。

○ 学校・家庭・地域社会における教育が十分に連携し，相互に補完しつつ，一体となって営まれることが重要であることを共通理解とすることが重要である。教育は，学校だけで行われるものではなく，家庭や地域社会が教育の場として十分な機能を発揮することなしに，子どもの健やかな成長はあり得ない。子どもの成長は，学校において組織的，計画的に学習しつつ，家庭や地域社会において，親子の触れ合い，友達との遊び，地域の人々との交流等の様々な活動を通じて根づいていくものであり，学校・家庭・地域社会の連携とこれらにおける教育がバランスよく行われる中で豊かに育っていくものであることに留意する必要がある。

⑦ 「合理的配慮」の見直しについて

○ 「合理的配慮」の決定後も，幼児児童生徒一人一人の発達の程度，適応の状況等を勘案しながら柔軟に見直しができることを共通理解とすることが重要である。定期的に教育相談や個別の教育支援計画に基づく関係者による会議等を行う中で，必要に応じて「合理的配慮」を見直していくことが適当である。

⑧ 一貫した支援のための留意事項

○ 移行時における情報の引継ぎを行い，途切れることのない支援を提供することが必要である。個別の教育支援計画の引継ぎ，学校間や関係機関も含めた情報交換等により，「合理的配慮」の引継ぎを行うことが必要である。

○ 発達や年齢に応じた配慮を意識することが必要である。子どもの精神面の発達を考慮して，家族や介助員の付添い等を検討する。また，年齢に応じ，徐々に自己理解ができるようにし，その上で，自分の得意な面を生かし，苦手なことを乗り越える方法を身に付けられようにする。さらに，自己理解に加えて，状況に応じて適切に行動することができるように指導することも大切である。

特に，知的発達に遅れがある場合には，小学校段階では基礎的な能力の育成，年齢が高まるにつれて社会生活スキルの習得に重点化するなど，卒業後の生活を見据えた教育を行うことが重要である。

○　高等学校については，入学者選抜が行われており，障害の状態等に応じて適切な評価が可能となるよう，学力検査の実施に際して，一層の配慮を行うとともに，選抜方法の多様化や評価尺度の多元化を図ることが必要である。また，自立と社会参加に向け，障害のある生徒に対するキャリア教育や就労支援の充実を図っていくことが重要である。

○　国立大学法人附属の学校や私立学校に在籍する幼児児童生徒についても，公立学校と同様の支援が受けられることが望ましい。

⑨　通級による指導，特別支援学級，特別支援学校と「合理的配慮」の関係について

○　「合理的配慮」は，各学校において，障害のある子どもに対し，その状況に応じて，個別に提供されるものであるのに対し，通級による指導，特別支援学級，特別支援学校の設置は，子ども一人一人の学習権を保障する観点から多様な学びの場の確保のための「**基礎的環境整備**」として行われているものである。

○　通常の学級のみならず，通級による指導，特別支援学級，特別支援学校においても，「**合理的配慮**」として，障害のある子どもが，他の子どもと平等に教育を受ける権利を享有・行使することを確保するために，学校の設置者及び学校が必要かつ適当な変更・調整を行うことが必要である。

○　通常の学級，通級による指導，特別支援学級，特別支援学校それぞれの学び場における「**合理的配慮**」は，前述の「**合理的配慮**」の観点を踏まえ，個別に決定されることとなるが，「**基礎的環境整備**」を基に提供されるため，それぞれの学びの場における「**基礎的環境整備**」の状況により，提供される「**合理的配慮**」は異なることとなる。

○　障害のある子どもが通常の学級で学ぶことができるよう，可能な限り配慮していくことが重要である。他方，子どもの実態に応じた適切な指導と必要な支援を受けられるようにするためには，本人及び保護者の理解を得ながら，必ずしも通常の学級ですべての教育を行うのではなく，通級による指導等多様な学びの場を活用した指導を柔軟に行うことも必要なことと考えられる。例えば，通常の学級に在籍している障害のある児童生徒が在籍する学校に支援員を配置したものの，本人の学習上又は生活上の困難が改善されない場合には，本人の成長を促す視点から，通級による指導を行ったり，特別支援学級や特別支援学校と連携して指導を行ったりすることなども効果的と考えられる。

⑩　その他

○　障害のある保護者との意思疎通を図る際の配慮や障害のある教職員を配置した場合の配慮についても，必要に応じ，関係者間で検討されることが望ましい。

また，同じ障害のある子ども同士の交流の機会についても，情報提供が行われることが望ましい。

## (2) 「基礎的環境整備」について

○ 「合理的配慮」の充実を図る上で，「基礎的環境整備」の充実は欠かせない。そのため，必要な財源を確保し，国，都道府県，市町村は，**インクルーシブ教育システム**の構築に向けた取組として，「基礎的環境整備」の充実を図っていく必要がある。その際，特別支援学校の「基礎的環境整備」の維持・向上を図りつつ，特別支援学校以外の学校の「基礎的環境整備」の向上を図ることが重要である。また，「基礎的環境整備」を進めるに当たっては，ユニバーサルデザインの考え方も考慮しつつ進めていくことが重要である。

○ 現在の財政状況に鑑みると，「基礎的環境整備」の充実を図るためには，共生社会の形成に向けた国民の共通理解を一層進め，社会的な機運を醸成していくことが必要であり，それにより，財政的な措置を図る観点を含め**インクルーシブ教育システム**構築のための施策の優先順位を上げていく必要がある。

○ なお，「基礎的環境整備」については，「合理的配慮」と同様に体制面，財政面を勘案し，均衡を失した又は過度の負担を課さないよう留意する必要がある。また，「合理的配慮」は，「基礎的環境整備」を基に個別に決定されるものであり，それぞれの学校における「基礎的環境整備」の状況により，提供される「合理的配慮」は異なることとなる。

① ネットワークの形成・連続性のある多様な学びの場の活用（以下，項目のみ）

② 専門性のある指導体制の確保

③ 個別の教育支援計画や個別の指導計画の作成等による指導

④ 教材の確保

⑤ 施設・設備の整備

⑥ 専門性のある教員，支援員等の人的配置

⑦ 個に応じた指導や学びの場の設定等による特別な指導

⑧ 交流及び共同学習の推進

## (3) 学校における「合理的配慮」の観点

○ 「合理的配慮」は，個々の障害のある幼児児童生徒の状態等に応じて提供されるものであり，多様かつ個別性が高いものであることから，本特別委員会において，その観点について以下のとおり整理した。

○ 障害のある幼児児童生徒については，障害の状態が多様なだけでなく，障害を併せ有する場合や，障害の状態や病状が変化する場合もあることから，時間の経過により必要な支援が異なることに留意する必要がある。また，障害の状態等に応じた「合理的配慮」を決定する上で，ICF（国際生活機能分類）を活用することが考えられる。

○ 各学校の設置者及び学校が体制面，財政面をも勘案し，「均衡を失した」又

は「過度の」負担について，個別に判断することとなる。その際は，「合理的配慮」を決定する際において，現在必要とされている「合理的配慮」は何か，何を優先して提供するかなどについて関係者間で共通理解を図る必要がある。

○　障害種別に応じた「合理的配慮」は，すべての場合を網羅することはできないため，その代表的なものと考えられる例を本特別委員会において以下の「合理的配慮」の観点ごとに別表により示している。ここに示されているものは，あくまで例示であり，これ以外は「合理的配慮」として提供する必要がないということではない。「合理的配慮」は，一人一人の障害の状態や教育的ニーズ等に応じて決定されるものである。また，障害種別に応じた「合理的配慮」を例示しているが，複数の種類の障害を併せ有する場合には，各障害種別に例示している「合理的配慮」を柔軟に組み合わせることが適当である。

○　「合理的配慮」は，一人一人の障害の状態や教育的ニーズ等に応じて決定されるものであり，すべてが同じように決定されるものではない。設置者及び学校が決定するに当たっては，本人及び保護者と，個別の教育支援計画を作成する中で，「合理的配慮」の観点を踏まえ，「合理的配慮」について可能な限り合意形成を図った上で決定し，提供されることが望ましい。例えば，設置者及び学校が，学校における保護者の待機を安易に求めるなど，保護者に過度の対応を求めることは適切ではない。（以下略）

### (4) 「合理的配慮」の充実

○　これまで学校においては，障害のある児童生徒等への配慮は行われてきたものの，「合理的配慮」は新しい概念であり，現在，その確保についての理解 は不十分であり，学校・教育委員会，本人・保護者の双方で情報が不足していると考えられる。そのため，早急に「合理的配慮」の充実に向けた調査研究事業を行い，それに基づく国としての「合理的配慮」のデータベースを整備し，各教育委員会の参考に供することが必要である。また，中長期的には，それらを踏まえて，「合理的配慮」，「基礎的環境整備」を充実させていくことが重要であり，必要に応じて，学校における「合理的配慮」の観点や代表的なものと考えられる例を見直していくことが考えられる。

○　「合理的配慮」は，個別に対応していくべきものであるため，その幼児児童生徒の状態に応じて変わっていくものであり，技術の進歩や人々の意識の変化によっても変わっていく可能性が高い。また，一人一人の障害の状態や教育的ニーズ等に応じて「合理的配慮」が決定されることが望ましく，現在例示しているもの以外の「合理的配慮」についても，広く情報共有されていくことが重要である。

○　「合理的配慮」は，その障害のある子どもが十分な教育が受けられるために提供できているかという観点から評価することが重要であり，それについても研究していくことが重要である。例えば，個別の教育支援計画，個別の指導計画について，各学校において計画に基づき実行した結果を評価して定期的に見直すなど，PDCA サイクルを確立させていくことが重要である。

# 4．多様な学びの場の整備と学校間連携等の推進

(1) 多様な学びの場の整備と教職員の確保

① 多様な学びの場（通常の学級，通級による指導，特別支援学級，特別支援学校）における環境整備と教職員の確保

○ 多様な学びの場として，通常の学級，通級による指導，特別支援学級，特別支援学校それぞれの環境整備の充実を図っていくことが必要である。

○ **インクルーシブ教育システム**構築のためには，特に，小・中学校における教育内容・方法を改善していく必要がある。教育内容の改善としては，障害者理解を進めるための交流及び共同学習の充実を図っていくことや通常の学級で学ぶ障害のある児童生徒一人一人に応じた指導・評価の在り方について検討する必要がある。また，教育方法の改善としては，障害のある児童生徒も障害のない児童生徒も，さらには，障害があることが周囲から認識されていないものの学習上 又は生活上の困難のある児童生徒にも，効果的な指導の在り方を検討していく必要がある。

○ 平成23年4月には公立義務教育諸学校の学級編制及び教職員定数の標準に関する法律の改正により，小学校1年生については，学級編制の標準を40人から35人に引き下げたほか，教職員定数に関する加配事由として，「障害のある児童生徒に対する特別の指導が行われていることその他障害のある児童生徒に対する指導体制の整備を行うことについて特別の配慮を必要とする事情」が追加された。また，市町村教育委員会がより地域や学校の実情に応じた柔軟な学級編制ができるよう制度改正が行われた。

○ 通常の学級においては，少人数学級の実現に向けた取組や複数教員による指導など指導方法の工夫改善を進めるべきである。

○ 特別支援学級については，国の学級編制の標準は8人とされているが，現状としては，障害種別に学級を編制することや，都道府県教育委員会において国の標準を下回る学級編制基準を定めることが可能であることなどから，1学級当たりの在籍者は平均で3人程度となっている。今後，**インクルーシブ教育システム**構築の進展を踏まえつつ，その指導方法の工夫改善等について検討していく必要がある。

○ 特別支援教育により多様な子どものニーズに的確に応えていくためには，教員だけの対応では限界がある。校長のリーダーシップの下，校内支援体制を確立し，学校全体で対応する必要があることは言うまでもないが，その上で，例えば，公立義務教育諸学校の学級編制及び教職員定数の標準に関する法律に定める教職員に加えて，特別支援教育支援員の充実，さらには，スクールカウンセラー，スクールソーシャルワーカー，ST（言語聴覚士），OT（作業療法士），PT（理学療法士）等の専門家の活用を図ることにより，障害のある子どもへの支援を充実させることが必要である。

○ 特別支援教育を推進するため，子どもの現代的な健康課題に対応した学校保

健環境づくりが重要であり，学校においては，養護教諭を中心として，学級
担任等，学校医，学校歯科医，学校薬剤師，スクールカウンセラーなど学校内
における連携を更に進めるとともに，医療関係者や福祉関係者など地域の関係
機関との連携を推進することが必要である。また，医療的ケアの観点からの看
護師等の専門家についても，必要に応じ確保していく必要がある。

○　**インクルーシブ教育システム**構築のため，特別支援学校の持てる機能を活用
する観点から，寄宿舎の役割について検討していく必要がある。各特別支援
学校の寄宿舎は，入居した障害のある児童生徒等が毎日の生活を営みながら，
生活のリズムをつくるなど生活基盤を整え，自立し社会参加する力を養う貴重
な場 である。そうした意味から，一層の活用を期待し，例えば，学校がサマ
ースクールを開催する際などに，その機能を活用することも考えられる。

### ②　通級による指導の一層の充実

○　通級による指導については，教職員定数の改善等により，その対象者数は
年々増加傾向にある。

○　通級による指導については，自らの在籍している学校において行う「自校通
級」，自らの在籍している学校以外の場で行う「他校通級」がある。しかし，
「他校通級」では，児童生徒の移動による心身の負担や移動時の学習が保障さ
れないなどの課題もある。これらを極力減らすため，教員の巡回による指導等
を行うことにより自校で通級による指導を受けられる機会を増やす等の環境整
備を図っていく必要がある。そのため，通級による指導を行うための教職員体
制の充実が必要である。

### ③　幼稚園，高等学校段階における特別支援教育の充実について

○　幼稚園，高等学校における環境整備の充実のため，特別支援学校のセンター
的機能の活用等により教員の研修を行うなど，各都道府県教育委員会が環境を
整えていくことが重要である。

○　幼稚園における特別支援教育の充実は，保育所等における早期支援とともに，
教育委員会等による就学期における教育相談・支援の充実の中で図られること
が適当である。

○　高等学校においては，入学者選抜における配慮を行うとともに，中学校，特
別支援学校等との連携により，障害のある生徒に対する必要かつ適切な指導や
支援につなげていくことが必要である。

○　現行制度上，高等学校においては，教育課程の弾力的運用を行うことはでき
るが，小・中学校の通級による指導や特別支援学級のような特別な教育課程
の編成を行うことができない。そのため，自立活動の内容を参考にした学校設
定科目を設けて選択履修できるようにすることができるものの，自立活動とし
て行うことはできない。このため，高等学校において，自立活動等を指導する
ことができるよう，特別の教育課程の編成について検討する必要がある。

④ 特別支援教室構想について

○ 特別支援教室構想は，小・中学校において，LD，ADHD，高機能自閉症等を含めた障害のある児童生徒が，原則として通常の学級に在籍し，教員の適切な配慮，ティーム・ティーチング，個別指導や学習内容の習熟に応じた指導等の工夫により通常の学級において指導を行いつつ，必要な時間に特別の場で障害に応じた教科指導や，障害に起因する困難の改善・克服のための指導を行う形態であり，平成15年3月の特別支援教育の在り方に関する調査研究協力者会議報告「今後の特別支援教育の在り方について（最終報告）」の提言を受け，平成17年12月の中央教育審議会答申（特別支援教育を推進するための制度の在り方について）において構想として示されたものである。また，平成22年3月に出された特別支援教育の推進に関する調査研究協力者会議の報告では，児童生徒のニーズに応じて，指導時間においても連続性のある形で対応することが可能な制度にすべきとの意見や**特別支援教室構想**の制度化に当たっては，教職員配置の在り方を含め，総合的かつ慎重に検討すべきとの意見もあった，と整理されている。

○ 各地域においては，通級による指導と特別支援学級の活用を組み合わせることなどにより，**特別支援教室構想**についての実践が積み重ねられている。対象児童生徒については，個別的な指導・支援を受けたことにより，「学習に対する興味・関心，意欲が高まった」，「学習態度が身に付いた」，「学習への集中が持続するようになった」などの効果があった，との報告もなされている。また，小学校においては，教員が通常の学級での授業づくりや集団づくりの重要性に気付き，障害のある児童にとって学びやすい授業，生活しやすい学級がすべての児童によっても学びやすい授業，生活しやすい学級であることが実践的に確認できた，築かれた校内体制が，対象となる障害のある児童だけでなく，不登校にある児童，いじめや反社会的行動をしている児童，心的ストレスの大きかった児童などにも有効である，といった報告もされている。

○ 一方で，通級による指導や特別支援学級担当の教員の十分な配置がなければ**特別支援教室構想**に沿った学級の運営が困難となる，また，知的障害のある児童生徒については学年が上がるにつれて当該学年で求められる学習の理解が難しくなる，といった課題も挙げられている。

○ **特別支援教室構想**を担うと考えられる特別支援学級の教員の専門性が課題となっている現状において，**特別支援教室構想**を進めることは，教員の専門性が担保されないままで十分に機能を果たすことができるかという点が課題である。そのため，第一に教員の専門性を担保するための方策が実施される必要がある。また，知的障害のある児童生徒の指導の在り方や各学校における**特別支援教室構想**における校内体制の構築等について実践的な研究を更に積み重ねていく中で，その実現を検討していく必要がある。

(2) 学校間連携の推進

① 学校間連携による地域の教育資源の活用

○ 地域内の教育資源（幼・小・中・高等学校及び特別支援学校等，特別支援学級，通級指導教室）それぞれの単体だけでは，そこに住んでいる子ども一人一人の教育的ニーズに応えることは難しい。こうした域内の教育資源の組合せ（**スクールクラスター**）により域内のすべての子ども一人一人の教育的ニーズに応え，各地域におけるインクルーシブ教育システムを構築することが必要である。その際，交流及び共同学習の推進や特別支援学校のセンター的機能の活用が効果的である。さらに，特別支援学校は都道府県教育委員会に設置義務があり，小・中学校は市町村教育委員会に設置義務があることから，両者の連携の円滑化を図るための仕組みを検討していく必要がある。なお，通学の利便性の向上のため，特別支援学校の分教室を設置するなど，特別支援教育の地域化を推進している都道府県もある。今後こうした例を地域の状況等を考慮しながら広め，多様な学びの場の設定，域内の教育資源の組合せ，柔軟な「**学びの場**」の見直しなどの仕組みの構築を目指すことが重要である。

○ 特別支援学校の教員による巡回相談等，小・中学校等と特別支援学校との連携が重要である。特別支援学校も加えた形で地域の特別支援教育の支援体制を「面」として作っていくことが必要である。

○ 特別支援学校を分校，分教室の形で，小・中・高等学校内や小・中・高等学校に隣接又は併設して設置するなど，地域バランスを考慮して，都道府県内に特別支援学校を設置していくことも方策の一つとして考えられる。児童生徒の移動時間を考えると，分校，分教室の方が指導を充実できる可能性もある。また，交流及び共同学習も実施が容易になり，双方の児童生徒のみならず双方の教員にも良い影響を与える。さらに，小学校に設置している特別支援学校の分教室で，当該小学校のみならず周辺の学校に対して支援を行っている例もある。

○ 同じ障害のある者との交流を継続して体験するため，例えば，通常の学級や特別支援学級で教育を受ける視覚障害の児童生徒が，特別支援学校（視覚障害）の児童生徒と交流を定期的に実施するなどの仕組みづくりが考えられる。特別支援学級における教育や通級による指導を受けている児童生徒の場合には，特別支援学校の児童生徒と学習を共に行うことで一層専門的な自立活動の指導を受けることができるとの報告もあり，効果的な指導方法として考えられる。

○ 各市町村の小・中学校に設置されている特別支援学級をその市町村における特別支援教育のセンターとして，必要に応じ，特別支援学校のセンター的機能に類する役割を持たせることも考えられる。

○ 病院に入院した際は，病院に併設されている学校，あるいは，病院内に設けられた学校や学級に転校等をしなければ正式には，当該学校等の教育を受けることができない。退院すると以前在籍していた学校に戻ること，近年は入院が短期化してきていること，退院しても引き続き通院や経過観察等が必要なため，すぐに以前在籍していた学校に通学することができない子どもが増えていること等を踏まえ，現在の特別支援学校，病院内に設置された学級と在籍していた学校における転学手続の運用等を一層柔軟にしていくことを検討するべきであ

る。

② 特別支援学校のセンター的機能の一層の活用
○ 特別支援学校は，小・中学校等の教員への支援機能，特別支援教育に関する相談・情報提供機能，障害のある児童生徒等への指導・支援機能，関係機関等との連絡・調整機能，小・中学校等の教員に対する研修協力機能，障害のある児童生徒等への施設設備等の提供機能といったセンター的機能を有している。今後，域内の教育資源の組合せ（**スクールクラスター**）の中でコーディネーター機能を発揮し，通級による指導など発達障害をはじめとする障害のある児童生徒等への指導・支援機能を拡充するなど，**インクルーシブ教育システム**の中で重要な役割を果たすことが求められる。そのため，センター的機能の一層の充実を図るとともに，専門性の向上にも取り組む必要がある。その際に，市町村教育委員会との役割分担を念頭に，協力体制を構築することが重要である。加えて，特別支援学校のセンター的機能を支援する仕組みを各都道府県において整備することが必要である。
○ 各都道府県に設置されている，特別支援教育センターや教育センターの特別支援教育部門，各特別支援学校をネットワーク化し，域内の特別支援教育をバックアップする体制をつくりだすことが大切である。また，今後，義務教育段階に留まらず，幼稚園段階，高等学校段階における特別支援教育を推進するため，センター的機能の充実に資するような教員配置の在り方について，積極的に検討していく必要がある。
○ 特別支援学校がセンター的機能を果たすためには，域内のどこからでもアクセスしやすい場所に今後設置されることが望ましい。また，現存の特別支援学校についても，ICT の活用等により，センター的機能を一層発揮するための環境整備を実施していくことが望ましい。

③ 特別支援学校ネットワークの構築
○ 域内の教育資源の組合せ（**スクールクラスター**）や特別支援学校のセンター的機能を効果的に発揮するため，各特別支援学校の役割分担を，地域別や機能別といった形で，明確化しておくことが望ましく，そのための特別支援学校ネットワークを構築することが必要である。
○ 特別支援学校における幼児児童生徒の障害の重度・重複化に対応した教育の一層の充実のため，教育内容・方法，教材・教具についての特別支援学校間の連携を強めることが必要である。
○ 視覚障害，聴覚障害等のための特別支援学校については，特に，一県当たりの設置している学校数が少ないことから，広域による連携が考えられる。
○ 特別支援学校ネットワークの構築に当たっては，例えば，特別支援教育のナショナルセンターである国立特別支援教育総合研究所が，教育内容・方法，教材・教具についての情報提供や専門性を有する人材の養成を行うことなどが考えられる。

⑶ 交流及び共同学習の推進

○ 特別支援学校と幼・小・中・高等学校等との間，また，特別支援学級と通常の学級との間でそれぞれ行われる**交流及び共同学習**は，特別支援学校や特別支援学級に在籍する障害のある児童生徒等にとっても，障害のない児童生徒等にとっても，共生社会の形成に向けて，経験を広め，社会性を養い，豊かな人間性を育てる上で，大きな意義を有するとともに，多様性を尊重する心を育むことができる。なお，特別支援学校や特別支援学級を設置している学校における**交流及び共同学習**は必ず実施していくべきであるが，特別支援学級を設置していない学校においても，**交流及び共同学習**以外の形であっても何らかの形で，共生社会の形成に向けた障害者理解を推進していく必要がある。

○ **交流及び共同学習**については，学習指導要領に位置付けられ，その推進を図ることとしており，各地で様々な工夫がなされている。例えば，特別支援学校高等部生徒による小学校の児童に対する職業教育の実習，居住地校交流における副次的な籍の取扱い，居住地校交流に担任が付き添う際の教職員の補充やボランティアの育成・活用，分教室の設置による交流及び共同学習の推進などが行われている。今後，例えば，**交流及び共同学習**における「**合理的配慮**」の提供，交流校の理解啓発，教育課程上の位置付け，中学部，高等部における交流の在り方，異なる教科書等を用いている場合の取扱い等の課題について整理する必要がある。

○ 特別支援学校と幼・小・中・高等学校等との間で行われる交流及び共同学習については，双方の学校における教育課程に位置付けたり，年間指導計画を作成したりするなど交流及び共同学習の更なる計画的・組織的な推進が必要である。その際，関係する都道府県教育委員会，市町村教育委員会等との連携が重要である。また，特別支援学級と通常の学級との間で行われる**交流及び共同学習**についても，各学校において，ねらいを明確にし，教育課程に位置付けたり，年間指導計画を作成したりするなど計画的・組織的な推進が必要である。

○ 特別支援学校における，居住地校との**交流及び共同学習**は，障害のある児童生徒が，居住地の小・中学校等の児童生徒等とともに学習し交流することで地域とのつながりを持つことができることから，引き続きこれを進めていく必要がある。一部の自治体で実施している居住地校に副次的な籍を置くことについては，居住地域との結びつきを強め，居住地校との**交流及び共同学習**を推進する上で意義がある。この場合，児童生徒の付添いや時間割の調整などが現実的課題であり，それらについて検討していく必要がある。

⑷ 関係機関等の連携

○ **インクルーシブ教育システム**を構築する上では，医療，保健，福祉，労働等の関係機関等との適切な連携が重要である。このためには，関係行政機関等の相互連携の下で，広域的な地域支援のための有機的なネットワークが形成されることが有効であり，既に各都道府県レベルでは，県全域を見通した「広域特別支援連携協議会」が設けられるとともに，「障害保健福祉圏域」や教育事務

所単位での支援地域の設定などが行われている。それら支援地域内の有機的な
ネットワークを十分機能させるためには，保護者支援を行うこと，連絡協議会
を設置すること，個別の教育支援計画を相互に連携して作成・活用することが
重要である。今後，課題が多面的になっていることを踏まえて，関係機関に予
防的な役割としての警察や司法も加えた支援を検討していく必要がある。

○　各地域において，同じ場で共に学ぶことを具体的に実現していくためには，
基礎自治体の取組が大きく影響する。その際，教育委員会だけではなく，財政，
福祉等の観点から首長部局との連携も重要である。例えば，特別支援教育コー
ディネーター，福祉事務所，民生委員・児童委員が連絡会を年に数回必ず開催
するといった連携も考えられる。その際に，既存の特別支援連携協議会，地域
自立支援協議会等の活用が考えられる。

○　インクルーシブ教育システムの構築に当たり，障害のある子どもの地域にお
ける生活を支援する観点から，地域における社会福祉施策や障害者雇用施 策
と特別支援教育との一層の連携強化に取り組む必要がある。また，卒業後の就
労・自立・社会参加も含めた共生社会の構築を考える必要がある。（以下略）

---

## 5．特別支援教育を充実させるための教職員の専門性向上等

（略）

# Chapter I ⑤中央教育審議会答申

2011（平成23）年1月31日

| 教育改革編 | 「今後の学校におけるキャリア教育・職業教育の在り方について」 |

## ━ SUMMARY ━

### ① 答申の背景

　高校進学率は約98％に上り，高校生全体に占める普通科生徒の割合は約72％となっている。4年制大学進学率も50％を超えるなど実質的な「大学全入時代」が到来する中で，目的意識が希薄な進路決定や大学進学を第一と考える社会的風潮が強まっている。また，世界的な不況，非正規雇用者の増加という就業構造の変化により，若者の失業率と非正規雇用率の上昇が大きな問題となる一方，就職後3年以内の早期離職率は高卒4割・大卒3割に上っており，職業選択のミスマッチが目立つ。そして企業は，採用する若者にコミュニケーション能力，課題解決能力などの社会人・職業人としての能力を強く求めるようになっている。このような状況について，答申は「学校から社会・職業への移行」が円滑に行われていないと批判し，学校教育において「社会的・職業的自立」に向けた取り組みを強化するよう求めている。

### ② 答申のポイント

　すでに「キャリア教育」という用語は学校現場で広く定着しているが，体験的活動を重視した学習，職業教育の一種などとの受け止め方をする者も多く，必要性は理解できるが，実際にどうしたらよいのかわからないという声も少なくなかった。これに対して答申は，就業構造の変化など時代や社会状況の変化に合わせて，これまでのキャリア教育の考え方を整理し直し，幼児期から高等教育に至る学校段階ごとに体系化した。

### ⑴ キャリア教育・職業教育の基本的な考え方

　答申は，文部科学省をはじめとしてこれまでさまざまな定義がされてきたキャリア教育の概念を整理し，「一人一人の社会的・職業的自立に向け，必要な基盤となる能力や態度を育てることを通して，キャリア発達を促す教育」と位置付けた。ここでいうキャリアとは「人が，生涯の中で様々な役割を果たす過程で，自らの役割の価値や自分と役割との関係を見いだしていく連なりや積み重ね」のことであり，大人になれば自然に獲得されるものではなく，幼児期から発達段階に応じて身に付けていくものであるとしている。

　一方，職業教育について答申は「一定又は特定の職業に従事するために必要な知識，技能，能力，態度を育てる教育」と定義し，これは学校教育のみで完成するのではなく，生涯を通して身に付けていくものとしている。

### ⑵ キャリア教育で育成すべき力

　答申は，社会的・職業的自立に向けて必要な能力を，①基礎的・基本的な

「キャリア教育」はすでに定着した用語であるが，その概念の曖昧さから学校現場での取り組みが不十分であることも指摘されている。答申は，キャリア教育の概念などを整理し，就業構造の変化など社会や時代の変化に対応するため，キャリア教育の必要性を改めて打ち出したものである。ポイントとして，学校段階ごとの体系化，「基礎的・汎用的能力」などが挙げられる。

―――――――――――――――――――――――――――― SUMMARY ――

知識・技能，②基礎的・汎用的能力，③論理的思考力・創造力，④意欲・態度及び価値観，⑤専門的な知識・技術――の5つにまとめている。このうち，キャリア教育で最も重視される基盤となる能力が「基礎的・汎用的能力」で，具体的には，①人間関係形成・社会形成能力，②自己理解・自己管理能力，③課題対応能力，④キャリアプラニング能力――の4つの力とされており，これらの育成がキャリア教育の中心となる。

(3) キャリア教育と職業教育の基本的方向性

答申は，今後の基本的方向性として次の3つを挙げている。

第1は，「幼児期の教育から高等教育に至るまでの体系的なキャリア教育」を進め，「基礎的・汎用的能力」を確実に育成すること。具体的には，幼児期では「自発的・主体的な活動を促す」，小学校では「社会性，自主性・自律性，関心・意欲等を養う」，中学校では「自らの役割や将来の生き方・働き方等を考えさせ，目標を立てて計画的に取り組む程度を育成し，進路選択・決定に導く」，後期中等教育では「生涯にわたる多様なキャリア形成に共通して必要な能力や態度を育成し，これを通じて勤労観・職業観等の価値観を自ら形成・確立する」，高等教育では「後期中等教育修了までを基礎に，学校から社会・職業への移行を見据え，教育課程の内外での学習や活動を通じ，高等教育全般で充実する」などとなっている。

第2は，「実践的な職業教育の重視と職業教育の意義の再評価」で，職業に必要な専門的な知識・技能を実践的な教育を重視する中で身に付けさせる必要性を強調している。具体的には，高校の専門学科の充実，高校普通科における職業教育の充実など。

第3は，「生涯学習の観点に立ったキャリア形成支援」で，学校，企業，地域，NPOなど連携して一体的に取り組むことを求めている。

3 答申が与えた影響

幼児期から高等教育に至るまで体系的にキャリア教育を行うため，キャリア教育を各学校が教育課程に位置付けた上で，特定の教科・科目や教員ではなく，すべての教育活動を通して実践するよう学校現場に求めている。また，後期中等教育修了段階を社会人・職業人として自立できるようにする時期と捉え，高校普通科におけるキャリア教育のための新教科創設の検討，高校専門学科の再評価などを提言している。高校教育，特に普通科において，キャリア教育推進のための見直しが行われることが予想される。

# CONTENTS

# はじめに

（略）

# 序章　若者の「社会的・職業的自立」や「学校から社会・職業への移行」を巡る経緯と現状

　序章においては，若者の「社会的・職業的自立」や「学校から社会・職業への円滑な移行」に課題がある，との認識に立ち，これを巡る戦後の経緯と現状の分析を行っている。

- 　15歳から24歳までの完全失業率は約9.1％，非正規雇用者の占める割合は約32％であるなど，若者の学校から社会・職業への移行が円滑に行われていない状況がある。その原因や背景には，学校教育が抱える問題にとどまらず，産業構造の変化，就業構造の変化等，社会全体を通じた構造的な問題が指摘されている。

- 　我が国の学校制度は，戦後，いわゆる6・3・3・4制の単線型に整備された後，高等専門学校制度や専修学校制度が創設されたほか，各学校においても，教育内容の多様化と弾力化を図るなど，職業に関する教育は一定の拡大が図られてきた。しかし，高等学校への進学率が約98％まで拡大した現在，全生徒数の約72％を占める普通科は，他の学科に比べ就職希望者に占める就職者の割合が低く，18歳人口に比して約51％が進学する大学も，学生の約8割が職業に関連する知識・技能に関する自分の実力が不十分と回答するなどの状況が見られる。

- 　子どもたちが将来就きたい仕事や自分の将来のために学習を行う意識が国際的にみて低く，働くことへの不安を抱えたまま職業に就き，適応に難しさを感じている状況があるなど，学校教育における職業に関する教育に課題が見られる。

- 　子どもの進路選択において，保護者が進路や職業に関する情報を十分に得

られず，また，学校における進路指導が，大学進学を第一としたものに偏りがちであるとの指摘もある。この背景にある，職業に関する教育に対する認識の不足，ある時点での専門分野・職業分野の選択がその後の進路を制限するという消極的な固定観念から脱却し，職業に関する教育をより重視していかなければならないことを，社会全体で認識していく必要がある。

● 子ども・若者の変化として，職業人としての基本的な能力の低下や職業意識・職業観の未熟さ，身体的成熟傾向にもかかわらず精神的・社会的自立が遅れる傾向等，発達上の課題も指摘されている。若者の**社会的・職業的自立**や，**学校から社会・職業への円滑な移行**に向けた支援は，関係機関が連携して取り組むことが必要であり，その中で，学校が果たす役割が重要である。

● 平成18年に改正された教育基本法や，平成20年に策定された教育振興基本計画においても，学校教育において職業に関する教育を推進する旨が掲げられている。（以下，本文略）

## 第1章　キャリア教育・職業教育の課題と基本的方向性

　第1章においては，「キャリア教育」「職業教育」とは何か，を明らかにし，現在見受けられる課題を踏まえた上で，その基本的方向性や視点をまとめている。

● 「キャリア教育」とは，「一人一人の社会的・職業的自立に向け，必要な基盤となる能力や態度を育てることを通して，キャリア発達を促す教育」である。**キャリア教育**は，特定の活動や指導方法に限定されるものではなく，様々な教育活動を通して実践されるものであり，一人一人の発達や社会人・職業人としての自立を促す視点から，学校教育を構成していくための理念と方向性を示すものである。

● 「職業教育」とは，「一定又は特定の職業に従事するために必要な知識，技能，能力や態度を育てる教育」である。専門的な知識・技能の育成は，学校教育のみで完成するものではなく，生涯学習の観点を踏まえた教育の在り方を考える必要がある。また，社会が大きく変化する時代においては，特定の専門的な知識・技能の育成とともに，多様な職業に対応し得る，**社会的・職業的自立**に向けて必要な基盤となる能力や態度の育成も重要であり，このような能力や態度は，具体の職業に関する教育を通して育成していくことが極めて有効である。

● **キャリア教育**と**職業教育**の基本的方向性は次の3つである。
　① 幼児期の教育から高等教育まで体系的に**キャリア教育**を進めること。その中心として，**基礎的・汎用的能力**を確実に育成するとともに，社会・職

業との関連を重視し，実践的・体験的な活動を充実すること。
　②　学校における**職業教育**は，基礎的な知識・技能やそれらを活用する能力，仕事に向かう意欲や態度等を育成し，専門分野と隣接する分野や関連する分野に応用・発展可能な広がりを持つものであること。**職業教育**においては実践性をより重視すること，また，**職業教育**の意義を再評価する必要があること。
　③　学校は，生涯にわたり社会人・職業人としての**キャリア形成**を支援していく機能の充実を図ること。
● **キャリア教育**と**職業教育**の方向性を考える上での重要な視点は次の２つである。
　①　仕事をすることの意義や，幅広い視点から職業の範囲を考えさせる指導を行う。
　②　社会的・職業的自立や社会・職業への円滑な移行に必要な力を明確化する。
　〈力に含まれる要素〉
　　「基礎的・基本的な知識・技能」「基礎的・汎用的能力」
　　「論理的思考力・創造力」「意欲・態度及び価値観」「専門的な知識・技能」
　〈基礎的・汎用的能力の具体的内容〉
　　「人間関係形成・社会形成能力」「自己理解・自己管理能力」
　　「課題対応能力」「キャリアプランニング能力」

## １．キャリア教育・職業教育の内容と課題

### (1)　「キャリア教育」の内容と課題

○　人は，他者や社会とのかかわりの中で，職業人，家庭人，地域社会の一員等，様々な役割を担いながら生きている。これらの役割は，生涯という時間的な流れの中で変化しつつ積み重なり，つながっていくものである。また，このような役割の中には，所属する集団や組織から与えられたものや日常生活の中で特に意識せず習慣的に行っているものもあるが，人はこれらを含めた様々な役割の関係や価値を自ら判断し，取捨選択や創造を重ねながら取り組んでいる。

○　人は，このような自分の役割を果たして活動すること，つまり「働くこと」を通して，人や社会にかかわることになり，そのかかわり方の違いが「自分らしい生き方」となっていくものである。

○　このように，人が，生涯の中で様々な役割を果たす過程で，自らの役割の価値や自分と役割との関係を見いだしていく連なりや積み重ねが，「**キャリア**」の意味するところである。この**キャリア**は，ある年齢に達すると自然に獲得されるものではなく，子ども・若者の発達の段階や発達課題の達成と深くかかわりながら段階を追って発達していくものである[*1]。また，その発達を促すには，

---

*1　このような，社会の中で自分の役割を果たしながら，自分らしい生き方を実現していく過程を「**キャリア発達**」という。

外部からの組織的・体系的な働きかけが不可欠であり，学校教育では，社会人・職業人として自立していくために必要な基盤となる能力や態度を育成することを通じて，一人一人の発達を促していくことが必要である。

○ このような，**一人一人の社会的・職業的自立に向け，必要な基盤となる能力や態度を育てることを通して，キャリア発達を促す教育が「キャリア教育」**である。それは，特定の活動や指導方法に限定されるものではなく，様々な教育活動を通して実践される。**キャリア教育は，一人一人の発達や社会人・職業人としての自立を促す視点から，変化する社会と学校教育との関係性を特に意識しつつ，学校教育を構成していくための理念と方向性を示すものである。**

また，**キャリア教育**の実施に当たっては，社会や職業にかかわる様々な現場における体験的な学習活動の機会を設け，それらの体験を通して，子ども・若者に自己と社会の双方についての多様な気付きや発見を得させることが重要である。

○ **キャリア教育**の必要性や意義の理解は，学校教育の中で高まってきており，実践の成果も徐々に上がっている。

しかしながら，「新しい教育活動を指すものではない」としてきたことにより，従来の教育活動のままでよいと誤解されたり，「体験活動が重要」という側面のみをとらえて，職場体験活動の実施をもって**キャリア教育**を行ったものとみなしたりする傾向が指摘されるなど，一人一人の教員の受け止め方や実践の内容・水準に，ばらつきがあることも課題としてうかがえる。

○ このような状況の背景には，**キャリア教育**のとらえ方が変化してきた経緯が十分に整理されてこなかったことも一因となっていると考えられる[*2]。このため，今後，上述のような**キャリア教育**の本来の理念に立ち返った理解を共有していくことが重要である。

○ さらに，第5章に述べるように，生涯学習の観点に立った**キャリア形成**支援の充実を図っていくことについても留意が必要である。

## (2) 「職業教育」の内容と課題

○ 人は，専門性を身に付け，仕事を持つことによって，社会とかかわり，社会的な責任を果たし，生計を維持するとともに，自らの個性を発揮し，誇りを持ち，自己を実現することができる。仕事に就くためには，**社会的・職業的自立**

---

[*2] 中央教育審議会「初等中等教育と高等教育との接続の改善について（答申）」（平成11年）では，キャリア教育を「望ましい職業観・勤労観及び職業に関する知識や技能を身に付けさせるとともに，自己の個性を理解し，主体的に進路を選択する能力・態度を育てる教育」であるとし，進路を選択することにより重点が置かれていると解釈された。また，キャリア教育の推進に関する総合的調査研究協力者会議報告書（平成16年）では，キャリア教育を『『キャリア』概念に基づき『児童生徒一人一人のキャリア発達を支援し，それぞれにふさわしいキャリアを形成していくために必要な意欲・態度や能力を育てる教育』』ととらえ，「端的には」という限定付きながら「勤労観，職業観を育てる教育」としたこともあり，勤労観・職業観の育成のみに焦点が絞られてしまい，現時点においては社会的・職業的自立のために必要な能力の育成がやや軽視されてしまっていることが課題として生じている。

に向けて必要な基盤となる能力や態度だけではなく，それぞれに必要な専門性
や専門的な知識・技能を身に付けることが不可欠である。

　　このような，一定又は特定の職業に従事するために必要な知識，技能，能力
や態度を育てる教育が「職業教育」である。

○　職業教育を考える際に留意しなければならないことは，専門的な知識・技能
の育成は学校教育のみで完成するものではなく，生涯学習の観点を踏まえた教
育の在り方を考える必要があるということである。専門的な知識・技能は，学
校から社会・職業へ移行した後も身に付け向上させていくことができるもので
ある。このため，学校は，産業構造や就業構造が大きく変化する中，地域や産
業との結び付きをより強化することにより，学校から社会・職業へ移行した後
までを見通して，その中で，学校教育において身に付けさせるべき知識・技能
を見定めつつ，教育課程を編成していくことが必要である。

　　しかしながら，現状において，職業教育は，一部を除いて，基本的には学校
内で完結する内容として教育課程を編成するという側面が強調されてとらえら
れがちであり，今後，上述のような考え方を共有し，その実効性をより高めて
いくことが必要と考えられる。

○　また，社会が大きく変化する時代においては，特定の専門的な知識・技能の
育成とともに，多様な職業に対応し得る，社会的・職業的自立に向けて必要な
基盤となる能力や態度の育成も重要である。このような能力や態度は，具体の
職業に関する教育を通して育成していくことが極めて有効である。他方，社
会・職業との関連が薄く，実践性が伴わない教育（例えば，高等学校の普通科
等）については，後述するとおり，教育内容・教育方法を工夫していく必要が
あると考えられる。

## (3)　キャリア教育と職業教育の関係

○　キャリア教育と職業教育の内容を踏まえ，両者の関係を，育成する力と教育
活動の観点から改めて整理すると，次のとおりである。

　(ア)　育成する力
　　◆キャリア教育
　　　　一人一人の社会的・職業的自立に向け，必要な基盤となる能力や態度
　　◆職業教育
　　　　一定又は特定の職業に従事するために必要な知識，技能，能力や態度
　(イ)　教育活動
　　◆キャリア教育
　　　　普通教育，専門教育を問わず様々な教育活動の中で実施される。職業教
　　　育も含まれる。
　　◆職業教育
　　　　具体の職業に関する教育を通して行われる。この教育は，社会的・職業
　　　的自立に向けて必要な基盤となる能力や態度を育成する上でも，極めて有
　　　効である。

## ２．キャリア教育・職業教育の基本的方向性

### (1)　幼児期の教育から高等教育に至るまでの体系的なキャリア教育の推進

○　**キャリア教育**は，キャリアが子ども・若者の発達の段階やその発達課題の達成と深くかかわりながら段階を追って発達していくことを踏まえ，幼児期の教育から高等教育に至るまで体系的に進めることが必要である。その中心として，後述する「**基礎的・汎用的能力**」を，子どもたちに確実に育成していくことが求められる。また，社会・職業との関連を重視し，実践的・体験的な活動を充実していくことが必要である。

○　このような**キャリア教育**の意義・効果として，次の３つが挙げられる。

● 　第一に，**キャリア教育**は，一人一人の**キャリア発達**や個人としての自立を促す視点から，学校教育を構成していくための理念と方向性を示すものである。各学校がこの視点に立って教育の在り方を幅広く見直すことにより，教職員に教育の理念と進むべき方向が共有されるとともに，教育課程の改善が促進される。

● 　第二に，**キャリア教育**は，将来，社会人・職業人として自立していくために発達させるべき能力や態度があるという前提に立って，各学校段階で取り組むべき発達課題を明らかにし，日々の教育活動を通して達成させることを目指すものである。このような視点に立って教育活動を展開することにより，学校教育が目指す全人的成長・発達を促すことができる。

● 　第三に，**キャリア教育**を実践し，学校生活と社会生活や職業生活を結び，関連付け，将来の夢と学業を結び付けることにより，生徒・学生等の学習意欲を喚起することの大切さが確認できる。このような取組を進めることを通じて，学校教育が抱える様々な課題への対処に活路を開くことにもつながるものと考えられる。

### (2)　実践的な職業教育の重視と職業教育の意義の再評価

○　職業に必要な専門的な知識・技能は，生涯にわたって継続して修得されていくものである。このため，学校教育で行う**職業教育**は，専門分野の基礎的な知識や技能の育成とともに，知識・技能を活用する能力や，仕事に向かう意欲・態度等を育成することが必要である。

　　特に技能については，実践がなければ身に付かないものであり，学校教育で技能を身に付ける場合には，学校の種類によって程度の差はあるものの，実践性がより重視されなければならない。

○　また，**職業教育**は，専門分野の学習とその後の進路を固定的にとらえるものではなく，特定の専門分野の学習を端緒として，これに隣接する分野や関連する分野に応用したり，発展したりしていくことができる広がりを持つ教育であるという観点も重要である。

○　このような**職業教育**は，我が国の経済・社会の発展を支えるなど，一定の役割を果たしてきており，このことを改めて評価し，再認識しなければならない。

また，今後の社会に必要な人材の需要等も踏まえつつ，実践的な**職業教育**を体系的に整備していくことが必要である。

### (3) 生涯学習の観点に立ったキャリア形成支援

○ 職業に従事するためには，必要な専門的な知識・技能を身に付けることが不可欠であり，そのための学習は，職業生活への移行後も継続して，生涯にわたり行われるものである。特に，我が国においては，少子・高齢化の進展により，労働力人口の減少が予測される中，次代の経済・社会の担い手として，生徒・学生を社会・職業に円滑に移行させるとともに，移行後も，学習活動を通じて，生涯にわたりそれぞれの社会人・職業人としての**キャリア形成**を支援していくことが，我が国の持続的発展にとって，極めて重要な意味を持つに至っている。

○ 学校教育を離れた後の職業に関する学習の場としては，自己学習のほか，企業内教育・訓練等様々な場や方法等があるが，中でも学校は，その中核的な機関として保有する教育資源をいかし，生涯学習の観点に立って**キャリア形成**を支援する機能の充実を図ることが期待される。

## 3．キャリア教育・職業教育の方向性を考える上での視点

### (1) 仕事をすることの意義と幅広い視点から職業の範囲を考えさせる指導

○ 「働くこと」とは，広くとらえれば，人が果たす多様な役割の中で，「自分の力を発揮して社会（あるいはそれを構成する個人や集団）に貢献すること」と考えることができる。それは，家庭生活の中での役割や，地域の中で市民として社会参加する役割等も含まれている。その中で，本審議会では，学校から社会・職業への移行の課題を踏まえ，特に職業生活において「仕事をすること」に焦点を当てた。

○ 日本国憲法では，すべて国民は勤労の権利を有し，義務を負うとされている。仕事をすることの意義は，例えば，やりがい，収入を得ること，社会での帰属感，自己の成長，社会貢献等様々なものが考えられ，個人によってどの部分を強調して考えるかは異なる。そこで重要なことは，個人と社会のバランスの上に成り立つものであるということである。

○ 仕事に就く場面を考える上では，どんなに計画を立てても必ずしもそのとおりに進むものでもないと考えることが必要である。また，仕事を選ぶ際，社会にある職業のすべてを知って選択することは不可能であるから，身近な仕事との出会いも重要になる。そのため，自らが行動して仕事と出会う機会を得ること，行動して思うように進まないときに修正・改善できることが重要である。このような行動を支えるため，生涯にわたり自ら進んで学ぶことも極めて大切である。

○ **勤労観・職業観**は，仕事をする上で様々な意思決定をする選択基準となるものである。この基準を持つことが重要であるが，それは固定化された価値観ではなく，自己の役割や生活空間，年齢等によって変化するものである。そのた

め，社会・職業に移行する前に，その価値観を形成する過程を経た上で，自ら
進路を選択する経験をしておくことが望ましい。特に現在，仕事をすることは
一つの企業等の中で単線的に進むものだけではなくなりつつあり，社会に出た
後，生涯の中で必ず訪れる幾つかの転機に対処するためにも，また自ら積極的
に選択して進むべき道を変更するためにも，このような価値観を形成する過程
を経験しておくことが必要である。

○　職業は，個人の目的は様々であるが，社会から見れば社会にある仕事を分業
することである。これまではその多くが企業，官公庁等の場を中心とした職業
や自営業主として働くことを想定していた。しかし，現在では，非営利活動等
も出てきており，このような活動が社会の中で重要な役割を担っている。学校
から社会・職業への移行に課題がある状況を踏まえれば，職業の範囲は，幅広
い視点から考えさせるような指導が必要である。その際には，後に述べるよう
な，**キャリア教育**に関する学習活動の過程・成果に関する情報を収集した学習
ポートフォリオの活用が効果的であると考えられる。

## (2)　社会的・職業的自立，学校から社会・職業への円滑な移行に必要な力の明確化

### ①　社会や学校の変化と，必要な力を明確化することの必要性

○　本審議会では，平成8年7月答申「21世紀を展望した我が国の教育の在り方
について」において**「生きる力」**を提言し，平成20年1月答申「幼稚園，小学
校，中学校，高等学校及び特別支援学校の学習指導要領等の改善について」に
おいて，**「知識基盤社会」**の時代などといわれる社会の構造的な変化の中で，
**「生きる力」**をはぐくむという理念がますます重要になっていることを提言し
た。

　　また，平成20年12月答申「学士課程教育の構築に向けて」では，大学の学士
課程の専攻分野を通じて培う力として，分野横断的に，我が国の学士課程教育
が共通して目指す学習成果に着目した参考指針である**「学士力」**を提唱した。

　　これらは，初等中等教育，大学学士課程の各段階それぞれの基本となる考え
方であり，このような考え方を引き続き重視していかなければならない。

○　序章で述べたように，経済・社会や雇用，学校が変化する中で，社会に出て
生活する上で必要となる能力，あるいは仕事をする上で必要となる能力が変化
し，このような能力を育成する仕組みが社会全体の中で低下していることが指
摘されている。**社会的・職業的自立，学校から社会・職業への円滑な移行に必
要な力**は，**「生きる力」**や**「学士力」**に含まれるものと考えられるが，**キャリ
ア教育・職業教育**を進める上で，その要素を具体化して明示することは十分に
意義があると考える。

○　例えば，国立教育政策研究所においては，これまで児童生徒が将来自立した
社会人・職業人として生きていくために必要な能力や態度，資質として**「キャ
リア発達**にかかわる諸能力（例）」を提示しており，初等中等教育段階を中心
とする各学校が，キャリア教育を推進する上での参考としている。

○　また，現実の社会で生き，社会をつくる人間が有する資質・能力という観点や職場等で求められる能力という観点等から，「**人間力**」「**社会人基礎力**」「**就職基礎能力**」等の考え方が提案され，このような能力の育成に企業や学校が取り組んでいる例も見られる。経済団体等においても，新規卒業者に求める資質・能力等についてアンケート等を行っている。このような能力は，それぞれの着眼点から整理されているが，既に共通する要素が多く含まれており，参考となる。

○　国際的には，OECDが，「**知識基盤社会**」の時代を担う子どもたちに必要な能力を，「**主要能力（キーコンピテンシー）**[*3]」として定義付けており，国際的な学力調査においては，こうした能力の一部について調査をしている。この**主要能力（キーコンピテンシー）**で設定されている個人と社会との相互関係，自己と他者との相互関係，個人の自律性と主体性といった観点も考慮して考えることが必要である。

○　このような観点を踏まえ，**社会的・職業的自立，学校から社会・職業への円滑な移行**に必要な力は，人の生得的な力ではなく，義務教育から高等教育までの学校教育において育成することができる力であること，また，子ども・若者にとって夢や希望，目標を持ち，それらを具体的に行動に移していくことで実現を図ることができるような力であることを明らかにする必要がある。その力の育成に当たっては，社会への出口が中学校卒業段階から高等教育修了段階まで多岐にわたっており，その発達の段階にも配慮が必要である。また，このような力は，時代によって変化するものであることにも留意が必要である。

② **社会的・職業的自立，学校から社会・職業への円滑な移行に必要な力の要素**

○　本審議会におけるこれまでの審議では，**社会的・職業的自立，学校から社会・職業への円滑な移行**に必要な力について，例えば次のような意見が出された。

・能力（態度・行動様式）

　コミュニケーション能力，粘り強さ，課題発見・課題解決能力，変化への対応力，協調性，共に社会をつくる力，健全な批判力，段取りを組んで取り組む力　等

・知識

　労働者としての権利・義務　等

・価値観

　勤労観，職業観，倫理観　等

---

[*3]　**主要能力（キーコンピテンシー）**は，OECDが2000年から開始したPISA調査の概念的な枠組みとして定義付けられた。PISA調査で測っているのは「単なる知識や技能だけではなく，技能や態度を含む様々な心理的・社会的なリソースを活用して，特定の文脈の中で複雑な課題に対応することができる力」であり，具体的には，①社会・文化的，技術的ツールを相互作用的に活用する力，②多様な社会グループにおける人間関係形成能力，③自立的に行動する能力，という3つのカテゴリーで構成されている。

○ これらの意見を踏まえつつ，社会的・職業的自立，学校から社会・職業への円滑な移行に必要な力に含まれる要素としては，次などで構成されるものと考える。

◆基礎的・基本的な知識・技能

◆基礎的・汎用的能力

◆論理的思考力，創造力

◆意欲・態度及び価値観

◆専門的な知識・技能

○ 「読み・書き・計算」等の基礎的・基本的な知識・技能を修得することは，社会に出て生活し，仕事をしていく上でも極めて重要な要素である。これは初等中等教育では，学力の要素の一つとして位置付けられ，新しい学習指導要領における基本的な考え方の一つでもある。小学校からの「読み・書き・計算」の能力の育成等，その一層の修得・理解を図ることが必要である。また，社会的・職業的に自立するために，より直接的に必要となる知識，例えば，税金や社会保険，労働者の権利・義務等の理解も必要である。

○ 基礎的・汎用的能力*4は，分野や職種にかかわらず，社会的・職業的自立に向けて必要な基盤となる能力であると考える。例えば，企業が新規学卒者に期待する力は，就職の段階で「即戦力」といえる状態にまで学校教育を通じて育成することを求めているわけではなく，一般的には「コミュニケーション能力」「熱意・意欲」「行動力・実行力」等の基礎的な能力等を挙げることが多い。社会人・職業人に必要とされる基礎的な能力と現在学校教育で育成している能力との接点を確認し，これらの能力育成をキャリア教育の視点に取り込んでいくことは，学校と社会・職業との接続を考える上で意義がある。その具体的内容は，次の③で述べる。

○ 論理的思考力，創造力は，物事を論理的に考え，新たな発想等を考え出す力である。論理的思考力は，学力の要素にある「思考力，判断力，表現力」にも表れている重要な要素である。また，後期中等教育や高等教育の段階では，社会を健全に批判するような思考力を養うことにもつながる。創造力は，変化の激しい社会において，自ら新たな社会を創造・構築していくために必要である。これら論理的思考力，創造力は，基礎的・基本的な知識・技能や専門的な知識・技能の育成と相互に関連させながら育成することが必要である。

○ 意欲・態度は，学校教育，特に初等中等教育の中では，学習や学校生活に意欲を持って取り組む態度や，学習内容にも関心を持たせるものとして，その向上や育成が重要な課題であるように，生涯にわたって社会で仕事に取り組み，具体的に行動する際に極めて重要な要素である。意欲や態度が能力を高めることにつながったり，能力を育成することが意欲・態度を高めたりすることもあり，両者は密接に関連している。

---

*4 「基礎的・汎用的能力」の名称については，「基礎的能力」と，その基礎的能力を広く活用していく「汎用的能力」の双方が必要であると考え，両者を一体的なものとして整理する。

○　意欲や態度と関連する重要な要素として，**価値観**がある。**価値観**は，人生観や社会観，倫理観等，個人の内面にあって価値判断の基準となるものであり，価値を認めて何かをしようと思い，それを行動に移す際に意欲や態度として具体化するという関係にある。

　　また，**価値観**には，「なぜ仕事をするのか」「自分の人生の中で仕事や職業をどのように位置付けるか」など，これまでキャリア教育が育成するものとしてきた**勤労観・職業観**も含んでいる。子ども・若者に勤労観・職業観が十分に形成されていないことは様々に指摘されており，これらを含む**価値観**は，学校における道徳をはじめとした豊かな人間性の育成はもちろんのこと，様々な能力等の育成を通じて，個人の中で時間をかけて形成・確立していく必要がある。

○　また，どのような仕事・職業であっても，その仕事を遂行するためには一定の専門性が必要である。専門性を持つことは，個々人の個性を発揮することにもつながる。自分の将来を展望しながら自らに必要な専門性を選択し，それに必要な知識・技能を育成することは極めて重要である。専門的な知識・技能は，特定の資格が必要な職業等を除けば，これまでは企業内教育・訓練で育成することが中心であったが，今後は，企業の取組だけではなく，学校教育の中でも意識的に育成していくことが重要であり，このような観点から職業教育の在り方を改めて見直し，充実していく必要がある。

③　基礎的・汎用的能力の内容
○　**基礎的・汎用的能力**の具体的内容[*5]については，「仕事に就くこと」に焦点を当て，実際の行動として表れるという観点から，「**人間関係形成・社会形成能力**」「**自己理解・自己管理能力**」「**課題対応能力**」「**キャリアプランニング能力**」の４つの能力に整理した。

○　これらの能力は，包括的な能力概念であり，必要な要素をできる限り分かりやすく提示するという観点でまとめたものである。この４つの能力は，それぞれが独立したものではなく，相互に関連・依存した関係にある。このため，特に順序があるものではなく，また，これらの能力をすべての者が同じ程度あるいは均一に身に付けることを求めるものではない。

○　これらの能力をどのようなまとまりで，どの程度身に付けさせるかは，学校や地域の特色，専攻分野の特性や子ども・若者の発達の段階によって異なると考えられる。各学校においては，この４つの能力を参考にしつつ，それぞれの課題を踏まえて具体の能力を設定し，工夫された教育を通じて達成することが望まれる。その際，初等中等教育の学校では，新しい学習指導要領を踏まえて育成されるべきである。

---

[*5]　**基礎的・汎用的能力**の具体的内容である４つの能力は，前述①のとおり，各界から提示されている様々な力を参考としつつ，特に国立教育政策研究所による「キャリア発達にかかわる諸能力（例）」を基に，「仕事に就くこと」に焦点をあて整理を行ったものである。

(ア)　人間関係形成・社会形成能力

○　「人間関係形成・社会形成能力」は，多様な他者の考えや立場を理解し，相手の意見を聴いて自分の考えを正確に伝えることができるとともに，自分の置かれている状況を受け止め，役割を果たしつつ他者と協力・協働して社会に参画し，今後の社会を積極的に形成することができる力である。

○　この能力は，社会とのかかわりの中で生活し仕事をしていく上で，基礎となる能力である。特に，価値の多様化が進む現代社会においては，性別，年齢，個性，価値観等の多様な人材が活躍しており，様々な他者を認めつつ協働していく力が必要である。また，変化の激しい今日においては，既存の社会に参画し，適応しつつ，必要であれば自ら新たな社会を創造・構築していくことが必要である。さらに，人や社会とのかかわりは，自分に必要な知識や技能，能力，態度を気付かせてくれるものでもあり，自らを育成する上でも影響を与えるものである。具体的な要素としては，例えば，他者の個性を理解する力，他者に働きかける力，コミュニケーション・スキル，チームワーク，リーダーシップ等が挙げられる。

(イ)　自己理解・自己管理能力

○　「自己理解・自己管理能力」は，自分が「できること」「意義を感じること」「したいこと」について，社会との相互関係を保ちつつ，今後の自分自身の可能性を含めた肯定的な理解に基づき主体的に行動すると同時に，自らの思考や感情を律し，かつ，今後の成長のために進んで学ぼうとする力である。

○　この能力は，子どもや若者の自信や自己肯定観の低さが指摘される中，「やればできる」と考えて行動できる力である。また，変化の激しい社会にあって多様な他者との協力や協働が求められている中では，自らの思考や感情を律する力や自らを研さんする力がますます重要である。これらは，キャリア形成や人間関係形成における基盤となるものであり，とりわけ自己理解能力は，生涯にわたり多様なキャリアを形成する過程で常に深めていく必要がある。具体的な要素としては，例えば，自己の役割の理解，前向きに考える力，自己の動機付け，忍耐力，ストレスマネジメント，主体的行動等が挙げられる。

(ウ)　課題対応能力

○　「課題対応能力」は，仕事をする上での様々な課題を発見・分析し，適切な計画を立ててその課題を処理し，解決することができる力である。

○　この能力は，自らが行うべきことに意欲的に取り組む上で必要なものである。また，**知識基盤社会**の到来やグローバル化等を踏まえ，従来の考え方や方法にとらわれずに物事を前に進めていくために必要な力である。さらに，社会の情報化に伴い，情報及び情報手段を主体的に選択し活用する力[*6]を身

---

*6　地域格差や教育格差を生じさせることなく身に付けさせるためには，教材の充実や教職員の量・質の向上，このための研修が必要である。

に付けることも重要である。具体的な要素としては，情報の理解・選択・処理等，本質の理解，原因の追究，課題発見，計画立案，実行力，評価・改善等が挙げられる。

(エ) キャリアプランニング能力

○ 「キャリアプランニング能力」[*7]は，「働くこと」の意義を理解し，自らが果たすべき様々な立場や役割との関連を踏まえて「働くこと」を位置付け，多様な生き方に関する様々な情報を適切に取捨選択・活用しながら，自ら主体的に判断してキャリアを形成していく力である。

○ この能力は，社会人・職業人として生活していくために生涯にわたって必要となる能力である。具体的な要素としては，例えば，学ぶこと・働くことの意義や役割の理解，多様性の理解，将来設計，選択，行動と改善等が挙げられる。

## 第2章　発達の段階に応じた体系的なキャリア教育の充実方策

第2章においては，幼児期の教育から高等教育までに至るキャリア教育に取り組んでいく上での基本的な考え方や充実方策を述べるとともに，各学校段階ごとの推進のポイントをまとめている。

● キャリア教育は，幼児期の教育や義務教育の段階から体系的に各学校段階の取組を考えていくことが重要である。また，キャリア発達は，個々の子ども・若者でそれぞれ異なるため，一人一人のキャリア発達を促すよう，きめ細かく支えていくことが必要となる。後期中等教育を修了するまでに，生涯にわたる多様なキャリア形成に共通した能力や態度を身に付けさせるとともに，これらの能力や態度の育成を通じて，とりわけ勤労観・職業観を自ら形成・確立できる子ども・若者の育成を目標とすることが必要である。高等教育については，この目標が達成されていることを前提に，推進されることが基本となる。

● キャリア教育の充実方策としては，次の8つが考えられる。
① 各学校におけるキャリア教育に関する方針の明確化
② 各学校の教育課程への適切な位置付けと，計画性・体系性を持った展開
③ 多様で幅広い他者との人間関係形成等のための場や機会の設定
④ 経済・社会の仕組みや労働者としての権利・義務等についての理解の促進

---

*7 「プランニング」は単なる計画の立案や設計だけでなく，それを実行し，場合によっては修正しながら実現していくことを含むものである。

⑤　体験的な学習活動の効果的な活用

⑥　**キャリア教育**における学習状況の振り返りと，教育活動の評価・改善の実施

⑦　教職員の意識や指導力の向上

⑧　効果的な実施のための体制整備

● 各学校段階における**キャリア教育**の推進のポイントは次のとおりである。

◇幼児期：自発的・主体的な活動を促す。

◇小学校：社会性，自主性・自律性，関心・意欲等を養う。

◇中学校：自らの役割や将来の生き方・働き方等を考えさせ，目標を立てて計画的に取り組む態度を育成し，進路の選択・決定に導く。

◇後期中等教育：生涯にわたる多様な**キャリア形成**に共通して必要な能力や態度を育成し，これを通じて**勤労観・職業観等**の価値観を自ら形成・確立する。

◇特別支援教育：個々の障害の状態に応じたきめ細かい指導・支援の下で行う。

◇高等教育：後期中等教育修了までを基礎に，学校から社会・職業への移行を見据え，教育課程の内外での学習や活動を通じ，高等教育全般で充実する。（以下，本文略）

# 第３章　後期中等教育におけるキャリア教育・職業教育の充実方策

　第３章においては，後期中等教育における**キャリア教育・職業教育**について，全体的な課題と基本的な考え方を示し，各教育機関ごとの課題と充実方策をまとめている。

◇高等学校普通科：進路意識や目的意識が希薄な傾向や，他の学科に比べ厳しい就職状況にある。このため，キャリアを積み上げていく上で必要な知識等を教科・科目等を通じて理解させることや，体験的な学習の機会を十分提供し，これを通して自己の適性理解や将来設計の具体化，**勤労観・職業観**の形成・確立を図らせることが重要である。また，科目「産業社会と人間」のようなキャリア教育の中核となる時間を教育課程に位置付けることの検討や，職業科目の履修機会の確保，進路指導の改善・充実を図る必要がある。

◇高等学校専門学科：卒業者の約半数が高等教育機関に進学する状況にある。また，職業の多様化や職業人として求められる知識・技能の高度化への対応が求められている。このことを踏まえ，専門分野の基礎的・基本的な知識・技能の定着，一定の専門分野に共通する知識・技能を身に付けさせること，

課題研究等による問題解決能力等の育成，長期実習等実践的な教育活動の実施，職業教育に関する学習成果の積極的な評価，地域企業との密接な連携による学科整備・教育課程編成，実務経験者の教員への登用，施設・設備等の改善・充実等が期待される。

◇高等学校総合学科：安易な科目選択を行う傾向や，中学生や保護者等の理解・認知度の低さ，教職員の理解の不十分さ，多様な教科・科目開設に係る教職員の負担等の状況が見受けられる。このため，総合学科に対する理解の促進や，生徒に目的意識等を持たせる教育活動・体制整備等，教育環境の充実が求められる。

◇特別支援学校高等部：就職者が２割強という厳しい状況にある。このことを踏まえ，時代のニーズに合った就業につながる職業教育に関する教育課程の見直しや，個々の生徒の個性等にきめ細かく対応した職業体験活動機会の拡大，体系的なソーシャルスキルトレーニングの導入等の適切な指導や支援を行う必要がある。

◇高等学校・特別支援学校高等部の専攻科：具体的な基準等を法令上明確にすること，またその上で，高等教育機関が専攻科の学修を単位認定することや専攻科修了者が高等教育機関へ編入学することについて，積極的に検討する必要がある。

◇専修学校高等課程：今後は，職業の多様化に対応できるよう，専門分野に関連した幅のある知識・技能及び**基礎的・汎用的能力**や，生涯にわたり職業生活を主体的に設計できる能力を育てていくことが重要である。また，自立に困難を抱える生徒への弾力的な教育課程の提供や，ライフスタイルに応じた学習機会の充実のため，「単位制学科」や「通信制学科」の制度化を図ることが望まれる。(以下，本文略)

## 第４章　高等教育におけるキャリア教育・職業教育の充実方策

　第４章においては，高等教育における**キャリア教育・職業教育**について，全体的な課題や基本的な考え方，先進的な取組を示しつつ，**キャリア教育**と**職業教育**各々について，各教育機関ごとの課題と具体的な充実方策をまとめている。さらに，高等教育における職業教育を充実する観点から，新たな検討課題を２点掲げている。

● **キャリア教育**について，高等教育機関ごとの推進のポイントは次のとおりである。
　◇大学・短期大学：教育課程の内外を通じて**社会的・職業的自立**に向けた指

導等に取り組むための体制の整備が制度に位置付けられたことを踏まえ，教育課程上の工夫や有機的な連携体制の確保等，多様な取組を推進していくことが期待される。

◇高等専門学校：地域や産業界と連携しつつ，学生の発達段階に応じたきめ細かいキャリア教育を段階的かつ継続的に実施するとともに，幅広い職業意識の形成に着目した授業科目や，様々な専門分野の教育を充実することが重要である。

◇専門学校：入学後の早い段階から，各職業の業務の実態や必要な能力を十分理解させ，明確な目的意識を持たせた上で一人一人の**キャリア形成**支援を進めていく必要がある。また，**キャリアプランニング能力**や課題対応能力等をすべての生徒に身に付けさせることが重要である。

● **職業教育**について，高等教育機関ごとの推進のポイントは次のとおりである。

◇大学・短期大学：重点を置く機能や養成する人材像・能力を明確化し，職業教育の充実を図ることが重要である。また，職業意識・能力の形成を目的としたインターンシップや課題対応型学習等，実践的な教育の更なる展開が期待される。さらに，生涯学習ニーズにこたえていくことも重要な役割である。

◇高等専門学校：地域における産業界等との連携による先導的な職業教育の取組の促進や，新分野への展開等のための教育組織の充実，専攻科の整備・充実による教育の一層の高度化の推進が期待される。また，専攻科については，その位置付けの明確化や大学院との接続の円滑化についての検討，大学評価・学位授与機構による円滑な学位審査・授与に向けた運用の改善が望まれる。

◇専門学校：多様な職業教育への期待に一層こたえていくため，「単位制学科」や「通信制学科」の制度化を図ること，数校連携によるファカルティ・ディベロップメントや企業等との連携による教員の資質向上等の取組を行う組織体制の整備推進，教育活動の評価を行う仕組みの整備等が期待される。（以下，本文略）

# 第5章　生涯学習の観点に立ったキャリア形成支援の充実方策

　第5章においては，学校から社会・職業へ移行した後の学習者や，中途退学者・無業者などの**キャリア形成**支援の観点から，学習機会を充実していく必要性とその方策について述べている。

- 現在，職業に必要な知識・技能が高度化している。このような中，既に職業に就いている者が職業上求められる専門性を身に付け向上させることや，異なるキャリア選択のため新しい専門性を身に付けること，一定期間就業を中断した後に職業復帰することなどを目的とした，様々な学習ニーズが存在すると考えられる。

- 流動性の高まった労働市場においては，学びたい者がいつでも学ぶことができ，必要な知識・技能を身に付けることにより，職業生活の維持・向上や新たな就業が可能となることが重要である。このため，学習者のニーズや地域・社会の要請に応じ，高等教育機関等多様な場や機会を通じて，多様な教育プログラムが提供されることが期待される。特に我が国では，大学入学者のうち25歳以上の者が2％にとどまっており，高等教育機関において，社会人受入促進の要請にこたえる取組が広く行われることが期待される。

- 中途退学等により学校教育を離れてしまった者は，未就業状態の長期化や非正規雇用の職に就いている者が多いとの指摘がある。このため，各高等学校や中学校，教育委員会が，卒業後進学も就職もしていない者等に対して進路等の相談に応じることや，就職に必要な知識・技能を修得する機会を提供すること，また，専修学校が，公共職業訓練とも連携し，若年無業者等向けに基礎的な技能を身に付けさせる講座を開設すること，高等教育機関が定職・学籍を持たない若年者層を対象に教育プログラムを提供すること等が行われており，このような取組の充実が期待される。学校や教育委員会等の教育関係機関が，労働関係部局や公共職業安定所（ハローワーク），地域若者サポートステーション等と連携を図り，若者の**社会的・職業的自立**への総合的な支援を推進すること，社会教育施設等における相談や情報提供など情報入手の機会が提供されることも必要である。（以下，本文略）

## 第6章　キャリア教育・職業教育の充実のための様々な連携の在り方

　第6章においては，**キャリア教育・職業教育**の推進に当たって必要不可欠な，地域・社会，産業界等，学校種間・異校種間，家庭・保護者，関係行政機関との連携の在り方について述べている。

- 子どもに仕事や職業を認識させるためには，社会や仕事・職業について実感を持って理解させる必要があるが，教員が多くの仕事について実感を持って指導することは困難な場合が多い。このため，地域・社会に数多く存在する社会人・職業人としての知識・経験が豊富な者の学校の教育活動への参画

を得ることが不可欠である。各学校は，地域・社会に対して，各活動の目的や期待する効果等をあらかじめ明確にし説明するとともに，学校教育への様々な支援方法があることを提示しつつ協力を仰いでいくことが望まれる。また，学校支援地域本部や放課後子ども教室，若者に関する支援等に実績のあるNPO等との連携も考えられる。

● 産業界等との連携については，職場体験活動や就業体験活動に関し，学校は「受け入れ先の確保が困難」，企業は「学校側から支援要望がない」と多く回答した調査があるなど，その調整に課題が見受けられる。このため，PTA，校長会，自治会，経済団体・職能団体，労働組合，NPO等の協力を得て協議会を設置することや，都道府県の中学校・高等学校の校長会における進路指導・**キャリア教育**を担当する委員会・部会等が中心となり，各学校と地域・社会や産業界との連携を調整すること，学校と企業等との調整を図る人材を，各学校や教育センター，教育事務所等に配置することなどが考えられる。また，職業教育については，地方産業教育審議会等の機関を活用して，各学校が地域の人材需要を把握し，企業等の協力を得て在学時から生徒・学生の力を高めていくことや，インターンシップについて，企業等での活動を数ヶ月組み込んだ教育プログラムを開発し，専門技能の向上や課題対応能力の育成等，より実践的・具体的な活動へ発展することが望まれる。地域の産業界等と複数の大学等の連携による教育プログラム開発等を行う体制の強化等も重要である。

● 異校種間の連携については，異なる学校種の活動を理解し指導計画を作成するとともに，児童生徒の**キャリア発達**に関する情報を次の学校段階に引き継いでいくことが重要である。また，学校間で，各学科の教育力をいかした協力や，先進的な取組の共有等が必要である。

● 家庭は，子どもの成長・発達を支え，自立を促す重要な場であり，保護者から子どもへの働きかけは極めて重要である。また，保護者と学校が一体となって子どもの成長・発達を支えるため，学校から保護者への積極的な働きかけと，保護者が社会人・職業人としての経験等をいかして学校の活動に協力することが期待される。

（以下，本文略）

■「社会的・職業的自立，学校から社会・職業への円滑な移行に必要な力」の要素

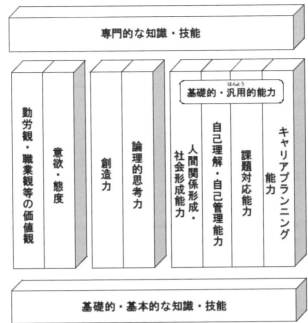

## Chapter Ⅰ ⑥ 中央教育審議会答申

2019（平成31）年1月25日

### 教育改革編 「新しい時代の教育に向けた持続可能な学校指導・運営体制の構築のための学校における働き方改革に関する総合的な方策について」

── SUMMARY ──

#### ① 答申の背景

2017年3月に告示された新学習指導要領への対応をはじめ，生徒指導，部活動，保護者や地域との連携など学校や教員に対する多様な期待は，一方で長時間勤務という形で表れており，公立の小・中学校の教員を対象に実施した教員勤務実態調査（平成28年度）によって看過できない深刻な状況であることが改めて明らかになった。これを受けて文部科学大臣は2017年6月，①学校が担うべき業務の在り方，②教職員及び専門スタッフが担うべき業務の在り方及び役割分担，③教員が子供の指導に使命感を持ってより専念できる学校の組織運営体制の在り方及び勤務の在り方──の3つについて審議するよう，中央教育審議会に諮問。同審議会は初等中等教育分科会に「学校における働き方改革特別部会」を設置し，教育委員会や各学校が取り組むべき方策について審議を重ね，2019年1月に答申を発表した。

#### ② 答申の内容

##### ⑴ 「学校における働き方改革」の目的

答申では，新学習指導要領を円滑に実施していくための課題として，①2018年9月に公表された教員勤務実態調査（平成28年度）の分析結果等が示す教師の働き方の実態を改革すること，②子供を取り巻く変化への対応のために「チームとしての学校」の機能強化を図ること──の2点を指摘。その上で「教師のこれまでの働き方を見直し，教師が我が国の学校教育の蓄積と向かい合って自らの授業を磨くとともに日々の生活の質や教職人生を豊かにすることで，自らの人間性や創造性を高め，子供たちに対して効果的な教育活動を行うことができるようになることが学校における働き方改革の目的である」と示した。

具体的には，教師の長時間勤務の要因についての分析結果を踏まえ，学校及び教師の業務の範囲を明確にし，限られた時間の中で，教師の専門性を生かしつつ，授業改善のための時間や児童生徒に接する時間を確保できる勤務環境を整備する必要性を説いている。

##### ⑵ 「学校における働き方改革」の検討の視点

答申では，①勤務時間管理の徹底と勤務時間・健康管理を意識した働き方の促進，②学校及び教師が担う業務の明確化・適正化，③学校の組織運営体制の在り方，④教師の勤務の在り方を踏まえた勤務時間制度の改革，⑤学校における働き方改革の実現に向けた環境整備──の5つの視点を基に，検討

　新学習指導要領への対応，いじめや不登校など生徒指導上の諸課題への対応などが求められる中，教師の勤務実態は直ちに改善が必要な状況にある。学校における働き方改革は，長時間勤務を良しとする，これまでの働き方を見直し，教師が日々の生活の質や教職人生を豊かにすることで，自らの人間性を高め，効果的な教育活動を行うことができるようになることを理念とする。

━ SUMMARY ━

を行った。このうち，①については勤務時間の管理を徹底し，ICTやタイムカードなどにより勤務時間を客観的に管理すること，文部科学省が作成した上限ガイドライン（月45時間，年360時間等）の実効性を高めることを提言。②については，学校が担うべき業務を ｉ）学習指導要領等を基準として編成された教育課程に基づく学習指導，ⅱ）児童生徒の人格の形成を助けるために必要不可欠な生徒指導・進路指導，ⅲ）保護者・地域等と連携を進めながら，これら教育課程の実施や生徒指導の実施に必要な学級経営や学校運営業務──に大別し，本来は誰が担うべき業務であるか，それぞれの業務について，負担軽減のためにどのように適正化を図るべきか，という2つの視点から，個別具体的に検討を進めた。

　その結果，これまで学校・教師が担ってきた代表的な14の業務を，次の3つに分類した。

**【基本的には学校以外が担うべき業務】**

　①登下校に関する対応　②放課後から夜間などにおける見回り，児童生徒が補導された時の対応　③学校徴収金の徴収・管理　④地域ボランティアとの連絡調整

**【学校の業務だが，必ずしも教師が担う必要のない業務】**

　⑤調査・統計等への回答等　⑥児童生徒の休み時間における対応　⑦校内清掃　⑧部活動

**【教師の業務だが，負担軽減が可能な業務】**

　⑨給食時の対応　⑩授業準備　⑪学習評価や成績処理　⑫学校行事の準備・運営　⑬進路指導　⑭支援が必要な児童生徒・家庭への対応

**3　答申が与えた影響**

　文部科学大臣は2017年12月，「学校における働き方改革に関する緊急対策」を決定。2019年1月に答申および「公立学校の教師の勤務時間の上限に関するガイドライン」が示された。これを受けて，同年3月には「学校における働き方改革に関する取組の徹底について」が通知され，各教育委員会等に取組の徹底が促されている。

●2017年12月，「学校における働き方改革に関する緊急対策」を決定

●2019年1月，「公立学校の教師の勤務時間の上限に関するガイドライン」を決定

●2019年3月，「学校における働き方改革に関する取組の徹底について」を通知

## ----CONTENTS----

■第8章　学校における働き方改革の確実な実施のための仕組みの確立とフォローアップ等

# はじめに

（略）

# 第1章　学校における働き方改革の目的

## 1．我が国の学校教育と学校における働き方改革

○　我が国の学校教育は，150年に及ぶ教科教育等に関する蓄積に支えられた高い意欲や能力をもった教師によって支えられている。教科等における内容項目の指導を通して，事実的な知識を習得させるだけではなく，概念を軸に知識を体系的に理解させ，教科固有の見方・考え方を働かせて考え，表現させたり，授業や特別活動などを通じ対話し，協働する力をはぐくんだりしているのは，これらの教師の努力や取組によるものである。

○　また，公立義務教育諸学校の学級編制及び教職員定数の標準に関する法律（以下「義務標準法」という。）や義務教育費国庫負担法，義務教育諸学校の教科用図書の無償措置に関する法律，就学困難な児童及び生徒に係る就学奨励についての国の援助に関する法律などの制度は，教育機会の均等と教育水準の維持・向上の基盤として機能している。なかでも義務標準法は，昭和33年の制定以来，学級当たりの児童生徒数の改善に大きな役割を果たしているとともに，平成29年の同法改正においては，子供たちを取り巻く環境の変化が子供や家庭，地域社会にも影響を与え，生徒指導上の課題[1]や障害により特別な支援を要する児童生徒[2]や日本語指導が必要な外国人児童生徒が増加[3]していることを踏まえ，通級による指導や日本語指導のための教員定数の基礎定数化が行われている。

---

[1]　生徒指導面では，文部科学省「児童生徒の問題行動・不登校等生徒指導上の諸課題に関する調査」（平成29年度）によれば，小・中・高等学校における，暴力行為の発生件数は63,325件であり，小・中学校における不登校児童生徒の割合は1.5％である。

[2]　国公私立の特別支援学級・特別支援学校に在籍する児童生徒数は，平成29年度，小学校の特別支援学級は167,678人，中学校の特別支援学級は68,445人であり，特別支援学校小学部は41,107人，特別支援学校中学部は30,695人であり，増加傾向である。

[3]　日本語指導が必要な外国人児童生徒は，平成28年度，小学校は22,156人，中学校は8,792人である。

265

○ その結果，我が国の義務教育は高い成果をあげている。例えば，新しい知識・情報・技術が社会のあらゆる領域での活動の基盤となる知識基盤社会となり，それらをめぐる変化の早さが加速度的となり，情報化やグローバル化といった社会の変化が人間の予測を超えて進展することを踏まえ，各国の義務教育修了段階の15歳の子供たちがどのような質の学力を有しているかを測るために，経済協力開発機構（OECD）が2000年から3年に一度実施している PISA 調査においては，数学的リテラシーや科学的リテラシーは OECD 加盟国中一位（PISA2015）であるなど我が国の15歳段階の子供たちは世界トップ水準の学習成果を示している[*4]。

○ また，文部科学省が全国の小・中学校において毎年実施している全国学力・学習状況調査においても，成績下位の都道府県の平均正答率は確実に上昇し，都道府県単位の成績の格差が縮小するなどボリュームゾーンの「底上げ」も確実に進んでいる[*5]。

   さらに，同じく全国学力・学習状況調査において，「人の役に立つ人間になりたいと思うか」，「学校のきまり（規則）を守っているか」などの規範意識に関する質問に肯定的に回答した児童生徒の割合は9割程度と，高い水準となっている[*6]。スポーツ庁が実施する体力・運動能力調査においても，義務教育段階の子供の新体力テスト合計点[*7]は緩やかな向上傾向が続いている[*8]。

○ 他方，人工知能（AI），ビッグデータ，Internet of Things（IoT），ロボティクス等の先端技術が高度化してあらゆる産業や社会生活に取り入れられ，社会の在り方そのものが現在とは「非連続的」と言えるほど劇的に変わるとされる Society5.0 の到来が予想されている。このような社会の構造的変化は，資本の有無や年齢・居住地などにかかわらず，新しいアイディアを持つあらゆる人に可能性の扉を開け，クリエイティブに価値創出ができる時代をもたらしたという見方もある一方で，魅力的なアイディア自体が資本として大きな価値を生み出す「知識集約型社会」の中で，「目の前の子供たちが就く職業がなくなるのではないか」「今の学校教育は役に立たないのではないか」という不安も生

＊4　PISA2015の平均得点は，OECD に加盟している35か国中，読解力が516点で6位，数学的リテラシーが532点で1位，科学的リテラシーが538点で1位であった。

＊5　文部科学省「全国学力・学習状況調査」（平成30年度）における各都道府県の平均正答率の全国平均との差を見ると，ほとんどの都道府県が±5ポイントの範囲内にあり，平均正答率の相対的な差が縮まってきている。また，標準化得点の推移からも，引き続き，下位県の平均正答率が全国平均に近づく状況が見られ，都道府県単位で見ると，学力の底上げが図られている。（標準化得点とは，各年度の調査問題が異なるため平均正答率の単純比較ができないことから，年度間の相対比較を可能とするため各年度の調査の全国（公立）の平均正答数がそれぞれ100となるように標準化した得点のこと。）

＊6　文部科学省「全国学力・学習状況調査」（平成30年度）において，「人の役に立つ人間になりたいと思う児童生徒の割合」は，小学校では95.2%，中学校では94.9%であり，「学校のきまり（規則）を守っている児童生徒の割合」は，小学校では89.5%，中学校では94.9%である。

＊7　新体力テストの成績を得点化して総和した合計得点。

＊8　スポーツ庁「体力・運動能力調査」（平成29年度）によると，青少年（6歳から19歳）段階において，新体力テスト合計点は16歳及び19歳女子を除く年代で緩やかな向上傾向である。

じさせている。

○　中央教育審議会としては，平成29年及び平成30年に行われた小・中・高等学校学習指導要領等の改訂に関する審議の際，AIの専門家も交えて議論を行った。その結果，目の前の子供たちが次代を切り拓くために求められる資質・能力は，文章の意味を正確に理解する読解力，教科固有の見方・考え方を働かせて自分の頭で考えて表現する力，対話や協働を通じて知識やアイディアを共有し新しい解や納得解を生み出す力といった我が国の学校教育が重視してきたものであり，これまでの我が国の学校教育の蓄積や良い点を引き出し，共有し，発展させる観点から学習指導要領の改訂を行うことを提言した[*9]。

○　したがって，新しい学習指導要領を踏まえ，一人一人の教師には，浮き足立つことなく我が国の教科教育等の蓄積と向き合い，目の前の子供たちが次代を切り拓くに当たって日々の学びが持っている大きな意味を子供たちに伝え，学びの充実を図ることが求められている。

○　このように我が国の学校教育は大きな蓄積と高い成果を上げているが，いま持続可能かどうかの岐路に立っている。これを持続可能なものとし，新しい学習指導要領を円滑に実施していくためには，二つの課題を乗り越える必要がある。

　　第一に，平成30年９月に公表された教員勤務実態調査（平成28年度）の分析結果及び確定値（以下，単に「教員勤務実態調査」という。）が示している教師の働き方の実態（中略）を改革することである。国際的にも評価されている「日本型学校教育」[*10]を展開する中で，我が国の学校教育の高い成果が，教員勤務実態調査に示されている教師の長時間にわたる献身的な取組の結果によるものであるならば，持続可能であるとは言えない。「ブラック学校」といった印象的な言葉が独り歩きする中で，意欲と能力のある人材が教師を志さなくなり[*11]，我が国の学校教育の水準が低下することは子供たちにとっても我が国や社会にとってもあってはならない。持続可能な学校教育の中で教育成果を維持し，向上させるためには，教師が我が国の学校教育の蓄積を受け継ぎ，授業を改善するための時間を確保できるようにするための学校における働き方改革が急務である。

○　第二に，子供を取り巻く変化への対応のために「チームとしての学校」[*12]の

---

*9　「幼稚園，小学校，中学校，高等学校及び特別支援学校の学習指導要領等の改善及び必要な方策等について（答申）」（平成28年12月21日中央教育審議会）

*10　我が国の学校及び教師は，新しい学習指導要領の実施を迎える中で授業力の向上が求められていることに加え，諸外国と比較して，授業以外にも広範な役割を担っている。（国立教育政策研究所（2017）「学校組織全体の総合力を高める教職員配置とマネジメントに関する調査研究報告書」）我が国の教師は，学習指導のみならず，生徒指導等の面でも主要な役割を担い，様々な場面を通じて，児童生徒の状況を総合的に把握して指導を行っている。このような児童生徒の「全人格的」な完成を目指す教育を実施する「日本型学校教育」の取組は，国際的に見ても高く評価されている。

*11　これに関し，社会全体として労働力人口の減少が見込まれている中で，人材獲得競争ともいえる状況が生じており，今後，人材不足は更に加速する可能性がある。

機能強化を図ることである。社会のグローバル化や都市化・過疎化，家族形態の変容，価値観やライフスタイルの多様化，地域社会等のつながりの希薄化や地域住民の支え合いによるセーフティネット機能の低下などが生じている。また，情報技術の発展により，各種の情報機器が子供たちの間でも広く使われるようになり，人間関係の在り様が変化してきている。さらに，我が国の子供の貧困の状況が先進国の中でも厳しい*13ということも明らかになり，学校は，**「子供の貧困対策のプラットフォーム」**として位置付けられ，対応が求められている*14。このような中，スクールカウンセラーやスクールソーシャルワーカーといったスタッフを含めた**「チームとしての学校」**の機能強化を図ることが求められており，このことは学校における働き方改革にとっても重要となっている。

## 2．学校における働き方改革の目的

○　企業を含めた労働法制全体では，平成28年9月から「働き方改革実現会議」において，長時間労働の是正も含めた働き方改革について議論が開始され，平成29年3月に「働き方改革実行計画」が策定され，「働き方改革は，日本の企業文化，日本人のライフスタイル，日本の働くということに対する考え方そのものに手を付けていく改革」であり，この「改革の目指すところは，働く方一人ひとりが，より良い将来の展望を持ち得るようにすることである」とされた。

○　また，国会での審議を経て，平成30年7月に「働き方改革を推進するための関係法律の整備に関する法律」（以下，「働き方改革推進法」という。）が公布された。この法律は，働き方改革を総合的に推進するため，長時間労働の是正等のための措置を講ずるものであるが，この中で時間外労働の上限規制等を定めた労働基準法の一部改正や，医師による面接指導の対象となる要件の見直しや面接指導を実施するために事業者に対して労働者の労働時間の状況の把握を義務付けた労働安全衛生法の一部改正などが行われた。

○　1．のとおり，喫緊の課題である学校における働き方改革は，この働き方改革推進法を踏まえつつ，教育基本法や学校教育法に定められた教育や学校の目的に基づく目標*15を達成するために行われる必要がある。すなわち，「はじめに」で触れたとおり，'子供のためであればどんな長時間勤務も良しとする'という働き方は，教師という職の崇高な使命感から生まれるものであるが，そ

---

*12　「チームとしての学校の在り方と今後の改善方策について（答申）」（平成27年12月21日中央教育審議会）参照。

*13　平成27年の子供の貧困率は13.9％（厚生労働省「国民生活基礎調査」（平成28年））。OECD Family database（2014）によれば，OECD加盟34か国中，我が国は25位である（各国の2009〜2011年の数値に基づく。）。

*14　子供の貧困対策に関する大綱（平成26年8月閣議決定）では，「学校を**子供の貧困対策のプラットフォーム**と位置付け，①学校教育による学力保障，②学校を窓口とした福祉関連機関との連携，③経済的支援を通じて，学校から子供を福祉的支援につなげ，総合的に対策を推進する」と掲げられている。

の中で教師が疲弊していくのであれば，それは'子供のため'にはならない。**教師のこれまでの働き方を見直し，教師が我が国の学校教育の蓄積と向かい合って自らの授業を磨くとともに日々の生活の質や教職人生を豊かにすることで，自らの人間性や創造性を高め，子供たちに対して効果的な教育活動を行うことができるようになることが学校における働き方改革の目的**であり，そのことを常に原点としながら改革を進めていく必要がある。

○　具体的には，教師の長時間勤務の要因についての分析結果を踏まえ，今回の働き方改革の目的のもと，膨大になってしまった学校及び教師の業務の範囲を明確にし，限られた時間の中で，教師の専門性を生かしつつ，授業改善のための時間や児童生徒に接する時間を確保できる勤務環境を整備することが必要である。

このように学校における働き方改革は，教師が疲労や心理的負担を過度に蓄積して心身の健康を損なうことがないようにすることを通じて，自らの教職としての専門性を高め，より分かりやすい授業を展開するなど教育活動を充実することにより，より短い勤務でこれまで我が国の義務教育があげてきた高い成果を維持・向上することを目的とするものである。そして，この点において我が国の様々な職場における働き方改革のリーディングケースになり得るもので

*15　例えば，教育基本法第5条第2項は，義務教育の目的を「義務教育として行われる普通教育は，各個人の有する能力を伸ばしつつ社会において自立的に生きる基礎を培い，また，国家及び社会の形成者として必要とされる基本的な資質を養うことを目的として行われるものとする。」と定めている。また，学校教育法第21条は，義務教育の目標を以下のとおり定めている。
第21条　義務教育として行われる普通教育は，教育基本法（平成18年法律第120号）第5条第2項に規定する目的を実現するため，次に掲げる目標を達成するよう行われるものとする。
一　学校内外における社会的活動を促進し，自主，自律及び協同の精神，規範意識，公正な判断力並びに公共の精神に基づき主体的に社会の形成に参画し，その発展に寄与する態度を養うこと。
二　学校内外における自然体験活動を促進し，生命及び自然を尊重する精神並びに環境の保全に寄与する態度を養うこと。
三　我が国と郷土の現状と歴史について，正しい理解に導き，伝統と文化を尊重し，それらをはぐくんできた我が国と郷土を愛する態度を養うとともに，進んで外国の文化の理解を通じて，他国を尊重し，国際社会の平和と発展に寄与する態度を養うこと。
四　家族と家庭の役割，生活に必要な衣，食，住，情報，産業その他の事項について基礎的な理解と技能を養うこと。
五　読書に親しませ，生活に必要な国語を正しく理解し，使用する基礎的な能力を養うこと。
六　生活に必要な数量的な関係を正しく理解し，処理する基礎的な能力を養うこと。
七　生活にかかわる自然現象について，観察及び実験を通じて，科学的に理解し，処理する基礎的な能力を養うこと。
八　健康，安全で幸福な生活のために必要な習慣を養うとともに，運動を通じて体力を養い，心身の調和的発達を図ること。
九　生活を明るく豊かにする音楽，美術，文芸その他の芸術について基礎的な理解と技能を養うこと。
十　職業についての基礎的な知識と技能，勤労を重んずる態度及び個性に応じて将来の進路を選択する能力を養うこと。

ある。

○ 志ある教師の過労死等が社会問題になっているが，子供のためと必死になって文字通り昼夜，休日を問わず教育活動に従事していた志ある教師が，適切な勤務時間管理がなされていなかった中で勤務の長時間化を止めることが誰もできず，ついに過労死等に至ってしまう事態は，本人はもとより，その遺族又は家族にとって計り知れない苦痛であるとともに，児童生徒や学校にとっても大きな損失である。さらに，不幸にも過労死等が生じてしまった場合に，勤務実態が把握されていなかったことをもって，公務災害の認定に非常に多くの時間がかかり，遺族又は家族を一層苦しめてしまうような事例も報告されている。この点については，第3章で述べる勤務時間管理の徹底や「公立学校の教師の**勤務時間の上限に関するガイドライン**」（以下「上限ガイドライン」という。）（中略）を踏まえた各地方公共団体の規則等に基づく勤務時間管理の徹底，学校や教師の業務の明確化・適正化による勤務の縮減を図り，一刻も早く改善しなければならない。こうした志ある教師の過労死等の事態は決してあってはならないものであり，我々は，学校における働き方改革を実現し，根絶を目指して以下に述べる必要な対策を総合的に実施していく必要がある。

○ 教育は人なりと言われるように，我が国の将来を担う子供たちの教育は教師にかかっており，教師とは崇高な使命を持った仕事である。学校における働き方改革の実現により，教師は'魅力ある仕事'であることが再認識され，これから教師を目指そうとする者が増加し，教師自身も士気を高め，誇りを持って働くことができることは，子供たちの教育の充実に不可欠であり，次代の我が国を創造することにほかならない。

　中央教育審議会としては，以下述べるように，教師の勤務環境の整備に加え，**「チームとしての学校」**の推進，AI等のテクノロジーの活用，教員免許制度の改善など関連する諸施策を含めた総合的な政策パッケージの実施が，学校における働き方改革の目的を果たすために不可欠であると考えている。

## 3．学校における働き方改革と子供，家庭，地域社会

○ このように，本答申は学校における教師の業務や勤務の在り方を中心に提言を行っているが，学校における働き方改革は，教師にとっても子供にとっても重要なリソースである時間を，優先順位をつけて効果的に配分し直すことにより，子供たちに対して効果的な教育活動を行い，子供たちの力を一層伸ばすようにすることである。そのため，学校における働き方改革を検討するに当たっては，子供の視点，子供をはぐくむ家庭や地域社会の視点も欠かせない。

　例えば，スポーツ庁が作成した「運動部活動の在り方に関する総合的なガイドライン」及び文化庁が作成した「文化部活動の在り方に関する総合的なガイドライン」（以下，2つを合わせて「部活動ガイドライン」という。）を遵守し部活動の休養日を確実に確保することは，子供や家庭の立場に立てば，学校外における子供の学びについて，子供や家庭が自らその在り方を判断することができる時間が増加し，選択肢が広がることになる一方で，これまで学校に任せ

ていた時間をどう使うかについて子供や家庭自身が考え，判断し，行動しなければならないこととなる。

○　学校における働き方改革を進めるに当たっては，「社会に開かれた教育課程」の理念も踏まえ，家庭や地域の人々とともに子供を育てていくという視点に立ち，地域と学校の連携・協働の下，幅広い地域住民等（多様な専門人材，高齢者，若者，PTA・青少年団体，企業・NPO等）とともに，地域全体で子供たちの成長を支え，地域を創生する活動（地域学校協働活動）を進めながら，学校内外を通じた子供の生活の充実や活性化を図ることが大切である。特に，教師と保護者で構成されているPTAに期待される役割は大きく，その活動の充実が求められる。また，今後一層，子供たちに求められる資質・能力とは何かを家庭や地域の人々と共有し，家庭生活や社会環境の変化によって家庭の教育機能の低下も指摘される中で，家庭の役割や責任を明確にしつつ具体的な連携を強化し，学校における働き方改革により増加することが見込まれる子供たちの学校外における時間を生かし充実したものとすることが重要である。

　　既に取り組まれている具体例としては，各教科等における家庭学習の課題の与え方について教職員で共通理解を図りながら家庭と連携したり，主権者教育といったテーマについて，保護者と子供が新聞などを活用して一緒に話し合って学校での学びを深めたり，いわゆる子連れ投票の仕組みを活用して保護者が児童生徒を投票所に同伴したりといった取組を挙げることができる。

　　文部科学省は，このような観点から家庭教育の充実を支援するとともに，地域未来塾*16を含む地域学校協働活動の支援といった施策の展開などを通じて経済的状況にかかわらず教育を受けられる機会を整えていく責務を果たすことが求められている。

## 第2章　学校における働き方改革の実現に向けた方向性

### １．勤務の長時間化の現状と要因　（略）
### ２．検討の視点と基本的な方向性

○　既に平成29年8月に公表した特別部会の緊急提言においては，「今できることは直ちにやる」という意識の下，①校長及び教育委員会は学校において「勤務時間」を意識した働き方を進めること，②全ての教育関係者が学校・教職員の業務改善の取組を強く推進していくこと，③国として持続可能な勤務環境整備のための支援を充実させることの3点を盛り込んだ。特に，勤務時間管理については，後述のとおり，勤務時間管理は，労働法制上，校長や服務監督権者である教育委員会等に求められている責務であり，緊急提言でも「業務改善を

---

*16　経済的な理由や家庭の事情により学習が遅れがちな中学生等全ての子供たちを対象に実施される，大学生等の学生ボランティアや地域住民等の協力による学校と連携した原則無料の学習支援。

進めていく基礎として，適切な手段により管理職も含めた全ての教職員の勤務時間を把握すること」を掲げている。

　教師の長時間勤務の是正のためには，これらの取組が必要不可欠である一方，これだけでは，学校における真の働き方改革にはつながらない。

○　教師の長時間勤務については，教師自身において自らの働き方を見直していくことも必要である。その一方で，教師個人の「働き方」のみに帰結するものではなく，教師一人一人の取組や姿勢のみで解決できるものでもない。学校における働き方改革を進めるためには，我が国において学校教育について責任を負う文部科学省，給与負担者である都道府県・指定都市教育委員会，服務監督権者である市区町村教育委員会や学校の設置者，各学校の校長等の管理職が，それぞれの権限と責任を果たすことが不可欠である。

○　特に，文部科学省には，働き方改革に必要な制度改正や教職員定数の改善などの条件整備などはもちろんのこと，教育委員会や学校に対して，学校における働き方改革の意義や取組について十分に浸透させ，全ての関係する主体が積極的に取り組むようにすることが求められる。また，地域や保護者をはじめとした社会に対して何が教師の教職としての職務であって，何が職務ではないかの明確なメッセージを出し，学校と社会の連携の起点・つなぎ役としての機能を，前面に立って十二分に果たすことを求めたい。文部科学省がこのような役割を確実に果たすことによって，答申の最後にも言及するように，学校における働き方改革の実現に当たって不可欠な，家庭や地域等社会全体の理解と支援を得ることができる。

○　教師の長時間勤務の是正は待ったなしの状況であり，文部科学省や地方公共団体において，制度的な障壁の除去や学校環境の整備，慣行的に進められてきた取組の見直しの促進等，学校や教師だけでは解決できない抜本的な方策や取組を講じ，学校における働き方改革を強力に推進する必要がある。

　こうした点を踏まえ，中央教育審議会においては，以下のような視点から検討を行った。

> ①　勤務時間管理の徹底と勤務時間・健康管理を意識した働き方の促進
> ②　学校及び教師が担う業務の明確化・適正化
> ③　学校の組織運営体制の在り方
> ④　教師の勤務の在り方を踏まえた勤務時間制度の改革
> ⑤　学校における働き方改革の実現に向けた環境整備

○　以下，これら5つの施策について述べるが，学校における働き方改革はこれらの施策が一体となって推進されることによって実現するものであり，文部科学省，都道府県・指定都市教育委員会，市区町村教育委員会，設置者，校長などの管理職，一人一人の教師が，それぞれの立場で，それぞれができることに積極的に取り組むことが必要である。

○　なお，文部科学省が実施した教員勤務実態調査は，公立の小・中学校を対象

としているが，学校における働き方改革はこれらの学校のみに限定されているわけではない。例えば，特別支援学校については，障害のある児童生徒の自立や社会参加に向け，児童生徒一人一人の教育的ニーズを把握し，その持てる力を高め，生活や学習上の困難を改善又は克服するため，適切な指導及び必要な支援を行っている。

　また，高等学校については，入学者の選抜を実施し，中学校における教育の基礎の上に，心身の発達及び進路に応じて，高度な普通教育及び専門教育を行うとともに，生徒は進学や就職等多様な進路選択をする。これらの学校種については共に，小・中学校と比較して，学校間の多様性が大きいことから，こうした特徴を踏まえた支援を行うことも重要である。

○　我が国の公教育は，公立学校のみならず，私立学校及び国立学校もその一翼を担っている。私立学校は，それぞれの建学の精神に基づき，特色ある教育活動を展開している。国立学校は，国立大学に附属して設置され，地域におけるモデルとしての役割や中長期的な視点から先導的・実験的な取組を実施する役割を担っている。一方，私立学校や国立学校の教師については，公立学校の教師とは異なり，給特法が適用されず，労働基準法が全面的に適用されることとなる。

　学校における働き方改革を推進するに当たっては，私立学校や国立学校の固有の存在意義や位置付け，適用される法制の違いなどに配慮するとともに，設置形態ごとの優良事例等を共有するなど，各学校の取組に対する必要な支援を行うことが重要である。

## 第3章　勤務時間管理の徹底と勤務時間・健康管理を意識した働き方の促進

### 1．教職員の勤務時間等に関する制度の現状　（略）
### 2．勤務時間管理の徹底と勤務時間の上限に関するガイドライン

○　勤務時間の管理については，厚生労働省において「労働時間の適正な把握のために使用者が講ずべき措置に関するガイドライン」（平成29年1月20日）が示され，使用者[17]は，労働者の労働日ごとの始業・終業時刻を確認し，適正に記録することとされている。このガイドラインの適用範囲は「労働基準法のうち労働時間に係る規定が適用される全ての事業場」であることから，国公私立を問わず，全ての学校において適用されるものである。

○　また，働き方改革推進法による改正後の労働安全衛生法体系[18]において，事業者は，同法に定める面接指導を実施するため，タイムカードによる記録，パーソナルコンピュータ等の電子計算機の使用時間の記録等の客観的な方法その他適切な方法により，労働者の労働時間の状況を把握しなければならない旨が

---

＊17　公立学校において「使用者」とは，校長や服務監督権者である教育委員会を指す。
＊18　労働安全衛生法第66条の8の3，労働安全衛生規則第52条の7の3

規定されたところである。

○　このように，勤務時間管理は，労働法制上，校長や服務監督権者である教育委員会等に求められている責務であり，今般の労働安全衛生法の改正によりその責務が改めて明確化されたところである。また，業務改善を進めていく基礎としても，適切な手段により管理職も含めた全ての教職員の勤務時間を把握することは不可欠である[*19]。一人一人の教師の勤務時間を的確に把握することにより，校務分掌の見直し等の教職員間の業務の平準化や，働き過ぎ傾向のある教師について労働安全衛生法に基づく医師等による面接指導を適切に実施することの前提となるという面があるとともに，教師一人一人においても自らの働き方を省みる契機になる。

○　このため，今回の学校における働き方改革を進めるに当たり，学校現場においてはまずもって勤務時間管理の徹底を図ることが必要である。

　　勤務時間管理に当たっては，極力，管理職や教師に事務負担がかからないようにすべきであり，服務監督権者である教育委員会等は，自己申告方式ではなく，ICT の活用やタイムカードなどにより勤務時間を客観的に把握し，集計するシステムを直ちに構築することが必要である[*20]。

○　勤務時間管理に関し，平成31年1月25日に上限ガイドラインが策定された。これは当審議会の中間まとめの提言を受けたものであるが，上限ガイドラインにおいては，「超勤4項目」以外の時間外勤務も含めて「在校等時間」として外形的に把握し，民間や他の公務員に準じた時間外勤務の上限の目安時間を超えないようにすること等とされている。上限ガイドラインにも記載されているように，これを策定したことが上限の目安時間まで教師等が在校等した上で勤務することを推奨する趣旨に受けとられては絶対にならず，在校等時間を更に短くすることを目指して取り組むべきである。このため，上限ガイドラインを踏まえ，文部科学省や教育委員会等が具体的な長時間勤務の削減方策を確実に講じ，各学校や一人一人の教師がその方策の下，自らの職務の在り方を改革することが必要である。

　　上限ガイドラインの実効性を高めることが重要であり，文部科学省は，その根拠を法令上規定するなどの工夫を図り，学校現場で確実に遵守されるよう，（中略）工程表に沿って取り組むべきであるが，勤務時間管理は，働き方改革

---

*19　出退勤時刻の管理についてタイムカードや校務支援システム等を導入する学校が増加しているものの，文部科学省が実施した教員勤務実態調査によれば，教員の毎日の退勤時刻の管理について「タイムカードなどで退勤の時刻を記録している」と回答した学校は小学校で10.3%，中学校で13.3%，「校務支援システムなど ICT を活用して退勤の時刻を記録している」と回答した学校は小学校で16.6%，中学校で13.3%である。

*20　タイムカードの設置等，教師の勤務時間の把握等に必要な経費は，恒常的に必要な標準的な行政経費として地方財政措置に含まれている。また，学校の ICT 環境整備に必要な経費として単年度1,805億円の地方財政措置を講じる（「教育の ICT 化に向けた環境整備5か年計画（2018～2022年度）」）こととされており，ICT を活用した勤務時間管理について，地方公共団体の実態に応じて，統合型校務支援システムと勤務時間を管理するシステムとの連携や一体的な運用により，これを効果的に活用することも可能。

の「手段」であって「目的」ではない。勤務時間の把握を形式的に行うことが目的化し，真に必要な教育活動をおろそかにしたり，実際より短い虚偽の時間を記録に残す，又は残させたりすることがあってはならない。

　文部科学省，教育委員会等は，勤務時間の把握の徹底とその分析を行い[*21]，業務の削減や勤務環境の整備を進めなければならない。特に，文部科学省には，この上限ガイドラインの策定は学校における働き方改革に関する文部科学省の職責の始点であり，ここから学校における働き方改革のためのPDCAサイクルを展開し，実態把握に基づく条件整備や制度改正等次の施策へ展開していく責任があることの自覚を求めたい。

○　なお，教師の勤務時間について，その上限を罰則を伴う法規として定める必要があるとの指摘もあるが，前述のとおり働き方改革推進法におけるこの制度改正は現在国家公務員や一般の地方公務員には適用されていないことを踏まえると，公立学校の教師について罰則を伴う法規とすることは慎重であるべきである。

## 3．適正な勤務時間の設定

○　定められた勤務時間内で業務を行うことが基本であるが，学校における教師の勤務時間と児童生徒の活動時間は表裏一体の関係にある。登下校時刻の設定や，部活動，学校の諸会議等については，教職員が適正な時間に休憩時間を確保できるようにすることを含め，教職員の勤務時間を考慮した時間設定を行う必要がある。

○　早朝の登校指導や夜間などにおける見回り等，「超勤4項目」以外の業務については，校長は，時間外勤務を命ずることはできない。早朝や夜間等，通常の勤務時間以外の時間帯にやむを得ずこうした業務を行う場合については，服務監督権者は，所定の勤務時間の割り振りを適正に行うなどの措置を講ずる必要がある。現行制度においては，週休日や休日の代替をする場合に確実に代替日が確保されるよう，変更できる期間を長期休業期間にかからしめるようにするといった工夫を行うとともに，長期休業期間においては，教職員が確実に年休等を取得することができるよう一定期間の学校閉庁日の設定を行うべきである。学校閉庁日の設定は，第6章で示す**一年単位の変形労働時間制**を導入した場合においては，繁忙期に通常より多く割り振った勤務時間の分，長期休業期間等に一定期間休日が措置され，その間確実に休むことができることにも有効である。

○　また，教育委員会は，早朝や夕方以降の時間帯において，児童生徒の適切な登下校時間を設定して保護者に周知するとともに，非常災害の場合や児童生徒の指導に関し緊急の必要性がある場合を除き，教師が保護者対応や外部からの問合せ等の対応を理由に時間外勤務をすることがないよう，緊急時の連絡に支

---

*21　公立学校の教職員の勤務時間等について，いわゆる労働基準監督機関としての役割は人事委員会又はその委任を受けた人事委員会の委員等が担っており，教育委員会は，その知見を活用するなど人事委員会等との連携を行うことも重要である。

障が生じないように教育委員会事務局等への連絡方法を確保した上で，留守番電話の設置やメールによる連絡対応等の体制整備に向けた方策を講ずるべきである[*22]。

こうした取組に加え，特に中学校で長時間に及んでいる部活動については，部活動ガイドラインを踏まえた適切な活動時間や休養日の設定を行う必要がある。あわせて，文部科学省は，この部活動ガイドラインの遵守を条件に部活動指導員の配置を進めることで，こうした教育委員会の対応を支援すべきである。

さらに，上記2.の上限ガイドラインに関する取組とともに，ここで掲げた取組について，各学校においては，学校運営協議会の場等も活用しながら，保護者や地域の理解を得るよう努めるとともに，文部科学省や各教育委員会等も，全国レベル・地域レベルのPTA団体等の協力も得ながら，こうした取組を支援すべきである。

## 4．労働安全衛生管理の必要性 （略）
## 5．教職員一人一人の働き方に関する意識改革
### ⑴ 研修・人事評価等を活用した教職員の意識改革
○ 学校における働き方改革を進めていくためには，校長をはじめとした管理職のマネジメント能力は必要不可欠である。そのために，各教育委員会等においては，管理職の育成に当たって，教職員の組織管理や在校等時間の管理，労働安全衛生管理等をはじめとしたマネジメント能力をこれまで以上に重視することが必要である。また，登用等の際にも，教師や子供たちにとって重要なリソースである時間を最も効果的に配分し，可能な限り短い在校等時間で教育の目標を達成する成果を上げられるかどうかの能力や働き方改革への取組状況を適正に評価するとともに，そのマネジメント能力を高めていくため，働き方に関する研修の充実を図り，学校の教職員の働き方を変えていく意識を強く持たせることが重要である。

○ あわせて，管理職だけでなく，教職員全体に対しても勤務時間を意識した働き方を浸透させるために，各教育委員会等においては，そのために必要な研修を実施していくべきである。例えば，初任者研修等の若手教師を対象とした研修にその要素を入れた講義・演習を取り入れるといった工夫が必要である。

○ また，校長が学校の重点目標や経営方針に教職員の働き方に関する視点を盛り込み，管理職がその目標・方針に沿って学校経営を行う意識を持つとともに教職員一人一人が業務改善の意識を持って進めるために，人事評価についても，同じような成果であればより短い在校等時間でその成果を上げた教師に高い評価を付与することとすべきである。なお，研修・評価の実施に当たって，各教育委員会は，働き方も含めた目指すべき教師の姿を提示しつつ，学校や教師に過度な負担にならないよう必要な体制を整えるなどの配慮が必要である。

○ 文部科学省は，研修・評価の際に限らず，現在の長時間勤務の実態の中で，

[*22] 退勤時刻を設定した上で留守番電話を設置したことにより，月間平均残業時間が約20時間減少した小学校の例も報告されている。

教育の質を向上させるためにこれまでの仕事のやり方を見直し，勤務時間を意識しながらより短い時間で成果を上げることが大切であるという姿勢を教育委員会や管理職，そして教師一人一人が持つことができるよう，あらゆる会議等の場で直接訴えたり，文部科学省が行う表彰においてそのような観点を考慮したりするなどして積極的な普及啓発を行うべきである。

⑵　学校評価とも連動した業務改善状況の把握と公表

○　各学校は，第7章で詳述する「教育委員会における学校の業務改善のための取組状況調査」*23（以下「業務改善状況調査」という。）の機会等を活用し，学校での業務改善の進捗状況について自ら確認し，その実情を公表することで，他の学校と比較して自校の改善の程度も見極めながら，取組を進めていくことが重要である。この際，あらかじめ学校評価の重点的な評価項目の一つとして，業務改善や教職員の働き方に関する項目を明確に位置付けておき，学校評価のプロセスを積極的に活用していくことが必要である。文部科学省は，学校全体としての教育活動の改善につながることも視野に入れつつ，学校評価における業務改善や教職員の働き方に関する評価項目の例を示し，各学校及び教育委員会の取組を促すべきである。

○　教育委員会は，学校評価とも連動した業務改善の点検・評価の取組を推進するとともに，教育委員会が策定する業務改善方針・計画や，実施する業務改善の取組について，どれだけ長時間勤務を削減したかという実効性の観点から毎年度実施する教育委員会の自己点検・評価*24の中で取り上げることが必要である。

## 第4章　学校及び教師が担う業務の明確化・適正化

### 1．基本的考え方

○　学校が担うべき業務を大きく分類すると，以下のように考えられる。

> ⅰ）学習指導要領等を基準として編成された教育課程に基づく学習指導
> ⅱ）児童生徒の人格の形成を助けるために必要不可欠な生徒指導・進路指導
> ⅲ）保護者・地域等と連携を進めながら，これら教育課程の実施や生徒指導の実施に必要な学級経営や学校運営業務

---

＊23　「学校における働き方改革に関する緊急対策の策定並びに学校における業務改善及び勤務時間管理等に係る取り組みについて（通知）」（平成30年2月9日付け29文科初第1437号）等に基づき，各教育委員会における学校の業務改善のための取組状況について定期的に把握していくこととしている。

＊24　地方教育行政の組織及び運営に関する法律第26条

○ 教師は，こうした業務に加え，その関連業務についても，範囲が曖昧なまま行っている実態がある。一方，教師以外が担った方が児童生徒に対してより効果的な教育活動を展開できる業務や，教師が業務の主たる担い手であっても，その一部を教師以外が担うことが可能な業務は少なからず存在している。

　我が国の学校・教師が担う業務の範囲は，諸外国と比べて多岐にわたり，これらの中には，法令で明確に位置付けられた業務もあれば，半ば慣習的に行われてきた業務もある。

○ このため，これまで学校・教師が担ってきた業務のうち，役割分担等について特に議論すべき代表的な業務について，法令上の位置付けや従事している割合，負担感，地方公共団体での実践事例等を踏まえつつ，

　　• これは，本来は誰が担うべき業務であるか
　　• それぞれの業務について，負担軽減のためにどのように適正化を図るべきか

の2点から，必要な環境整備を行いつつ，中心となって担うべき主体を学校・教師以外に積極的に移行していくという視点に立って，個別具体的に検討を進めた。

○ 詳細は「3．これまで学校・教師が担ってきた代表的な業務の在り方に関する考え方」に示すが，おおむね次のページの表のように整理した。

　授業以外に全国の学校で共通して行われている業務の多くは表の①～⑭のいずれかに分類されるが，このほかにも各学校や地域の置かれた状況，各学校の教育目標・教育課程に応じて，様々な業務が発生することが考えられる。これらの業務については，服務監督権者である教育委員会や設置者において，①～⑭の各業務についての整理を踏まえた上で，教師が専門性を発揮できるか，児童生徒の生命・安全に関わるかといった観点から，中心となる担い手を学校・教師以外に積極的に移していくとともに，そもそもの必要性が低下し，慣習的に行われている業務は，業務の優先順位をつける中で思い切って廃止していくことが求められる。そのためにも，第3章で述べた勤務時間管理の徹底と，上限ガイドラインを踏まえた具体的な削減目標の設定が重要である。

○ なお，学校及び教師が担う業務の明確化・適正化は，社会に対して学校を閉ざしたり，内容を問わず一律にこれまでの業務を削減したりするものではない。むしろ逆であり，1．で述べた学校における働き方改革の目的を踏まえ，教師や子供たちにとって重要なリソースである時間を最も効果的に配分する中で，社会との連携を重視・強化するものである。また，これまで慣習的に行われてきた業務を思い切って廃止するに当たっては，以下2．(1)で示すように，文部科学省を連携の起点・つなぎ役として活用しながら，学校として子供たちの成長のために何を重視し，どのように時間を配分するかという考え方を明確にし，地域や保護者に伝え，理解を得ることが求められる。

| 基本的には学校以外が担うべき業務 | 学校の業務だが，必ずしも教師が担う必要のない業務 | 教師の業務だが，負担軽減が可能な業務 |
|---|---|---|
| ①登下校に関する対応<br><br>②放課後から夜間などにおける見回り，児童生徒が補導された時の対応<br><br>③学校徴収金の徴収・管理<br><br>④地域ボランティアとの連絡調整<br><br>※その業務の内容に応じて，地方公共団体や教育委員会，保護者，地域学校協働活動推進員や地域ボランティア等が担うべき。 | ⑤調査・統計等への回答等（事務職員等）<br><br>⑥児童生徒の休み時間における対応（輪番，地域ボランティア等）<br><br>⑦校内清掃（輪番，地域ボランティア等）<br><br>⑧部活動（部活動指導員等）<br><br>※部活動の設置・運営は法令上の義務ではないが，ほとんどの中学・高校で設置。多くの教師が顧問を担わざるを得ない実態。 | ⑨給食時の対応（学級担任と栄養教諭等との連携等）<br><br>⑩授業準備（補助的業務へのサポートスタッフの参画等）<br><br>⑪学習評価や成績処理（補助的業務へのサポートスタッフの参画等）<br><br>⑫学校行事の準備・運営（事務職員等との連携，一部外部委託等）<br><br>⑬進路指導（事務職員や外部人材との連携・協力等）<br><br>⑭支援が必要な児童生徒・家庭への対応（専門スタッフとの連携・協力等） |

## ２．業務の役割分担・適正化を着実に実行するための仕組みの構築

○ 学校・教師が担っている業務は様々であるが，業務の役割分担・適正化を確実に実施するためには，教育関係者がそれぞれ，学校における業務全体を通じて，以下の仕組みを確実に構築することが必要である。

(1) 文部科学省が取り組むべき方策 　（略）

(2) 教育委員会等が取り組むべき方策 　（略）

(3) 各学校が取り組むべき方策

- 管理職を含む教職員一人一人が自らの業務を見直し，一体となって取り組んでいくため，各学校の管理職は，教職員の働き方を改善する項目を盛り込んだ学校の重点目標や経営方針を設定。また，教職員間で業務を見直し，削減する業務を洗い出す機会を設定し，校長は一部の教職員に業務が偏ることのないように校内の分担を見直すとともに，自らの権限と責任で，学校としての伝統だからとして続いているが，児童生徒の学びや健全な発達の観点からは必ずしも適切とは言えない業務又は本来は家庭や地域社会が担うべき業務を大胆に削減[25]。

---

[25] 学校としての伝統だからとして続いているが，児童生徒の学びや健全な発達の観点からは必ずしも適切とは言えない業務又は本来は家庭や地域社会が担うべき業務（例えば，夏休み期間の高温時のプール指導や，試合やコンクールに向けた勝利至上主義の下で早朝等所定の勤務時間外に行う練習の指導，内発的な研究意欲がないにもかかわらず形式的に続けられる研究指定校としての業務，地域や保護者の期待に過度に応えることを重視した運動会等の過剰な準備，本来家庭が担うべき休日の地域行事への参加の取りまとめや引率等）について大胆に見直し・削減してこそ，限られた時間を授業準備に充てることができ，一つ一つの授業の質が高められ，子供たちが次代を切り拓く力を真に育むことにつながると考えられる。また，学校が持続的に高い成果を上げるためには，このような判断ができる管理職が人事上評価されなければならない。

- 各学校は，地域・保護者や福祉部局・警察等との適切な連携に努めることが必要。地域・保護者との連携に当たっては，上記文部科学省からのメッセージを活用し，学校運営協議会制度も活用しつつ，学校経営方針の共有を図るとともに，地域学校協働活動を推進。

## 3．これまで学校・教師が担ってきた代表的な業務の在り方に関する考え方

○　2．においては，業務の役割分担・適正化について全体として取り組むべき方策について整理したが，1．で挙げた①〜⑭の各業務の役割分担・適正化についての考え方及びそれを実施するための方策について，具体的に検討を行った。

○　各業務に関する整理については，それを具体化するために文部科学省に求める取組と合わせて(中略)まとめた。こうした各業務の役割分担を進める上で共通して，文部科学省は，自ら学校現場に課している業務負担を見直すとともに，
- 「基本的には学校以外が担うべき業務」と整理した業務については基本的な責任は家庭や地方公共団体等にあることや，「学校の業務だが，必ずしも教師が担う必要のない業務」や「教師の業務だが，負担軽減が可能な業務」と整理した業務であっても，過去の裁判例等を見ても法的にその全ての責任を学校・教師が負うというわけではなく，保護者や地域から学校への過剰要求は認められないことについて，関係省庁をはじめとした国の各機関に対して，またPTA等の団体と連携して保護者に対して，あるいは政府広報等を活用して社会全体に対して明確にメッセージを出すこと
- 関係省庁等からの特定のテーマに関する指導の実施依頼，研究機関や民間団体が実施する学校宛ての調査，作文・絵画コンクール等への出展依頼，家庭向けの配布依頼等，様々な主体から学校現場に業務が付加される現状を見直し，これらへの対応業務を軽減する観点から，他省庁をはじめとした国の各機関や全国的な各種業界団体等に対して，調査や依頼等を精査したり簡素化したりすること，学校に直接連絡するのではなく教育委員会に連絡すること*26，ホームページやメールマガジン，SNS等を活用して学校に頼らずに子供たちに周知することなどを要請すること

を行う。これにより，文部科学省が社会と学校の連携の起点・つなぎ役として，前面に立って学校に課されている過度な負担を軽減することに尽力する。

○　他方で，これまで学校・教師が慣習的に行ってきた業務の多くは，他にはっきりとした担い手が存在しないために実態として学校・教師が担うことになってきたものであり，各学校現場において学校・教師が今後は対応しないと決断をしたとしても，他の担い手が存在しない状況を放置してしまえば，結局は学校・教師の業務として再び付加されることになりかねない。

---

*26　教育委員会は，諸団体からの調査や依頼等について，そのまま学校に伝えるのではなく，これらへの対応業務を軽減する観点から精査することが必要である。

　したがって，学校における働き方改革の実現のための要諦は，これまで学校・教師が果たしてきた役割も十分踏まえつつ，教師以外の専門職員，スタッフ，地域人材，あるいは，学校外にその役割を委ねる場合も，その責任の所在を明確にし，その受皿を学校内及び地域社会で着実に整備することである。

　特に，中学校における教師の長時間勤務の主な要因の一つである部活動については，地方公共団体や教育委員会が，学校や地域住民と意識共有を図りつつ，地域で部活動に代わり得る質の高い活動の機会を確保できる十分な体制を整える取組を進め，環境を整えた上で，将来的には，部活動を学校単位から地域単位の取組にし，学校以外が担うことも積極的に進めるべきである。

○　学校における働き方改革を進めると同時に，学校規模や学校を取り巻く地域の特性等も考慮しながら，地方公共団体や教育委員会が，学校以外で業務を担う受皿を整備し，そこでこれまでの学校が担ってきた機能を十分果たすことができるよう特に留意すべきである。このため，文部科学省には，ただ役割分担を呼びかけるだけではなく，支援が必要な児童生徒・家庭への対応を分担するスクールカウンセラー，スクールソーシャルワーカー等専門スタッフの配置支援や，部活動の実技指導等を行う部活動指導員の配置支援，授業準備や成績処理等を補助するスクール・サポート・スタッフ等の配置支援，登下校の対応や休み時間の対応等に地域ボランティアの参画を促す地域学校協働活動の取組の支援等を行いつつ，各教育委員会や学校の取組状況を調査・公表することにより，各地方公共団体における受皿の整備の支援を同時に行うことが求められる。

○　学校における働き方改革を確実に進めるためには，都道府県教育委員会と市区町村教育委員会が，それぞれの役割についてこれまで以上に本気で取り組むことが必要であるが，特に，服務監督権者である教育委員会（公立小学校・中学校の場合は市区町村教育委員会）が果たすべき役割は大きい。それは，学校に対して指揮命令する立場としてというよりも，学校を支援する立場としての役割である。服務監督権者である教育委員会は，職員一人一人が学校における働き方改革の必要性を認識した上で，文部科学省の取組を踏まえ，各地域の実態に応じて所管する学校における働き方改革に係る方針を示し，自ら学校現場に課している業務負担を見直すことが求められる。また，各地域においては，教育委員会が地域社会と学校の連携の起点・つなぎ役として，前面に立って学校に課されている過度な負担を軽減することに尽力することが求められる。

## 4．学校が作成する計画等の見直し

○　各学校は，法令等の定めにより，学習指導，生徒指導，学校運営等に関する学校の全体計画や個別の児童生徒に対する計画を作成することとされているが，これらの計画作成業務には，計画に係る調査・照会や，計画間の整合性の調整も含め，多くの時間を必要としている。

　また，過度に複雑かつ詳細な計画を作成した場合，計画作成自体が自己目的化し，PDCAサイクルの中で活用されず，教育活動の質の向上や，保護者や関係者との認識の共有化という本来の目的を達成できなくなるおそれもある。

○　文部科学省においては，特別支援教育，日本語指導，不登校児童生徒といった個々の児童生徒に応じた個別の支援計画を一つにまとめて作成するひな形を平成30年4月に示したところであるが，今後は，学校単位で作成される計画[*27]についても，学習指導要領や法令で必須とされているものを中心として，例えば，個別の計画を一つ一つ詳細に作成するのではなく，それぞれの内容を簡素化し，複数の計画を一つにまとめて体系的に作成するなど，真に効果的な計画の在り方も示すべきである。

○　教育委員会においては，学校に作成を求めている計画等を網羅的に把握した上で，スクラップ・アンド・ビルドの視点に立ち，整理・合理化する。また，教育委員会が計画等のひな形を提示する際には，過度に複雑なものとせず，PDCAサイクルの中で活用されやすいものになるよう心がけるべきである。

　　また，文部科学省や教育委員会が各学校に対し，新たな課題への対応を求める場合には，安易に新たな計画の作成を求めるのではなく，まずは既存の各種計画の見直しで対応することを基本とすべきである。

## 5．教師の働き方改革に配慮した教育課程の編成・実施

○　学習指導要領等を基準として編成された教育課程に基づく学習指導は，教師の本来業務であるが，教育課程の編成・実施に当たっても教師の働き方改革に配慮することが必要である。

　　具体的には，標準授業時数をどの程度上回って教育課程を編成するかについては，「児童や地域の実態を十分に考慮して，児童の負担過重にならない限度で」[*28]，校長や各学校の設置者の判断に委ねられているものの，指導体制を整えないまま標準授業時数を大きく上回った授業時数を実施することは教師の負担増加に直結するものであることから，このような教育課程の編成・実施は行うべきではない[*29]。

○　また，教育課程においては，消費者教育，法教育，環境教育，食育，防災教育などの現代的な諸課題に関する様々な教育（いわゆる○○教育）への対応が求められており，それらへの対応のために教師の業務が増加しているとの指摘

---

*27　学校単位で作成する計画には，学習指導要領に基づく各教科・道徳科・外国語活動・総合的な学習の時間・特別活動の各指導計画や道徳教育・総合的な学習の時間・特別活動の全体計画，学校給食法に基づく食に関する指導の全体計画，学校保健安全法に基づく学校保健計画・学校安全計画・危険等発生時対処要領（危機管理マニュアル），いじめ防止対策推進法に基づく学校いじめ防止基本方針，学校評価に関連して設定する目標等，学校運営協議会を設置した際の学校の運営に関する基本方針といった作成が必須とされている20以上の計画のほか，通知や答申・報告書等において作成が任意とされている計画がある。

*28　小学校学習指導要領解説（総則編）。中学校学習指導要領解説（総則編）にも同旨の記載。なお，授業時数については，標準授業時数を確保することができるよう，不測の事態に備え，年度当初には若干の余剰時数を加えて，設定することが通常であるが，「平成27年度公立小・中学校における教育課程の編成・実施状況調査」によると，小学校第5学年においては，1086コマ（標準授業時数（980コマ）より週換算で3コマ多い）以上の実施を計画している学校も20.1％存在する。

もある。

　これらの現代的な諸課題に関する様々な教育に関して指導すべき具体的な内容については，既に各教科等の学習指導要領等に位置付けられており，指導事項として既に指導がなされているものである。このため，現代的な諸課題に関する様々な教育については，これまでの指導内容とは別に新たに取り扱うのではなく，教育の目的や目標の実現に必要な教育の内容等を教科等横断的な視点で関連性を持たせながら，組み立てていくことが重要であり，そのために，学習指導要領において「カリキュラム・マネジメント」が規定されたところである[*30]。

○　さらに，新しい学習指導要領では，児童生徒が実社会・実生活の中から主体的に課題を見つけ，その解決に向けて多様な他者と協働しながら，情報を収集・分析し，解決策をまとめ・表現する探究的な活動を重視している。このような探究的な活動の中核となる，総合的な学習の時間については，従来，職場体験や地域調べ等，家庭や地域と連携しつつ展開されており，教師の直接的な指導だけでなく，家庭や地域と連携しながら，夏季休業期間や土日等を含めた様々な場を通じて，児童生徒が主体的に探究を行うような連携も一定程度行われてきているが，今後，新しい学習指導要領の理念である「社会に開かれた教育課程」を目指す上で，家庭・地域との連携が一層重要となっている。

○　この点について，家庭・地域等と連携した学校外学習を推進し，より探究的な活動を推進するために，文部科学省は，平成30年10月の当審議会教育課程部会において，夏季休業期間や土日等を含め，学校外において総合的な学習の時間の授業を行う条件を明確化することにより，児童生徒の多様な課題に応じた探究の機会の充実を図る方針を示した。

　具体的な条件としては，指導計画上の位置付け（目標，内容，学習活動，指導方法・体制，学習の評価）が明確であって，家庭・地域との連携の取組が充実している場合などには各学校等の判断により，総合的な学習の時間の一定割合は，学校外での学習についても，授業として位置付けることができるようにすると示された。

○　これにより，地域の教育資源の活用による学習の多様化が進むとともに，夏季休業期間等を活用しつつ，週当たりの授業時数を増やすことなく，弾力的に授業を行うことができることとなる。これは，学校と家庭・地域との連携の推進，学校教育と社会教育との相互の教育機能の充実による学びの質の向上のみ

---

*29　なお，小学校学習指導要領解説（総則編）において，国が定める標準授業時数を踏まえて「教育課程を編成したものの災害や流行性疾患による学級閉鎖等の不測の事態により当該授業時数を下回った場合，（中略）下回ったことのみをもって学校教育法施行規則第51条及び別表第1に反するものとはしない」とされている。中学校学習指導要領解説（総則編）においても同様である。

*30　なお，小学校学習指導要領解説（総則編）の付録として，各学校等におけるカリキュラム・マネジメントの参考となるよう，13の現代的な諸課題に関する教育について，育成を目指す資質・能力に関する各教科等の内容のうち，主要なものについて，各教科等横断的に取りまとめた表形式の参考資料が示されている。中学校学習指導要領解説（総則編）も同様である。

ならず，学校における働き方改革等にもつながるものである。

　詳細については，今後，文部科学省において検討がなされるものであるが，各教育委員会においては，このような総合的な学習の時間における家庭・地域等と連携した学校外学習の位置付けの明確化も踏まえた教育課程の編成・実施に取り組む必要がある。

○　また，新しい学習指導要領の下での児童生徒の学習評価の在り方についても教育課程部会において検討が行われ，報告が取りまとめられた。指導要録における文章記述欄については大幅に簡素化を図るとともに，通知表が指導要録の指導に関する記録の記載事項を全て満たす場合には，通知表を指導要録とすることも可能とするなどの大胆な見直しを行い，効果的で教師に過度な負担をかけることのない学習評価を実現することが必要である。

### 6．業務の明確化・適正化による在校等時間の縮減の目安

○　以上の業務の明確化・適正化を実施した場合，これまでの具体的な取組に基づく成果を踏まえた在校等時間の縮減の目安は，後述のとおりである。この目安で明らかなとおり，学校における働き方改革の実現は容易なことではない。しかし，毎日１時間の勤務の縮減を行うことは，年間200時間の勤務の縮減となる。文部科学省，都道府県教育委員会，市区町村教育委員会，そして各学校の校長等の管理職や一人一人の教師たちが，限られた時間の中で，教師の日々の生活の質や教職人生を豊かにすることで，自らの人間性や創造性を高め，子供たちに対して効果的な教育活動を行うことができる状況を作り出すという目的を共有し，役割と責任をしっかりと果たすことによって，この縮減の目安が現実のものとなる。関係者全員が，改革が実現できる，必ず実現すると本気になって取り組むことが不可欠である。

## 第5章　学校の組織運営体制の在り方

（略）

## 第6章　教師の勤務の在り方を踏まえた勤務時間制度の改革

### 1．給特法の今後の在り方について　（略）
### 2．一年単位の変形労働時間制の導入について

○　教職の魅力を高める勤務時間制度の在り方を検討するに当たっては，かつて完全学校週５日制への移行期間に行われていた長期休業期間の休日のまとめ取り*31のように，一定期間集中して休日を確保することが有効であるとの観点からも検討を進めた。現在でも，休日の確保のために週休日の振替や年次有給休暇によって長期間の学校閉庁日を実施している地方公共団体もあるが，週休日

の振替は一般的には一日単位又は半日単位で行われ1時間単位での割り振りはできないなどの課題もある。これを踏まえると、**一年単位の変形労働時間制**についても選択肢の一つとして考えられるが、現行制度では地方公務員への導入が認められておらず、実施する場合には制度改正が必要となるため、検討を行った。

○　教師の勤務の実態に関し、学校には夏休み等児童生徒の長期休業期間がある一方で、教師の業務は成績処理や指導要録を記入する学期末・学年末の時期や、学校行事や部活動の大会が実施される時期については、それ以外の時期と比較して長時間の勤務となる場合が多い。そのため、教師の長時間勤務を見直すに当たっては、毎日の業務の在り方を徹底的に見直しその縮減を図ることを前提に、こうした勤務態様をとらえ、年間を通じた業務の在り方にも着目して検討を行うことが有効と考えられる。

○　労働基準法では、年間を通じて業務の繁閑を繰り返す業種において、それぞれの事業形態にあわせた労働時間を設定できるよう、いわゆる**一年単位の変形労働時間制**[*32]についての規定があるが、当該規定については、現行制度上、公立学校の教師も含めた地方公務員に対しては適用除外[*33]となっており、地方公務員については現在、**一年単位の変形労働時間**を導入することはできない。

しかしながら一方で、児童生徒の教育活動をつかさどる教師の勤務態様としては、児童生徒が学校に登校して授業をはじめとする教育活動を行う期間と、児童生徒が登校しない長期休業期間とでは、その繁閑の差が実際に存在している。このことから、地方公務員のうち教師については、地方公共団体の条例やそれに基づく規則等に基づき[*34]、**一年単位の変形労働時間制**を適用することができるよう法制度上措置すべきである。

ただし、実際に学校現場に導入するに当たっては、長期休業期間中の業務量を一層縮減することが前提となる。平成28年度の教員勤務実態調査においては、

---

*31　かつて地方公務員の週休2日制の導入（平成4年度）の際、公立の義務教育諸学校等の教職員について、完全学校週5日制の実施（平成14年度）までの間、所定の勤務時間の上限を週44時間等とし、学校が休業となる土曜日に加えて、長期休業期間のうち一定の日数を「勤務を要しない日」とすることで、年間を通じた所定の勤務時間が平均して他の公務員と同様となるよう所定の勤務時間の割り振りを行う、いわゆる「まとめ取り方式」が、労働基準法施行規則の規定に基づき実施されていた。

*32　**一年単位の変形労働時間制**は、業種によっては業務の繁閑の差があることを踏まえ、休日の増加による労働者のゆとりの創造、時間外・休日労働の減少による総労働時間の短縮を実現するために設けられている制度である（労働基準法第32条の4）
う法制度上措置すべきである。

*33　地方公務員については、**一年単位の変形労働時間制**の前身の制度である三か月単位の変形労働時間制が創設された当時において、国家公務員との権衡を図ったこと及び当時において地方公務員の業務においてあらかじめ繁閑が生じるものが想定されなかったことにより適用されなかった取扱いが、現在も引き続いているものである。

*34　地方公務員の勤務条件は、住民の負担につながる問題である以上、住民自治の原則に基づいて住民の同意が必要であり、議会が団体意思として制定する条例によってこの同意を得ることとする、勤務条件条例主義が原則とされている（地方公務員法第24条第5項）。

長期休業期間中の勤務実態の調査は実施されなかったが，平成18年度の教員勤務実態調査においては少ないながらも時間外勤務の実態もあり，また，この間の業務としては部活動や研修等に多くの時間が費やされていた*35。

○　このため，例えば，文部科学省や教育委員会は，導入の前提として，長期休業期間中の業務を縮減するため，

- 夏季休業期間中の長期の部活動休養期間の設定や，部活動指導員の一層の活用による教師の部活動指導時間の縮減
- 中学校体育連盟・高等学校体育連盟等学校の部活動が参加する大会等の主催者への日程や規模等大会の在り方の見直しの検討要請
- 夏季休業期間中の業務としての研修等の精選，受講しやすい環境の整備

等に取り組むべきである。

　特に，文部科学省は，学校現場や教師に対し，平成14年の学校週5日制の完全実施を踏まえて，これまで長期休業期間に特定の業務等を実施することを求めてきた通知等の内容を改める*36必要がある。また，長期休業期間中に多く開催される部活動の大会のために教師が休日を確保できないことがないよう，大会の在り方の抜本的な見直しを関係団体に直接働きかけるとともに，部活動指導員等教師以外の者による指導・引率ができるように取り組まなくてはならない。

○　また，全ての教師に対して画一的に導入するのではなく，育児や介護等の事情により以前から所定の勤務時間以上の勤務が困難な教師や，現在特段所定の勤務時間以上の勤務とはなっていない教師に対しては，こうした制度を適用しない選択も確保できるように措置することが求められる*37。この際，こうした教師への配慮の観点から，職員会議や研修については，通常の所定の勤務時間内で行われるようにすることが重要である。

　さらに，**一年単位の変形労働時間制**を導入することで，学期中の勤務が現在より長時間化し，かえって学期中一日一日の疲労が回復せずに蓄積し，教師の健康に深刻な影響を及ぼすようなことがあっては本末転倒である。導入に当たっては，日々の休憩時間の確保に確実に取り組みながら，第4章の6.で述べた業務の明確化・適正化による在校等時間の縮減の目安も参考にして今回提言している諸施策を総合的に実施する中で，段階的に全体としての業務量を削減し，学期中の勤務が現在より長時間化しないようにすることが必要であり，所定の勤務時間を現在より延長した日に授業時間や児童生徒の活動時間も現在よ

---

*35　平成18年度の教員勤務実態調査によると，夏季休業期間の勤務時間（持ち帰りを含まない）は，小学校教諭で8時間3分，中学校教諭で8時間28分となっている。（※当時は一日の勤務時間は8時間）このうち，小学校では研修に合計1時間45分，中学校では部活動・クラブ活動に2時間22分，研修に合計1時間7分の時間を割いている。

*36　例えば，初任者研修や経験者研修，授業研究等の長期休業期間の実施を求めてきた通知等の見直しや，全国高等学校総合文化祭の開催期間を原則毎年8月上旬の1週間程度とすることを求める開催要綱の見直しが必要である。

*37　労働基準法施行規則第12条の6において，使用者は，**一年単位の変形労働時間制**を導入する場合には，育児・介護を行う者等に配慮をしなければならない旨が定められている。

り延長するようなことはあってはならない。その上で，休日の増加によるゆとりの創造と年間を通じた勤務の総時間の短縮を目的に，その導入が図られるようにしなければならない。そのような観点からも，第3章で示した上限ガイドラインが，働き方改革推進法との関連を踏まえつつ，国民の意思として遵守が要請され，学校における働き方改革の要として機能するような法的な背景を含む制度的な工夫を行うことが必要である。

## 3．中長期的な検討　（略）

## 第7章　学校における働き方改革の実現に向けた環境改善

（略）

## 第8章　学校における働き方改革の確実な実施のための仕組みの確立とフォローアップ等

（略）

## 公立学校の教師の勤務時間の上限に関するガイドライン【概要】

2019（平成31）年1月25日

○　趣旨

　　限られた時間の中で，教師の専門性を生かしつつ，授業改善や児童生徒等に接する時間を十分確保し，教師が自らの授業を磨くとともにその人間性や創造性を高め，児童生徒等に対して効果的な教育活動を持続的に行うことをできる状況を作り出すことを目指して進められている「学校における働き方改革」の総合的な方策の一環として制定するもの。

○　対象者

　　「公立の義務教育諸学校等の教育職員の給与等に関する特別措置法」（給特法）第2条に規定する公立の義務教育諸学校等の教育職員

　　　※義務教育諸学校等：小学校，中学校，義務教育学校，高等学校，中等教育学校，特別支援学校，幼稚園

　　　教育職員：校長（園長），副校長（副園長），教頭，主幹教諭，指導教諭，教諭，養護教諭，栄養教諭，助教諭，養護助教諭，講師，実習助手，寄宿舎指導員

※事務職員等については,「36協定」の中で働き方改革推進法に定める時間外労働の規制が適用される。

○ **本ガイドラインにおける「勤務時間」の考え方**

「超勤4項目」\*以外の自主的・自発的な勤務も含め,外形的に把握することができる在校時間を対象とすることを基本とする(所定の勤務時間外に自発的に行う自己研鑽の時間その他業務外の時間については,自己申告に基づき除く)。校外での勤務についても,職務として行う研修や児童生徒の引率等の職務に従事している時間について外形的に把握し,これらを合わせて「在校等時間」として,本ガイドラインにおける「勤務時間」とする(休憩時間を除く)。

\*超勤4項目:① 校外実習その他生徒の実習に関する業務
② 修学旅行その他学校の行事に関する業務
③ 職員会議に関する業務
④ 非常変災の場合,児童生徒の指導に関し緊急の措置を必要とする場合その他やむを得ない場合に必要な業務

○ **上限の目安時間**
① 1か月の在校等時間について,**超過勤務45時間以内**
② 1年間の在校等時間について,**超過勤務360時間以内**

※児童生徒等に係る臨時的な特別の事情により勤務せざるを得ない場合は,1か月の超過勤務100時間未満,1年間の超過勤務720時間以内(連続する複数月の平均超過勤務80時間以内,かつ,超過勤務45時間超の月は年間6カ月まで)

○ **実効性の担保**
• 教育委員会は,所管内の公立学校の教師の勤務時間の上限に関する方針等を策定し,実施状況について把握し,必要な取組を実施。上限を超えた場合,事後的に検証。
• 文部科学省は,各教育委員会の取組の状況を把握し,公表。など

○ **留意事項**
• 実施に当たっては,在校時間はICTの活用やタイムカード等により客観的に計測し,校外の時間についても,できる限り客観的な方法により計測する。
• 上限の目安時間の遵守を形式的に行うことが目的化し,実際より短い虚偽の時間を記録に残したり,残させたりするようなことがあってはならない。
• 中教審の答申において,本ガイドラインの実効性を高めるため,その根拠を法令上規定するなどの工夫を図るべきと提言されており,文部科学省として更に検討。など

# Chapter II
## 生徒指導編

# 資料1 「いじめ」「不登校」の定義と通知

教育改革が進む中，今なお大きな教育課題として残されているのが「いじめ」「不登校」問題である。深刻さを増す「いじめ」問題や増加の一途をたどる「不登校」問題について，主要な答申には必ずその対応策について具体的提言が盛り込まれているほか，いじめによる事件が社会問題化したときには，文部科学省からの通知なども出されている。2013年9月にはいじめ防止対策推進法が施行され，同年10月には国の「いじめの防止等のための基本的な方針」が策定された。また，2017年2月には義務教育の段階における普通教育に相当する教育の機会の確保等に関する法律が施行された。いじめや不登校対策を考える上での基本認識を再確認しておきたい。

## ■「いじめ」の定義　　　　2013（平成25）年5月16日（文部科学省）

個々の行為が「いじめ」に当たるか否かの判断は，表面的・形式的に行うことなく，いじめられた児童生徒の立場に立って行うものとする。

「いじめ」とは，「当該児童生徒が，一定の人間関係のある者から，心理的，物理的な攻撃を受けたことにより，精神的な苦痛を感じているもの。」とする。

なお，起こった場所は学校の内外を問わない。

この「いじめ」の中には，犯罪行為として取り扱われるべきと認められ，早期に警察に相談することが重要なものや，児童生徒の生命，身体又は財産に重大な被害が生じるような，直ちに警察に通報することが必要なものが含まれる。これらについては早期に警察に相談・通報の上，警察と連携した対応を取ることが必要である。

（注1）「いじめられた児童生徒の立場に立って」とは，いじめられたとする児童生徒の気持ちを重視することである。

（注2）「一定の人間関係のある者」とは，学校の内外を問わず，例えば，同じ学校・学級や部活動の者，当該児童生徒が関わっている仲間や集団（グループ）など，当該児童生徒と何らかの人間関係のある者を指す。

（注3）「攻撃」とは，「仲間はずれ」や「集団による無視」など直接的にかかわるものではないが，心理的な圧迫などで相手に苦痛を与えるものも含む。

（注4）「物理的な攻撃」とは，身体的な攻撃のほか，金品をたかられたり，隠されたりすることなどを意味する。

（注5）けんか等を除く。ただし，外見的にはけんかのように見えることでも，よく状況を確認すること。

＊**（編集部注）** この「いじめ」の定義は「児童生徒の問題行動・不登校等生徒指導上の諸課題に関する調査」（文部科学省）における定義で，平成24年度調査（2013

〈平成25〉年 5 月16日付初等中等教育局児童生徒課長通知において依頼）より，「いじめ」の中には犯罪行為として取り扱われるべきものが含まれ，早期に警察と連携した対応が必要であることが追記された。

## ■いじめ防止対策推進法上の「いじめ」の定義

2013（平成25）年 9 月28日施行

　第 2 条　この法律において「いじめ」とは，児童等に対して，当該児童等が在籍する学校に在籍している等当該児童等と一定の人的関係にある他の児童等が行う心理的又は物理的な影響を与える行為（インターネットを通じて行われるものを含む。）であって，当該行為の対象となった児童等が心身の苦痛を感じているものをいう。

　2　この法律において「学校」とは，学校教育法（昭和22年法律第26号）第 1 条に規定する小学校，中学校，高等学校，中等教育学校及び特別支援学校（幼稚部を除く。）をいう。

　3　この法律において「児童等」とは，学校に在籍する児童又は生徒をいう。

## ■ 「いじめの問題への取組の徹底について」（通知）

2006（平成18）年10月19日（文部科学省）

### 1　いじめの早期発見・早期対応について

　(1)　いじめは，「どの学校でも，どの子にも起こり得る」問題であることを十分認識すること。

　日頃から，児童生徒等が発する危険信号を見逃さないようにして，いじめの早期発見に努めること。

　スクールカウンセラーの活用などにより，学校等における相談機能を充実し，児童生徒の悩みを積極的に受け止めることができるような体制を整備すること。

　(2)　いじめが生じた際には，学級担任等の特定の教員が抱え込むことなく，学校全体で組織的に対応することが重要であること。学校内においては，校長のリーダーシップの下，教職員間の緊密な情報交換や共通理解を図り，一致協力して対応する体制で臨むこと。

　(3)　事実関係の究明に当たっては，当事者だけでなく，保護者や友人関係等からの情報収集等を通じ，事実関係の把握を正確かつ迅速に行う必要があること。

　なお，把握した児童生徒等の個人情報については，その取扱いに十分留意すること。

　(4)　いじめの問題については，学校のみで解決することに固執してはならないこと。学校においていじめを把握した場合には，速やかに保護者及び教育委員会に報告し，適切な連携を図ること。保護者等からの訴えを受けた場合には，まず謙虚に耳を傾け，その上で，関係者全員で取組む姿勢が重要であること。

　(5)　学校におけるいじめへの対処方針，指導計画等の情報については，日頃よ

り，家庭や地域へ積極的に公表し，保護者や地域住民の理解を得るよう努めること。

　実際にいじめが生じた際には，個人情報の取扱いに留意しつつ，正確な情報提供を行うことにより，保護者や地域住民の信頼を確保することが重要であり，事実を隠蔽するような対応は許されないこと。

## 2　いじめを許さない学校づくりについて

(1)　「いじめは人間として絶対に許されない」との意識を，学校教育全体を通じて，児童生徒一人一人に徹底すること。特に，いじめる児童生徒に対しては，出席停止等の措置も含め，毅然とした指導が必要であること。

　また，いじめられている児童生徒については，学校が徹底して守り通すという姿勢を日頃から示すことが重要であること。

(2)　いじめを許さない学校づくり，学級（ホームルーム）づくりを進める上では，児童生徒一人一人を大切にする教職員の意識や，日常的な態度が重要であること。

　特に，教職員の言動が児童生徒に大きな影響力を持つことを十分認識し，いやしくも，教職員自身が児童生徒を傷つけたり，他の児童生徒によるいじめを助長したりすることがないようにすること。

(3)　いじめが解決したと見られる場合でも，教職員の気づかないところで陰湿ないじめが続いていることも少なくないことを認識し，そのときの指導により解決したと即断することなく，継続して十分な注意を払い，折に触れて必要な指導を行うこと。

## 3　教育委員会による支援について

　教育委員会において，日頃から，学校の実情把握に努め，学校や保護者からいじめの訴えがあった場合には，当該学校への支援や当該保護者への対応に万全を期すこと。

## ■「不登校の」定義

　不登校とは，何らかの心理的，情緒的，身体的，あるいは社会的要因・背景により，児童生徒が登校しないあるいはしたくともできない状況にあること（ただし，病気や経済的理由によるものを除く。）をいう。

　＊（編集部注）「児童生徒の問題行動・不登校等生徒指導上の諸課題に関する調査」（文部科学省）では，年度間に連続または断続して30日以上欠席した児童生徒を「不登校」として調査している。

## ■義務教育の段階における普通教育に相当する教育の機会の確保等に関する法律上の「不登校」の定義　　　2017（平成29）年2月14日施行

　第2条　三　不登校児童生徒　相当の期間学校を欠席する児童生徒であって，学校における集団の生活に関する心理的な負担その他の事由のために就学が困難

である状況として文部科学大臣が定める状況にあると認められるものをいう。

## ■「不登校児童生徒への支援の在り方について」（通知）〈抜粋〉
2019（令和元）年10月25日（文部科学省）

### 1　不登校児童生徒への支援に対する基本的な考え方

（1）　支援の視点

不登校児童生徒への支援は，「学校に登校する」という結果のみを目標にするのではなく，児童生徒が自らの進路を主体的に捉えて，社会的に自立することを目指す必要があること。また，児童生徒によっては，不登校の時期が休養や自分を見つめ直す等の積極的な意味を持つことがある一方で，学業の遅れや進路選択上の不利益や社会的自立へのリスクが存在することに留意すること。

（2）　学校教育の意義・役割

特に義務教育段階の学校は，各個人の有する能力を伸ばしつつ，社会において自立的に生きる基礎を養うとともに，国家・社会の形成者として必要とされる基本的な資質を培うことを目的としており，その役割は極めて大きいことから，学校教育の一層の充実を図るための取組が重要であること。また，不登校児童生徒への支援については児童生徒が不登校となった要因を的確に把握し，学校関係者や家庭，必要に応じて関係機関が情報共有し，組織的・計画的な，個々の児童生徒に応じたきめ細やかな支援策を策定することや，社会的自立へ向けて進路の選択肢を広げる支援をすることが重要であること。さらに，既存の学校教育になじめない児童生徒については，学校としてどのように受け入れていくかを検討し，なじめない要因の解消に努める必要があること。

また，児童生徒の才能や能力に応じて，それぞれの可能性を伸ばせるよう，本人の希望を尊重した上で，場合によっては，教育支援センターや不登校特例校，ICT を活用した学習支援，フリースクール，中学校夜間学級（以下，「夜間中学」という。）での受入れなど，様々な関係機関等を活用し社会的自立への支援を行うこと。

その際，フリースクールなどの民間施設や NPO 等と積極的に連携し，相互に協力・補完することの意義は大きいこと。

（3）　不登校の理由に応じた働き掛けや関わりの重要性

不登校児童生徒が，主体的に社会的自立や学校復帰に向かうよう，児童生徒自身を見守りつつ，不登校のきっかけや継続理由に応じて，その環境づくりのために適切な支援や働き掛けを行う必要があること。

（4）　家庭への支援

家庭教育は全ての教育の出発点であり，不登校児童生徒の保護者の個々の状況に応じた働き掛けを行うことが重要であること。また，不登校の要因・背景によっては，福祉や医療機関等と連携し，家庭の状況を正確に把握した上で適切な支援や働き掛けを行う必要があるため，家庭と学校，関係機関の連携を図ることが不可欠であること。その際，保護者と課題意識を共有して一緒に取り組むという

信頼関係をつくることや，訪問型支援による保護者への支援等，保護者が気軽に相談できる体制を整えることが重要であること。

2　学校等の取組の充実（以下，項目のみ）

(1)「児童生徒理解・支援シート」を活用した組織的・計画的支援

(2)　不登校が生じないような学校づくり

　　1．魅力あるよりよい学校づくり

　　2．いじめ，暴力行為等問題行動を許さない学校づくり

　　3．児童生徒の学習状況等に応じた指導・配慮の実施

　　4．保護者・地域住民等の連携・協働体制の構築

　　5．将来の社会的自立に向けた生活習慣づくり

(3)　不登校児童生徒に対する効果的な支援の充実

　　1．不登校に対する学校の基本姿勢

　　2．早期支援の重要性

　　3．効果的な支援に不可欠なアセスメント

　　4．スクールカウンセラーやスクールソーシャルワーカーとの連携協力

　　5．家庭訪問を通じた児童生徒への積極的支援や家庭への適切な働き掛け

　　6．不登校児童生徒の学習状況の把握と学習の評価の工夫

　　7．不登校児童生徒の登校に当たっての受入体制

　　8．児童生徒の立場に立った柔軟な学級替えや転校等の対応

(4)　不登校児童生徒に対する多様な教育機会の確保

(5)　中学校卒業後の支援

　　1．高等学校入学者選抜等の改善

　　2．高等学校等における長期欠席・中途退学への取組の充実

　　3．中学校卒業後の就学・就労や「ひきこもり」への支援

　　4．改めて中学校等で学び直すことを希望する者への支援

3　教育委員会の取組の充実（以下，項目のみ）

(1)　不登校や長期欠席の早期把握と取組

(2)　学校等の取組を支援するための教育条件等の整備等

　　1．教員の資質向上

　　2．きめ細やかな指導のための適切な人的措置

　　3．保健室，相談室や学校図書館等の整備

　　4．転校のための柔軟な措置

　　5．義務教育学校設置等による学校段階間の接続の改善

　　6．アセスメント実施のための体制づくり

(3)　教育支援センターの整備充実及び活用

　　1．教育支援センターを中核とした体制整備

　　2．教育支援センターを中核とした支援ネットワークの整備

(4)　訪問型支援など保護者への支援の充実

(5)　民間施設との連携協力のための情報収集・提供等

# 資料2 「体罰の禁止」に関する通知

体罰は学校教育法で禁止されている。しかし，部活動中の体罰を背景とした高校生の自殺事件が起こるなど，教職員による児童生徒への体罰はなくなっていない。文部科学省では，体罰の禁止に関する通知を出し，同省の有識者会議による運動部活動での指導のガイドラインを定めるなど，体罰禁止の徹底を改めて求めている。

---

■「体罰の禁止及び児童生徒理解に基づく指導の徹底について」（通知）〈抜粋〉　　　　　　　　　　　2013（平成25）年3月13日（文部科学省）

　昨年末，部活動中の体罰を背景とした高校生の自殺事案が発生するなど，教職員による児童生徒への体罰の状況について，文部科学省としては，大変深刻に受け止めております。体罰は，学校教育法で禁止されている，決して許されない行為であり，平成25年1月23日初等中等教育局長，スポーツ・青少年局長通知「体罰禁止の徹底及び体罰に係る実態把握について」においても，体罰禁止の徹底を改めてお願いいたしました。

　懲戒，体罰に関する解釈・運用については，平成19年2月に，裁判例の動向等も踏まえ，「問題行動を起こす児童生徒に対する指導について」（18文科初第1019号文部科学省初等中等教育局長通知）別紙「学校教育法第11条に規定する児童生徒の懲戒・体罰に関する考え方」を取りまとめましたが，懲戒と体罰の区別等についてより一層適切な理解促進を図るとともに，教育現場において，児童生徒理解に基づく指導が行われるよう，改めて本通知において考え方を示し，別紙において参考事例を示しました。懲戒，体罰に関する解釈・運用については，今後，本通知によるものとします。（以下略）

## 1　体罰の禁止及び懲戒について

　体罰は，学校教育法第11条において禁止されており，校長及び教員（以下「教員等」という。）は，児童生徒への指導に当たり，いかなる場合も体罰を行ってはならない。体罰は，違法行為であるのみならず，児童生徒の心身に深刻な悪影響を与え，教員等及び学校への信頼を失墜させる行為である。

　体罰により正常な倫理観を養うことはできず，むしろ児童生徒に力による解決への志向を助長させ，いじめや暴力行為などの連鎖を生む恐れがある。もとより教員等は指導に当たり，児童生徒一人一人をよく理解し，適切な信頼関係を築くことが重要であり，このために日頃から自らの指導の在り方を見直し，指導力の向上に取り組むことが必要である。懲戒が必要と認める状況においても，決して体罰によることなく，児童生徒の規範意識や社会性の育成を図るよう，適切に懲戒を行い，粘り強く指導することが必要である。

　ここでいう懲戒とは，学校教育法施行規則に定める退学（公立義務教育諸学校に在籍する学齢児童生徒を除く。），停学（義務教育諸学校に在籍する学齢児童生徒を除く。），訓告のほか，児童生徒に肉体的苦痛を与えるものでない限り，通常，懲戒権の範囲内と判断されると考えられる行為として，注意，叱責，居残り，別室指導，起立，宿題，清掃，学校当番の割当て，文書指導などがある。

## 2　懲戒と体罰の区別について

　⑴　教員等が児童生徒に対して行った懲戒行為が体罰に当たるかどうかは，当該児童生徒の年齢，健康，心身の発達状況，当該行為が行われた場所的及び時間的環境，懲戒の態様等の諸条件を総合的に考え，個々の事案ごとに判断する必要がある。この際，単に，懲戒行為をした教員等や，懲戒行為を受けた児童生徒・保護者の主観のみにより判断するのではなく，諸条件を客観的に考慮して判断すべきである。

　⑵　⑴により，その懲戒の内容が身体的性質のもの，すなわち，身体に対する侵害を内容とするもの（殴る，蹴る等），児童生徒に肉体的苦痛を与えるようなもの（正座・直立等特定の姿勢を長時間にわたって保持させる等）に当たると判断された場合は，体罰に該当する。

## 3　正当防衛及び正当行為について

　⑴　児童生徒の暴力行為等に対しては，毅然とした姿勢で教職員一体となって対応し，児童生徒が安心して学べる環境を確保することが必要である。

　⑵　児童生徒から教員等に対する暴力行為に対して，教員等が防衛のためにやむを得ずした有形力の行使は，もとより教育上の措置たる懲戒行為として行われたものではなく，これにより身体への侵害又は肉体的苦痛を与えた場合は体罰には該当しない。また，他の児童生徒に被害を及ぼすような暴力行為に対して，これを制止したり，目前の危険を回避したりするためにやむを得ずした有形力の行使についても，同様に体罰に当たらない。これらの行為については，正当防衛又は正当行為等として刑事上又は民事上の責めを免れうる。

## 4　体罰の防止と組織的な指導体制について

　⑴　体罰の防止

　１．教育委員会は，体罰の防止に向け，研修の実施や教員等向けの指導資料の作成など，教員等が体罰に関する正しい認識を持つよう取り組むことが必要である。

　２．学校は，指導が困難な児童生徒の対応を一部の教員に任せきりにしたり，特定の教員が抱え込んだりすることのないよう，組織的な指導を徹底し，校長，教頭等の管理職や生徒指導担当教員を中心に，指導体制を常に見直すことが必要である。

　３．校長は，教員が体罰を行うことのないよう，校内研修の実施等により体罰に関する正しい認識を徹底させ，「場合によっては体罰もやむを得ない」などと

いった誤った考え方を容認する雰囲気がないか常に確認するなど，校内における体罰の未然防止に恒常的に取り組むことが必要である。また，教員が児童生徒への指導で困難を抱えた場合や，周囲に体罰と受け取られかねない指導を見かけた場合には，教員個人で抱え込まず，積極的に管理職や他の教員等へ報告・相談できるようにするなど，日常的に体罰を防止できる体制を整備することが必要である。

4．教員は，決して体罰を行わないよう，平素から，いかなる行為が体罰に当たるかについての考え方を正しく理解しておく必要がある。また，機会あるごとに自身の体罰に関する認識を再確認し，児童生徒への指導の在り方を見直すとともに，自身が児童生徒への指導で困難を抱えた場合や，周囲に体罰と受け取られかねない指導を見かけた場合には，教員個人で抱え込まず，積極的に管理職や他の教員等へ報告・相談することが必要である。

(2) 体罰の実態把握と事案発生時の報告の徹底

1．教育委員会は，校長に対し，体罰を把握した場合には教育委員会に直ちに報告するよう求めるとともに，日頃から，主体的な体罰の実態把握に努め，体罰と疑われる事案があった場合には，関係した教員等からの聞き取りのみならず，児童生徒や保護者からの聞き取りや，必要に応じて第三者の協力を得るなど，事実関係の正確な把握に努めることが必要である。あわせて，体罰を行ったと判断された教員等については，体罰が学校教育法に違反するものであることから，厳正な対応を行うことが必要である。

2．校長は，教員に対し，万が一体罰を行った場合や，他の教員の体罰を目撃した場合には，直ちに管理職へ報告するよう求めるなど，校内における体罰の実態把握のために必要な体制を整備することが必要である。

また，教員や児童生徒，保護者等から体罰や体罰が疑われる事案の報告・相談があった場合は，関係した教員等からの聞き取りや，児童生徒や保護者からの聞き取り等により，事実関係の正確な把握に努めることが必要である。

加えて，体罰を把握した場合，校長は直ちに体罰を行った教員等を指導し，再発防止策を講じるとともに，教育委員会へ報告することが必要である。

3．教育委員会及び学校は，児童生徒や保護者が，体罰の訴えや教員等との関係の悩みを相談することができる体制を整備し，相談窓口の周知を図ることが必要である。

## 5 部活動指導について

(1) 部活動は学校教育の一環であり，体罰が禁止されていることは当然である。成績や結果を残すことのみに固執せず，教育活動として逸脱することなく適切に実施されなければならない。

(2) 他方，運動部活動においては，生徒の技術力・身体的能力，又は精神力の向上を図ることを目的として，肉体的，精神的負荷を伴う指導が行われるが，これらは心身の健全な発達を促すとともに，活動を通じて達成感や，仲間との連帯感を育むものである。ただし，その指導は学校，部活動顧問，生徒，保護者の相

互理解の下，年齢，技能の習熟度や健康状態，場所的・時間的環境等を総合的に考えて，適切に実施しなければならない。

　指導と称し，部活動顧問の独善的な目的を持って，特定の生徒たちに対して，執拗かつ過度に肉体的・精神的負荷を与える指導は教育的指導とは言えない。

　(3)　部活動は学校教育の一環であるため，校長，教頭等の管理職は，部活動顧問に全て委ねることなく，その指導を適宜監督し，教育活動としての使命を守ることが求められる。

| 別紙 | 学校教育法第11条に規定する児童生徒の懲戒・体罰等に関する参考事例 |

　本紙は，学校現場の参考に資するよう，具体の事例について，通常，どのように判断されるかを示したものである。本紙は飽くまで参考として，事例を簡潔に示して整理したものであるが，個別の事案が体罰に該当するか等を判断するに当たっては，本通知2(1)の諸条件を総合的に考え，個々の事案ごとに判断する必要がある。

(1)　**体罰（通常，体罰と判断されると考えられる行為）**
○　身体に対する侵害を内容とするもの
・体育の授業中，危険な行為をした児童の背中を足で踏みつける。
・帰りの会で足をぶらぶらさせて座り，前の席の児童に足を当てた児童を，突き飛ばして転倒させる。
・授業態度について指導したが反抗的な言動をした複数の生徒らの頬を平手打ちする。
・立ち歩きの多い生徒を叱ったが聞かず，席につかないため，頬をつねって席につかせる。
・生徒指導に応じず，下校しようとしている生徒の腕を引いたところ，生徒が腕を振り払ったため，当該生徒の頭を平手で叩（たた）く。
・給食の時間，ふざけていた生徒に対し，口頭で注意したが聞かなかったため，持っていたボールペンを投げつけ，生徒に当てる。
・部活動顧問の指示に従わず，ユニフォームの片づけが不十分であったため，当該生徒の頬を殴打する。
○　被罰者に肉体的苦痛を与えるようなもの
・放課後に児童を教室に残留させ，児童がトイレに行きたいと訴えたが，一切，室外に出ることを許さない。
・別室指導のため，給食の時間を含めて生徒を長く別室に留め置き，一切室外に出ることを許さない。
・宿題を忘れた児童に対して，教室の後方で正座で授業を受けるよう言い，児童が苦痛を訴えたが，そのままの姿勢を保持させた。
(2)　**認められる懲戒（通常，懲戒権の範囲内と判断されると考えられる行為）**
**（ただし肉体的苦痛を伴わないものに限る。）**

※学校教育法施行規則に定める退学・停学・訓告以外で認められると考えられるものの例

- 放課後等に教室に残留させる。
- 授業中，教室内に起立させる。
- 学習課題や清掃活動を課す。
- 学校当番を多く割り当てる。
- 立ち歩きの多い児童生徒を叱って席につかせる。
- 練習に遅刻した生徒を試合に出さずに見学させる。

(3) **正当な行為（通常，正当防衛，正当行為と判断されると考えられる行為）**

○ 児童生徒から教員等に対する暴力行為に対して，教員等が防衛のためにやむを得ずした有形力の行使

- 児童が教員の指導に反抗して教員の足を蹴ったため，児童の背後に回り，体をきつく押さえる。

○ 他の児童生徒に被害を及ぼすような暴力行為に対して，これを制止したり，目前の危険を回避するためにやむを得ずした有形力の行使

- 休み時間に廊下で，他の児童を押さえつけて殴るという行為に及んだ児童がいたため，この児童の両肩をつかんで引き離す。
- 全校集会中に，大声を出して集会を妨げる行為があった生徒を冷静にさせ，別の場所で指導するため，別の場所に移るよう指導したが，なおも大声を出し続けて抵抗したため，生徒の腕を手で引っ張って移動させる。
- 他の生徒をからかっていた生徒を指導しようとしたところ，当該生徒が教員に暴言を吐きつばを吐いて逃げ出そうとしたため，生徒が落ち着くまでの数分間，肩を両手でつかんで壁へ押しつけ，制止させる。
- 試合中に相手チームの選手とトラブルになり，殴りかかろうとする生徒を，押さえつけて制止させる。

# Chapter II

## ①文部科学省
### 2013(平成25)年10月11日文部科学大臣決定，2017(平成29)年3月14日最終改定

**生徒指導編** 「いじめの防止等のための基本的な方針」

## ━ SUMMARY ━

### ① 方針の背景

2012年7月，滋賀県大津市で中学2年生の男子生徒がいじめを苦にして自殺した事件＊がマスコミなどで取り上げられたことで，いじめ問題が大きな社会問題となった。　　　　　　　　　　　　　　（＊事件の発生は2011年10月）

文部科学省は同年8月，「子ども安全対策支援室」を設置するとともに，9月には「いじめ，学校安全等に関する総合的な取組方針〜子どもの『命』を守るために」を策定し，いじめの問題への対応強化について示した。

さらに，第二次安倍晋三内閣の私的諮問機関として2013年12月に発足した教育再生実行会議が「いじめの問題等への対応について（第一次提言）」を発表。社会総がかりでいじめに対峙していくための法律を制定するよう提言した。これを受けて，2013年6月，**いじめ防止対策推進法**が公布，同年9月に施行され，同法第11条により国の「いじめの防止等のための基本的な方針」（以下，いじめ防止基本方針）が策定された。

### ② 方針の内容

いじめ防止対策推進法の理念を具体化した「**いじめ防止基本方針**」は，「**いじめは絶対に許されない**」「**いじめは卑怯な行為である**」「**いじめはどの子供にも，どの学校でも，起こりうる**」との基本的な認識を示すとともに，同法第2条に明記された「**いじめの定義**」を詳しく解説している。

さらに，いじめの防止等のために，国，地方公共団体，学校がそれぞれ実施すべき施策を下記のように明示している。

【国が実施すべき施策】

○　「いじめ防止基本方針」の策定（＝同法第11条により策定義務）

○　法に基づく取り組み状況の把握と検証（「いじめ防止対策協議会」の設置）

【地方公共団体が実施すべき施策】

○　「地方いじめ防止基本方針」の策定（＝同法第12条により策定の努力義務）

○　「いじめ問題対策連絡協議会」の設置

○　第14条第3項に規定する教育委員会の附属機関の設置

【学校が実施すべき施策】

○　「学校いじめ防止基本方針」の策定（＝第13条により策定義務）

○　学校におけるいじめの防止・早期発見・対処など，組織的な対応を行うため中核となる常設の「組織」の設置

とりわけ学校については，「**学校における『いじめの防止』『早期発見』**

2013年9月に施行されたいじめ防止対策推進法第11条により策定された，いじめの防止，いじめの早期発見及びいじめへの対処のための対策を総合的かつ効果的に推進するための基本的な方針。いじめの定義やいじめの防止等に関する基本的考え方を明示するとともに，国，地方公共団体，学校がそれぞれ実施すべき施策について具体的に示し，2017年3月に改定が行われた。

──────SUMMARY──────

『いじめに対する措置』のポイント」を別紙にまとめて提示。「いじめの防止」のポイントとしては，常日頃から「いじめは人間として絶対に許されない」などの共通理解の徹底，自己有用感や自己肯定感の育成，「早期発見」のポイントとしては定期的なアンケート調査や教育相談の実施，「いじめに対する措置」のポイントとしては，いじめの被害者とその保護者への支援，いじめの加害者への指導とその保護者への助言，いじめが起きた集団への働きかけ，ネット上のいじめへの対応などについて示している。

さらに，同法第28条に基づき，いじめにより「重大事態」（＝子供たちの生命，心身や財産などに重大な被害が生じた疑いがある，相当の期間学校を欠席することを余儀なくされている疑いがある，など）が発生したと思われるときには，学校の設置者または学校は，事実関係を明確にするための調査を実施し，その結果を当該地方公共団体の長に報告する（公立学校の場合）ことを明示している。

2017年3月に改定された主な内容としては，①いじめについて学校内で情報共有しないことは法律に「違反し得る」と明記する，②各校の「対策組織」に可能な限り，スクールカウンセラーや弁護士ら外部の専門家を参加させる，③いじめ「解消」の定義について，行為がやんでいる状態が少なくとも3カ月続いていることを目安にする，④ネット上のいじめが重大な人権侵害に当たる行為だと子供たちに理解させる，⑤発達障害を含む障害，外国人の子供，性同一性障害や性的指向・性自認（性的少数者，LGBT），東日本大震災での被災や原発事故による避難に関するいじめについて「特に配慮が必要」と指摘する──が挙げられる。

③ 方針が与えた影響

いじめ防止対策推進法は，第11条で国に「いじめ基本方針」の策定義務を課しており，第12条では地方公共団体に「地方いじめ防止基本方針」の策定の努力義務を，第13条では学校に「学校いじめ防止基本方針」の策定義務を課している。これを受けて，地方公共団体では「東京都いじめ防止対策推進基本方針」など，地域の実態に合わせた独自の「地方いじめ防止基本方針」を策定している。また，各学校でも「○○県立▽▽高等学校いじめ防止対策基本方針」などが順次策定されている。

●地域や学校の実態に合わせ，「地方いじめ防止基本方針」「学校いじめ防止基本方針」を順次策定

# CONTENTS

# はじめに

　いじめは，いじめを受けた児童生徒の教育を受ける権利を著しく侵害し，その心身の健全な成長及び人格の形成に重大な影響を与えるのみならず，その生命又は身体に重大な危険を生じさせるおそれがあるものである。

　本基本的な方針（以下「国の基本方針」という。）は，児童生徒の尊厳を保持する目的の下，国・地方公共団体・学校・地域住民・家庭その他の関係者の連携の下，いじめの問題の克服に向けて取り組むよう，**いじめ防止対策推進法**（平成

25年法律第71号。以下「法」という。）第11条第１項の規定に基づき，文部科学大臣は，いじめの防止等（いじめの防止，いじめの早期発見及びいじめへの対処をいう。以下同じ。）のための対策を総合的かつ効果的に推進するために策定するものである[*1]。

## 第1　いじめの防止等のための対策の基本的な方向に関する事項

### 1　いじめ防止対策推進法制定の意義

　いじめの問題への対応は学校における最重要課題の一つであり，一人の教職員が抱え込むのではなく，学校が一丸となって組織的に対応することが必要である。また，関係機関や地域の力も積極的に取り込むことが必要であり，これまでも，国や各地域，学校において，様々な取組が行われてきた。

　しかしながら，未だ，いじめを背景として，児童生徒の生命や心身に重大な危険が生じる事案が発生している。

　大人社会のパワーハラスメントやセクシュアルハラスメントなどといった社会問題も，いじめと同じ地平で起こる。いじめの問題への対応力は，我が国の教育力と国民の成熟度の指標であり，子供が接するメディアやインターネットを含め，他人の弱みを笑いものにしたり，暴力を肯定していると受け取られるような行為を許容したり，異質な他者を差別したりといった大人の振る舞いが，子供に影響を与えるという指摘もある。

　いじめから一人でも多くの子供を救うためには，子供を取り囲む大人一人一人が，「いじめは絶対に許されない」，「いじめは卑怯な行為である」，「いじめはど

---

*1　いじめ防止対策推進法

　第１条（目的）この法律は，いじめが，いじめを受けた児童等の教育を受ける権利を著しく侵害し，その心身の健全な成長及び人格の形成に重大な影響を与えるのみならず，その生命又は身体に重大な危険を生じさせるおそれがあるものであることに鑑み，児童等の尊厳を保持するため，いじめの防止等（いじめの防止，いじめの早期発見及びいじめへの対処をいう。以下同じ。）のための対策に関し，基本理念を定め，国及び地方公共団体等の責務を明らかにし，並びにいじめの防止等のための対策に関する基本的な方針の策定について定めるとともに，いじめの防止等のための対策の基本となる事項を定めることにより，いじめの防止等のための対策を総合的かつ効果的に推進することを目的とする。

　第11条（いじめ防止基本方針）文部科学大臣は，関係行政機関の長と連携協力して，いじめの防止等のための対策を総合的かつ効果的に推進するための基本的な方針（以下「いじめ防止基本方針」という。）を定めるものとする。

2　いじめ防止基本方針においては，次に掲げる事項を定めるものとする。

　一　いじめの防止等のための対策の基本的な方向に関する事項

　二　いじめの防止等のための対策の内容に関する事項

　三　その他いじめの防止等のための対策に関する重要事項

の子供にも，どの学校でも，起こりうる」との意識を持ち，それぞれの役割と責任を自覚しなければならず，いじめの問題は，心豊かで安全・安心な社会をいかにしてつくるかという，学校を含めた社会全体に関する国民的な課題である。このように，社会総がかりでいじめの問題に対峙するため，基本的な理念や体制を整備することが必要であり，平成25年6月，「いじめ防止対策推進法」が成立した。

## 2　いじめの防止等の対策に関する基本理念*2

　いじめは，全ての児童生徒に関係する問題である。いじめの防止等の対策は，全ての児童生徒が安心して学校生活を送り，様々な活動に取り組むことができるよう，学校の内外を問わず，いじめが行われなくなるようにすることを旨として行われなければならない。

　また，全ての児童生徒がいじめを行わず，いじめを認識しながら放置することがないよう，いじめの防止等の対策は，いじめが，いじめられた児童生徒の心身に深刻な影響を及ぼす許されない行為であることについて，児童生徒が十分に理解できるようにすることを旨としなければならない。

　加えて，いじめの防止等の対策は，いじめを受けた児童生徒の生命・心身を保護することが特に重要であることを認識しつつ，国，地方公共団体，学校，地域住民，家庭その他の関係者の連携の下，いじめの問題を克服することを目指して行われなければならない。

## 3　法が規定するいじめの防止等への組織的対策

### ⑴　基本方針の策定

　国，地方公共団体，学校は，それぞれ「国の基本方針」「地方いじめ防止基本方針」「学校いじめ防止基本方針」を策定する（法第11条〜13条）*3。

　　　　　　　　　　※国，学校は策定の義務，地方公共団体は策定の努力義務

---

*2　いじめ防止対策推進法

　　第3条（基本理念）いじめの防止等のための対策は，いじめが全ての児童等に関係する問題であることに鑑み，児童等が安心して学習その他の活動に取り組むことができるよう，学校の内外を問わずいじめが行われなくなるようにすることを旨として行われなければならない。

　2　いじめの防止等のための対策は，全ての児童等がいじめを行わず，及び他の児童等に対して行われるいじめを認識しながらこれを放置することがないようにするため，いじめが児童等の心身に及ぼす影響その他のいじめの問題に関する児童等の理解を深めることを旨として行われなければならない。

　3　いじめの防止等のための対策は，いじめを受けた児童等の生命及び心身を保護することが特に重要であることを認識しつつ，国，地方公共団体，学校，地域住民，家庭その他の関係者の連携の下，いじめの問題を克服することを目指して行われなければならない。

⑵　いじめの防止等のための組織等

①　地方公共団体は，学校・教育委員会・児童相談所・法務局又は地方法務局・都道府県警察その他の関係者により構成される「いじめ問題対策連絡協議会」を置くことができる（法第14条第1項）

②　教育委員会は，「いじめ問題対策連絡協議会」との連携の下に「地方いじめ防止基本方針」に基づく対策を実効的に行うため，「附属機関」を置くことができる（法第14条第3項）

③　学校は，当該学校におけるいじめの防止等に関する措置を実効的に行うため，複数の教職員・心理や福祉等の専門的知識を有する者その他の関係者により構成される「いじめの防止等の対策のための組織」（以下「学校いじめ対策組織」という）を置くものとする（法第22条）

④　学校の設置者又はその設置する学校は，**重大事態**に対処し，及び当該**重大事態**と同種の事態の発生の防止に資するため，速やかに，当該学校の設置者又はその設置する学校の下に組織を設け，質問票の使用その他の適切な方法により当該**重大事態**に係る事実関係を明確にするための調査を行う（法第28条）

⑤　地方公共団体の長等は，**重大事態**への対処又は当該**重大事態**と同種の事態の発生の防止のため必要があると認めるときは，「附属機関」を設けて調査を行う等の方法により，学校の設置者又は学校の調査の結果について調査を行うことができる（法第29条～第32条第2項）

（以下，上記①～⑤の連絡協議会，附属機関，組織をあわせて「**組織等**」という）

## 4　国の基本方針の内容

　**国の基本方針**は，いじめの問題への対策を社会総がかりで進め，いじめの防止，早期発見，いじめへの対処，地域や家庭・関係機関間の連携等をより実効的なものにするため，法により新たに規定された，地方公共団体や学校における基本方

---

＊3　いじめ防止対策推進法

　　第11条（いじめ防止基本方針）文部科学大臣は，関係行政機関の長と連携協力して，いじめの防止等のための対策を総合的かつ効果的に推進するための基本的な方針（以下「**いじめ防止基本方針**」という。）を定めるものとする。

　2　いじめ防止基本方針においては，次に掲げる事項を定めるものとする。

　　一　いじめの防止等のための対策の基本的な方向に関する事項
　　二　いじめの防止等のための対策の内容に関する事項
　　三　その他いじめの防止等のための対策に関する重要事項

　　第12条（地方いじめ防止基本方針）地方公共団体は，いじめ防止基本方針を参酌し，その地域の実情に応じ，当該地方公共団体におけるいじめの防止等のための対策を総合的かつ効果的に推進するための基本的な方針（以下「**地方いじめ防止基本方針**」という。）を定めるよう努めるものとする。

　　第13条（学校いじめ防止基本方針）学校は，いじめ防止基本方針又は地方いじめ防止基本方針を参酌し，その学校の実情に応じ，**当該学校におけるいじめの防止等のための対策に関する基本的な方針**を定めるものとする。

針の策定や組織体制，いじめへの組織的な対応，**重大事態**への対処等に関する具体的な内容や運用を明らかにするとともに，これまでのいじめ対策の蓄積を生かしたいじめ防止等のための取組を定めるものである。

　**国の基本方針**の実現には，学校・地方公共団体・社会に法の意義を普及啓発し，いじめに対する意識改革を喚起し，いじめの問題への正しい理解の普及啓発や，児童生徒をきめ細かく見守る体制の整備，教職員の資質能力向上などを図り，これまで以上の意識改革の取組とその点検，その実現状況の継続的な検証の実施が必要である。

## 5　いじめの定義

---

　**第2条（定義）**この法律において「**いじめ**」とは，児童等に対して，当該児童等が在籍する学校に在籍している等当該児童等と**一定の人的関係**にある他の児童等が行う**心理的又は物理的な影響を与える行為**（インターネットを通じて行われるものを含む。）であって，当該行為の対象となった児童等が**心身の苦痛**を感じているものをいう。
2　この法律において「**学校**」とは，学校教育法（昭和22年法律第26号）第1条に規定する小学校，中学校，高等学校，中等教育学校及び特別支援学校（幼稚部を除く。）をいう。
3　この法律において「**児童等**」とは，学校に在籍する児童又は生徒をいう。
4　この法律において「**保護者**」とは，親権を行う者（親権を行う者のないときは，未成年後見人）をいう。

---

　個々の行為が「いじめ」に当たるか否かの判断は，**表面的・形式的**にすることなく，いじめられた児童生徒の立場に立つことが必要である。

　この際，いじめには，多様な態様があることに鑑み，法の対象となるいじめに該当するか否かを判断するに当たり，「**心身の苦痛を感じているもの**」との要件が限定して解釈されることのないよう努めることが必要である。例えばいじめられていても，本人がそれを否定する場合が多々あることを踏まえ，当該児童生徒の表情や様子をきめ細かく観察するなどして確認する必要がある。

　ただし，このことは，いじめられた児童生徒の主観を確認する際に，行為の起こったときのいじめられた児童生徒本人や周辺の状況等を客観的に確認することを排除するものではない。

　なお，いじめの認知は，特定の教職員のみによることなく，第22条の「**学校いじめ対策組織**」を活用して行う。

　「**一定の人的関係**」とは，学校の内外を問わず，同じ学校・学級や部活動の児童生徒や，塾やスポーツクラブ等当該児童生徒が関わっている仲間や集団（グループ）など，当該児童生徒と何らかの人的関係を指す。

　また，「**物理的な影響**」とは，身体的な影響のほか，金品をたかられたり，隠

されたり，嫌なことを無理矢理させられたりすることなどを意味する。けんかやふざけ合いであっても，見えない所で被害が発生している場合もあるため，背景にある事情の調査を行い，児童生徒の感じる被害性に着目し，いじめに該当するか否かを判断するものとする。

なお，例えばインターネット上で悪口を書かれた児童生徒がいたが，当該児童生徒がそのことを知らずにいるような場合など，行為の対象となる児童生徒本人が心身の苦痛を感じるに至っていないケースについても，加害行為を行った児童生徒に対する指導等については法の趣旨を踏まえた適切な対応が必要である。

加えて，いじめられた児童生徒の立場に立って，いじめに当たると判断した場合にも，その全てが厳しい指導を要する場合であるとは限らない。例えば，好意から行った行為が意図せずに相手側の児童生徒に心身の苦痛を感じさせてしまったような場合，軽い言葉で相手を傷つけたが，すぐに加害者が謝罪し教員の指導によらずして良好な関係を再び築くことができた場合等においては，学校は，「いじめ」という言葉を使わず指導するなど，柔軟な対応による対処も可能である。ただし，これらの場合であっても，法が定義するいじめに該当するため，事案を法第22条の学校いじめ対策組織へ情報共有することは必要となる。

具体的ないじめの態様は，以下のようなものがある。
▽冷やかしやからかい，悪口や脅し文句，嫌なことを言われる
▽仲間はずれ，集団による無視をされる
▽軽くぶつかられたり，遊ぶふりをして叩かれたり，蹴られたりする
▽ひどくぶつかられたり，叩かれたり，蹴られたりする
▽金品をたかられる
▽金品を隠されたり，盗まれたり，壊されたり，捨てられたりする
▽嫌なことや恥ずかしいこと，危険なことをされたり，させられたりする
▽パソコンや携帯電話等で，誹謗中傷や嫌なことをされる　等
これらの「いじめ」の中には，犯罪行為として取り扱われるべきと認められ，早期に警察に相談することが重要なものや，児童生徒の生命，身体又は財産に重大な被害が生じるような，直ちに警察に通報することが必要なものが含まれる。これらについては，教育的な配慮や被害者の意向への配慮のうえで，早期に警察に相談・通報の上，警察と連携した対応を取ることが必要である。

## 6　いじめの理解

いじめは，どの子供にも，どの学校でも，起こりうるものである。とりわけ，嫌がらせやいじわる等の「暴力を伴わないいじめ」は，多くの児童生徒が入れ替わりながら被害も加害も経験する。また，「暴力を伴わないいじめ」であっても，何度も繰り返されたり多くの者から集中的に行われたりすることで，「暴力を伴ういじめ」とともに，生命又は身体に重大な危険を生じさせうる。

国立教育政策研究所によるいじめ追跡調査の結果によれば，暴力を伴わないいじめ（仲間はずれ・無視・陰口）について，小学校4年生から中学校3年生まで

の６年間で，被害経験を全く持たなかった児童生徒は１割程度，加害経験を全く持たなかった児童生徒も１割程度であり，多くの児童生徒が入れ替わり被害や加害を経験している。

　加えて，いじめの加害・被害という二者関係だけでなく，学級や部活動等の所属集団の構造上の問題（例えば無秩序性や閉塞性），「観衆」としてはやし立てたり面白がったりする存在や，周辺で暗黙の了解を与えている「傍観者」の存在にも注意を払い，集団全体にいじめを許容しない雰囲気が形成されるようにすることが必要である。

## 7　いじめの防止等に関する基本的考え方

### (1)　いじめの防止

　いじめは，どの子供にも，どの学校でも起こりうることを踏まえ，より根本的ないじめの問題克服のためには，全ての児童生徒を対象としたいじめの未然防止の観点が重要であり，全ての児童生徒を，いじめに向かわせることなく，心の通う対人関係を構築できる社会性のある大人へと育み，いじめを生まない土壌をつくるために，関係者が一体となった継続的な取組が必要である。

　このため，学校の教育活動全体を通じ，全ての児童生徒に「いじめは決して許されない」ことの理解を促し，児童生徒の豊かな情操や道徳心，自分の存在と他人の存在を等しく認め，お互いの人格を尊重し合える態度など，心の通う人間関係を構築する能力の素地を養うことが必要である。また，いじめの背景にあるストレス等の要因に着目し，その改善を図り，ストレスに適切に対処できる力を育む観点が必要である。加えて，全ての児童生徒が安心でき，自己有用感や充実感を感じられる学校生活づくりも未然防止の観点から重要である。

　また，これらに加え，あわせて，いじめの問題への取組の重要性について国民全体に認識を広め，地域，家庭と一体となって取組を推進するための普及啓発が必要である。

### (2)　いじめの早期発見

　いじめの早期発見は，いじめへの迅速な対処の前提であり，全ての大人が連携し，児童生徒のささいな変化に気付く力を高めることが必要である。このため，いじめは大人の目に付きにくい時間や場所で行われたり，遊びやふざけあいを装って行われたりするなど，大人が気付きにくく判断しにくい形で行われることを認識し，ささいな兆候であっても，いじめではないかとの疑いを持って，早い段階から的確に関わりを持ち，いじめを隠したり軽視したりすることなく積極的にいじめを認知することが必要である。

　いじめの早期発見のため，学校や学校の設置者は，定期的なアンケート調査や教育相談の実施，電話相談窓口の周知等により，児童生徒がいじめを訴えやすい体制を整えるとともに，地域，家庭と連携して児童生徒を見守ることが必要である。

## (3) いじめへの対処

いじめがあることが確認された場合，学校は直ちに，いじめを受けた児童生徒やいじめを知らせてきた児童生徒の安全を確保し，いじめたとされる児童生徒に対して事情を確認した上で適切に指導する等，組織的な対応を行うことが必要である。また，家庭や教育委員会への連絡・相談や，事案に応じ，関係機関との連携が必要である。

このため，教職員は平素より，いじめを把握した場合の対処の在り方について，理解を深めておくことが必要であり，また，学校における組織的な対応を可能とするような体制整備が必要である。

## (4) 地域や家庭との連携について

社会全体で児童生徒を見守り，健やかな成長を促すため，学校関係者と地域，家庭との連携が必要である。例えば PTA や地域の関係団体等と学校関係者が，いじめの問題について協議する機会を設けたり，学校運営協議会（コミュニティ・スクール）を活用したりするなど，いじめの問題について地域，家庭と連携した対策を推進することが必要である。

また，より多くの大人が子供の悩みや相談を受け止めることができるようにするため，学校と地域，家庭が組織的に連携・協働する体制を構築する。

## (5) 関係機関との連携について

いじめの問題への対応においては，例えば，学校や教育委員会においていじめる児童生徒に対して必要な教育上の指導を行っているにもかかわらず，その指導により十分な効果を上げることが困難な場合などには，関係機関（警察，児童相談所，医療機関，法務局，都道府県私立学校主管部局等を想定）との適切な連携が必要であり，警察や児童相談所等との適切な連携を図るため，平素から，学校や学校の設置者と関係機関の担当者の窓口交換や連絡会議の開催など，情報共有体制を構築しておくことが必要である。

例えば，教育相談の実施に当たり必要に応じて，医療機関などの専門機関との連携を図ったり，法務局など，学校以外の相談窓口についても児童生徒へ適切に周知したりするなど，学校や学校の設置者が，関係機関による取組と連携することも重要である。

## 第2　いじめの防止等のための対策の内容に関する事項

## 1　いじめの防止等のために国が実施する施策

国は，いじめの防止等のための対策を総合的に策定し推進する。また，これに必要な財政上の措置その他の必要な措置を講ずる[*4]

## (1) 国が実施すべき基本的事項

① 文部科学大臣が関係行政機関の長と連携協力し「いじめ防止基本方針」を定め，これに基づく対策を総合的かつ効果的に推進（法第11条）

② いじめ防止等のための対策を推進するために必要な財政上の措置（法第10条）

③ いじめに関する通報及び相談を受け付けるための体制の整備に必要な施策（法第16条）

④ 関係省庁相互間その他関係機関，学校，家庭，地域社会及び民間団体の間の連携の強化，民間団体の支援その他必要な体制の整備（法第17条）

⑤ 教員の養成及び研修を通じた資質の向上，生徒指導体制の充実のための教員や養護教諭等の配置，心理，福祉等の専門的知識を有する者でいじめの防止を含む教育相談等に応じるものの確保，多様な外部人材の確保（法第18条）

⑥ インターネットを通じて行われるいじめに児童生徒が巻き込まれていないかパトロールする機関・団体の取組支援や，このようないじめに対処する体制の整備（法第19条）

⑦ いじめの防止等のために必要な事項と対策の実施状況に関する調査研究及び検証とその成果の普及（法第20条）

⑧ いじめが児童生徒の心身に及ぼす影響，いじめを防止することの重要性，相談制度や救済制度等について，普及啓発（法第21条）

## (2) いじめ防止基本方針の策定と組織等の設置等

○ いじめ防止基本方針の策定

地方公共団体は，国の基本方針を参酌して，地方いじめ防止基本方針を策定するよう努め（第12条），学校は，国の基本方針又は地方いじめ防止基本方針を参酌して，学校いじめ防止基本方針を策定する（第13条）。このような意味で，国の基本方針は，国と地方公共団体・学校との連携の骨幹となるものである。

また，文部科学省は，法や国の基本方針の内容をより具体的かつ詳細に示すため，協議会を設けるなどして，具体的な運用等の在り方に関する指針を策定する。

○ いじめ防止対策推進法に基づく取組状況の把握と検証

国においては，毎年度，いじめ防止基本方針の策定状況等，いじめの問題への取組状況を調査するとともに，「いじめ防止対策協議会」を設置し，いじめの問題への効果的な対策が講じられているかどうかを検証する。また，各地域の学校関係者の集まる普及啓発協議会を定期的に開催し，検証の結果を周知する。

○ 関係機関との連携促進

いじめが犯罪行為として取り扱われるべきものであると認めるときや，児童生徒の生命，身体又は財産に重大な被害が生じるおそれがあるときの警察との適切

---

*4 いじめ防止対策推進法

第5条（国の責務）国は，第3条の基本理念（以下「基本理念」という。）にのっとり，いじめの防止等のための対策を総合的に策定し，及び実施する責務を有する。

な連携を促進する。

　また，文部科学省は，法務省，厚生労働省，警察庁などと適切に連携し，「いじめ問題対策連絡協議会」設置による連携が円滑に行われるよう支援するとともに，各地域における，学校や学校の設置者等と，警察や法務局，児童相談所など関係機関との適切な連携を促進する。

○　各地域における組織等の設置に対する支援

　地方公共団体・学校の設置者・学校が組織等を設ける場合，特に各地域における**重大事態**の調査において，公平・中立な調査組織を立ち上げる場合には，弁護士，医師，心理や福祉の専門家であるスクールカウンセラー・スクールソーシャルワーカー，学校教育に係る学識経験者などの専門的知識を有する第三者の参画が有効であることから，この人選が適切かつ迅速に行われるように資するよう，文部科学省は，それら専門家の職能団体や大学，学会等の団体との連絡体制を構築する。

(3)　いじめの防止等のために国が実施すべき施策（略）

## 2　いじめの防止等のために地方公共団体が実施すべき施策

(1)　いじめ防止基本方針の策定と組織等の設置等

①　いじめ防止基本方針の策定

　ⅰ）地方公共団体は，「**地方いじめ防止基本方針**」を策定するよう努める（法第12条）

②　組織等の設置

　ⅰ）地方公共団体は，「**いじめ問題対策連絡協議会**」を設置することができる（法第14条第1項）

　ⅱ）教育委員会は，「**附属機関**」を設置することができる（法第14条第3項）

　ⅲ）学校の設置者又はその設置する学校は，その下に組織を設け，**重大事態**に係る事実関係を明確にするための調査を行う（法第28条）

　ⅳ）地方公共団体の長等は，附属機関を設けて調査を行う等の方法により，上記ⅲ）の結果について調査を行うことができる（法第29条〜第32条第2項）

(2)　地方いじめ防止基本方針の策定

> 　**第12条（地方いじめ防止基本方針）**地方公共団体は，**いじめ防止基本方針**を参酌し，その地域の実情に応じ，当該地方公共団体におけるいじめの防止等のための対策を総合的かつ効果的に推進するための基本的な方針（以下「**地方いじめ防止基本方針**」という。）を定めるよう努めるものとする。

　地方公共団体は，法の趣旨を踏まえ，**国の基本方針**を参考にして，当該地方公

共団体におけるいじめ防止等のための対策を総合的かつ効果的に推進するため，**地方いじめ防止基本方針**を定めることが望ましい。**地方いじめ基本方針**は国の基本方針と**学校いじめ防止基本方針**の結節点となるものであって，各学校のいじめの防止等の取組の基盤となるものである。地域内の対策の格差を生じさせない観点からも，特に，教育委員会にあっては特段の理由がある場合を除き，地方いじめ防止基本方針を策定することが望ましい。なお，都道府県教育委員会にあっては，策定に向けて検討している区域内の市区町村（例：人的体制が不十分）を支援することにより，**地方いじめ防止基本方針**の策定を促進する。

**地方いじめ防止基本方針**は，当該地方公共団体の実情に応じ，いじめの防止等の対策の基本的な方向を示すとともに，いじめの防止や早期発見，いじめへの対処が，当該地域において体系的かつ計画的に行われるよう，講じるべき対策の内容を具体的に記載することが想定される。

例えば，いじめの防止等に係る日常的な取組の検証・見直しを図る仕組みを定めたり，当該地域におけるいじめの防止に資する啓発活動や教育的取組を具体的に定めたりするなど，より実効的な**地方いじめ基本方針**とするため，地域の実情に応じた工夫がなされることが望ましい。

また，より実効性の高い取組を実施するため，**地方いじめ基本方針**が，当該地域の実情に即してきちんと機能しているかを点検し，必要に応じて見直す，というPDCAサイクルを，**地方いじめ基本方針**に盛り込んでおくことが望ましい。

なお，**地方いじめ基本方針**は，当該地方公共団体におけるいじめの防止等のための対策を総合的かつ効果的に推進するためのものであることから，都道府県の場合は私立学校も対象に含めて作成することが求められる。また，市町村が国立大学に附属して設置される学校（以下「国立学校」という。）や，私立学校をどう扱うかについては，それぞれの地方公共団体において，地域の実情に応じ判断する。

### (3) いじめ問題対策連絡協議会の設置

> 第14条（いじめ問題対策連絡協議会）地方公共団体は，いじめの防止等に関係する機関及び団体の連携を図るため，条例の定めるところにより，学校，教育委員会，児童相談所，法務局又は地方法務局，都道府県警察その他の関係者により構成される**いじめ問題対策連絡協議会**を置くことができる。
> 2　都道府県は，前項の**いじめ問題対策連絡協議会**を置いた場合には，当該**いじめ問題対策連絡協議会**におけるいじめの防止等に関係する機関及び団体の連携が当該都道府県の区域内の市町村が設置する学校におけるいじめの防止等に活用されるよう，当該**いじめ問題対策連絡協議会**と当該市町村の教育委員会との連携を図るために必要な措置を講ずるものとする。

学校と地域の関係機関等とのいじめの問題の対応に係る連携を確保するため，地方公共団体においては，法に基づき，「**いじめ問題対策連絡協議会**」を設置す

ることが望ましく，その構成員は，地域の実情に応じて決定する。

　例えば都道府県に置く場合，学校（国私立を含む），教育委員会，私立学校主管部局，児童相談所，法務局又は地方法務局，都道府県警察などが想定される。この他に弁護士，医師，心理や福祉の専門家であるスクールカウンセラー・スクールソーシャルワーカー等に係る職能団体や民間団体などが考えられる。教育委員会をはじめとする学校の設置者及び都道府県私立学校主管部局は，平素より，**いじめ問題対策連絡協議会**における地域の関係機関等との連携を通じ，いじめの重大事態の調査を行うための組織（第三者調査委員会等）の委員を確保しておくことも重要である。

　なお，この会議の名称は，必ずしも「いじめ問題対策連絡協議会」とする必要はない。

　また，法に定める「いじめ問題対策連絡協議会」は条例で設置されるものであるが，機動的な運営に必要な場合などは，条例を設置根拠としない会議体であっても，法の趣旨を踏まえた会議を設けることは可能である。

　都道府県が「いじめ問題対策連絡協議会」を置く場合，連絡協議会での連携が，区域内の市町村が設置する学校におけるいじめの防止等に活用されるよう，区域内の市町村の教育委員会等との連携が必要である（例えば，都道府県の連絡協議会に市町村教育委員会も参加させたり，域内の連携体制を検討したりする際に，市町村単位でも連携が進むよう各関係機関の連携先の窓口を明示するなど）。

　なお，規模が小さいために関係機関の協力が得にくく連絡協議会の設置が難しい市町村においては，近隣の市町村と連携したり，第14条第2項に基づき，都道府県の連絡協議会と連携したりすることが考えられる。

(4)　法第14条第3項に規定する教育委員会の附属機関の設置 （略）
(5)　地方公共団体が実施すべき施策 （略）


## 3　いじめの防止等のために学校が実施すべき施策

　学校は，いじめの防止等のため，**学校いじめ防止基本方針**に基づき，**学校いじめ対策組織**を中核として，校長の強力なリーダーシップの下，一致協力体制を確立し，学校の設置者とも適切に連携の上，学校の実情に応じた対策を推進することが必要である。

(1)　いじめ防止基本方針の策定と組織等の設置
①　いじめ防止基本方針の策定
　学校は，**国の基本方針**又は**地方いじめ基本方針**を参酌し，その学校の実情に応じ，「**学校いじめ防止基本方針**」を定める（法第13条）

②　組織等の設置
　ⅰ）学校は，当該学校におけるいじめの防止等に関する措置を実効的に行うため，複数の教職員・心理，福祉等の専門的知識を有する者その他の関係者に

より構成される「組織」を置くものとする（法第22条）

ⅱ）学校の設置者又はその設置する学校は，**重大事態**に対処し，及び当該**重大事態**と同種の事態の発生の防止に資するため，速やかに，当該学校の設置者又はその設置する学校の下に組織を設け，質問票の使用その他の適切な方法により当該**重大事態**に係る事実関係を明確にするための調査を行う（法第28条）

## (2) 学校いじめ防止基本方針の策定

> 第13条（学校いじめ防止基本方針）学校は，**いじめ防止基本方針**又は**地方いじめ防止基本方針**を参酌し，その学校の実情に応じ，**当該学校におけるいじめの防止等のための対策に関する基本的な方針**を定めるものとする。

　各学校は，国の基本方針，**地方いじめ防止基本方針**を参考にして，自らの学校として，どのようにいじめの防止等の取組を行うかについての基本的な方向や，取組の内容等を「**学校いじめ防止基本方針**」として定めることが必要である。

　**学校いじめ防止基本方針**を定める意義としては，次のようなものがある。

- **学校いじめ防止基本方針**に基づく対応が徹底されることにより，教職員がいじめを抱え込まず，かつ，学校のいじめへの対応が個々の教職員による対応ではなく組織として一貫した対応となる。
- いじめの発生時における学校の対応をあらかじめ示すことは，児童生徒及びその保護者に対し，児童生徒が学校生活を送る上での安心感を与えるとともに，いじめの加害行為の抑止につながる。
- 加害者への成長支援の観点を基本方針に位置付けることにより，いじめの加害者への支援につながる。

　**学校いじめ防止基本方針**には，いじめの防止のため取組，早期発見・いじめ事案への対処（以下「事案対処」という。）の在り方，教育相談体制，生徒指導体制，校内研修などを定めることが想定され，いじめの防止，いじめの早期発見，事案対処などいじめの防止等全体に係る内容であることが必要である。

　その中核的な内容としては，いじめに向かわない態度・能力等の育成等のいじめが起きにくい・いじめを許さない環境づくりのために，年間の学校教育活動全体を通じて，いじめの防止に資する多様な取組が体系的・計画的に行われるよう，包括的な取組の方針を定めたり，その具体的な指導内容のプログラム化を図ること（「学校いじめ防止プログラム」の策定等）が必要である。

　また，アンケート，いじめの通報，情報共有，適切な対処等のあり方についてのマニュアルを定め（「早期発見・事案対処のマニュアル」の策定等），それを徹底するため，「チェックリストを作成・共有して全教職員で実施する」などといったような具体的な取組を盛り込む必要がある。そして，これらの**学校いじめ防止基本方針**の中核的な策定事項は，同時に**学校いじめ対策組織**の取組による未然防止，早期発見及び事案対処の行動計画となるよう，事案対処に関する教職員の

資質能力向上を図る校内研修の取組も含めた，年間を通じた当該組織の活動が具体的に記載されるものとする。

さらに，いじめの加害児童生徒に対する成長支援の観点から，加害児童生徒が抱える問題を解決するための具体的な対応方針を定めることも望ましい。

加えて，より実効性の高い取組を実施するため，**学校いじめ防止基本方針**が，当該学校の実情に即して適切に機能しているかを学校いじめ対策組織を中心に点検し，必要に応じて見直す，という PDCA サイクルを，**学校いじめ防止基本方針**に盛り込んでおく必要がある。

**学校いじめ防止基本方針**に基づく取組の実施状況を学校評価の評価項目に位置付ける。**学校いじめ防止基本方針**において，いじめの防止等のための取組（いじめが起きにくい・いじめを許さない環境づくりに係る取組，早期発見・事案対処のマニュアルの実行，定期的・必要に応じたアンケート，個人面談・保護者面談の実施，校内研修の実施等）に係る達成目標を設定し，学校評価において目標の達成状況を評価する。各学校は，評価結果を踏まえ，学校におけるいじめの防止等のための取組の改善を図る必要がある。

**学校いじめ防止基本方針**を策定するに当たっては，方針を検討する段階から保護者，地域住民，関係機等の参画を得た**学校いじめ防止基本方針**になるようにすることが，**学校いじめ防止基本方針**策定後，学校の取組を円滑に進めていく上でも有効であることから，これらの関係者と協議を重ねながら具体的ないじめ防止等の対策に係る連携について定めることが望ましい。また，児童生徒とともに，学校全体でいじめの防止等に取り組む観点から，**学校いじめ防止基本方針**の策定に際し，児童生徒の意見を取り入れるなど，いじめの防止等について児童生徒の主体的かつ積極的な参加が確保できるよう留意する。

さらに，策定した**学校いじめ防止基本方針**については，各学校のホームページへの掲載その他の方法により，保護者や地域住民が**学校いじめ防止基本方針**の内容を用意に確認できるような措置を講ずるとともに，その内容を，必ず入学時・各年度の開始時に児童生徒，保護者，関係機等に説明する。

### (3) 学校におけるいじめの防止等の対策のための組織

> **第22条（学校におけるいじめの防止等の対策のための組織）** 学校は，当該学校におけるいじめの防止等に関する措置を実効的に行うため，当該学校の複数の教職員，心理，福祉等に関する専門的な知識を有する者その他の関係者により構成される**いじめの防止等の対策のための組織**を置くものとする。

法第22条は，学校におけるいじめの防止，いじめの早期発見及びいじめへの対処等に関する措置を実効的に行うため，組織的な対応を行うため中核となる常設の組織を置くことを明示的に規定したものであるが，これは，いじめについては，特定の教職員で問題を抱え込まず学校が組織的対応することにより，複数の目による状況の見立てが可能となること，また，必要に応じて，心理や福祉の専門家

であるスクールカウンセラー・スクールソーシャルワーカー，弁護士，医師，警察官経験者など外部専門家等が参加しながら対応することなどにより，より実効的ないじめの問題解決に資することが期待されることから，規定されたものである。

　また，**学校いじめ防止基本方針**に基づく取組の実施や具体的な年間計画（学校いじめ防止プログラム等）の作成や実施に当たっては，保護者や児童生徒の代表，地域住民などの参加を図ることが考えられる。

　**学校いじめ対策組織**は，学校が組織的かつ実効的にいじめの問題に取り組むに当たって中核となる役割を担う。具体的には，次に掲げる役割が挙げられる。

【未然防止】

◇　いじめの未然防止のため，いじめが起きにくい・いじめを許さない環境づくりを行う役割

【早期発見・事案対処】

◇　いじめの早期発見のため，いじめの相談・通報を受け付ける窓口としての役割

◇　いじめの早期発見・事案対処のため，いじめの疑いに関する情報や児童生徒の問題行動などに係る情報の収集と記録，共有を行う役割

◇　いじめに係る情報（いじめが疑われる情報や児童生徒間の人間関係に関する悩みを含む。）があった時には緊急会議を開催するなど，情報の迅速な共有，及び関係児童生徒に対するアンケート調査，聴き取り等により事実関係の把握といじめであるか否かの判断を行う役割

◇　いじめの被害児童生徒に対する支援・加害児童生徒に対する指導の体制・対応方針の決定と保護者の連携といった対応を組織的に実施する役割

【学校いじめ防止基本方針に基づく各種取組】

◇　**学校いじめ防止基本方針**に基づく取組の実施や具体的な年間計画の作成・実行・検証・修正を行う役割

◇　**学校いじめ防止基本方針**における年間計画に基づき，いじめの防止等に係る校内研修を企画し，計的に実施する役割

◇　**学校いじめ防止基本方針**が当該学校の実情に即して適切に機能しているかについての点検を行い，**学校いじめ防止基本方針**の見直しを行う役割（PDCAサイクルの実行を含む。）

などが想定される。

　いじめが起きにくい・いじめを許さない環境づくりを実効的に行うためには，**学校いじめ対策組織**は，児童生徒及び保護者に対して，自らの存在及び活動が容易に認識される取組（例えば，全校集会の際にいじめ対策組織の教職員が児童生徒の前で取組を説明する等）を実施する必要がある。また，いじめの早期発見のためには，**学校いじめ対策組織**は，いじめを受けた児童生徒を徹底して守り通し，事案を迅速かつ適切に解決する相談・通報の窓口であると児童生徒から認識されるようにしていく必要がある。

　教育委員会をはじめとする学校の設置者及び都道府県私立学校主管部局においては，以上の組織の役割が果たされているかどうか確認し，必要な指導・助言を

行う。

　さらに，児童生徒に対する定期的なアンケートを実施する際に，児童生徒が**学校いじめ対策組織**の存在，その活動内容等について具体的に把握・認識しているか否かを調査し，取組の改善につなげることも有効である。

　**学校いじめ対策組織**は，いじめの防止等の中核となる組織として，的確にいじめの疑いに関する情報を共有し，共有された情報を基に，組織的に対応できるような体制とすることが必要である。特に，事実関係の把握，いじめであるか否かの判断は組織的に行うことが必要であり，当該組織が，情報の収集と記録，共有を行う役割を担うため，教職員は，ささいな兆候や懸念，児童生徒からの訴えを，抱え込まずに，又は対応不要であると個人で判断せずに，直ちに全て当該組織に報告・相談する。加えて，当該組織に集められた情報は，個別の児童生徒ごとなどに記録し，複数の教職員が個別に認知した情報の集約と共有化を図る。

　学校として，**学校いじめ防止基本方針**やマニュアル等において，いじめの情報共有の手順及び情報共有すべき内容（いつ，どこで，誰が，何を，どのように等）を明確に定めておく必要がある。

　これらのいじめの情報共有は，個々の教職員の責任追及のために行うものではなく，気付きを共有して早期対応につなげることが目的であり，学校の管理職は，リーダーシップをとって情報共有を行いやすい環境の醸成に取り組む必要がある。

　また，当該組織は，各学校の学校いじめ防止基本方針の策定や見直し，各学校で定めたいじめの取組が計画どおりに進んでいるかどうかのチェックや，いじめの対処がうまくいかなかったケースの検証，必要に応じた計画の見直しなど，各学校のいじめの防止等の取組について PDCA サイクルで検証を担う役割が期待される。

　法第22条においては，**学校いじめ対策組織**は「当該学校の複数の教職員，心理，福祉等に関する専門的な知識を有する者その他の関係者により構成される」とされているところ，「当該学校の複数の教職員」については，学校の管理職や主幹教諭，生徒指導担当教諭，学年主任，養護教諭，学級担任，教科担任，部活動指導に関わる教職員，学校医等から，組織的対応の中核として機能するような体制を，学校の実情に応じて決定する。さらに，可能な限り，同条の「心理，福祉等に関する専門的な知識を有する者」として，心理や福祉の専門家であるスクールカウンセラー・スクールソーシャルワーカー，弁護士，医師，警察官経験者等の外部専門家を当該組織に参画させ，実効性のある人選とする必要がある。これに加え，個々のいじめの防止・早期発見・対処に当たって関係の深い教職員を追加する。

　いじめの未然防止・早期発見の実効化とともに，教職員の経験年数やクラス担任制の垣根を越えた，教職員同士の日常的なつながり・同僚性を向上させるためには，児童生徒に最も接する機会の多い学級担任や教科担任等が参画し，**学校いじめ対策組織**にこれらの機能や目的を十分に果たせるような人員配置とする必要がある。このため，学校のいじめ対策の企画立案，事案対処等を，学級担任を含めた全ての教職員が経験することができるようにするなど，未然防止・早期発

見・事案対処の実効化のため，組織の構成を適宜工夫・改善できるよう，柔軟な組織とすることが有効である。

さらに，当該組織を実際に機能させるに当たっては，適切に外部専門家の助言を得つつも機動的に運用できるよう，構成員全体の会議と日常的な関係者の会議に役割分担しておくなど，学校の実情に応じて工夫することも必要である。

なお，法第28条第１項に規定する**重大事態**の調査のための組織について，学校がその調査を行う場合は，この組織を母体としつつ，当該事案の性質に応じて適切な専門家を加えるなどの方法によって対応することも考えられる。（重大事態への対処については「４　重大事態への対処」に詳述）

### (4)　学校におけるいじめの防止等に関する措置

学校の設置者及び学校は，連携して，いじめの防止や早期発見，いじめが発生した際の対処等に当たる（**参考資料【学校における「いじめの防止」「早期発見」「いじめに対する措置」のポイント】**参照))。

#### ⅰ）いじめの防止

いじめはどの子供にも起こりうるとい事実を踏まえ，全ての児童生徒を対象に，いじめに向かわせないための未然防止の取組として，児童生徒が自主的にいじめの問題について考え，議論すること等のいじめの防止に資する活動に取り組む。

また，未然防止の基本は，児童生徒が，心の通じ合うコミュニケーション能力を育み，規律正しい態度で授業や行事に主体的に参加・活躍できるような授業づくりや集団づくりを行う。

児童生徒に対するアンケート・聴き取り調査によって初めていじの事実が把握される例も多く，いじめの被害者を助けるためには児童生徒の協力が必要となる場合がある。このため，学校は児童生徒に対して傍観者とならず，学校いじめ対策組織への報告をはじめとするいじめを止めさせるための行動をとる重要性を理解させるよう努める。

加えて，集団の一員として自覚や自信を育むことにより，いたずらにストレスにとらわれることもなく，互いを認め合える人間関係・学校風土をつくる。

さらに，教職員の言動が，児童生徒を傷つけたり，他の児童生徒によるいじめを助長したりすることのないよう，指導の在り方に細心の注意を払う。

#### ⅱ）早期発見

いじめは大人の目に付きにくい時間や場所で行われたり，遊びやふざけあいを装って行われたりするなど，大人が気付きにくく判断しにくい形で行われることが多いことを教職員は認識し，ささいな兆候であっても，いじめではないかとの疑いを持って，早い段階から的確に関わりを持ち，いじめを隠したり軽視したりすることなく，いじめを積極的に認知することが必要である。

このため，日頃から児童生徒の見守りや信頼関係の構築等に努め，児童生徒が示す変化や危険信号を見逃さないようアンテナを高く保つ。あわせて，学校は定期的なアンケート調査や教育相談の実施等により，児童生徒がいじめを訴えやすい体制を整え，いじめの実態把握に取り組む。

　各学校は，**学校いじめ防止基本方針**において，アンケート調査，個人面談の実施や，それらの結果の検証及び組織的な対処方法について定めておく必要がある。

　アンケート調査や個人面談において，児童生徒が自ら SOS を発信すること及びいじめの情報を教職員に報告することは，当該児童生徒にとっては多大な勇気を要するものであることを教職員は理解しなければならない。これを踏まえ，学校は，児童生徒からの相談に対しては，必ず学校の教職員などが迅速に対応することを徹底する。

### iii） いじめに対する措置

　法第23条第1項は，「学校の教職員，地方公共団体の職員その他の児童等からの相談に応じる者及び保護者は，児童からいじめに係る相談を受けた場合において，いじめの事実があると思われるときは，いじめを受けたと思われる児童等が在籍する学校への通報その他適切な措置をとるものとする。」としており，学校の教職員がいじめを発見し，又は相談受けた場合には，速やかに，**学校いじめ対策組織**に対し当該いじめに係る情報を報告し，学校の組織的な対応につなげなければならない。すなわち，学校の特定の教職員が，いじめに係る情報を抱え込み，**学校いじめ対策組織**に報告を行わないことは，同項の規定に違反し得る。

　また，各教職員は，学校の定めた方針等に沿って，いじめに係る情報を適切に記録しておく必要がある。

　**学校いじめ対策組織**において情報共有を行った後は，事実関係の確認の上，組織的に対応方針を決定し，被害児童生徒を徹底して守り通す。

　加害児童生徒に対しては，当該児童生徒の人格の成長を旨として，教育的配慮の下，毅然とした態度で指導する。これらの対応について，教職員全員の共通理解，保護者の協力，関係機関・専門機関との連携の下で取り組む。

　いじめは，単に謝罪をもって安易に解消とすることはできない。いじめが「解消している」状態とは，少なくとも次の2つの要件が満たされている必要がある。ただし，これらの要件が満たされている場合であっても，必要に応じ，他の事情も勘案して判断するものとする。

### ① いじめに係る行為が止んでいること

　被害者に対する心理的又は物理的な影響を与える行為（インターネットを通じて行われるもの含む。）が止んでいる状態が相当の期間継続していること。この担当の期間とは，少なくとも3か月を目安とする。ただし，いじめの被害の重大性等からさらに長期の基幹が必要であると判断される場合は，この目安にかかわらず，学校の設置者又は**学校いじめ対策組織**の判断により，より長期の期間を設定するものとする。学校の教職員は，相当の期間が経過するまでは，被害・加害児童生徒の様子を含め状況を注視し，期間が経過した段階で判断を行う。行為が止んでいない場合は，改めて，相当の期間を設定して状況を注視する。

### ② 被害児童生徒が心身の苦痛を感じていなこと

　いじめに係る行為が止んでいるかどうかを判断する時点において，被害児童生

徒がいじめの行為により心身の苦痛を感じていないと認められること。被害児童
生徒本人及びその保護者に対し，心身の苦痛を感じていなかどうかを面談等によ
り確認する。

　学校は，いじめが解消に至っていない段階では，被害児童生徒を徹底的に守り
通し，その安全・安心を確保する責任を有する。学校いじめ対策組織においては，
いじめが解消に至るまで被害児童生徒の支援を継続するため，支援内容，情報共
有，教職員の役割分担を含む対処プランを策定し，確実に実行する。

　上記のいじめが「解消している」状態とは，あくまで一つの段階に過ぎず，
「解消している」状態に至った場合でも，いじめが再発する可能性が十分にあり
得ることを踏まえ，学校の教職員は，当該いじめの被害児童生徒及び加害児童生
については，日常的注意深く観察する必要がある。

### ⅳ）その他

　国立学校及び私立学校における，いじめの問題への対応について，必要に応じ
て，教育委員会からのスクールカウンセラー・スクールソーシャルワーカー，弁
護士等の専門家・関係機関の紹介や，研修機会の提供支援が受けられるよう，日
常的に，国立学校の設置者は国及び教育委員会との連携確保，都道府県私立学校
主管部局は，教育委員会との連携確保に努める。

## 4　重大事態への対処

### ⑴　学校の設置者又は学校による調査

　いじめの重大事態については，本基本方針及び「いじめの重大事態の調査に関
するガイドライン（平成29年３月文部科学省）」により適切対応する。

#### ⅰ）重大事態の発生と調査

　**第28条（学校の設置者又はその設置する学校による対処）**学校の設置者又は
その設置する学校は，次に掲げる場合には，その事態（以下「**重大事態**」とい
う。）に対処し，及び当該**重大事態**と同種の事態の発生の防止に資するため，
速やかに，当該学校の設置者又はその設置する学校の下に組織を設け，質問票
の使用その他の適切な方法により当該**重大事態**に係る事実関係を明確にするた
めの調査を行うものとする。
　一　いじめにより当該学校に在籍する児童等の生命，心身又は財産に重大な
　　被害が生じた疑いがあると認めるとき。
　二　いじめにより当該学校に在籍する児童等が相当の期間学校を欠席するこ
　　とを余儀なくされている疑いがあると認めるとき。
　2　学校の設置者又はその設置する学校は，前項の規定による調査を行ったと
　　きは，当該調査に係るいじめを受けた児童等及びその保護者に対し，当該調
　　査に係る**重大事態**の事実関係等その他の必要な情報を適切に提供するものと
　　する。

> 3 第1項の規定により学校が調査を行う場合においては，当該学校の設置者は，同項の規定による調査及び前項の規定による情報の提供について必要な指導及び支援を行うものとする。

① 重大事態の意味について

「いじめにより」とは，各号に規定する児童生徒の状況に至る要因が当該児童生徒に対して行われるいじめにあることを意味する。

また，法第1号の「生命，心身又は財産に重大な被害」については，いじめを受ける児童生徒の状況に着目して判断する。例えば，

○ 児童生徒が自殺を企図した場合
○ 身体に重大な傷害を負った場合
○ 金品等に重大な被害を被った場合
○ 精神性の疾患を発症した場合

などのケースが想定される。

法第2号の「相当の期間」については，不登校の定義を踏まえ，年間30日を目安とする。ただし，児童生徒が一定期間，連続して欠席しているような場合には，上記目安にかかわらず，学校の設置者又は学校の判断により，迅速に調査に着手することが必要である。

また，児童生徒や保護者から，いじめにより重大な被害が生じたという申立てがあったときは，その時点で学校が「いじめの結果ではない」あるいは「重大事態とはいえない」と考えたとしても，**重大事態**が発生したものとして報告・調査等に当たる。児童生徒又は保護者からの申立ては，学校が把握していない極めて重要な情報である可能性があることから，調査をしないまま，いじめの**重大事態**ではないと断言できないことに留意する。

② 重大事態の報告

学校は，**重大事態**が発生した場合，国立学校は国立大学法人の学長を通じて文部科学大臣へ，公立学校は当該学校を設置する地方公共団体の教育委員会を通じて同地方公共団体の長へ，私立学校は当該学校を所轄する都道府県知事へ，学校設置会社が設置する学校は当該学校設置会社の代表取締役又は代表執行役を通じて認定地方公共団体の長へ，事態発生について報告する。（以下略）

(2) 調査結果の報告を受けた文部科学大臣，地方公共団体の長又は都道府県知事による調査及び措置（略）

## 第3 その他いじめの防止等のための対策に関する重要事項

（略）

## 《参考資料》学校における「いじめの防止」「早期発見」「いじめに対する措置」のポイント

- 学校及び学校の設置者は，連携して，いじめの防止や早期発見，いじめが発生した際の対処等に当たる

### (1) いじめの防止

#### ① 基本的考え方

　いじめはどの子供にも起こりうる，どの子供も被害者にも加害者にもなりうるという事実を踏まえ，児童生徒の尊厳が守られ，児童生徒をいじめに向かわせないための未然防止に，全ての教職員が取り組むことから始めていく必要がある。

　未然防止の基本となるのは，児童生徒が，周囲の友人や教職員と信頼できる関係の中，安心・安全に学校生活を送ることができ，規律正しい態度で授業や行事に主体的に参加・活躍できるような授業づくりや集団づくり，学校づくりを行っていくことである。児童生徒に集団の一員としての自覚や自信が育まれることにより，いたずらにストレスにとらわれることなく，互いを認め合える人間関係・学校風土を児童生徒自らが作り出していくものと期待される。

　そうした未然防止の取組が着実に成果を上げているかどうかについては，日常的に児童生徒の行動の様子を把握したり，定期的なアンケート調査や児童生徒の欠席日数などで検証したりして，どのような改善を行うのか，どのような新たな取組を行うかを定期的に検討し，体系的・計画的に PDCA サイクルに基づく取組を継続することが大切である。

#### ② いじめの防止のための措置

##### ア）いじめについての共通理解

　いじめの態様や特質，原因・背景，具体的な指導上の留意点などについて，校内研修や職員会議で周知を図り，平素から教職員全員の共通理解を図っていくことが大切である。また，児童生徒に対しても，全校集会や学級活動（ホームルーム活動）などで校長や教職員が，日常的にいじめの問題について触れ，「**いじめは人間として絶対に許されない**」との雰囲気を学校全体に醸成していくことが大切である。その際，いじめの未然防止のための授業（「いじめとは何か。いじめはなぜ許されないのか。」等）を，**学校いじめ対策組織**の構成員である教職員が講師を務め実施するなど，**学校いじめ対策組織**の存在及び活動が児童生徒に容易に認識される取組を行うことが有効である。常日頃から，児童生徒と教職員がいじめとは何かについて具体的な認識を共有する手段として，何がいじめなのかを具体的に列挙して目につく場所に掲示するなどが考えられる。

##### イ）いじめに向かわない態度・能力の育成

　学校の教育活動全体を通じた道徳教育や人権教育の充実，読書活動・体験活動などの推進により，児童生徒の社会性を育むとともに，幅広い社会体験・生活体験の機会を設け，他人の気持ちを共感的に理解できる豊かな情操を培い，自分の

存在と他人の存在を等しく認め，お互いの人格を尊重する態度を養う[*5]。また，自他の意見の相違があっても，互いを認め合いながら建設的に調整し，解決していける力や，自分の言動が相手や周りにどのような影響を与えるかを判断して行動できる力など，児童生徒が円滑に他者とコミュニケーションを図る能力を育てる[*6]。

　指導に当たっては，発達の段階に応じて，児童生徒がいじめの問題を自分のこととして捉え，考え，議論することにより，正面から向き合うことができるよう，実践的な取組を行う。また，その際，

- いじめは重大な人権侵害に当たり，被害者，加害者及び周囲の児童生徒に大きな傷を残すものであり，決して許されないこと，
- いじめが刑事罰の対象となり得ること，不法行為に該当し損害賠償責任が発生し得ること

等についても実例（裁判例等）を示しながら，人権を守ることの重要性やいじめの法律上の扱いを学ぶといった取組を行う。

### ウ）いじめが生まれる背景と指導上の注意

　いじめ加害の背景には，勉強や人間関係等のストレスが関わっていることを踏まえ，授業についていけない焦りや劣等感などが過度なストレスとならないよう，一人一人を大切にした分かりやすい授業づくりを進めていくこと，学級や学年，部活動等の人間関係を把握して一人一人が活躍できる集団づくりを進めていくことが求められる。また，ストレスを感じた場合でも，それを他人にぶつけるのではなく，運動・スポーツや読書などで発散したり，誰かに相談したりするなど，ストレスに適切に対処できる力を育むことも大切である。

　なお，教職員の不適切な認識や言動が，児童生徒を傷つけたり，他の児童生徒によるいじめを助長したりすることのないよう，指導の在り方には細心の注意を払う。教職員による「いじめられる側にも問題がある」という認識や発言は，いじめている児童生徒や，周りで見ていたり，はやし立てたりしている児童生徒を容認するものにほかならず，いじめられている児童生徒を孤立させ，いじめを深刻化する。

○　発達障害を含む，障害のある児童生徒がかかわるいじめについては，教職員が個々の児童生徒の障害の特性への理解を深めるとともに，個別の教育支援計画や個別の指導計画を活用した情報共有を行いつつ，当該児童生徒のニーズや

---

[*5]　教育振興基本計画（平成25年6月14日閣議決定）
[*6]　児童生徒の社会性の構築に向けた取組例としては，以下のようなものがある。
　「ソーシャルスキル・トレーニング」：「人間関係についての基本的な知識」「相手の表情などから隠された意図や感情を読み取る方法」「自分の意思を状況や雰囲気に合わせて相手に伝えること」などについて説明を行い，また，ロールプレイング（役割演技）を通じて，グループの間で練習を行う取組
　「ピア（仲間）・サポート」：異学年等の交流を通じ，「お世話される体験」と成長したあとに「お世話する体験」の両方を経験し，自己有用感や自ら進んで他者とかかわろうとする意欲などを培う取組

特性，専門家の意見を踏まえた適切な指導及び必要な支援を行うことが必要である。

○　海外から帰国した児童生徒や外国人の児童生徒，国際結婚の保護者を持つなどの外国につながる児童生徒は，言語や文化の差から，学校での学びにおいて困難を抱える場合も多いことに留意し，それらの差からいじめが行われることがないよう，教職員，児童生徒，保護者等の外国人児童生徒等に対する理解を促進するとともに，学校全体で注意深く見守り，必要な支援を行う。

○　性同一性障害や性的指向・性自認に係る児童生徒に対するいじめを防止するため，性同一性障害や性的指向・性自認について，教職員への正しい理解の促進や，学校として必要な対応について周知する。

○　東日本大震災により被災した児童生徒又は原子力発電所事故により避難している児童生徒（以下「被災児童生徒」という。）については，被災児童生徒が受けた心身への多大な影響や慣れない環境への不安感等を教職員が十分に理解し，当該児童生徒に対する心のケアを適切に行い，細心の注意を払いながら，被災児童生徒に対するいじめの未然防止・早期発見に取り組む。

上記の児童生徒を含め，学校として特に配慮が必要な児童生徒については，日常的に，当該児童生徒の特性を踏まえた適切な支援を行うとともに，保護者との連携，周囲の児童生徒に対する必要な指導を組織的に行う。

### エ）自己有用感や自己肯定感を育む

ねたみや嫉妬などいじめにつながりやすい感情を減らすために，全ての児童生徒が，認められている，満たされているという思いを抱くことができるよう，学校の教育活動全体を通じ，児童生徒が活躍でき，他者の役に立っていると感じ取ることのできる機会を全ての児童生徒に提供し，児童生徒の自己有用感が高められるよう努める。その際，当該学校の教職員はもとより，家庭や地域の人々などにも協力を求めていくことで，幅広い大人から認められているという思いが得られるよう工夫することも有効である。また，自己肯定感を高められるよう，困難な状況を乗り越えるような体験の機会などを積極的に設けることも考えられる。

なお，社会性や自己有用感・自己肯定感などは，発達段階に応じて身に付いていくものであることを踏まえ，異学校種や同学校種間で適切に連携して取り組むことが考えられる。幅広く長く多様な眼差しで児童生徒を見守ることができるだけでなく，児童生徒自らも長い見通しの中で自己の成長発達を感じ取り，自らを高めることができる。

### オ）児童生徒自らがいじめについて学び，取り組む

児童生徒自らがいじめの問題について学び，そうした問題を児童生徒自身が主体的に考え，児童生徒自身がいじめの防止を訴えるような取組を推進（児童会・生徒会によるいじめ撲滅の宣言や相談箱の設置など）する。例えば，「いじめられる側にも問題がある」「大人に言いつける（チクる）ことは卑怯である」「いじめを見ているだけなら問題はない」などの考え方は誤りであることを学ぶ。あるいは，ささいな嫌がらせや意地悪であっても，しつこく繰り返したり，みんなで行ったりすることは，深刻な精神的危害になることなどを学ぶ。

　なお，児童会・生徒会がいじめの防止に取り組む事は推奨されることであるが，熱心さのあまり教職員主導で児童生徒が「やらされている」だけの活動に陥ったり，一部の役員等だけが行う活動に陥ったりする例もある。教職員は，全ての児童生徒がその意義を理解し，主体的に参加できる活動になっているかどうかをチェックするとともに，教職員は陰で支える役割に徹するよう心がける。

## (2)　早期発見

### ①　基本的考え方

　いじめは大人の目に付きにくい時間や場所で行われたり，遊びやふざけあいを装って行われたりするなど，大人が気付きにくく判断しにくい形で行われることを認識する。たとえ，ささいな兆候であっても，いじめではないかとの疑いを持って，早い段階から複数の教職員で的確に関わり，いじめを隠したり軽視したりすることなく，いじめを積極的に認知する。

　日頃からの児童生徒の見守りや信頼関係の構築等に努め，児童生徒が示す小さな変化や危険信号を見逃さないようアンテナを高く保つとともに，教職員相互が積極的に児童生徒の情報交換を行い，情報を共有することが大切である。

　なお，指導に困難を抱える学級や学校では，暴力を伴わないいじめの発見や早期対応が一層難しくなる点に注意する。また，例えば暴力をふるう児童生徒のグループ内で行われるいじめ等，特定の児童生徒のグループ内で行われるいじめについては，被害者からの訴えがなかったり，周りの児童生徒も教職員も見逃しやすかったりするので注意深く対応する必要がある。

### ②　いじめの早期発見のための措置

　学校は，定期的なアンケート調査や定期的な教育相談の実施等により，いじめの実態把握に取り組むとともに[*7]，児童生徒が日頃からいじめを訴えやすい雰囲気をつくる[*8]。また，保護者用のいじめチェックシートなどを活用し，家庭と連携して児童生徒を見守り，健やかな成長を支援していくことも有効である。

　児童生徒及びその保護者，教職員が，抵抗なくいじめに関して相談できる体制を整備するとともに，児童生徒や保護者の悩みを積極的に受け止められているか，

---

[*7]　アンケートは，安心していじめを訴えられるよう無記名にするなど工夫し，学期ごとなどの節目で児童生徒の生活や人間関係の状況を把握できるよう，全ての学校において年度当初に適切に計画を立て実施するとともに，全児童生徒との面談等に役立てることが必要である。ただし，アンケートはあくまで手法の一つであり，教員と児童生徒の信頼関係の上で初めてアンケートを通じたいじめの訴えや発見がありうること，アンケートを実施した後に起きたいじめについては把握できないことなどに留意する。（平成22年9月14日文部科学省初等中等教育局児童生徒課長通知「『平成21年度児童生徒の問題行動等生徒指導 上の諸問題に関する調査』結果について（通知）」及び国立教育政策研究所生徒指導・進路指導研究センター「生徒指導リーフ4いじめアンケート」等を参照）

[*8]　児童生徒に対して多忙さやイライラした態度を見せ続けることは避ける。児童生徒の相談に対し，「大したことではない」「それはいじめではない」などと悩みを過小評価したり，相談を受けたにもかかわらず真摯に対応しなかったりすることは，あってはならない。

適切に機能しているかなど，定期的に体制を点検すること，保健室や相談室の利用，電話相談窓口について広く周知することが必要である。なお，教育相談等で得た，児童生徒の個人情報については，対外的な取扱いの方針を明確にし，適切に扱う。

定期的なアンケートや教育相談以外にも，いじめの早期発見の手立ては，休み時間や放課後の雑談の中などで児童生徒の様子に目を配ったり，個人ノートや生活ノート等，教職員と児童生徒の間で日常行われている日記等を活用して交友関係や悩みを把握したり，個人面談や家庭訪問の機会を活用したりすることなどが考えられる。なお，これらにより集まったいじめに関する情報についても学校の教職員全体で共有することが必要である。

### (3) いじめに対する措置
#### ① 基本的な考え方

発見・通報を受けた場合には，特定の教職員で抱え込まず，速やかに組織的に対応する。被害児童生徒を守り通すとともに，教育的配慮の下，毅然とした態度で加害児童生徒を指導する。その際，謝罪や責任を形式的に問うことに主眼を置くのではなく，社会性の向上等，児童生徒の人格の成長に主眼を置いた指導を行うことが大切である。

教職員全員の共通理解の下，保護者の協力を得て，関係機関・専門機関と連携し，対応に当たる。

#### ② いじめの発見・通報を受けたときの対応

遊びや悪ふざけなど，いじめと疑われる行為を発見した場合，その場でその行為を止める。児童生徒や保護者から「いじめではないか」との相談や訴えがあった場合には，真摯に傾聴する。ささいな兆候であっても，いじめの疑いがある行為には，早い段階から的確に関わりを持つことが必要である。その際，いじめられた児童生徒やいじめを知らせてきた児童生徒の安全を確保する。

発見・通報を受けた教職員は一人で抱え込まず，**学校いじめ対策組織**に直ちに情報を共有する。その後は，当該組織が中心となり，速やかに関係児童生徒から事情を聴き取るなどして，いじめの事実の有無の確認を行う。事実確認の結果は，校長が責任を持って学校の設置者に報告するとともに被害・加害児童生徒の保護者に連絡する。

児童生徒から学校の教職員にいじめ（疑いを含む）にかかる情報の報告・相談があった時に，学校が当該事案に対して速やかに具体的な行動をとらなければ，児童生徒は「報告・相談しても何もしてくれない」と思い，今後，いじめに係る情報の報告・相談を行わなくなる可能性がある。このため，いじめに係る情報が教職員に寄せられた時は，教職員は，他の業務に優先して，かつ，即日，当該情報を速やかに**学校いじめ対策組織**に報告し，学校の組織的な対応につなげる必要がある。

学校や学校の設置者が，いじめる児童生徒に対して必要な教育上の指導を行っ

II 生徒指導編

326

ているにもかかわらず，その指導により十分な効果を上げることが困難な場合において，いじめが犯罪行為として取り扱われるべきものと認めるときは，いじめられている児童生徒を徹底して守り通すという観点から，学校はためらうことなく所轄警察署と相談して対処する。

なお，児童生徒の生命，身体又は財産に重大な被害が生じるおそれがあるときは，直ちに所轄警察署に通報し，適切に援助を求める。

### ③　いじめられた児童生徒又はその保護者への支援

いじめられた児童生徒から，事実関係の聴取を行う。その際，いじめられている児童生徒にも責任があるという考え方はあってはならず，「あなたが悪いのではない」ことをはっきりと伝えるなど，自尊感情を高めるよう留意する。また，児童生徒の個人情報の取扱い等，プライバシーには十分に留意して以後の対応を行っていく。

家庭訪問等により，その日のうちに迅速に保護者に事実関係を伝える。いじめられた児童生徒や保護者に対し，徹底して守り通すことや秘密を守ることを伝え，できる限り不安を除去するとともに，事態の状況に応じて，複数の教職員の協力の下，当該児童生徒の見守りを行うなど，いじめられた児童生徒の安全を確保する。

あわせて，いじめられた児童生徒にとって信頼できる人（親しい友人や教職員，家族，地域の人等）と連携し，いじめられた児童生徒に寄り添い支える体制をつくる。いじめられた児童生徒が安心して学習その他の活動に取り組むことができるよう，必要に応じていじめた児童生徒を別室において指導することとしたり，状況に応じて出席停止制度を活用したりして，いじめられた児童生徒が落ち着いて教育を受けられる環境の確保を図る。状況に応じて，心理や福祉等の専門家，教員経験者・警察官経験者など外部専門家の協力を得る。さらに，必要に応じ，被害児童生徒への心的外傷後ストレス障害（PTSD）等のいじめによる後遺症へのケアを行う。

いじめが解決したと思われる場合（中略）でも，継続して十分な注意を払い，折りに触れ必要な支援を行うことが大切である。また，事実確認のための聴き取りやアンケート等により判明した情報を適切に提供する。

### ④　いじめた児童生徒への指導又はその保護者への助言

いじめたとされる児童生徒からも事実関係の聴取を行い，いじめがあったことが確認された場合，学校は，複数の教職員が連携し，必要に応じて心理や福祉等の専門家，教員・警察官経験者など外部専門家の協力を得て，組織的に，いじめをやめさせ，その再発を防止する措置をとる。

また，事実関係を聴取したら，迅速に保護者に連絡し，事実に対する保護者の理解や納得を得た上，学校と保護者が連携して以後の対応を適切に行えるよう保護者の協力を求めるとともに，保護者に対する継続的な助言を行う。

いじめた児童生徒への指導に当たっては，いじめは人格を傷つけ，生命，身体

又は財産を脅かす行為であることを理解させ，自らの行為の責任を自覚させる。なお，いじめた児童生徒が抱える問題など，いじめの背景にも目を向け，当該児童生徒の安心・安全，健全な人格の発達に配慮する。児童生徒の個人情報の取扱い等，プライバシーには十分に留意して以後の対応を行っていく。いじめの状況に応じて，心理的な孤立感・疎外感を与えないよう一定の教育的配慮の下，特別の指導計画による指導のほか，さらに出席停止や警察との連携による措置も含め，毅然とした対応をする。教育上必要があると認めるときは，学校教育法第11条の規定に基づき，適切に，児童生徒に対して懲戒を加えることも考えられる[*9]。

ただし，いじめには様々な要因があることに鑑み，懲戒を加える際には，主観的な感情に任せて一方的に行うのではなく，教育的配慮に十分に留意し，いじめた児童生徒が自ら行為の悪質性を理解し，健全な人間関係を育むことができるよう成長を促す目的で行う。

### ⑤ いじめが起きた集団への働きかけ

いじめを見ていた児童生徒に対しても，自分の問題として捉えさせる。たとえ，いじめを止めさせることはできなくても，誰かに知らせる勇気を持つよう伝える。また，はやしたてるなど同調していた児童生徒に対しては，それらの行為はいじめに加担する行為であることを理解させる。なお，学級全体で話し合うなどして，いじめは絶対に許されない行為であり，根絶しようという態度を行き渡らせるようにする。

いじめが解消している状態に立った上で（中略），児童生徒が真にいじめの問題を乗り越えた状態とは，加害児童生徒による被害児童生徒に対する謝罪だけではなく，被害児童生徒の回復，加害児童生徒が抱えるストレス等の問題の除去，被害児童生徒と加害児童生徒をはじめとする他の児童生徒との関係の修復を経て，双方の当事者や周りの者全員を含む集団が，好ましい集団活動を取り戻し，新たな活動に踏み出すことをもって達成されるものである。全ての児童生徒が，集団の一員として，互いを尊重し，認め合う人間関係を構築できるような集団づくりを進めていくことが望まれる。

### ⑥ インターネット上のいじめへの対応

インターネット上の不適切な書き込み等については，被害の拡大を避けるため，直ちに削除する措置をとる。名誉毀損やプライバシー侵害等があった場合，プロバイダは違法な情報発信停止を求めたり，情報を削除したりできるようになっている[*10]ので，プロバイダに対して速やかに削除を求めるなど必要な措置を講じる。

---

*9　**懲戒**とは，学校教育法施行規則に定める退学（公立義務教育諸学校に在籍する学齢児童生徒を除く。），停学（義務教育諸学校に在籍する学齢児童生徒を除く。），訓告のほか，児童生徒に肉体的な苦痛を与えるものでない限り，通常，懲戒権の範囲内と判断されると考えられる行為として，注意，叱責，居残り，別室指導，起立，宿題，清掃，学校当番の割当て，文書指導など

*10　プロバイダ責任制限法に基づく。削除依頼の手順等については，平成24年3月文部科学省「学校ネットパトロールに関する調査研究協力者会議『学校ネットパトロールに関する取組事

こうした措置をとるに当たり，必要に応じて法務局又は地方法務局の協力を求める。なお，児童生徒の生命，身体又は財産に重大な被害が生じるおそれがあるときは，直ちに所轄警察署に通報し，適切に援助を求める。

早期発見の観点から，学校の設置者等と連携し，学校ネットパトロールを実施することにより，インターネット上のトラブルの早期発見に努める。また，児童生徒が悩みを抱え込まないよう，法務局・地方法務局におけるインターネット上の人権侵害情報に関する相談の受付など，関係機関の取組についても周知する。

パスワード付きサイトやSNS（ソーシャルネットワーキングサービス），携帯電話のメールを利用したいじめなどについては，より大人の目に触れにくく，発見しにくいため，学校における情報モラル教育を進めるとともに，保護者においてもこれらについての理解を求めていくことが必要である。

## (4) その他の留意事項
### ① 組織的な指導体制

いじめへの対応は，校長を中心に全教職員が一致協力体制を確立することが重要である。

一部の教職員や特定の教職員が抱え込むのではなく，**学校いじめ対策組織**で情報を共有し，組織的に対応することが必要であり，いじめがあった場合の組織的な対処を可能とするよう，平素からこれらの対応の在り方について，全ての教職員で共通理解を図る。このため，学校においては，**学校いじめ対策組織**の構成・人員配置を工夫することが必要である（例えば，日常的に最も身近に児童生徒と過ごしている学級担任を，各学年ごとに複数名参加させるなど）。

いじめの問題等に関する指導記録を保存し，児童生徒の進学・進級や転学に当たって，適切に引き継いだり情報提供したりできる体制をとる。

また，必要に応じて，心理や福祉の専門家，弁護士，医師，教員・警察官経験者など外部専門家等が参加しながら対応することにより，より実効的ないじめの問題の解決に資することが期待される。

加えて，学校基本方針に基づく取組の実施や具体的な年間計画の作成や実施に当たっては，保護者や児童生徒の代表，地域住民などの参加を図ることが考えられる。

### ② 校内研修の充実

全ての教職員の共通認識を図るため，年に複数回，いじめをはじめとする生徒指導上の諸問題等に関する校内研修を行う。教職員の異動等によって，教職員間の共通認識が形骸化してしまわないためにも，年間計画に位置づけた校内研修の実施が望まれる。

例・資料集』」参照

329

### ③　校務の効率化

　教職員が児童生徒と向き合い，いじめの防止等に適切に取り組んでいくことができるようにするため，学校の管理職は，一部の教職員に過重な負担がかからないように校務分掌を適正化し，組織的体制を整えるなど，校務の効率化を図る。

### ④　学校評価と教員評価

　学校評価において，いじめの問題を取り扱うに当たっては，学校評価の目的を踏まえて行うことが求められる。この際，いじめの有無やその多寡のみを評価するのではなく，問題を隠さず，いじめの実態把握や対応が促されるよう，児童生徒や地域の状況を十分踏まえた目標の設定や，目標に対する具体的な取組状況や達成状況を評価し，学校は評価結果を踏まえてその改善に取り組む。

　教員評価において，いじめの問題を取り扱うに当たっては，いじめの問題に関する目標設定や目標への対応状況を評価する。この際，いじめの有無やその多寡のみを評価するのではなく，日頃からの児童生徒理解，未然防止や早期発見，いじめが発生した際の，問題を隠さず，迅速かつ適切な対応，組織的な取組等が評価されるよう，留意する。

### ⑤　地域や家庭との連携について

　学校基本方針等について地域や保護者の理解を得ることで，地域や家庭に対して，いじめの問題の重要性の認識を広めるとともに，家庭訪問や学校通信などを通じて家庭との緊密な連携協力を図る。例えば，学校，PTA，地域の関係団体等がいじめの問題について協議する機会を設けたり，学校運営協議会を活用したりするなど，地域と連携した対策を推進する。

　より多くの大人が子供の悩みや相談を受け止めることができるようにするため，学校と家庭，地域が組織的に連携・協働する体制を構築する。

# Chapter Ⅱ ② 不登校に関する調査研究協力者会議
### 2022（令和4）年6月10日

**生徒指導編**「不登校に関する調査研究協力者会議報告書～今後の不登校児童生徒への学習機会と支援の在り方について～」

## ── SUMMARY ──

### ① 報告の背景

　不登校調査に関する調査研究協力者会議は，①不登校児童生徒の実情の把握・分析，②不登校児童生徒への支援の現状と改善方策，③その他不登校に関連する施策の現状と課題――について調査研究を行っている。新型コロナウイルス感染症による人々の意識や生活様式の変化，子供たちの教育の在り方や学び方への影響，GIGAスクール構想による一人一台端末などのICT環境の整備をはじめとするDX推進など，従来とは異なる状況が教育現場等を取り巻く中，不登校児童生徒への支援の在り方についても新たに付加すべき視点がないかを今一度検討した同会議は2022年6月，今後重点的に実施すべき施策の方向性について報告書をとりまとめた。

### ② 報告の内容

　不登校についてはこれまで，「不登校は，取り巻く環境によっては，どの児童生徒にも起こり得るものとして捉え，不登校というだけで問題行動であると受け取られないよう配慮し，児童生徒の最善の利益を最優先に支援を行うことが重要」「登校という結果のみを目標にするのではなく，児童生徒が自らの進路を主体的に捉えて，社会的に自立することを目指す必要がある」「不登校児童生徒の意思を十分に尊重しつつ，その状況によっては休養が必要な場合があることも留意しつつ，個々の児童生徒の状況に応じた支援を行う」といった基本的な考え方を基に，不登校児童生徒等の教育機会を確保し，社会的自立を目指した支援策のさらなる拡充，個に応じた支援をより一層推進する方向性が示され，各種取組が行われてきた。

　これらは変わらぬ妥当性を持つものとしつつも，近年の「児童生徒の問題行動・不登校等生徒指導上の諸課題に関する調査」や不登校児童生徒本人・保護者へのアンケート調査結果から，不登校児童生徒の背景や支援ニーズの多様さが浮き彫りになり，個々の不登校児童生徒の状況を適切に把握し，多様な支援を実施することが必要であると指摘した。これらを踏まえ，同会議は今後重点的に実施すべき4つの方向性を示した。

【今後重点的に実施すべき施策の4つの方向性】

(1) 誰一人取り残されない学校づくり
(2) 困難を抱える児童生徒に対する支援ニーズの早期把握
(3) 不登校児童生徒の多様な教育機会の確保
(4) 不登校児童生徒の社会的自立を目指した中長期的視点

不登校は「登校という結果のみを目標とせず社会的自立を図ること」「学校に行けなくても悲観する必要はなく様々な教育機会を活用すること」が基本的な考え方。「誰一人取り残されない学校づくり」を目指し，不登校特例校，「不登校児童生徒支援センター」（仮称）の設置や夜間中学，フリースクール等との連携など，不登校児童生徒の多様な教育機会の確保を図る。

──────────── SUMMARY ────────────

　報告を受けて2022年6月に発出された文部科学省「『不登校に関する調査研究協力者会議報告書～今後の不登校児童生徒への学習機会と支援の在り方について～』について（通知）」では，具体的な10の方向性を示している。

**【具体的な10の方向性（通知より）】**

①　義務教育の段階における普通教育に相当する教育の機会の確保等に関する法律（2016年12月公布）及び義務教育の段階における普通教育に相当する教育の機会の確保等に関する基本指針（2017年3月）の学校現場への周知・浸透

②　心の健康の保持に関する教育の実施及び一人一台端末を活用した早期発見

③　不登校傾向のある児童生徒の早期発見及び支援ニーズの適切な把握のための，スクリーニング及び「児童生徒理解・支援シート」を活用したアセスメントの有機的な実施

④　不登校特例校設置の推進

⑤　学校内の居場所づくり（校内の別室を活用した支援策）

⑥　フリースクール等民間団体との連携

⑦　ICT等を活用した学習支援等を含めた教育支援センターの機能強化

⑧　教育相談の充実（オンラインカウンセリングを含む）

⑨　家庭教育の充実

⑩　その他（学校外における学習活動や自宅におけるICTを活用した学習活動について，一定の要件の下，指導要録上の出席扱いとなる制度）

③　**報告が与えた影響**

　2021年度の不登校児童生徒数は，小学校8万1498人，中学校16万3442人，高等学校5万985人で，小・中学校では9年連続増加している。小学校では77人に1人，中学校では20人に1人，高等学校では59人に1人の割合で不登校児童生徒がいる計算になり，まさに「不登校はどの子供にも起こり得る」状況であるといえる。

　義務教育の段階における普通教育に相当する教育の機会の確保等に関する法律（教育機会確保法）が2017年2月施行（一部は公布と同日施行）となり，全ての児童生徒が安心して教育を受けられる学校環境の確保，不登校児童生徒の多様な学習活動の実情を踏まえた支援などを実現するため，国，地方公共団体，教育委員会，各学校における具体的な取り組みが進められている。

# 1．はじめに

（略）

# 2．不登校の現状と実態把握

（略）

# 3．今後重点的に実施すべき施策の方向性

（略）

(1)　誰一人取り残されない学校づくり

a．教育機会確保法の学校現場への周知・浸透

○　教育機会確保法が成立して5年あまり経過し，令和元年6月には法の附則*1における法施行後3年以内に実施される施行状況の見直しの議論が取りまとめられた。その中でも教育機会確保法や基本指針の内容が教職員に十分周知されておらず，その趣旨に基づく対応が徹底されていないとの指摘を受けた。その後も各種会議や研修会等で周知は図っているものの，現在もなお法の趣旨について，学校現場への周知やその考え方に基づく対応が十分に浸透しているとは言い難い状況である。

○　全ての学校や教職員が，教育機会確保法の趣旨及び基本指針における，「不登校は，取り巻く環境によっては，どの児童生徒にも起こり得るものとして捉え，不登校というだけで問題行動であると受け取られないよう配慮し，児童生徒の最善の利益を最優先に支援を行うことが重要」「登校という結果のみを目標にするのではなく，児童生徒が自らの進路を主体的に捉えて，社会的に自立することを目指す必要がある」「不登校児童生徒の意思を十分に尊重しつつ，その状況によっては休養が必要な場合があることも留意しつつ，個々の児童生徒の状況に応じた支援を行うこと」等の基本的な考え方をしっかり理解した上で対応を行うことが求められる。また，今後は上記の考えを改めて意識した上で，学校に行けずに苦しむ児童生徒や保護者に対し，状況によっては休養が必要な場合があることや，学校に行けなくても悲観する必要はない，というメッセージをしっかり伝え，実行していくことが求められる。

○　そのため，引き続き都道府県・市町村教育委員会等や独立行政法人教職員支

---

*1　教育確保法の附則には，「政府は，義務教育の段階における普通教育に相当する教育を十分受けていない者が行う多様な学習活動の実情を踏まえ，この法律の施行後3年以内にこの法律の施行状況について検討を加え，その結果に基づき，教育機会の確保等の在り方の見直しを含め，必要な措置を講ずるものとする。」と規定されており，文部科学省において各種調査の結果等を踏まえつつ，有識者会議における検討を行い，令和元年6月に議論の取りまとめを行った。

援機構が実施する研修等において，教育機会確保法の趣旨を取り扱うとともに，学校現場においては校長が教職員等に対し，教育機会確保法の趣旨を踏まえた対応を行う必要があることや，不登校児童生徒の対応については学級担任等の教員だけに任せるのではなく，学校として組織的・計画的に行う必要がある旨を明確に示すなど，全ての教職員や支援スタッフ等が安心して取組が行えるような学校組織マネジメントと支援体制の構築が求められる。

○　また，教育機会確保法の基本的な考え方については，教育関係者だけでなく，地方自治体において支援の条件整備に関わる首長部局の福祉・医療関係の部署や財政担当部局の関係者にも正しく理解されることが重要であり，学校復帰を前提としないがために，必要な財政的支援等が削減されることのないよう，留意する必要がある。

### b．魅力ある学校づくり
### （児童生徒との信頼関係の構築・コミュニケーション等の在り方）

○　全ての児童生徒が楽しく，安心して豊かな学校生活を送ることができるような，魅力のある学校づくりを目指すことは，様々な課題を抱える児童生徒にとって，安心して快適に過ごせる居場所があるという意味でも非常に重要である。児童生徒の実態に応じた学習形態や指導方法の工夫など個々の学びを保障する授業づくり，また，困ったときや不安なときにいつでもSOSを発信できる雰囲気のある学級，学校づくりも大切である。このような児童生徒の課題解決への取組一つひとつが，不登校児童生徒のみならず全ての児童生徒が活き活きと学び，教職員が児童生徒の成長を実感できる魅力ある学校づくりにつながっていく。

○　そのためには，校長のリーダーシップのもと，学校が安心感・充実感が得られるような活動の場となるよう取組を進めるとともに，不登校の要因ともなり得るいじめや暴力行為，体罰等を許さない毅然とした態度で適切な対応が行えるよう，学校全体での組織的な取組が必要[*2]である。また，教育機会確保法の基本指針では，「教職員による体罰や暴言等，不適切な言動や指導は許されず，こうしたことが不登校の原因となっている場合は，懲戒処分を含めた厳正な対応が必要である。」とされている。いずれにしても，教職員による体罰や暴言等は決して許される行為ではないことは言うまでもない。

○　2.(2)に記述したとおり，今回文部科学省が実施した2つの調査において，不登校の要因に関する認識に学校と児童生徒の間で乖離が見られる結果となった。また両調査の調査手法や対象者等が異なるため，単純に比較はできないが，

---

＊2　本指針2(1)②では，「学校が児童生徒にとって楽しく，安心して通うことができる居場所であるためには，いじめや暴力行為を許さず，問題行動が起きた際にはき然とした対応を取ることが大切であり，このような学校づくりを推進するとともに，いじめ防止対策推進法（平成25年法律第71号）の適正な運用を図る。また，教職員による体罰や暴言等，不適切な言動や指導は許されず，こうしたことが不登校の原因となっている場合は，懲戒処分も含めた厳正な対応が必要である。」とされている。

「実態調査」の自由記述内容も勘案すると，一定の割合で教職員の対応により不登校となった事例が存在することがわかる。これについて，国や都道府県・市町村教育委員会等はじめ，全ての学校関係者・教職員は課題の一つとしてしっかり受け止めなければならない。また，友人関係がきっかけと挙げている児童生徒も多いことから，いじめなどについても早期の，かつ，適切な対応が求められる。

○　さらに，発達障害等の障害特性や性の多様性等がいじめのきっかけになる等，二次的に不登校の要因になる可能性もある。これらについて，学校や教職員が正しい理解を深めることも重要である。

○　コロナ禍の影響等により教職員の負担が増大する中，児童生徒のために教職員は日々真摯に対応しているが，教職員にとっては日常的な声掛けや指導であっても，児童生徒や個々の状況によって受け止めが異なったり，圧力と感じる場合もあり，それが原因で不登校になってしまう可能性があることを，学校や教職員が十分認識する必要がある。このような教員の不適切な指導は，ひとえに児童生徒の様々な要因や背景に基づく児童生徒理解が不十分なことに起因するものであり，児童生徒の発達段階や個々の特性に応じたコミュニケーションの方法や工夫，傾聴等，児童生徒の気持ちに寄り添った対応が求められる。

○　学校教育においては，生徒指導が学習指導と並んで重要な意義を持つものであり，そのためには児童生徒一人一人についての理解を深める必要がある。生徒指導は，一人一人の児童生徒の人格を尊重し，個性の発見とよさや可能性の伸長を図りながら，社会的資質や行動力を高めることを目指して行われる教育活動である。

○　生徒指導にあたっては，目前の問題に対応するなどの課題解決的な指導や課題の早期発見・早期対応に資する予防的指導だけでなく，教育活動におけるあらゆる場面を通じ，例えば自己理解力や自己効力感の育成などの発達促進的な指導を改めて認識することで，児童生徒が困難な状況に陥るのを未然に防止する生徒指導の実践につながる。

○　全ての学校及び教職員は，このような生徒指導の原点を再確認し，一人一人の児童生徒の人格を尊重し，信頼関係に基づく指導等が行われているか，また児童生徒が興味を持てるような学習活動等の創意工夫が行われているか，全ての児童生徒にとって，学習の遅れが多少あっても学校が安心でき充実して学べる居場所となっているかについて，不登校児童生徒の増加傾向が継続していること，コロナ禍や GIGA スクール構想による一人一台端末の導入の影響等も踏まえ，不断に改善を図っていく必要がある。このため，都道府県・市町村教育委員会及び独立行政法人教職員支援機構による現職教員等に対する研修において，児童生徒理解を実践的に学べるような内容の工夫が必要である。また，引き続き，国や都道府県・市町村教育委員会等において，不登校児童生徒やその保護者の実態・支援ニーズの把握を行っていく必要がある。

**（校長等のリーダーシップによる専門職を活用したチーム学校の推進強化）**
○　魅力ある学校づくりについて，本調査研究協力者会議において横浜市教育委

員会にヒアリングを行った。横浜市教育委員会では，児童生徒の様々なニーズに対する学校環境の整備が求められていることを受け，学校風土の構築に着目し，全ての児童生徒がかけがえのない存在であると捉え，１人の生徒を全教職員で育てるという教育目標を掲げ，実践を行う中学校の取組が紹介された（中略）。校長の強いリーダーシップのもと，スクールカウンセラー（以下「SC」という。），スクールソーシャルワーカー（以下「SSW」という。）などの，専門的な視点を活用した不登校児童生徒への全件アセスメントによる状況把握や心理的な支援・福祉行政と連携した支援の取組，全教職員が関わる個別指導の充実，また不登校児童生徒だけでなく不登校児童生徒を支援する教職員も互いに支えあう魅力のある職場の雰囲気づくりを目指し，**チーム学校**をしっかりと機能させつつ教職員間の情報共有の工夫や支援等を実践することで，教職員の児童生徒を見る目が育成され，職員室の雰囲気までも変化させる効果を得たこと，またそれにより，困難を抱える児童生徒が在籍級や特別支援教室[*3]で安心して学べる体制を構築したことは，魅力ある学校を目指す上で参考になる取組である。これにより取組開始時，不登校児童生徒数は35名だったが，５年目には13名に減少している。また，不登校・不登校傾向による特別支援教室の利用者数については，毎年，年度当初に10名を超えていたが，５年目には０名となった。これは，在籍級の担任が特別支援教室に関わるようになり不登校児童生徒に対するまなざしが変化したことにより，児童生徒が在籍級で安心して過ごせるようになった効果と考えられる。

○　また，同じくヒアリングを実施した鳥取県教育委員会では，大都市と比べ教育資源や人的資源が不足する中で，関係機関同士の顔が見える関係性づくりや教員の専門性の向上，SC等の人材育成等，様々な工夫をしながら不登校児童生徒への支援に取り組んでいる（中略）。ある小学校の実践では，子供の人間力，教職員の組織力に焦点を当て，リーダー性のある担任外の教員と養護教諭の２名を教育相談コーディネーターとして配置し，SC等を活用したアセスメントとプランニングを組織的に実施，教育相談コーディネーターを中心に，少人数・短時間で柔軟に行うことができる「井戸端ケース会議」や素早く管理職と話し合って対応を実行する体制を構築している。校長の改善に向けた覚悟とリーダーシップの下，教員がチームとして対応しているという安心感と児童生徒を尊重した関わりを大切にしたところ，不登校や問題行動等が減り，学力も向上した。

○　上記２つの教育委員会の取組に共通することは，学校を変えていこうという校長等管理職の強いリーダーシップと専門家の活用による個々の児童生徒理解の深化と早期把握の実践，チームで対応することにより教職員の意識や対応が変化し，それが困難を抱える児童生徒にも良い影響を与え，結果的に学校が安心して学習できる場となっている点である。このような好事例を参考にしつつ，その取組をより効果的に進めていくためにも，不登校児童生徒への支援につい

---

＊3　集団では学習に参加することが難しい児童生徒が，一時的に在籍学級（一般学級・個別支援学級）を離れて，落ち着いた環境で学習するためのスペースのこと。

ては，都道府県・市町村教育委員会等の理解と積極的な取組が必要であり，支援スタッフの活用や教職員の業務改善等，学校における働き方改革も併せて進めていく必要がある。

（学びの保証）

○　魅力ある学校づくりについては，学業に関することが不登校の要因ともなり得ることを踏まえ，全ての児童生徒が安心して教育を受けられ，児童生徒の学習の状況に応じた指導や配慮を行うことも，教育機会確保法の基本指針8に盛り込まれている。デジタル化などの社会変化が進む次世代の学校教育の在り方については，「『令和の日本型学校教育』の構築を目指して〜全ての子供たちの可能性を引き出す，個別最適な学びと，協働的な学びの実現〜」（令和3年1月中央教育審議会答申）を受けて，中央教育審議会初等中等教育分科会「個別最適な学びと協働的な学びの一体的な充実に向けた学校教育の在り方に関する特別部会」（令和4年1月14日設置）において検討を行っており，特にGIGAスクール構想に基づくICT環境の整備と活用を進める中で，個別最適な学びと協働的な学びを一体的に充実するため，一人一台端末等を円滑に活用した児童生徒への学習指導・生徒指導等の在り方等について，学校だけでは十分な教育，支援が行き届かない不登校児童生徒や障害のある児童生徒，特異な才能のある児童生徒等も視野に入れて議論を行っていくこととしている。その議論の内容等も踏まえ，必要な施策を推進していく必要がある。


**c．心の健康の保持に係る教育の実施**

○　児童生徒が抱える困難を早期に発見するためには，児童生徒本人が様々なストレスやその解消方法等，自らの精神的な状況について理解をし，安心して周囲の大人や友人にSOSを出せるような対処方法を身に付けることも必要である。

○　しかし，令和2年度の実態調査によると，「一番最初に学校に行きづらい，休みたいと感じてから，実際に休み始めるまでの間で，学校に行きづらいことについて誰かに相談しましたか」との質問について，「誰にも相談しなかった」という回答が，小学生では35.9％，中学生では41.7％であり，4割近くの児童生徒が誰にも相談せずに学校に行きづらい気持ちを一人で抱えている現状がわかった。

○　自殺対策の観点より，平成28年4月1日の改正自殺対策基本法等により，学校は心の健康の保持に係る教育又は啓発等を行うよう努めるものとされ，社会において直面する可能性のある様々な困難やストレスへの対処方法を身に付けるための教育（**SOSの出し方に関する教育**[*4]）等の推進が求められている。

---

[*4]　「**SOSの出し方に関する教育**」については，「自殺予防教育」に含まれるものとして，学校で推進されている側面もある。る。また，その際には，教育課程や年間指導計画等に位置付け，計画的に実施したり，児童生徒のSOSを教職員や周囲の大人が適切に受け止め対応できるよう，教職員に対する研修や保護者学習会，セミナー等の実施も併せて実施していく必要がある。

○ 様々な背景や要因，困難を抱える不登校についてもその必要性は同様であり，様々な強いストレスや困難な事態等に直面した時に，児童生徒自らが心の状態を理解し，適切な援助を求められること，また悩みを抱えた友人の感情を受け止めて理解しようとし，周囲の信頼できる大人に相談することを学ぶことは，重要な観点である。学校においては，学級担任に加えて養護教諭や SC 等が連携しつつ，**SOS の出し方に関する教育**を組織的に進めていくことが求められ

○ また，困難を抱える児童生徒の SOS を受け取るためには，SOS の発信のみならず，生命を尊重する教育や人間関係を築く教育といった下地づくりの教育，日々の健康観察や相談しやすい雰囲気づくりの醸成など校内の環境づくりとも一体となり，相談しやすい環境をつくっていく必要がある。

**（一人一台端末を活用した早期発見）**

○ GIGA スクール構想による一人一台端末を活用し，児童生徒の健康状況や気持ちの変化等を可視化し，個々の児童生徒の状況を多面的に把握する取組も一部の地方公共団体で進められている。これまで教職員の経験で対応していた児童生徒の見立てが，ICT を活用することでより組織的かつ客観的に把握でき，これまで見過ごしていた児童生徒の変化に気付くきっかけとなるなど，困難を抱える児童生徒の早期発見や早期対応が可能になるとともに，教職員の児童生徒を観察するスキルの向上も期待される。

○ 一方で，ICT によるデータをどのように解釈し，日々の児童生徒の見立てとともに学校の中で適切な支援につなげていくのかを検討する際には，児童生徒の状況に詳しい学級担任や養護教諭，生徒指導担当教諭，SC・SSW 等が連携し，ケース会議等でリスク度合いや支援の方向性を検討する等，チーム学校の中で検討・対応すべきである。ICT を活用する際には，あくまで SOS への気付き，変化を把握するきっかけとして活用し，そのデータや結果のみに依存した対応とならないよう，適切なアセスメントも併せて実施することに留意する必要がある。

**(2) 困難を抱える児童生徒に対する支援ニーズの早期把握**

**a. 不登校傾向のある児童生徒の早期発見及び支援ニーズの適切な把握**
**（スクリーニング及び「児童生徒理解・教育支援シート」を活用したアセスメントの有機的な実施）**

○ 不登校の背景や要因が多岐に渡る中，予兆を含め学校に行きづらい等初期の段階で不登校傾向の児童生徒に気付き，適切に支援していくことは，その後の学習の遅れや生活の乱れ等を回避し，児童生徒の学ぶ機会の保障や将来の社会的自立にもつながる。また，児童生徒が安心して過ごせるためには，学校生活だけでなく家庭生活も重要な要素であり，例えば児童虐待やヤングケアラー等児童生徒の生活面に社会的課題がある場合では，学校と SSW が連携して課題を抱える児童生徒を把握し関係機関と連携するなど，安定した生活が送れ，学習が保障されるよう環境調整を行う役割が求められている。さらに，実態調査によると，低学年の時期に不登校になった児童生徒は，自ら支援を求める意識

がより低いため，積極的な把握が求められる。そのためには，個々の児童生徒の状況や支援ニーズについて，児童生徒の日頃の状況を良く把握している学級担任や養護教諭，生徒指導担当教諭や教育相談担当教諭等とともに，SCやSSW等の専門家が連携し，学校や児童生徒への的確なアセスメント（見立て）を行い，ケース会議等において支援の在り方を検討するなど，効果的な教育相談体制の構築が重要である。また，ネットゲーム等による生活習慣の乱れが不登校の前後を通じて児童生徒に与える影響等についても調査研究を実施する等，アセスメントを後押しするような知見の蓄積も必要である。

○　なお，低学年の不登校児童生徒への支援については，幼稚園・保育所・認定こども園（以下「幼児教育施設」という。）における幼児教育から小学校教育との円滑な接続が重要である。子どもの発達や学びが連続するよう，幼児教育施設と小学校の教職員が教育課程編成・指導計画作成等を工夫するとともに，子どもが抱えている課題，学習や生活で感じている困難さについて早期に把握し，支援につなげていく必要がある。そのためには，幼児教育施設，小学校，家庭が連携し，学びの成果や支援をつなげていく必要がある。特に，「幼児期の終わりまでに育ってほしい姿」を共有する中で，教職員はもとより，保護者等が子どもについての理解を進める中で，関係者が一体となった支援が求められる。幼保小の接続期の教育の質向上に向けて，中央教育審議会初等中等教育分科会「幼児教育と小学校教育の架け橋特別委員会」（令和3年7月8日設置）において「幼保小の架け橋プログラム」の開発や推進体制の整備等について議論されているところであり，それらを踏まえ一層の幼保小の連携・接続を推進することとしている。また，家庭にも幼児期の家庭教育の重要性を伝えていく必要がある。

○　本調査研究協力者会議においてヒアリングを行った京都市教育委員会では，児童生徒の友達関係や授業がつまらないという要因が，学校に行きづらい状況の要因の一つであるとの調査結果を踏まえ，児童生徒の小さな変化への気づきに教職員が対応できるよう，組織的な取組を行っている（中略）。平成25年度より京都市独自で作成した「クラスマネジメントシート」を活用し，児童生徒へのアンケート結果をグラフにより可視化するなど，学級担任等がクラス全体の状況や個々の児童生徒の状況を客観的に把握した上で，学級経営の見直しや生徒指導を行っており，教職員の日頃の児童生徒との関わりや見立てに加えて，アセスメントの材料の一つとしている。これを学期に1回程度実施し，SC・SSW等の専門家とケース会議等において協議しつつPDCAサイクルを回す取組を実施し効果を上げている。

○　文部科学省では，令和2年度に児童生徒の抱える児童虐待，いじめ，貧困の問題，ヤングケアラー等の表面化しにくい問題を客観的に把握し，早期発見・早期対応を図るため「スクリーニング活用ガイド」を作成・公表し，全ての児童生徒を対象とした検討と，気になる事例を早期に複数メンバーで洗い出すスクリーニング会議の定期的な実施及び支援・対応策を検討するためのケース会議の必要性を示している。また，令和3年度には，スクリーニングの効果的な

推進に関する調査研究[*5]を実施している。

○ また，不登校に関する調査研究協力者会議の平成28年7月報告「不登校児童生徒への支援に関する最終報告」では，個々の児童生徒ごとに不登校になったきっかけや不登校の継続理由を的確に把握し，その児童生徒に合った支援策を策定するため，学級担任や養護教諭，SC・SSW等の学校関係者が中心となり，**「児童生徒理解・教育支援シート」**の作成が推奨されており，全国的な実施を促す観点でモデルとなるフォーマットを試案として示している。また，令和元年通知でも改めて周知を行っているところである。各地方公共団体の実情に応じてシートの名称や記載すべき項目等は異なると考えるが，スクリーニングによって把握した児童生徒を具体的な支援につなげるためには，このようなシートを活用しつつ関係者が同じ情報を共有し，それをもとに困難を抱える児童生徒のアセスメントや具体的な支援策の策定・実施を行うことが非常に重要である。今後は，スクリーニングを実施し，その結果を**「児童生徒理解・教育支援シート」**等を活用したアセスメント・支援策の策定・実施等に有機的につなげ，児童生徒の抱える困難の早期解決に至るよう，このような取組の全国普及を図っていく必要がある。

○ このほか，困難を抱えた児童生徒の早期発見・早期支援の方法として，一部の学年を対象としてSC等による全員面接を実施することも有効であると考えられる。全員面接の実施により，困難を抱えているがSOSを出すことができていない児童生徒の早期発見につながる可能性がある。また，その時点で困難を抱えていない場合であっても，SCの面接を体験することで，相談することに対する心理的な敷居が低くなったり，将来的に悩みを抱えたときに身近な大人に相談できることを知る機会になる。さらに，（中略）**GIGAスクール構想**による一人一台端末を活用した児童生徒の状況の早期把握も効果が期待される。

○ 上記のような児童生徒のスクリーニングや的確な学校・児童生徒のアセスメントについては，困難を抱えた児童生徒の早期発見・早期支援につながる重要な要素であり，今後も教育委員会とも連携の上，各学校においてその取組を推進する必要がある一方で，その実施に向けたシステムや体制の整備が求められる。また，継続的・効果的に実施するためには，その必要性に対する教職員の理解やSC・SSW等の学校関係者が連携したケース会議の確実な実施，さらにそのケース会議では単なる事案に関する情報共有でだけではなく，SC・SSW等による的確なコンサルテーションを踏まえた支援策の検討・実行等の実践を行っていくことが必要不可欠である。さらに，そのような実践を積み重ねることにより，教職員の児童生徒への見立てや対応に関する実践的な資質向上が図られ，**チーム学校**が真に効果的に機能する体制が整備されることが期待できる。

---

*5　令和3年度は滋賀県に委託して実施。学校アセスメントやスクリーニングシートを活用することで，客観的に児童生徒の実態を把握したことによって，これまで課題があると気づけていなかった児童生徒に対しても効果的な支援を実施できた。また，SSWが校内チーム会議やケース会議に参加し，支援について助言したことや児童生徒をとりまく環境整備を行ったことで児童生徒に対して良い効果があった。

○　なお，政府では，デジタル庁において，内閣府，厚生労働省，文部科学省と連携しつつ，各地方公共団体において，貧困，虐待，不登校，いじめといった困難の類型にとらわれず，教育・保育・福祉・医療等のデータを分野を越えて連携させ，真に支援が必要な子供や家庭に対するニーズに応じたプッシュ型の支援に活用する際の課題等を検証する実証事業を実施[*6]している。先行的に実施している地方公共団体の取組等を参考に，教職員による日々の見立て・スクリーニングと客観的なデータを組み合わせ，教職員と SC・SSW が協働することで，困難を抱える児童生徒を比較的容易に把握することができれば，よりきめ細やかな支援につながることが期待される。

## b．学校内の居場所づくり（校内の別室を活用した支援等）

○　学校には行けるが教室には入りづらい児童生徒や一旦不登校になったものの学校に戻りたいと思っている児童生徒については，学校での居場所として，校内の別室を利用した指導支援が有効な場合がある。

○　文部科学省で実施した令和 2 年度の実態調査では，「最初のきっかけとは別の学校に行きづらくなる理由」（複数回答）として，「勉強がわからない」（小学生31％，中学生42％）という回答が最も高い割合であり，「学校に戻りやすいと思う対応」（複数回答）では，「個別に勉強を教えてもらえること」（小学生11％，中学生13％）が「友達からの声かけ」（小学生17％，中学生21％）に次いで多くなっている。

○　児童生徒が学校や教室に居づらくなったり落ち着かない時など，不登校の兆候がある早期段階において，学校内に安心して心を落ち着ける場所があり，児童生徒のペースで個別の学習支援や相談支援を行うことができれば，学習の遅れやそれに基づく不安も解消され，早期に学習や進学に関する意欲を回復しやすい効果が期待される。都道府県・市町村教育委員会等の主導の下，オンラインや ICT の活用も視野に入れつつ，校内の別室を活用して「校内教育支援センター（いわゆる校内適応指導教室）」などを設置し，退職教員や SC 等を活用した，学習支援や相談を行う等、特色ある取組を進めているところであり，不登校になる前の支援策の 1 つとして効果が期待される。

○　なお，「教育支援センター」について，以前は「適応指導教室」という呼称を用いていたが，その役割や機能に照らし，より適切な呼び方を望む声があったことから，国として標準的な呼称を用いる場合は，不登校児童生徒に対する「教育支援センター」という名称を適宜併用することを，平成15年 5 月の「不登校への対応の在り方について」（文部科学省初等中等教育局長通知）において示している。**教育支援センター**が不登校児童生徒やその保護者の身近な存在

*6　デジタル庁にて，「こどもに関する各種データの連携による支援実証事業」を実施。活用事例や必要となるデータ項目，制度面・運用面での課題等の分析・検証を行い，これにより整理されたデータ項目，採択団体からの提案，政府における検討等を踏まえて採択された実証事業の実施計画等に基づき，採択団体における教育・保育・福祉・医療等のデータの連携方策の実証を行う。

となり，早期に相談・指導につながる施設として機能するためには，名称を不登校児童生徒やその保護者にとって抵抗感を減らし親しみやすいものにすることも効果があると考えられるため，教育機会確保法基本指針や令和元年通知では，「**教育支援センター**」と統一したことに留意する必要がある。なお，各教育委員会においては，様々な親しみやすい名称を付している実態があるが，そのような工夫は今後も行われるべきである。

### (3) 不登校児童生徒の多様な教育機会の確保

### a．不登校特例校，教育支援センター，民間団体等の多様な場における支援
### （児童生徒の主体性を尊重した多様な教育機会の確保）

○　不登校の背景や要因は多岐に渡り，個々の児童生徒の状況も多様である。学校には行けるが休みがちである者，教室には入れず別室による指導を希望する者，在籍校には行けず**教育支援センター**による個別指導を受けたい者，別の学校で学習したい者，フリースクール等の民間施設に通いたい者，自宅においてICTを活用した学習・相談を希望する者など，教育機会確保法が求める国・地方公共団体・民間団体等の連携を促進し，それぞれの児童生徒の状況に応じ様々な支援が可能となるような多様な学習機会・教育機会の確保を図っていくことが求められている。さらに，児童生徒の心の状況も折々で変化する。そのため，児童生徒や保護者に一番近い在籍校等は，児童生徒の状況を継続的に確認しつつ，教育委員会・**教育支援センター**等と連携して，不登校児童生徒及びその保護者に応じて，校内の別室指導や**教育支援センター**による支援を提案したり，フリースクール等の民間団体の支援の紹介，自宅におけるICTを活用した学習支援の提案等，子どもの主体性を尊重した情報提供を行っていくことが重要である。また，それも含めて，教育委員会・**教育支援センター**は，各在籍校を支えつつ，域内の不登校児童生徒や保護者を支える中核としての機能強化が求められる。その意味でも国・地方公共団体や学校とフリースクール等民間団体との連携は必要不可欠であり，関係団体等が連携した教職員向け研修会，保護者向け学習会の実施等は今後も積極的に進めていく必要がある。

### （不登校特例校設置の推進）

○　**不登校特例校**[*7]は教育機会確保法において，国や地方公共団体の努力義務として設置促進が求められており，通常の学校の教育課程より総授業時間数や教育内容を削減したり，少人数指導や習熟度別指導，個々の児童生徒の実態に即した柔軟な指導・支援等を行う学校である。現在，全国で21校開校されており（令和4年4月現在），地方公共団体が設置する**教育支援センター**や民間団

---

[*7]　**不登校特例校**とは，不登校児童生徒の実態に配慮した特別の教育課程を編成して教育を実施する必要があると認められる場合，文部科学大臣が，学校教育法施行規則第56条に基づき（中学校，義務教育学校，高等学校，中等教育学校において準用），学校を指定し，特定の学校において教育課程の基準によらず，特別の教育課程を編成して教育を実施できることとしており，学校教育法の第1条に基づく学校と位置付けられている。令和4年4月時点で全国に21校が開校している。

体等とも連携を図りつつ，基礎学力の定着や社会性の育成，自己肯定感の向上等が見られたり，進学にも良い影響を与える等の効果が見られている。一方で現時点で**不登校特例校**が設置されていない地方公共団体も多く，設置数の拡大も求められている。

○　例えば朝早くに起きられずに不登校傾向となっている児童生徒などは，夜間中学も学習支援の場となっているケースがある。京都市立洛友中学校では**不登校特例校**の児童生徒と併設された夜間部の生徒との交流を通じ，年齢の離れた集団の中で新たな人間関係を築き，信頼感や自己肯定感を高めたり，夜間部の生徒の学習への姿勢から学習への意欲を高め，将来展望を拓く等，特色ある取組を行っている。また，三豊市立高瀬中学校では，夜間中学に不登校児童生徒が通えるよう，**不登校特例校**の指定を受けている。このような事例も参考に，教育効果の観点から，**不登校特例校**と夜間中学との連携や，より広域を対象としている都道府県・政令指定都市が主体となり市町村等と連携しながら不登校特例校（分教室型含む）を設置促進することも検討の余地があろう。また，**不登校特例校**において児童生徒一人一人の課題を踏まえた指導を行うため，必要な教職員定数や支援スタッフを確保したり，対面を基本としつつも一部オンラインを組み合わせた方法も推進する等，公立・私立ともに指導体制の充実を図る必要がある。いずれにせよ，国や地方公共団体は**不登校特例校**設置の際の手続きや審査工程等の改善を図りつつ，特色ある取組実践が活かされるように地方公共団体・学校法人等に対し好事例を横展開しつつ，今後も**不登校特例校**の設置を推進していく必要がある。

### （フリースクール等民間団体との連携）

○　フリースクール等民間団体については，民間活動として様々な取組が行われており，その設置主体もNPO法人や営利法人等の法人格を持つもの，法人格を持たない任意団体・個人など様々である。2.(2)に記述のとおり，不登校の要因や支援ニーズは多岐に渡り，その全てを学校・教育委員会が担うのは限界があるため，不登校児童生徒の支援を実施する際には，国・地方公共団体は民間の団体その他の関係者相互の密接な連携の下で施策を実施するよう，教育確保法及び基本指針に規定されている。

○　本調査研究協力者会議においてヒアリングを行った特定非営利活動法人フリースクール全国ネットワークによると，不登校の課題解決には「子ども中心」の発想が必要であるとの考えのもと，子供が来やすい・相談しやすい環境を作ることが重要だとしている（中略）。フリースクール等民間団体には様々なノウハウがあるが，教育委員会・学校との連携協働について，少しずつ進んではいるものの，まだ課題が残る状況だとしている。フリースクール等の学校外での学びについて，一定の要件のもと在籍校の学校長が指導要録上の出席扱いとして認めることができる制度があるが，フリースクール全国ネットワーク加盟の24団体のデータによると，約6割が出席扱いとされているものの，残りは学校によって取り扱いが異なる，もしくは出席扱いとならないとなっている。また，フリースクールについては，様々な関係機関や活動（こどもミーティング，

こども企画プログラム，保護者相談機能，スタッフミーティング，関係機関等，周知・広報活動等）と連携することが可能であるが，そのような機能について教育委員会や学校にあまり知られていない現状がある。さらに，継続的な支援を行っていくためには，学校現場の教職員と連携・協力を行っていく必要があるが，その機会がないことや，民間団体を対象とした地方公共団体からの委託等の事業について，要件等が民間団体の立場からは活用しにくいものがあり，実際の現場の仕組みや子供・家庭のニーズに沿った制度にして欲しいとの要望があった。

○　国・地方公共団体とフリースクール等民間団体との連携については，教育機会確保法の趣旨を踏まえた取組が行われるよう，国としても各種会議等で周知を行っていくとともに，令和2年度から実施している「不登校児童生徒に対する支援推進事業」において，教育委員会等とフリースクール等の民間団体等が連携し，不登校児童生徒の支援の在り方について協議を行う不登校児童生徒支援協議会の設置や，教職員向け研修会，保護者向け学習会等を実施する際，地方公共団体が負担する経費の一部の補助を行う等，引き続き支援を行っていく必要がある（中略）。また，学校外の学びにおける指導要録上の出席扱いについては，3.(3)cのとおり，学習活動の把握の困難さ等の課題があるが，今後も国・教育委員会において，その要因の分析や好事例の把握・横展開を行っていく必要がある。また，フリースクール等民間団体の学習や活動内容について，教育委員会や学校が理解しやすく，出席扱いにつながりやすいような報告様式を，双方が議論の上で作成することなども連携の一つのきっかけになる。国や地方公共団体によるフリースクール等民間団体が利用しやすい委託事業の在り方については，公費を活用する以上，一定の要件や説明責任が生じることは当然のことであるが，地方公共団体等とフリースクール等民間団体が協議を行いつつ，子供の意見を大事にした，今より活用しやすい工夫ができないか検討していくことが必要であろう。

○　また，ヒアリングでは，教育委員会とフリースクール等民間団体との連携として，東京都世田谷区・北区ではNPO法人に運営委託する公設民営型の教育支援センターの設置事例や保護者への支援を協働実施する事例，全国に先駆け平成18年に神奈川県が「神奈川県学校・フリースクール等連携協議会」を設置し不登校相談会や進路情報説明会，さらにフリースクール等見学会を実施している事例等も紹介された。また，上記の文部科学省による「不登校児童生徒に対する支援推進事業」を活用した事例として，岐阜県教育委員会では教育委員会，学校，不登校特例校，フリースクール等の連携を進めるため，連携協議会を立ち上げるとともに，「岐阜県学校・フリースクール等連携ガイドライン」を策定したり，ネットワーク作りのためのサポートセミナー等を実施する等，連携の具体化を進めている。これらのような好事例の横展開を行っていくことも必要であり，今後は「連携」のより具現化を行っていく必要がある。また，地方公共団体においては，施策の検討に際して不登校児童生徒支援協議会の場等を活用し，フリースクール等民間団体等との意見交換を行うことが重要であ

る。なお，**教育支援センター**をフリースクール等の民間団体に委託する場合は，事業の継続性等も視野に入れ，不登校児童生徒への支援が途切れたり，信頼関係が損なわれないような配慮が必要である。

## b．ICT 等を活用した学習支援等を含めた教育支援センターの機能強化

○　2.(2)でも記述したとおり，令和2年度問題行動等調査によると，不登校児童生徒のうち，約3割が学校や学校外の相談・指導等につながっていない。このような児童生徒に対し，適切な教育機会を確保していくことが求められる。

○　本調査研究協力者会議でヒアリングを行ったさいたま市教育委員会では，令和2年度に経済産業省学びと社会の連携促進事業「未来の教室」創出事業を活用し，「OJaC プロジェクト」を実施しており，不登校児童生徒に対し ICT やオンラインを活用した学習支援や体験活動，チャット部活等を実施し，その取組状況を把握の上，指導要録上の出席扱いとしたり，学習評価に反映したりしている（中略）。当事業に参加した児童生徒45人のうち，約8割の37人を指導要録上の出席扱いとしており，約3割の12人を学習評価に反映している。一方で，各学校において指導要録上の出席扱いとならなかった主な理由としては，ログインの記録がなかった，ログインしたが学習実績がなかった等であった。また学習評価に反映しなかった（できなかった）主な理由としては，当該学年の学習履歴がなかった，当該学年の学習履歴はあったが，問題への取組がなかった，定期テスト等への取組がなかった，各教科で実施している授業内容と異なる等であった。

○　さいたま市教育委員会では，「OJaC プロジェクト」による学びの場の提供や **GIGA スクール構想**による一人一台端末の整備を進めているが，不登校児童生徒一人一人の状況が多様であり，学校との情報共有が難しかったり，教職員の理解不足や学習活動を評価等に反映できない等の課題があることを踏まえ，ICT 等を活用したり，従来からある市内6室の教育相談室と連携し，令和4年度より「不登校児童生徒支援センター（通称 Growth）」を設置，不登校や病気等で長期欠席している児童生徒に寄り添ったオンライン授業や ICT を活用した学習支援，訪問相談等を実施する等，児童生徒の社会的自立を図ることとしている。

○　このように，通所してくる児童生徒への対応だけではなく，学校や学校外の相談・指導等につながっていない，遠隔地等に居住していて教育支援センターや相談機関につながりにくい児童生徒等，ある程度の広域を視野に入れつつ，例えば教育委員会等が中核となって域内の教育支援センターの機能を拡大させるなど，様々なネットワークを活用し，ICT やオンラインの特性を活かした学習支援や自宅にひきこもりがちで体験や経験が少ない児童生徒の興味関心を引き出したり，人とのつながりが感じられる様々な体験活動，アウトリーチ型支援を一括して行うような**「不登校児童生徒支援センター」**（仮称）の設置を行うことは，全ての児童生徒の教育機会の確保を図る上で画期的な取組である。今後は，このような取組の全国展開も視野に入れつつ，その効果を検証してい

く必要がある。

○ なお，**教育支援センター**については，域内の私立学校に在籍する不登校児童生徒も可能な限り対象とするよう求めているところであるが，私立学校独自の取組として，福岡県では県の財政支援を受けつつ，福岡県私学協会と福岡県私学教育振興会が共同して無料の「学習支援センター」を県内4か所に設置し，高等学校に行きづらくなった生徒を対象にした学習・相談支援や，高等学校を中退した者への相談支援を行っている。在籍校の教育課程に準じた個々のプログラムを組み，それに沿った学習を行った際には，在籍校の出席扱いするという取り決めを県内59の私立学校で取り交わして支援を行った結果，約6割の生徒たちは在籍校へ復帰している。また，在籍校復帰にこだわることなく，個々に応じた手厚い進路指導を行い，通信制定時制への転編入等学びの継続を実現することができている。このような取組は，私立学校においても学校に行きづらかったり中退したが再度高等学校を卒業したいと考えている者の支援を進める上で，参考になるものと考える。

### c．学校外の民間施設等での学習や自宅における ICT を活用した学習状況等の把握

○ 不登校児童生徒が行った学校外の学習活動や自宅における ICT を活用した学習活動について，一定の要件のもと**指導要録上の出席扱いとなる制度**[*8]については，学校に行くことのできない児童生徒の懸命の努力を認めようという趣旨により，学校外の学習活動については平成4年から，自宅における ICT を活用した学習活動については平成17年から実施をしているところである。この制度の活用について，令和2年度問題行動等調査によると，**教育支援センター**では相談・指導等を受けた人数が21,436人，うち指導要録上の出席扱いとなった人数は15,940人で約7割，民間団体・民間施設で相談・指導等を受けた人数が小・中学生合計で7,066人，うち，指導要録上の出席扱いとなった人数は3,098人で約4割となっている。また，自宅における ICT を活用した学習活動を指導要録上の出席扱いとした人数は，小・中学生合計で2,626人である。

---

*8 学校外の公的機関や民間施設において相談・指導を受けている場合や自宅において ICT 等を活用した学習活動を行った場合，一定の要件のもと，指導要録上の出席扱いとしている。なお，一定の要件とは，学校外の公的機関や民間施設において相談・指導を受けている場合，①保護者と学校との間に十分な連携・協力関係が保たれていること②民間施設における相談・指導が適切であるかどうかは，「民間施設についてのガイドライン」を参考に，校長が教育委員会と連携して判断すること③当該施設に通所又は入所して相談・指導を受けること④学習成果を評価に反映する場合には，当該施設における学習内容等が教育課程に照らし適切であると判断できることとされている。自宅において ICT 等を活用した学習活動を行った場合，①保護者と学校との間に十分な連携・協力関係が保たれていること② ICT や郵送，FAX 等を活用して提供される学習活動であること③訪問等による対面指導が適切に行われていること④当該児童生徒の学習の理解の程度を踏まえた計画的なプログラムであること⑤校長は，対面指導や学習活動の状況等を十分に把握すること⑥学習成果を評価に反映する場合には，学習内容等がその学校の教育課程に照らし適切であると判断できることとされている。

○ **教育支援センター**における相談・指導について指導要録上の出席扱いとなった人数と比べ，民間団体・民間施設や自宅におけるICTを活用した学習については，年々件数は増えているものの，まだ十分に活用されているとは言えない。令和4年1月に学校外等の学習状況の把握や出席扱いの状況について，文部科学省が教育委員会に聴取を行った（中略）。

○ 聴取結果からは，各教育委員会において，出席の考え方の整理を学校に示したり，家庭訪問等を含めた学習状況等の把握の工夫，オンラインを活用した教材の作成等を行っていることがわかった一方，以下の課題も明らかとなった。

- 学校と施設で学習内容や指導者等状況が異なるため，学習評価が難しい。
- **教育支援センター**等の立地により，通学のための交通手段が確保できない等のため通いたくても通えない児童生徒が存在する。
- 民間施設における支援内容を把握することに多大な時間がかかるため，連携に時間がかかる。
- ICT等を活用した学習における学習履歴の把握が学校において十分に行えていない。
- ICT等を活用した学習の支援の在り方をしっかり検討していかないと，対面でしか学べないことをおろそかにしてしまうのではないか。

○ 今回の聴取のみでは，学習状況の把握が困難な状況の詳細までは明らかではないため，今後は把握が困難な理由等の分析やその改善方法，定期考査等の扱い等，学習評価の実態等についても調査・研究等を行っていく必要がある。また，各教育委員会の取組等についても情報共有し，出席扱いの制度が適切，効果的に活用されるよう，取組を推進していく必要がある。

## (4) 不登校児童生徒の社会的自立を目指した中長期的支援
### a．教育相談の充実
### （校長等のリーダーシップによるチーム学校の推進強化と教育委員会等の役割）

○ 教育相談は，学校生活において児童生徒と接する教員が，子供たちの悩みや不安を把握するために不可欠な業務である。一方，教育相談は教員だけが担うものではなく，これまでも平成10年6月中央教育審議会答申「新しい時代を拓く心を育てるために」や教育相談等に関する調査研究協力者会議による平成19年7月報告及び，平成21年3月報告「児童生徒の教育相談の充実について－生き生きとした子どもを育てる相談体制づくり」において，SCやSSWの在り方やその活用，関係機関との連携について提言されてきた。さらに，平成27年12月中央教育審議会答申「チームとしての学校の在り方と今後の改善方策について」では，学校や教員が心理や福祉等の専門スタッフ等と連携・分担する**「チーム学校」**体制を整備し，学校の機能を強化していくことが重要だと提言された。本答申を受け，教員が多様な専門性や経験を持った人材と協力して子供に指導できるよう，SC及びSSWの職務等を明確にすべく，学校教育法施行規則（昭和22年文部省令第11号）の一部を改正し，学校職員として位置付けた[*9]。

○　これらを踏まえ，平成29年１月に取りまとめられた教育相談等に関する調査研究協力者会議による報告「児童生徒の教育相談の充実について～学校の教育力を高める組織的な教育相談体制づくり～」において，SC及びSSWそれぞれの職務内容とともに，学校内の関係者が情報を共有し，不登校，いじめ等の未然防止，早期発見及び支援・対応も含めた児童生徒への支援策の検討・実施・検証をチームとして一体的に行うことの重要性が盛り込まれ，国においてもSC及びSSWの配置充実（「SC等活用事業」，「SSW活用事業」[*10]）に努めてきたところである。

○　前述の京都市教育委員会の事例（中略）では，「クラスマネジメントシート」を活用した児童生徒の情報収集とSC・SSW等の専門家が関与したケース会議等を開催しつつ，PDCAサイクルを回す取組について紹介したが，重要なのはSC・SSWが自らの専門性だけで対応するのではなく，学校全体の仕組みの中に効果的に取り込み，その中でそれぞれの専門性を発揮し活躍することである。京都市教育委員会では，「こども相談センターパトナ（京都市教育相談総合センター）」が中心となり，不登校児童生徒への支援やSC・SSWの派遣等を実施しているが，不登校児童生徒への支援に関する基本的な考え方を全教員に示し，その流れを**チーム学校**として対応できるよう，SC・SSWも関与したケース会議を運営し，学校全体の流れの中でPDCAサイクルを回すことで教育相談体制を強化している。なお，同教育委員会においては，SSWについて，支援の在り方や学校がよりSSWを受け入れやすくするため，さらにはSSWの配置がない学校においても，SSW的な支援を教職員が一定程度実践可能となるようにするため，教職員に対しSSW実践研修を長年継続していることも特徴的である。これらの取組によりSC等と教職員が日常的に様々なことを気軽に相談できる環境ができ，個別の児童生徒への支援がより効果的・効率的に行われるようになった上，教職員の資質向上にも資するものとなっている。

○　さらに前述の横浜市教育委員会の事例（中略）については，**チーム学校**を具現する好事例であり，校長のリーダーシップの下，学校の不登校支援の取組の中に専門職であるSC・SSWが仕組みとして位置付けられ，定期的なモニタリングにも関与しつつ支援体制を構築・機能させた結果，児童生徒への効果が表れている。

○　これらの事例のように，SC・SSWを学校全体の仕組みの中に実質的に組み込むためには，目的を共有しつつ教職員，教育相談担当教員，SC・SSW等の

*9　学校教育法施行規則第65条の３において，「スクールカウンセラーは，小学校における児童の心理に関する支援に従事する。」，第65条の４において「スクールソーシャルワーカーは，小学校における児童の福祉に関する支援に従事する。」と規定されている。

*10　SC等活用事業」については，平成13年度より地方公共団体に対する補助事業として実施。児童生徒の心理に関して専門的な知識を有するSC等を学校等に配置し，児童生徒のカウンセリング，教職員・保護者に対する助言・援助を行う。「SSW活用事業」については，平成21年度より地方公共団体に対する補助事業として実施。福祉に関して専門的な知識・技術を有するSSWを学校等に配置し，教職員や関係機関と連携・調整を図りながら，児童生徒が置かれた様々な課題への働き掛けを行う。

それぞれの役割を明確にし，各々の職務や役割，それぞれの立場からの考え方・視点の相違やその背景にある文化等について理解し，受け止めていくことが重要である。そのためには，各教育委員会・学校において，知識伝授型の研修のみならず，**チーム学校**として効果的に機能する仕組みを実践的に学ぶ研修，例えば模擬ケース会議等を設定し，**チーム学校**の中でお互いの専門性を活かし，協働しながらできることを具体化しつつ問題解決へと導く一連の流れを実践として学べる研修等を実施することが必要であり，教員及び SC，SSW の資質能力の向上を図ることが重要である。

○　また，各学校の校長等管理職は，リーダーシップを発揮し，個々の児童生徒と向き合って指導・支援を行う教育相談が日々児童生徒と接する教員にとって不可欠な業務であるとの認識の下，教員に対し，児童生徒の心のケアや困難な状況への対応について，SC・SSW に任せきりにせず，**チーム学校**の中で連携しつつ解決する意識を組織全体で共有し，それを実践していくよう働きかける必要がある。また，SC・SSW においては，自らの専門性を活かしつつも，それのみに閉じるのではなく，第三者性も確保しつつ，職務内容の理解を広げ，保護者や教職員へのコンサルテーションの実施や**チーム学校**の一員として児童生徒の問題を解決していくことも自らの職務であるとの意識を持ち，それを実践していくことが重要である。校長等は上記のような観点からそれぞれの職務遂行状況を把握・評価するとともに，必要な体制の構築とその強化を行うことが求められる。

○　一方，SC・SSW が専門性を十分に発揮するためには現在の配置時間ではとても足りないという現場の声もある。週1回3〜4時間の配置だけでは，カウンセリング等をこなすことで精一杯で教員や保護者へのコンサルテーションまで手が回らない，今より配置時間が長く，教職員と SC・SSW とが情報連携できる時間が確保できれば，互いの支援力を高め合い，さらに救える児童生徒が増えるという声もある。よって，国・地方公共団体においては，資質向上と併せて引き続き配置時間の充実も図っていくことも重要である。その際，SC・SSW の配置に係る効果について，国等において児童生徒や保護者，学校現場の実態等を踏まえた調査を実施する等，検証結果を踏まえた配置時間とすることや，SC・SSW の効果的な配置については各都道府県・市町村教育委員会等において定量的指標に基づく効果検証を行う等，効果的な配置に取り組む必要がある。特に重点配置については課題ごとの効果検証の結果を踏まえた適切な配置を行う必要がある。なお，現在の SC・SSW 等については，非常勤職員としての採用が9割であり，教育相談へのニーズが高まるにつれ，常勤化を求める声も挙がっている。中央教育審議会の平成27年12月答申「チームとしての学校の在り方と今後の改善方策について」では，「国は，（SC 等について）学校等において必要とされる職として，職務内容等を法令上，明確化することを検討するとともに，将来的には学校教育法等において正規の職員として規定するとともに，義務標準法において教職員定数として算定し，国庫負担の対象とすることを検討する」こととされており，引き続き検討を行っていく必要がある。

（教員養成段階における取組）

○　教育相談は，学校生活において児童生徒と接する教員が，子供たちの悩みや不安を把握するために不可欠な業務である。教職員は，教育相談に関する基本的な知識・技能を学ぶとともに，教員の養成段階からSC・SSW等の専門職と連携しながら対応する必要があることを学んでおくことも必要である。今後も国や地方公共団体はSC・SSWの配置時間の充実に努めていくものと考えられるが，実態として全ての学校に常に専門職がいる状況となることは難しく，日々対応が必要な事案については，学級担任等を含めた教職員が行っていく必要があり，教職員にはそのための基礎的な知識・技術が求められる。

○　令和3年1月26日中央教育審議会「『令和の日本型学校教育』の構築を目指して」において，令和の日本型学校教育の実現に向け，質の高い教員が教育を行うことの重要性に鑑みて教員養成・採用・研修の在り方について検討を行うこととされたことを踏まえ，中央教育審議会「令和の日本型教育」を担う教師の在り方特別部会（令和3年3月12日設置）において議論が行われている。その中で，特定分野に強みや専門性を持った教師の育成・採用も論点に挙がっており，心理・教育相談の専門性を持った人材育成の在り方に関する議論の方向性を踏まえつつ，必要な対応を行っていく必要がある。

（教育相談の質の向上）

○　児童生徒を適切な支援につなげていくための教育相談の質向上については，教職員やSC・SSW等が心の問題はもとより児童生徒を取り巻く学校や生活環境に着目し，的確なニーズの把握とより多角的なアセスメントを行うことが必要である。その際，児童生徒自身が「こうしたい」と思うことが自ら前進させていく力となると考えられ，児童生徒本人を尊重する姿勢が非常に重要である。地方公共団体が教職員やSC・SSWに研修等を行う際には，このような姿勢で教育相談を行うことが児童生徒に良い影響を与え，より質の高い教育相談につながることを踏まえた内容とする必要がある。また，そもそも児童生徒や保護者が，SC・SSW等に相談できることを知らない場合もあるため，入学式や行事の機会等を活用して周知を図る等，相談にアクセスしやすい環境を作ることも必要である。

○　SC・SSWについては，勤務形態が特殊であり，職場に同専門職が少ないことなどから，同専門職から助言・指導を受けることができない場合がある。そのため，ベテランのSC・SSW等をスーパーバイザー（SV）として教育委員会等に配置し，SC・SSWの指導・助言を行うなど，専門的資質の向上を図っていくことも必要である。

（オンラインカウンセリング等の実施）

○　コロナ禍による影響が長期化するなか，今後も学校における対面での児童生徒の心身の状況や家庭環境等の把握が困難な状況に陥ることも想定される。さらに大規模災害等による緊急事態が発生する可能性も否定できない。そのような緊急時においても状況に応じ，学校では学級担任等を中心として電話，ICT等あらゆる手段を活用し児童生徒の情報把握が必要であり，またSC・SSWに

おいては，学級担任等と定期的に児童生徒に関する情報共有を行う必要がある *11。

○　SC 等によるカウンセリングについて，対面での実施が困難な状況にある場合は，オンラインによる遠隔でのカウンセリング（ICT 端末の画面上で両者の顔が見えるような形での対面相談）も有効な手段の一つと考えられる。GIGA スクール構想による一人一台端末の整備状況も踏まえると，今後の活用が期待される。そのため，地方公共団体等の優良事例の収集・周知を行っていくことも必要である。

○　ただし，オンラインカウンセリングを実施する際には，学校側が全く関与しないままに SC と児童生徒・保護者がシステムを利用したカウンセリングを継続することは望ましくないこと，適切な場所の確保や面接時間などのルール作りが必要なこと，自傷他害等の生命に関わるリスクのあるケースやいじめ・虐待などの法によって対応が示されているケースなどは学校全体で対応することが原則であること等，いくつかの留意点を踏まえる必要がある。また，虐待など家庭に困難を抱え，児童生徒が自宅での相談を望まない場合は，学校の別室を用いたカウンセリングを行う等，個々の事情に応じた配慮が求められる。その他，オンラインカウンセリングを行う際の留意点については，一般社団法人日本臨床心理士会による「オンラインによる遠隔でのカウンセリングにおける留意点」（中略）に記載のとおりである。なお，オンラインカウンセリングを行う場合であっても，児童生徒の抱える困難を解消するため，学級担任等の教職員が連携をしたケース会議における支援策の検討等，**チーム学校**としての対応は必要不可欠である。

**（電話や SNS 等を活用した相談体制の充実）**

○　政府においては，孤独・孤立対策 *12 として，電話・SNS 相談を活用した相談支援体制の整備を進めている。文部科学省においても，地方公共団体と連携し，児童生徒の様々な悩みを受け付ける統一ダイヤル「24時間子ども SOS ダイヤル」や SNS 等を活用した相談事業を実施しており，今後もそれぞれの充実を図るとともに，ひとりでも多くの子供の相談に対応できるよう，電話相談と SNS 相談の有機的・効果的な連携が図れるよう，適切な実施方法等について，引き続き検証を行っていく必要がある。なお，相談事業を実施する際には，相談を受け付ける対象者を明確にし，その対象者に応じたわかりやすい周知に努めるとともに，不登校児童生徒や高等学校の中退者等も利用できるような配慮を行う必要がある。また，電話相談と SNS 相談の両方を設置している場合

＊11　「児童生徒の心のケアや環境の改善に向けたスクールカウンセラー及びスクールソーシャルワーカーによる支援の促進等について」（令和2年5月14日事務連絡）において，「オンラインによる遠隔でのカウンセリングも手段の1つとして有効」であるとしており，また，「SC 及び SSW は，学級担任等と定期的に児童生徒に関する情報共有を行うことが重要」としている。

＊12　政府として孤独・孤立対策に取り組むため，令和3年2月に孤独・孤立対策担当大臣を指名し総合的かつ効果的な孤独・孤立対策を検討。「経済財政運営と改革の基本方針2021」（令和3年6月18日閣議決定）に基づき，孤独孤立対策の重点計画（令和3年12月28日孤独・孤立対策推進会議決定）を策定。

は，児童生徒が自らの相談しやすい方法が選択できるよう，双方併せて周知することが望ましい。

## b．地方公共団体や関係機関等が連携したアウトリーチ支援及び家庭教育支援の充実

（地方公共団体や関係機関等が連携したアウトリーチ支援）

○ 令和２年度問題行動等調査によると，不登校児童生徒のうち，約３割近い児童生徒が学校内外の機関等での相談・指導等につながっていない。さらに，実態調査においても，「学校に行きづらいと感じ始めた時に相談した相手」について，小・中学生とも約半数が家族に相談をしているが，「誰にも相談しなかった」と回答したのは約４割であり，特にこのような児童生徒に対し適切な学習支援・相談につなげることが課題となっている。

○ 実態調査からは，学校に行きづらかったり不登校となる児童生徒の中には，心につらい気持ちを抱えつつも，誰にも相談できずに一人で抱え苦しんでいる，あるいは自分でもよく自分の状況等がわからないと思っている子供も数多くいることがわかる。また，児童生徒によっては，今は一人でいたい，放っておいて欲しいなど，休養が必要な場合もあり，その気持ちは十分に尊重しなければならないが，適切な時期に家族以外の機関に相談し，様々な支援を受けることで，心の状態も少しずつ変化し，自己肯定感の向上や学習・活動への意欲が回復することが期待される。一方で，長期間不登校である児童生徒については，自ら支援を求めない傾向が強かったり，保護者の意見では，どこに相談してよいか分からず，支援機関の方から連絡がもらいたかった等の意見もあった。

○ 学校内外の相談・指導等につながっていない児童生徒に対し，適切な教育の機会を確保することは重要であり，児童生徒本人の休養の必要性も念頭に置きつつ，教育委員会・教育支援センターと関係団体等が連携したアウトリーチ型支援を積極的に進めつつ，相談・支援機関につながれずに孤立しがちな児童生徒を一人でも減らしていくことが求められる。

○ 国においては，令和２年度から不登校支援を行う都道府県・市町村教育委員会に対する補助事業として，「不登校児童生徒に対する支援推進事業」（中略）を実施している。本事業では，学校内外の相談・支援機関につながっていない児童生徒に対し，家庭訪問等を通じての相談，学習支援等を行う支援員を配置する等，アウトリーチ型支援に関する取組への補助を実施している。各都道府県・市町村教育委員会においては，このような事業等も有効に活用しつつ，また，3.(3)b に記述のような**「不登校児童生徒支援センター」（仮称）**の設置・活用等とも連動させつつ，学校内外の相談・指導等につながっていない児童生徒の支援についても取り組むことが期待される。

（家庭教育支援の充実）

○ 不登校に関する調査研究協力者会議の平成28年７月報告「不登校児童生徒への支援に関する最終報告」では，「家庭教育は全ての教育の出発点であり，人格形成の基礎を培う重要な役割を担っており，家庭の教育力の向上を目指して

様々な施策を推進することは極めて重要である。」とされている。不登校児童生徒の保護者は本人と同様に大きな不安を抱えており，実態調査によると，保護者の「子どもとのかかわり」では，約8〜9割の保護者が「日常会話や外出など，子どもとの普段の接触を増やした」「子どもの気持ちを理解するよう努力した」と回答した一方で，「子どもの進路や将来について不安が大きかった」「子どもにどのように対応していいのかわからなかった」との回答も多く，また，自由記述においては，「本人を気遣い，『学校には行けるようになってからでいいよ』と声を掛けると，かえって『私の気持ちはわからない』と子どもから返され，何を言っていいかわからない」といった回答もあった。このように，不登校児童生徒への支援とともに，保護者が抱える不安や困難に寄り添った支援が望まれる。

○　本調査研究協力者会議では，不登校児童生徒を抱える家庭や保護者への支援を行いつつ，学校に戻ることを希望する児童生徒の復学支援を行う民間団体の取組についてもヒアリングを行った（中略）。一般社団法人家庭教育支援センターペアレンツキャンプでは，不登校支援の多くは児童生徒への直接的な支援が多く，それを支える家庭や保護者への支援は十分でないとの認識の下，保護者に具体的なアドバイスを行いつつ，児童生徒の復学支援さらに継続登校のサポートをすることで，児童生徒の社会的自立のみならず，家庭の自立，民間団体の支援がなくとも，家庭が子供を支える力を身に付けられるような取組を行っている。また，保護者との電話カウンセリングや家庭ノートチェック法により，親子の会話や行動を分析し，子供との関わり方について具体的なアドバイスを行い，それを家庭で実践を繰り返すことで，それぞれの家庭に合った，それぞれの子供のための家庭教育の構築を支援している。ペアレンツキャンプによると，当団体の支援を受けた家庭の子供には，不登校になる前の子供自身の課題（我慢力が低い，親への依頼心が強い，年相応の自立心が身についていない，自己肯定感が低い等）と，不登校になってから表面化する課題（昼夜逆転やネット依存，勉強の遅れ，体力の低下，家庭内暴力等）があり，それらを整理した上で各々の解決を図っていく必要があると考えている。また，当団体の支援を受けることで，保護者の孤立感の解消や「子育てに自信が持てた」「子供が好きになれた」と保護者が前向きに子育てに向き合えるようになったこと，アウトリーチ型支援によるサポートにより高等学校以降の進路が獲得できたこと等の良い効果が得られた一方で，個々のケースに合わせた支援のため支援可能な件数が少ない，専門的な支援が必要となるため人材の確保が難しい，家庭への経済的な負担，家庭教育の重要性の認知がまだまだ行き届いていない等の課題があることも分かった。

○　また，本調査研究協力者会議では，不登校児童生徒を抱える保護者の経験が蓄積され，共有されるべきではないかとの意見もあった。当事者視点で語られる経験は同じ悩みを抱える保護者の大きな支えや前進力となるため，親の会や保護者同士の学習会などの場を積極的に活用することも考えられる。

○　近年，核家族化や共働き家庭の増加に加え，コロナ禍での生活不安等により，

身近に子育ての悩みを相談できる相手がいないといった保護者に対して，地域全体で家庭教育を支援していくことが重要になってきている。家庭教育への支援は，これまでに述べたように，不登校児童生徒を抱える家庭への支援や，児童虐待のリスクを軽減させるためにも必要である。

○　こうした中，地域の実情に応じた家庭教育支援の取組を推進するため，国においては平成21年度より，「家庭教育支援チーム」の取組を推進する取組を進めている（中略）。この「家庭教育支援チーム」には，教員OBに加え，民生委員・児童委員や保健師などの福祉関係の人材もチームに加わり，乳幼児期から就学期以降までの子供のいる家庭を対象に，不安や悩みを抱える家庭に対して，アウトリーチ型の支援を行っているところも多い。各地方公共団体は，**家庭教育支援チーム**の取組を始めとした家庭教育支援の推進や，不登校児童生徒の保護者を支援する民間団体等とも連携しながら，保護者への支援を進めていくことが期待される。

○　なお，前述の「不登校児童生徒に対する支援推進事業」においても，不登校児童生徒への多様で適切な支援を推進するため，都道府県・市町村教育委員会とフリースクール等民間団体とが連携し，保護者の会や保護者向け学習会等を実施する際の経費を支援しているところであり，このような事業の活用等も望まれる。

（こども家庭庁との連携）

○　こどもを取り巻く状況が深刻になる中，学校や教育委員会だけで対応できないようなケースも増えており，福祉や医療等との連携の重要性も増しているが，さらにこども政策を強力に推進するため，令和3年12月には「こども政策の新たな推進体制に関する基本方針～こどもまんなか社会を目指すこども家庭庁の創設～」が閣議決定され，令和5年度のできる限り早い時期にこども家庭庁を創設することとされた。同基本方針では，今後のこども政策の基本理念として，「誰一人取り残さず，抜け落ちることのない支援」を行うことを掲げており，「相談対応や情報提供の充実，全てのこども居場所づくり」として，こども家庭庁がNPO等と連携し不登校のこどもへの支援を含め，児童館や青少年センター，こども食堂，学習支援の場をはじめとする様々な居場所（サードプレイス）づくりやこどもの可能性を引き出すための取組に係る事務を担うこととされている。具体的な実施内容や体制等については今後検討が具体化されることとなるが，文部科学省としても不登校児童生徒の支援に関しこども家庭庁とも連携を図り，それぞれの強みを生かしつつ不登校児童への安心できる居場所づくりを充実させていくことが必要である。

c．不登校児童生徒の将来を見据えた支援の在り方

○　不登校児童生徒への支援の目標は，児童生徒が将来的に精神的にも経済的にも自立し，豊かな人生を送れるよう，その社会的自立に向けて支援することである。その意味からも，不登校児童生徒への支援は，教育機会確保法の基本的な考え方である学校に登校するという結果のみを目標にするのではなく，児童

生徒が自らの進路を主体的に捉え，社会的自立を目指せるための支援を行うことが必要である。ただし，これまでも記載してきたとおり，不登校の原因は多様な要素が絡み合うことが多く，その結果，原因の特定や言語化が難しいケースも少なくない。原因を解明し，それを取り除くことだけを目指しても根本的な解決に至らないこともある。原因究明にこだわりすぎると悪者探しに陥る危険もあると思われる。一方，社会的自立に至る過程も実に多様である。例えば，中学3年生の場合，本人が希望すれば，在籍中学校への復帰もあるし，高等学校からの再スタートを模索する道もある。さらには，就職の道も少数ながら残されている。高等学校に行けなくても，高等学校卒業程度認定試験[13]を受けて大学に行くというバイパスもある。他方，「傷ついた自己肯定感を回復する」「コミュニケーション力やソーシャルスキルを身につける」「人に上手にSOSを出す」など，進路さがしとは別の目標もありえる。学齢期を過ぎても子供たちの人生はその後も長く続く。子供たちが自らの人生を納得して，より良く充実したものにすることができるよう，またデジタル化の進展やアフターコロナの世界における様々な変化にも対応できるよう，生きる力を育んでいくことが大切であり，学校や教職員をはじめ子供たちを取り巻く全ての大人が狭義の学校復帰に留まらず，多様な価値観や社会的自立に向け目標の幅を広げる支援が必要である。

○　なお，高等学校においても不登校の状況は存在しており，その対応については，本報告書にも参考となる対応が多数あると考えるが，高等学校固有の課題については今後の検討課題のひとつであると考える。

## 4．おわりに

（略）

---

*13　様々な理由で，高等学校を卒業できなかった方等の学習成果を適切に評価し，高等学校を卒業した者と同等以上の学力があるかどうかを認定するための試験。合格者は大学・短大・専門学校の受験資格が与えられる。また，高等学校卒業者と同等以上の学力がある者として認定され，就職，資格試験等に活用することができる。

# 文部科学省「『不登校に関する調査研究協力者会議報告書〜今後の不登校児童生徒への学習機会と支援の在り方について〜』について（通知）」

(22002〈令和4年6月10日〉)

## 1．教育機会確保法及び基本指針※の学校現場への周知・浸透

　本有識者会議において，教育機会確保法及び基本指針について，学校現場への周知が進んでおらず，法の趣旨に基づく対応が十分に浸透しているとは言い難い状況であると指摘されています。同様のことが法施行後3年以内に実施される施行状況の見直しの議論の中でも指摘されているため，改めて学校や教職員に対する法の考え方に関する研修等を行い，児童生徒との信頼関係が構築され，児童生徒の発達段階や様々な背景等に基づく児童生徒理解が行われるようお願いします。また，教育関係者だけでなく，地方自治体において支援の条件整備に関わる福祉・医療関係部局や財政担当部局の関係者にも法の趣旨が正しく理解されることが重要であるとの指摘もあることから，御配慮いただきますようお願いします。

　※義務教育の段階における普通教育に相当する教育の機会の確保等に関する法律　平成28年12月公布
　　義務教育の段階における普通教育に相当する教育の機会の確保等に関する基本指針（文部科学大臣決定）平成29年3月

## 2．心の健康の保持に関する教育の実施及び一人一台端末を活用した早期発見

　様々な強いストレスや困難な事態等に直面した際に，児童生徒が自らの心の状態を理解し，適切な援助を求めることができること，また，悩みを抱えた友人等の感情を受け止めて理解しようとし，周囲の大人に相談することを学ぶことが重要であるため，学校において，学級担任や養護教諭，スクールカウンセラー（以下，「SC」という。）やスクールソーシャルワーカー（以下，「SSW」という。）が連携しつつ，**SOSの出し方に関する教育**を組織的に進めていくことが必要です。また，その際には，教育課程や年間指導計画等に位置付けることや，児童生徒のSOSを教職員や周囲の大人が適切に受け止め対応できるよう，教職員に対する研修や保護者学習会等の実施も併せて御検討をお願いします。

　GIGAスクール構想による一人一台端末を活用し，児童生徒の健康状況や気持ちを可視化し，個々の児童生徒の状況を多面的に把握する取組も，一部の地方公共団体において進められているところであり，ICTを活用することでこれまで見過ごされていた児童生徒の変化に気付くきっかけになるなど，困難を抱える児童生徒の早期発見や早期対応が可能になるとともに，教職員の児童生徒を観察するスキルの向上も期待されます。各教育委員会等におかれては，ICTを活用した教育相談体制の構築にも積極的に取り組むよう，お願いします。

## 3．不登校傾向のある児童生徒の早期発見及び支援ニーズの適切な把握のための，スクリーニング及び「児童生徒理解・支援シート」を活用したアセスメントの有機的な実施

　学校において児童生徒の表面化しにくい問題を早期に客観的に把握し，支援ニ

ーズを適切に把握するため，全児童生徒を対象としたスクリーニングの実施や，気になる事例を学級担任や養護教諭，SC・SSW が洗い出すスクリーニング会議の実施，それによって把握した児童生徒のアセスメントや具体的な支援につなげていくためのケース会議の開催等を有機的につなげていき，学校の取組として機能させていくことが有効であるとされています。児童生徒の抱える困難の早期解決に至るよう，このような取組を各学校が自ら実施可能となるよう，各教育委員会等におかれては，学校や教職員の理解を得るための研修の実施や人材の確保等を含めた教育相談体制の整備等を進めていただくよう，お願いします。また，実施の際には，文部科学省が作成・公表した「スクリーニング活用ガイド」や「児童生徒理解・支援シート」等も御参照ください。

### 4．不登校特例校設置の推進

**不登校特例校**は教育機会確保法において，国や地方公共団体の努力義務として設置促進が求められていますが，**教育支援センター**や民間団体等とも連携を図りつつ，基礎学力の定着や社会性の育成，自己肯定感の向上等，進学にも良い影響を与えるなどの効果が見られていることから，文部科学省としても設置を促進していきたいと考えております。ついては，各都道府県・政令指定都市等教育委員会及び都道府県の私立学校担当等におかれては，その設置について積極的な御検討をお願いします。その際には，**不登校特例校**と夜間中学との連携や分教室型の設置も可能であること，市町村立のみならず，県立の**不登校特例校**を設置する場合，教職員給与に関する経費を国庫負担の対象としていること等も御考慮いただきますようお願いします。

### 5．学校内の居場所づくり（構内の別室を活用した支援策）

児童生徒が学校や教室に居づらくなったり落ち着かない時など，不登校の兆候がある早期段階において，学校内で安心して心を落ち着ける場所があり，個別の学習指導や相談支援を受けることができれば，早期に学習や進学への意欲を回復する効果が期待されます。各教育委員会等の主導の下，オンラインやICTの活用も視野に入れつつ，校内の別室を活用した「**校内教育支援センター（いわゆる校内適応指導教室）**」の設置を御検討いただくようお願いします。

なお，従来使用していた「適応指導教室」の呼称について，不登校児童生徒や保護者にとって抵抗感を減らし親しみやすいものにするため，「**教育支援センター**」若しくは各教育委員会等において工夫された名称としていただくよう，御検討をお願いします。

### 6．フリースクール等民間団体との連携

不登校の要因や支援ニーズは多岐に渡り，その全てを学校・教育委員会のみで担うことは限界があるため，不登校児童生徒の支援を実施する際には，国・地方公共団体は民間団体その他の関係者相互の密接な連携の下で施策を実施するよう，教育機会確保法及び基本指針に規定されています。文部科学省においても，令和

２年度から実施している「不登校児童生徒に対する支援推進事業」において，教育委員会等とフリースクール等の民間団体が連携し，不登校児童生徒の支援の在り方等について協議を行う不登校児童生徒支援協議会の設置や，教職員研修会，保護者向け学習会等を実施する際の経費の一部を補助しておりますが，引き続き，当該事業等も活用しつつ，対話を通じた双方の顔が見える関係の構築を行っていただくようお願いします。

## 7．ICT 等を活用した学習支援等を含めた教育支援センターの機能強化

「令和２年度問題行動等調査」によると，不登校児童生徒のうち，約３割が学校内外の相談・指導につながっていないという結果が出ています。その中でも特に学習意欲等があるにも関わらず，遠隔地に居住していること等により，近隣に学習や相談を行う施設等がないような児童生徒や家庭にとじこもりがちな児童生徒に対しても，適切な教育機会を確保することは重要であることから，都道府県や政令指定都市等が，ある程度広域を視野に入れつつ，ICT やオンラインの特性等を活かした学習支援や体験活動，家庭訪問等を含めたアウトリーチ型支援を一括して行うような**「不登校児童生徒支援センター」（仮称）**を設置することも有効な手段の一つとして考えられることから，選択肢の一つとして御検討ください。

## 8．教育相談の充実（オンラインカウンセリングを含む）

学校における教育相談体制の整備の在り方等については，これまでも累次にわたって中央教育審議会答申や教育相談等に関する調査研究協力者会議報告書等で取りまとめられているところですが，学校や教職員が SC・SSW の職務や役割を理解していない，SC・SSW が学校における自らの職務を理解していない等により，効果的な活用が行われていないのではないかとの指摘がなされています。ついては，報告書に示す事例や文部科学省において作成している活用事例集等を御参照いただき，校長のリーダーシップの下，学校の不登校支援の取組や教育相談体制の中に専門スタッフである SC・SSW が仕組みとして位置付けられ，チーム学校の中で児童生徒の問題解決につながるような体制が構築できるよう，これらの一連の流れを教職員や SC・SSW が実践として学べるような研修（模擬ケース会議等）を実施いただくなど，各教育委員会における取組の充実を図っていただくよう，お願いいたします。

また，コロナ禍による影響が長期化する中，ICT 等を活用したオンラインカウンセリング等も児童生徒の心身の状況を把握する上で一定の効果が期待できると考えています。実施に当たっては，「児童生徒の心のケアや環境の改善に向けたスクールカウンセラー及びスクールソーシャルワーカーによる支援の促進について」（令和２年５月14日事務連絡）に示す一般社団法人日本臨床心理士会による「オンラインによる遠隔でのカウンセリングにおける留意点」にも御配慮いただきますようお願いします。

## ９．家庭教育の充実

令和３年10月に公表した「不登校児童生徒の実態把握に関する調査」によると，不登校児童生徒の保護者は本人と同様に大きな不安を抱えており，「子どもの進路や将来について不安が大きかった」，「子どもにどのように対応していいのかわからなかった」などといった回答も見受けられるため，児童生徒への支援とともに，保護者が抱える不安や困難に寄り添った支援を行っていくことも重要です。文部科学省においても，地域の実情に応じた家庭教育支援の取組を推進するため，**「家庭教育支援チーム」**の取組を進めており，このような仕組みを利用しながら，不登校児童生徒の保護者を支援する民間団体等とも連携した保護者への支援について推進していただくようお願いします。また，本有識者会議においても，不登校児童生徒を抱える保護者の経験が蓄積され，共有されるべきとの意見もあり，当事者目線で語られる経験は同じ悩みを抱える保護者の大きな支えや前進力となるため，親の会や保護者同士の学習会などの情報を教育委員会や**教育支援センター**等が把握をし，保護者へ情報提供すること等も効果的であると考えています。文部科学省では，「不登校児童生徒に対する支援推進事業」において，保護者の会や保護者向け学習会等を実施する際の経費等も補助しているため，このような事業の活用を含め，保護者に対する支援についても積極的に御検討いただくよう，お願いします。

## 10．その他

○ 学校外における学習活動や自宅における ICT を活用した学習活動について，一定の要件の下，指導要録上の出席扱いとなる制度について，校長を含め教職員への理解が進むよう，研修等において周知徹底を図っていただくよう，お願いいたします。

■読者の皆さんへ──お願い──

　時事通信出版局教育事業部では，本書をより充実させ，これから教員を目指す人の受験対策に資するため，各県の教員採用試験の試験内容に関する情報を求めています。
　　①受験都道府県市名と小・中・高・養・特の別
　　　（例／東京都・中学校・国語）
　　②論文・作文のテーマ，制限時間，字数
　　③面接試験の形式，時間，質問内容
　　④実技試験の実施内容
　　⑤適性検査の種類，内容，時間
　　⑥受験の全般的な感想，後輩へのアドバイス
　ご提出にあたっては，形式，用紙などいっさい問いませんので，下記の住所またはメールアドレスにお送りください。また，下記サイトの入力フォームからもお送りいただけます。

　◆〒104-8178　東京都中央区銀座 5 -15- 8
　　　　　　　時事通信ビル 8 F
　　時事通信出版局　教育事業部　教員試験係
　　　　　　workbook@book.jiji.com
　◆時事通信出版局　教員採用試験対策サイト
　　https://book.jiji.com/research/

〈Hyper 実戦シリーズ①〉

**試験に出る重要教育答申**

発　行　　2023年 9 月 1 日　第 1 刷発行

編　集　　時事通信出版局
発行人　　花野井道郎

発行所　　株式会社　時事通信出版局
発　売　　株式会社　時事通信社
　　　　　〒104-8178
　　　　　東京都中央区銀座 5-15-8
　　　　　販売に関する問い合わせ　電話　03-5565-2155
　　　　　内容に関する問い合わせ　電話　03-5565-2164
印刷所　　株式会社　太平印刷社

Printed in Japan　　　　　© Jijitsushinshuppankyoku
ISBN978-4-7887-1940-8  C2337